"中国民族语言语法标注文本丛书"为"十二五""十三五"国家重点图书出版规划项目

国家出版基金项目

中国民族语言语法标注文本丛书

黎语
白沙话语法标注文本

江 荻 燕海雄 黄 行／主编

吴 艳／著

SSAF

社会科学文献出版社
SOCIAL SCIENCES ACADEMIC PRESS (CHINA)

基金资助项目：

中国社会科学院重大课题（2011~2013）：
中国民族语言语法标注文本丛书（YZDA2011-18）

国家社科基金重大招标项目（2011~2016）：
中国民族语言语法标注文本及软件平台（10&ZD124）

中国社会科学院创新工程（2013~2015）：
中国民族语言语料工程及深度应用研究

国家社科基金重大招标项目（2012~2019）：
基于大型词汇语音数据库的汉藏历史比较语言学研究（12&ZD174）

语言能力省部共建协同创新中心建设经费支持（教育部）

前 言

　　在中国民族语言研究历程中，资源和语料建设一直是重中之重。语料的形式和内容多种多样，譬如词汇、词典、文本、音档、语图、语音参数、文字图片、多语对照词汇、语言或方言地图，以及人名、地名等其他各类专题语料资源。

　　通过图书出版而面世的语料主要有各种民族语言描写专著提供的案例，特别是其中附载的词汇和文本，这是所谓单一语言或方言语料的常见汇集形式。零星出版的这类专著很多，此处不能一一列出，而以丛书形式发布的则影响较大，主要有"中国少数民族语言简志"丛书（近60卷）、"中国新发现语言研究"丛书（40余卷）和"中国少数民族语言方言研究"丛书（近20卷），以及"中国少数民族语言系列词典"丛书（20余卷）。此外，近年一批以"参考语法"为题的博士学位论文大多也附带一定数量的分类词汇和篇章文本。至于涉及多种语言或方言语料的各语族论著也蔚为大观，例如孙宏开主编的《藏缅语语音和词汇》、黄布凡主编的《藏缅语族语言词汇》、王辅世和毛宗武合著的《苗瑶语古音构拟》、梁敏和张均如合著的《侗台语族概论》、严其香和周植志合著的《中国孟高棉语族语言与南亚语系》（7种语言14个方言点）、孙竹主编的《蒙古语族语言词典》（6 种语言 16 个方言点）、陈宗振主编的《中国突厥语族语言词汇集》（8 种语言）、朝克编著的《满通古斯语族语言词汇比较》（6 种语言），等等。

随着信息化时代的发展，21 世纪以来，前期调查和出版的相当部分词汇数据进入了电子化资源检索平台，改变了语言学家的工作方式和工作流程，拓宽了他们的研究领域和研究方向，增强了他们驾驭语言资源的能力，甚至推动他们创造出新的语言学说和方法。据我们了解，这些电子化数据资源中影响较大的有"汉藏语同源词检索系统"和"东亚语言词汇语音数据检索系统"。有研究表明，这两个系统为学术研究的深度发展提供了新的契机，解决了不少研究中的疑难问题。

可是，以上所述成果形式无论是附着于描写或专题论著还是独立资源著作，似乎主要集中在各类民族语言的词汇和词典方面，说明学界历年积累的资源还有重大空白，尤其缺乏文本性质的熟语料标注资源。

随着语言研究的深入和研究领域的拓展，特别是伴随着语言类型学（语法类型、语音类型等）、普遍语法、语系学说、语言接触、语言心理、语言生态、语言检索和多语机器翻译等新兴跨学科研究在中国的蓬勃兴起，学术界开始呼唤一种跨语言、跨方言的资源性建设研究，呼唤创造多样性的真实文本资源和跨语言对齐文本资源。值得称道的是，中央民族大学少数民族语言文学学院适时推出了一套"中国少数民族语言话语材料"丛书，迄今已出版黎语、临高语、佤语、仡佬语、布央语、布依语、撒拉语等双语对照文本材料，初步弥补了该领域的不足。

约 20 年前，北京大学老朋友郭锐教授跟我聊起民族语言，询问我民族语言研究领域是否有文本性语篇材料。我当时一愣，老实回答他尚无此类资源。其时，我刚刚主持完成"中国少数民族语言研究文摘数据库系统"（该网页目前尚存），显见，当时的思路还处在仅仅为研究者提供研究信息的阶段。1998 年，孙宏开先生和丁邦新先生合作开展汉藏语同源词研究，我受命研制电子版同源词检索系统。此后进入 21 世纪，我又承担了研制东亚语言词汇语音检索系统的工作。也许是学术使命使然，我并没有忘记郭锐兄之问，开始在民族语言学界推动文本资源开发。最初我将世界少数民族语文研究院

（SIL）的文本处理工具 Toolbox 教学软件资料编译成中文，2006 年起在多所高校讲授。2009 年，我们实验室举办 Toolbox 培训班，跟部分民族语言专家签署开发标注语料协议。2010 年我们得到中国社会科学院重大课题(YZDA2011-18)支持，这就走上了"中国民族语言语法标注文本丛书"的研制道路，其后又进一步得到国家社科基金重大项目(10&ZD124)的支持和中国社会科学院创新工程项目"中国民族语言语料工程及深度应用研究"的支持。这是本丛书研制的基本背景。

这套丛书有多方面的价值和特征。

（1）创新范式。在描写语言学领域内，以往传统观念总是把记录语料作为语法著作的附录，数量少且处于附属地位。这套丛书虽然也安排了语言概况或语法导论，却以服务于作为正文的标注文本为目的，这种以传统著作附录作为正篇的研制思路既是对文本语料缺乏的弥补，也开拓了语言研究的新方向，跟学界倡导的记录语言学不谋而合。更具价值的是，丛书作者所采纳的文本大多来自田野调查，或来自民间记录故事。与以往的例句翻译式调查或诱导式例句调查相比，这样的语料从本源上避免了主观性，甚至杜绝了母语人自身的内省式语法案例。从方法论上看，以真实文本为语料的研究很可能引起中国描写语言研究范式的变革，这未尝不是好事。

（2）基础标注。课题组提出一个关于标注的基本标准，即描写语法的基础标注。这么做是基于我们为语言专题深度研究提供支撑的服务理念，包括服务于作者自己的深度专题研究。我们从三方面加以说明。其一，我们认为新近发展的一些语言分支学科具有资源依赖性质，例如语言类型学一般是跨语言或跨方言的，语言接触研究也需要双语或多语言资源的支持。对于无文字的语言，它们的语法化或词汇化研究更需要亲属语言的相互印证。至于机器翻译也一定是在双语或多语语料相互对照条件下才能开展起来的。其二，丛书中有藏缅语言、侗台语言、苗瑶语言、南亚语言，还有阿尔泰语言，语言自身类型差异很大，譬如一些语言是 SVO 语序，另一些则是 SOV 语序，有些是前置词系统，有些则是后置词（词格）系统，等等。特别是目前各语言研究的广度和深度差异较大，采纳的理论和研究的方法也不完全相同，为此，确定一个简洁的基本结构方法或描写方法对文本进行语法标注是合适的。其三，业有所长，术有专攻。真正利用这套丛书语料的学者未必熟悉各种语言，更不可能很快掌握这些陌生语言的语法体系，要求每个学者都调查多种语言、掌握多种语言并不现实，也没必要。在这个意义上，我们组织合适的专业人员开发可供其他学者开展专题深入研究的文本资源，特别是熟语料语法标注文本就非常有价值。显然，从以上叙述可以看出，基础标注就是：无论某语言是何种类型，无论某语言研究的深度如何，这套丛书都以基本语法结构框架来标注各种语言的词法形态和句法现象，例如"性、数、格、时、体、态"范畴，同时标上通用语对译词语。甚至如果某些语法现象在某种语言中尚未被认识或尚未得到阐释，例如"复指"(anaphora)或"示证"(evidentiality)，则完全可以不标，这样也给使用者留下专题深度挖掘和拓展的空间，这就是描写语法基础标注的意义和价值所在。值得提示的是，这套丛书的作者都是具体语言领域的专家，他们对语言的结构描写和基础标注为读者提供了一个高起点的平台。

（3）后续可为。中国地广人多，有上百种语言和数千种方言（调查点），无论从共时还是历时的图景观察，这些多样性的资源都是极为宝贵的人类知识财富。我们组织的第一批文本标注丛书已出版10部，第二批计划出版12部，这就意味着这种研究方法刚刚起步，今后的工作还大有可为。不妨让我们联系美国结构主义的调查方法来看，在这种调查中，所有语言的、文化的和社会的探索都起始于现实文本记录调查，其次是文本标注，包括语法标注；词汇是在标注文本基础上抽取出来的；最终才是文本内容社会的、文化的、人类学的解读。所以我们希望，文本调查和文本标注不仅是一种语言研究的方法，还可以是未来语言研究的一种范式，一种探索文化的范式、一种理解社会的范式。我们期待这套丛书的出版能抛砖引玉，带来更多更好的同类成果。可以说，中国民族语言语法标注资源建设不仅是一种量的积累，而且是一种质的变化，持之以恒，后续工作将创造更有价值的丰富文本资源和学术财富。

为提高丛书可读性，我想对这套丛书的研制方法和阅读要点做一点介绍。

（1）隔行对照化和标注方式：术语"隔行对照化"来自英语的 interlinearization，

指民族语（大多是小语种）词语跟标注语（通用语，例如汉语或英语）以及语法标注的分行对齐。这种方法是目前世界各国学者研究少数族群语言的主流方法，通过隔行对照化形成一种所有语言学家或语言学专业研究生都能读懂的文本。例如藏语拉萨话：

文字行：　ཁོང་ལྷ་སར་ཕྱིན་སོང་།

原文行：　khong　　　　lha sar　　　phyin　　　song

分析行：　khong　　　　lha sa-la　　vgro -ed　　song

标注行：　3sg　　　　　拉萨-ALA　　去-PST　　ASP-PEF

翻译行：　他去了拉萨。

大多数情况下，"文字行"并不一定需要，无文字语言则无此选项。"原文行"是记录的真实文本话语，多数情况下采用音标记录形式，本例采用了藏文的拉丁转写。"分析行"主要对"原文行"词语加以形态或句法标注，本例 lha sar 书写上包含了向格（la）的文字变体形式（-r），黏着在前面不带辅音韵尾的音节上；而 phyin 则是动词 vgro（走，去）的过去时形式，很像英语 went 是原形动词 go 的过去时形式，所以"分析行"还原了语法变化前的形式，譬如 phyin = vgro + -ed（过去时等于原形加表示过去时的标记 -ed）。"标注行"是对"分析行"进行通语（汉语普通话）标注和语法标注，-ALA 表示向格，-PST 表示过去时，-PEF（或 ASP-PEF）表示体范畴的已行体。"翻译行"是原文行的通语直译。

（2）"三行一体"还是两行一体？不少中国民族语言缺乏类似印欧语言的词法形态，即所谓词根语或孤立语。这样一来，"分析行"跟"原文行"基本一致，因此有些语言就不需要采用"三行一体"格式。例如壮语：

原文行：　tu³¹　　kai³⁵pau⁴²　ɕa:i³⁵　ŋa:i³¹　　　tu³¹　　ma²⁴　hap³³　ta:i²⁴

标注行：　CL-只　公鸡　　　又　　PASS-挨　CL-条　狗　　咬　　死

翻译行：公鸡又被那条狗咬死了。

就我们看到的标注文本，侗台语言、苗瑶语言和部分藏缅语言或许只需原文行和标注行。个别情况下是作者未标出形态变化而无需分析行。

丛书中，林幼菁教授撰写的《嘉戎语卓克基话语法标注文本》增加了韵律单位内容，即在展开语法标注之前，先根据口语韵律边界切分文本，然后才标注文本，这样就产生了韵律分析行。例如：

韵律行： 161 təwamɲeɲe ʃikoj

原文行： təwamɲeɲê   ʃikôj

分析行： tə-   wam   =ɲeɲê   ʃikô   =j

标注行： N-   熊   =PL   树上   =LOC

韵律行： 162 … təwi kəzeɲti ptʂerə

原文行： təwi   kəzaɲti   ptʂêrə

分析行： tə-   wi   kə-   za   -ɲ   = ti   ptʂêrə

标注行： N-   橡实   NMZL-   吃 1   -2/3PL =TOP:OBL   然后

翻译行： 161-162 老熊在树上吃橡实的时候

我相信，这样的标注为读者提供了更多信息，而且一定会让关注语篇语音现象的专家欣喜。

（3）标注符号体系。上文拉萨话案例"标注行"中包含了一些语法标注符号，例如 3sg、-ALA、-PST、-PEF 等，这是丛书研制初始建立的语法标注体系。这套标注符号借鉴了国际规范，同时也补充了标注中国语言特定语法现象的符号。为此，课题组建议丛书作者采纳统一的标注符号，但同时也可增加该语言特定需求的符号。所以每一部标注文本著作的前面都列出了标注符号缩写表。

（4）文本语料的规范与标准。为了实现标注文本的实用性，课题组建议调查或选用的文本具有原生性、连续性、记述性、口传性等特征，而传统口传故事、族群起源传说、儿童或寓言故事、日常口语记录大致包含这些特征，表述通俗、朴实，用词简单、口语化。不过，民间故事口语词汇重复，用词量少，语法结构也过于简单，为了弥补这些不足，也建议选用部分母语作家复杂的民间文学作品，或者少量报刊语体文本；同时，鉴于句类特征（陈述、疑问、祈使、感叹等），还建议选用一两篇问答型对话文本。记录民间故事的时候，发音人是否擅长叙述故事也是很重要的条件。同一个发音人往往风格一致、用词有限，所以尽量选择多个材料提供人和不同题材故事也是较好的策略。课题组还建议书稿作者不选或少选韵文类的诗歌、民歌、唱本之类，这也是为了保证语法现象的完整性和通用性，囊括更多的词汇和语法现象。

（5）整体布局与对照词汇。每部著作都包含三部分："语法导论""标注文本""对照词汇"。"语法导论"分量不大，主要包括音系、词汇和词法句法要点。"标注文本"除了句对齐直译，每篇文本之后给出全文翻译。最后的"对照词汇"是从文本中抽取的词汇，即仅列出现于著作文本中的词语，而不是这个语言或方言的任意词语。词汇基本按照汉语词目拼音顺序排序。部分著作还列出了词语出现次数。不过，这里需要说明的是，由于排版技术的限制，对照词汇没有列出每个词出现的页码，这算是一件遗憾之事。

这套丛书经历了多阶段和多项课题支持，其中中国社会科学院重大课题和实验室项目于2013年顺利结项，被评定为院级优秀项目，中国社会科学院创新工程项目也于2015年圆满完成。2015 年，"中国民族语言语法标注文本丛书"（第一批）获得国家出版基金资助，并于 2016 年 10 月由社会科学文献出版社正式出版发行，共 10 部专著，分别为：

《藏语拉萨话语法标注文本》（江荻）

《土家语语法标注文本》（徐世璇、周纯禄、鲁美艳）

《哈尼语语法标注文本》（白碧波、许鲜明、邵丹）

《白语语法标注文本》（王锋）

《藏语甘孜话语法标注文本》（燕海雄、江荻）

《嘉戎语卓克基话语法标注文本》（林幼菁）

《壮语语法标注文本》（蓝利国）

《纳木兹语语法标注文本》（尹蔚彬）

《水语语法标注文本》（韦学纯）

《维吾尔语语法标注文本》（王海波、阿力木江·托乎提）

2019 年，"中国民族语言语法标注文本丛书"（第二批）再次获得国家出版基金资助，共 12 部专著，分别为：

《哈尼语窝尼话语法标注文本》（杨艳、江荻）

《义都语语法标注文本》（李大勤、郭晓、宗晓哲）

《达让语语法标注文本》（刘宾、孟佳仪、李大勤）

《多续语语法标注文本》（齐卡佳）

《藏语噶尔话语法标注文本》（龙从军）

《彝语凉山话语法标注文本》（马辉）

《独龙语语法标注文本》（杨将领）

《纳西语语法标注文本》（钟耀萍）

《黎语白沙话语法标注文本》（吴艳）

《德昂语广卡话语法标注文本》（刘岩、尹巧云）

《佤语语法标注文本》（陈国庆、魏德明）

《朝鲜语语法标注文本》（千玉花）

这些作者既是田野调查的实践者，又是调查描写的高手，他们把第一手的材料用科学方法整合起来，费心尽力地加以标注，使得本套丛书展示出学术研究的深度和绚烂夺目的多样性族群文化色彩。对于年轻一代学者，包括在读博士生来说，尽管项目仅要求基础标注和简短的语言导论，而语法单位的关联性和语法系统的体系性难度远超一般专题研究，给他们带来不小的挑战。他们记住了项目的目标和宗旨，即服务于学界，推动中国民族语言研究走向新的高度，开辟新的生长点和新的路径。我相信，这批著作的标注资源使得其他学科有了发力点，有了依托性，其价值之高怎么评价都不为过。在这个意义上，我也真诚呼吁中国最大的语言研究群体，广大的汉语研究学者，充分利用这个平台，巧用如此丰富的资源，透过你们的宏观视野和软实力，创造出更为恢宏的语言理论，甚或中国学者原创的学术体系。

当我初步编完这批著作，我由衷地相信，课题设计初衷所包含的另一个目的也已基本达成，这就是培养一批年轻学者。这个项目深化了他们的语言调查和专业分析技能，同时也推动他们创造出更多的优秀成果。

21 世纪初，中国学术界呈现出各学科的发展大势，总结 20 世纪的学术成就并预测新世纪的方向，中国民族语言学界也思考了民族语言研究的未来领域。我记得 20 世纪 90 年代我的老师孙宏开教授、我所道布教授和黄行教授曾提出新世纪民族语言的"本色语法"或"精深语法"研究，还有学者认为在全面的语言普查和初步描写之后应开展专题性深度研究，此外，语言材料的电子化典藏和文本资源的加工也是议题之一。现在，"中国濒危语言志·少数民族语言系列丛书"（本色语法）项目已经启动，各语言专题研究已有不少成果，本丛书也初步实现了中国民族语言文本资源的熟语料汇集。不积跬步，无以至千里，不积小流，无以成江海，中国民族语言深度资源建设已上路。

江 荻

北京·都会华庭寓所

2019 年 10 月 1 日

目　录

缩写符号

1sg	first person singular	第一人称单数
2sg	second person singular	第二人称单数
3sg	third person singular	第三人称单数
2pl	second person plural	第二人称复数
3pl	third person plural	第三人称复数
1pl-excl	first person plural –exclusive	第一人称复数—排除式
1pl-incl	first person plural –inclusive	第一人称复数—包括式
ADV	adverbial (marker)	方式状语（标记）
ASP	aspect	体
AUG	augmentative	大称
ASSOC	associative(marker)	联系（标记）
BEN	benefactive	受益
CL	classifier	量词
CONJ	conjunction	连词
CAUP	causative	使役
COM	comitative	随同
CMP	comparative (marker)	比较级（标记）
COMP	complementizer	标句词
DEF	definite(marker)	定指（标记）
DIM	diminutive	小称
DIR	directional	方向
DISP	disposal	处置式
EXP	experiential	经验体
EMPH	emphatic(marker)	强调（标记）
F	feminine	阴性
IND	indicative mood word	陈述语气词
INT	interrogative mood word	疑问语气词
INJ	interjection mood word	感叹语气词
IMPM	imperative mood word	祈使语气词
INTERJ	interjection	感叹词
INST	instrumental	工具
JUD	judging mood word	揣测语气词
M	masculine(marker)	阳性

MOOD	mood word	语气词
NEG	negative	实义否定
NOM	nominalizer	名词化
NPARS	nulliparous	未生育
ONOM	onomatopoeia	拟声词
PASS	passive voice	被动态
PERMS	permissive	许可/允让
PAR	particle	助词
PNC	punctual	短时/尝试体
PREP	preposition	介词
PARS	parous	生育
RHY	rhythm mood word	节奏语气词
REP	repetitive	重复体
RST	resultative(marker)	结果补语（标记）
RECIP	reciprocal form(marker)	相互（标记）
TOP	topic(marker)	话题（标记）
VCL	verb classifier	动量词

1 语法导论

1.1 概况

黎语是黎族人民共同使用的语言，主要分布在海南省。黎语属于汉藏语系侗台语族黎语支，有 5 种方言，分别是侾方言、杞方言、润（本地）方言[①]、美孚方言和加茂方言。其中，侾方言为黎语的基础方言，其使用人口最多，约占黎族人口的 58%[②]，润方言的使用人口约占黎族人口的 6%[③]。

润方言主要通行于海南省白沙黎族自治县（以下简称白沙县），其使用人群自称为 zon[11]，黎族其他支系称使用这一方言的支系为"润黎"，当地汉族人称这一黎族支系为"本地黎"。白沙县位于海南省中西部，下辖 11 个乡镇，县政府所在地在牙叉镇。白沙是一个以黎族为主的少数民族聚居山区县，黎族人口占全县总人口的 60.1%[④]，有润、哈、杞 3 大黎族支系，其中润支系的人口最多，占白沙县黎族人口的 50%左右[⑤]，集中分布于牙叉镇、打安镇、元门乡、细水乡、南开乡等乡镇。

学界最早介绍润方言的是王力。《海南岛白沙黎语初探》（王力、钱逊，1951）初步梳理了"本地黎语牙叉话"[⑥]的音系，并附录了基本词汇表、100 多句语法例句和 3 篇话语材料；《黎语调查研究》（欧阳觉亚、郑贻青，1983）整理了 1956 年中国科学院少数民族语言调查第一工作队海南分队所收集的材料，进一步对黎语润方言的音系作了更为科学的处理，并将润方言分为两个土语：白沙土语和元门土语；符昌忠（2005）对分布在海南省儋州市蓝洋镇坡春村的黎语坡春话的概况作了简要的介绍，从介绍来看，坡春话是润方言元门土语的一种次土语；刘援朝（2009）对润方言中牙叉土语[⑦]的内部分歧作了初步分析，认为从语音差异来看，牙叉土语可再分为城关和城郊两种次土语。由此可见，关于润方言的研究较为薄弱，以概述为主，且大多关注语音情况，语法研究尚有很大的空间。

1956 年，中国科学院少数民族语言调查第一工作队海南分队第三小组负责调查黎语润方言，调查点有两个：一是牙叉区白沙乡，一是牙叉区元门乡[⑧]，白沙土语和元

[①] 以下简称"润方言"。

[②] 欧阳觉亚、郑贻青：《黎语调查研究》，中国社会科学出版社，1983 年，第 4 页。

[③] 欧阳觉亚、郑贻青：《黎语调查研究》，第 6 页。

[④] 数据来源于白沙黎族自治县人民政府官网：http://baisha.hainan.gov.cn/baisha/zjbs/xzqy/201912/t20191204_2716001.html。

[⑤] 白沙黎族自治县委史志办公室：《白沙黎族自治县年鉴（2011 年）》，南方出版社，2011 年。

[⑥] 王力先生的调查对象为当时在"南方大学"就读的三位黎族青年，他们的原籍为白沙县牙白乡，按现今的行政区划，属白沙县牙叉镇辖内，该区域所操土语属润方言白沙土语。

[⑦] 刘援朝先生这里提的"牙叉土语"实际上就是学界所称的润方言白沙土语。

[⑧] 中国科学院少数民族语言调查第一工作队海南分队：《关于划分黎语方言和创制黎文的意见》，黎族语言文字问题科学讨论会（内部参考资料），1957 年，第 2 页。

门土语均由调查地点名称而得名。白沙县历史上经历多次行政区划调整,1958 年之前,白沙县分为四个区,白沙乡和元门乡归牙叉区管辖;1961 年,白沙县设 10 个公社,白沙乡分出白沙和牙叉两个公社;1983 年恢复乡、区建置;1987 年撤销区,建立乡(镇),并设立了白沙、牙叉等 5 个镇,及元门、南开等 9 个乡;2009 年,将白沙镇归入牙叉镇,调整为 4 个镇 7 个乡。由此可见,学界所指的"白沙土语"即现今通行于白沙县牙叉镇一带的润方言土语。

牙叉镇下辖 3 个社区 13 个村委会,聚居在此的黎族润支系所讲的话较为接近,语音、词汇和语法特点大同小异,同属润方言白沙土语,当地人通称为"牙叉话"。

本书所选取的调查点为白沙县牙叉镇的道阜村委会什奋村及莫妈村,道阜村委会在 20 世纪 60 年代至 80 年代初属白沙公社,曾用名"什阳村",由现今什奋村、莫妈村、道一村、道二村组成,1987 年撤区建乡,设立道阜村委会,归属白沙镇,原"什阳村"分成什奋、莫妈、道一、道二四个村小组,同另外 5 个自然村组成道阜村委会。2009 年,白沙镇与牙叉镇合并后,道阜村委会归辖牙叉镇至今。[①]从调查结果来看,所调查的白沙牙叉话与《黎语调查研究》(1983)所介绍的白沙土语较为接近,音系大体一致,但因调查时间前后相隔 60 年,个别音位出现合流的情况。[②]

1.2 白沙牙叉话语音系统[③]

1.2.1 声母

白沙牙叉话有 23 个辅音声母,其中有 22 个单辅音声母,一个复辅音声母 pl。见表 1。

表 1 白沙牙叉话的声母

发音方法			唇		舌尖		舌面	舌根	喉音
			双唇	唇齿	舌尖前	舌尖中	舌面前		
塞音	清	不送气	p			t		k	?
		送气	p^h			t^h		k^h	
			pl						
	浊	不送气	b			d			
塞擦音	清	不送气			ts				

---

① 道阜村委会的资料由道阜村委会现任第一书记唐亮提供。

② 《黎语调查研究》(1983)所依据的语料为 1956 年黎语普查材料,本书的语料为笔者 2017~2019 年间调查所得,相隔 60 年。

③ 本书对牙叉话的音位处理参照了《黎语调查研究》(1983)中所归纳的白沙土语音位系统。

续表

发音方法		唇		舌尖		舌面	舌根	喉音
		双唇	唇齿	舌尖前	舌尖中	舌面前		
鼻音	浊	m			n	ȵ	ŋ	
颤音	浊				r			
擦音	清		f	s				h
	浊		v	z				
边擦音	浊				ɬ			
边近音	浊				l			

声母说明：

（1）喉塞音ʔ-声母出现在元音开头的音节之前，本书为了简便，一律不标出。

（2）中老年人中，s 和塞音成分不明显的 tsʰ 混读，s 的实际音值近似[ɕ]。

（3）kʰ 的塞音成分不突出，有时自由变读为摩擦较重的 x。[kʰ]和[x]是一个音位的两个变体。

（4）r 的颤动不大明显。

（5）ts 舌位偏后，接近舌面音[tɕ]。

（6）z 舌位偏后，接近舌面音[ʑ]，年轻人将个别例词中的 z 读成半元音[j]。

（7）40 岁及以下的青壮年中，pl 与 p 已合并为一个音位 p。

（8）b 和 d 声母都带有先喉塞音，实际读音为[ʔb]和[ʔd]。

（9）送气音符号在本书其他地方用 h 表示，例如 ph 表示 pʰ、th 表示 tʰ 等。

声母例词：

p	pa^{11}	狗	pɔu^{31}	年
ph	pha^{33}	男	phit^{11}	翅膀
pl	plɔŋ^{33}	屋子	pla:u^{11}	瞎
b	bɔu^{33}	煮	bo^{31}	锄头
m	mɔu^{31}	东西	mə^{11}	你
f	fei^{11}	走	fiŋ^{11}	背（东西）
v	va^{31}	睁（眼）	vai^{31}	不是
t	ta:u^{33}	长	tɔk^{11}	小
th	thoŋ^{11}	话	that^{11}	短
d	da:u^{11}	干	dan^{55}	豆
n	na^{11}	厚	nɔk^{11}	猴子

l	leɯ^{11}	驴	lo^{11}	看
ɬ	ɬa^{11}	鱼	ɬuk^{11}	进
r	ru^{51}	丝瓜	ruk^{11}	窝
ts	tsaɯ^{33}	奶奶	tsou^{55}	嫂子
s	sai^{11}	树	siaŋ^{11}	花
z	za^{31}	蛇	zai^{11}	耳朵
ɲ	ɲa:ŋ^{11}	月亮	ɲet^{11}	皱
k	kom^{11}	地方	kaŋ^{33}	草
kh	khai^{11}	鸡	kha:u^{11}	白（色）
ŋ	ŋai^{33}	哭	ŋuŋ^{11}	身体
ʔ	ʔa^{11}	别人	ʔou^{31}	吹
h	ha^{11}	腿	hɔu^{11}	角

1.2.2 韵母

白沙牙叉话有87个韵母，只有a分长短，有i、u介音韵母，有一组带-ʔ韵尾的韵母。见表2。

表2 白沙牙叉话的韵母

	a	e	i			o	u		ɯ	ə
				ia				ua		
ai	a:i	ei				oi	ui	uai	ɯi	
	a:u	eu	iu	iau	ɔu	ou				
aɯ		eɯ								
am	a:m	em	im	iam		om	um	uam	ɯm	
an	a:n	en	in	ian		on	un	uan	ɯn	
aŋ	a:ŋ	eŋ	iŋ	iaŋ	ɔŋ	oŋ	uŋ	uaŋ	ɯŋ	əŋ
ap	a:p	ep	ip	iap		op	up	uap	ɯp	
at	a:t	et	it	iat		ot	ut	uat	ɯt	
ak		ek		iak	ɔk	ok	uk	uak	ɯk	ək
	a:ʔ	eʔ	iʔ		ɔʔ	oʔ			ɯʔ	əʔ

韵母说明：

（1）有a、e、i、ɔ、o、u、ɯ、ə八个元音，除a外，不分长短，但在40岁以下的青壮年中，a的长短对立已经消失。

（2）元音ɔ不单独成韵。

（3）有-i、-u、-ɯ、-m、-n、-ŋ、-p、-t、-k、-ʔ十个韵尾。

（4）eɯ 韵的实际发音为 əɯ。

（5）e 带韵尾时（除-k\-ŋ\-ʔ韵尾），听感上类似复合元音 ie。

（6）o 带-i、-n、-t 韵尾时，实际音值是舌位偏高的[ʊ]，与 u 极易混淆，不易辨认；带-m、-ŋ、-p、-k、-ʔ韵尾时，舌位较开。

（7）喉塞音韵尾-ʔ在本书其他地方用上标-ʔ表示。

韵母例词：

a	da^{33} 怕	sa^{11} 眼睛	o	lo^{11} 看	bo^{31} 锄头
ai	kai^{11} 瓶子	vai^{31} 不是	oi	poi^{33} 醉	soi^{33} 水牛
aːi	kaːi^{11} 乖	vaːi^{31} 芦笙	ou	thou^{11} 七	ɬou^{11} 生
aːu	maːu^{11} 流（水）	ɬaːu^{31} 死	om	ɬom^{33} 不懂	zom^{11} 圆
au	pau^{11} 回（家）	thau^{33} 矮	on	lon^{33} 逃（脱）	ton^{33} 冒（水）
am	ȵam^{33} 水	dam^{33} 黑	oŋ	thoŋ^{33} （一）节	soŋ^{11} 教
aːm	ȵaːm^{33} 雷	daːm^{33} 底部	op	pop^{11} 香菇	ŋop^{11} （一）拃
an	kan^{33} 咬	van^{33} 不	ot	fot^{11} 佛像（木雕）	fot^{55} 一种树
aːn	faːn^{31} 酒醋	vaːn^{31} （一）万	ok	thok^{11} 钉	fok^{11} 样貌
aŋ	ȵaŋ^{11} 慌	faŋ^{33} （一）件	oʔ	ɬoʔ^{211} 聋	poʔ^{211} 捉（鸡）
aːŋ	ȵaːŋ^{11} 月亮	faːŋ^{11} 村庄	u	fu^{33} 三	bu^{31} 斧头
ap	lap^{11} 赶（鸟）	kap^{11} 痕迹	ui	pui^{33} 取	sui^{33} 挑拨
aːp	laːp^{11} 堵（洞）	kaːp^{11} 甲（天支）	um	ɬum^{33} （一）双	zum^{11} 蛋
at	that^{11} 短	ŋat^{11} 阻断	un	sun^{31} （头）旋	tun^{31} 猜（迷）
aːt	ɬaːt^{11} 血	ŋaːt^{11} （雨）停	uŋ	thuŋ^{33} （一）棵	suŋ^{11} 讨
ak	khak^{55} 鼻子	sak^{11} 穿	up	thup^{11} 甲鱼	fup^{11} 捻
aːʔ	laːʔ^{211} 骂	vaːʔ^{211} 穷	ut	fut^{11} 拂（去）	fut^{55} 十
e	ple^{31} 瘸	ȵe^{31} 糍粑	uk	thuk^{11} 包（东西）	fuk^{11} 腐朽
ei	lei^{33} 瘦	lei^{31} 做	ɯ	tsɯ^{31} 一	sɯ^{33} 里；在
eu	teu^{11} 老鼠	ȵeu^{11} 黄牛	ɯi	sɯi^{33} 伯父	plɯi^{11} 交换
eɯ	meɯ^{11} 手	pheɯ^{11} 梯子	ɯm	khɯm^{31} 欠	vɯm^{31} 抚摸
em	khem^{33} 一定	tem^{33} 揪（住）	ɯn	nɯn^{33} 粘；滑	ɯn^{11} （头发）滑
en	ɬen^{11} 好	zen^{33} 坟墓	ɯŋ	phɯŋ^{33} 放	phɯŋ^{11} （一）代
eŋ	deŋ^{33} 钉子	leŋ^{31} 零	ɯp	khɯp^{11} 稻剪	hɯp^{11} 害怕
ep	lep^{11} 钓	ɬep^{55} 打闪	ɯt	ɯt^{11} （猪）叫	
et	bet^{11} 鸭子	ȵet^{11} 皱纹	ɯk	fɯk^{11} 骨头	ɬɯk^{11} 儿子
ek	khek^{55} 刻	bek^{55} 逼	ɯʔ	sɯʔ^{55} （一）尺	
eʔ	pleʔ^{211} 泥	theʔ^{211} 煨（红薯）	ə	mə^{11} 你	nə^{11} 他

i	fi³¹ 擤（鼻涕）	tsi³³ 乳房	əŋ	pəŋ³³ 涩		təŋ³¹ 提	
iu	phiu³¹ 斜	khiu³¹ 割（稻）	ək	hək¹¹ 挠		ək¹¹ 结（果）	
im	lim¹¹ 镰刀	n̠im³¹ 舔	əʔ	səʔ⁵⁵ 尺子		təʔ⁵⁵ 打嗝	
in	in¹¹ 烟	khin³¹ 件（事）	ia	ia³¹ 能够		bia³³ 饼	
iŋ	tsiŋ¹¹ 钱	liŋ¹¹（天）亮	iau	kiau³³ 剪子		diau¹¹ 巧；会	
ip	lip¹¹ 指甲	ɬip¹¹ 秕子	iam	khiam³¹ 钳子		kiam³¹ 减	
it	bit¹¹ 扛	n̠it¹¹ 撕	ian	bian³³ 装（病）		bian³¹ 扁	
ɔu	thɔu¹¹ 锅	ɬɔu¹¹ 靠近	iaŋ	biaŋ¹¹ 宽		diaŋ¹¹ 甜	
iʔ	iʔ⁵⁵ 亿		iap	thiap⁵⁵ 摞		kiap¹¹ 夹	
ɔŋ	lɔŋ³³ 一（石）	tɔŋ³³ 红	iat	biat⁵⁵ 凹		viat⁵⁵ 抠；挖	
ɔk	thɔk¹¹ 掉	fɔk⁵⁵ 蜜蜂	iak	iak⁵⁵khei⁵⁵ 煤		diak⁵⁵ 蛋黄	
ɔʔ	lɔʔ²¹¹ 吃	dɔʔ²¹¹ 有	uaŋ	ruaŋ³¹ 煮		vuaŋ¹¹ 砍	
ua	hua³³ho³³ 绰号	en³¹tua³³ 铁砂	uap	luap¹¹ 鱼鳞		kuap¹¹ 篱笆	
uai	duai¹¹ 绳子	fuai¹¹（一）下	uat	buat⁵⁵ 钩子		muat⁵⁵ 淹掉	
uam	suam¹¹ 水果	fuam¹¹ 含	uak	a:u³³uak⁵⁵ 鹭鸶			
uan	tsuan¹¹ 正	vuan¹¹ 绕					

1.2.3 声调

白沙牙叉话有五个声调，见表3。

表 3 白沙牙叉话的声调

调值	调型	例字					
11	低平调	suŋ¹¹	野外	koŋ¹¹	裙子	ple²¹¹	泥
31	中降调	suŋ³¹	（牛）圈	koŋ³¹	祭祀	va³¹	睁（眼）
33	中平调	suŋ³³	洞	koŋ³³	柴火	ra:i³³	肠子
51	高降调	suŋ⁵¹	角落	koŋ⁵¹	（水）浑	fuaŋ⁵¹	菜
55	高平调	suŋ⁵⁵	稗子	kuŋ⁵⁵	路	rup⁵⁵	脆

声调说明：

（1）11 调在舒声韵中出现时，读成 12 调，在语流中时常读成 33 调；与带喉塞音韵尾韵母相配时，调值持平后微降，为 221 调；与其他塞音韵尾（-p\-t\-k）相拼时，大多读成 22 调。

（2）舒声韵中，55 调的实际调值为 445 调；与促声韵搭配时，55 调的调尾微降，读成 554 调。

（3）只有 11 调与 55 调能与塞音韵尾相配。

1.2.4 音变

1.2.4.1 变调

白沙牙叉话的变调较为复杂，且受到一定条件的制约，主要分为以下五种。

1.2.4.1.1 "11 变 55，31 变 51" 的变调模式

在白沙牙叉话中，在一定的句法条件下，本调为低平调 11 调的词，一律变为高平调 55 调；本调为中降调 31 调的词，通常变为高降调 51 调。引发这种变调模式的句法条件有以下七种。

第一，出现在副词 buai³³ "已经" 之后，声调为 11 调、31 调的谓词。例如：

（1）bi²⁵⁵   a¹¹   buai³³   thak¹¹⁻⁵⁵   v o ³³   mə¹¹ na³³, mə¹¹   ka³¹   łou¹¹   tso²¹¹   va³¹?
　　若　　别人　已经　　砍　　　头　　2sg DEF　2sg　还　　活　　MOOD　INT
　　如果你的头都被砍了，你还能活着吗？

（2）mə¹¹   buai³³   sit¹¹⁻⁵⁵,   mə¹¹   ma³¹   zot¹¹   vian³³   re³³.
　　2sg　已经　　热　　　2sg　就　　脱　　衣服　　IMPM
　　你觉得热的话，就把衣服脱了吧。

谓词的前置修饰性成分，如能愿动词、副词等，出现在 buai³³ "已经" 之后，且本调也为 11 和 31 调的，也要变调；此时，谓词无须再变调。例如：

（3）van¹¹ne³¹   ho¹¹   buai³³   ia³¹⁻⁵¹   lo²¹¹   tsɯ³¹vet⁵⁵   tha³¹.
　　今天　　　1sg　已经　　能　　吃　　一点　　　饭
　　今天我能吃一点饭了。

（4）pai³³   me¹¹   na³³   buai³³   khun³¹⁻⁵¹   ła:u³¹.
　　EMPH　妈　　DEF　已经　　先　　　　死
　　妈妈早就已经去世了。

白沙牙叉话中，通常在谓词前添加副词 buai³³ "已经" 表示完成体意义。但有时在句中，谓词也可通过自行变调表示动作的完成状态。如：

（5）van¹¹⁻⁵⁵van¹¹   dɔ²¹¹   na:u⁵⁵   lei³¹   kɔu³¹   nə¹¹   tha³¹, ma³³kɯ³³   łom³³
　　天天　　　　有　　人　　做　BEN　3sg　吃　但是　　不知
　　a¹¹ra⁵¹   lei³¹⁻⁵¹   lo³³.
　　谁　　做　　　IND
　　天天有人给他做饭，但不知道是谁做的啰。

（6）khɔk¹¹　　dɔ⁷¹¹⁻⁵⁵,　meɯ¹¹　dɔ⁷⁵⁵⁻¹¹,　pla³¹　ri³³　dɔ⁷¹¹⁻⁵⁵　rit⁵⁵.
　　　 脚　　　有　　　　手　　　有　　　　什么　都　　有　　　　完
　　　 脚长出来了，手长出来了，什么都长出来了。

第二，出现在趋向动词phə¹¹"去"之后，声调为11调、31调的动词。例如：
（7）pai³³me¹¹　nə¹¹　mai¹¹　phə¹¹　lo¹¹⁻⁵⁵,　la:i³³　maŋ¹¹　dak¹¹　re³¹.
　　　 F-妈妈　 3sg　就　　去　　看　　 见　　　是　　真　　IND
　　　 他妈妈就去看，见到是真的呢。

（8）mə¹¹　iu¹¹　phə¹¹　zui¹¹⁻⁵⁵　ɬuk¹¹　khɯ³³　ŋo³³　na³³　re³³.
　　　 2sg　带　　去　　扔　　　 进　　里　　山　　DEF　IMPM
　　　 你带去山里扔了吧。

第三，出现在感知类动词 paɯ³³"懂、知道"、ɬom³³"不懂、不知道"之后，声调为 11 调、31 调的动词。例如：
（9）nə¹¹　paɯ³³　fuk¹¹⁻⁵⁵　riŋ³³viaŋ³³.
　　　 3sg　懂　　　织　　　　黎锦
　　　 她会织黎锦。

（10）za³¹　na³³　ɬom³³　fei¹¹⁻⁵⁵　ɬom³³　vou³¹⁻⁵¹.
　　　 蛇　　DEF　不懂　走　　　 不懂　跑
　　　 蛇不会走也不会跑。

（11）fə¹¹　　ɬom³³　lei³¹⁻⁵¹　nə¹¹　tsiŋ¹¹　mai³¹.
　　　 1pl-incl　不懂　CAUP　　2PL　成　　米
　　　 我们不知道怎么把它们（稻谷）弄成大米。

第四，领属性名物化结构中，出现在名物化标记 kɯ³³之后，声调为 11 调、31 调的代词。例如：
（12）nə¹¹　kuan³¹　kɯ³³　nə¹¹⁻⁵⁵,　van³³　kuan³¹　a¹¹.
　　　 3sg　管　　　NOM　3sg　　　不　　管　　　别人
　　　 他只管他的，不管别人。

（13）tso³¹　pai³³　zou¹¹　nə¹¹　phə¹¹　suŋ¹¹⁻⁵⁵　kɯ³³　a¹¹⁻⁵⁵　na³³.
　　　 倒　　EMPH　油　　3sg　去　　借　　　　NOM　别人　　DEF
　　　 倒了他跟别人借的油。

第五，用在介词 deɯ^{11}"用"之后，强调工具的用途，声调为 11 调、31 调的动词。例如：

（14）nə^{11} mai^{11} khui^{11}ti^{31} suam^{33} ŋa^{11} na^{33} deɯ^{11} lei^{31}-^{51} siu^{11}.
3sg 就 开始 切 毛薯 DEF INST 做 酒
她就开始切毛薯，用来酿酒。

（15）nə^{11} mai^{11} deɯ^{11} eɯ^{11}-^{55} siu^{11}.
3sg 就 INST 装 酒
他就用来装酒。

第六，在 deɯ^{11}kɯ^{33}、ɬom^{33}kɯ^{33}、pau^{33}kɯ^{33}结构之后，声调为 11 调、31 调的动词。

（16）sɯ^{33}saŋ^{11} a^{11} ma^{33} deɯ^{11} thoŋ^{11}sai^{33} deɯ^{11} kɯ^{33} lɔk^{11}-^{55} buai^{33}.
以前 人家 只 INST 木头 INST PAR 闩 MOOD
以前的人只用木头来闩门。

（17）pha^{33}thoŋ^{33} ka^{31} pau^{33} kɯ^{33} khuai^{31}-^{51} ro^{ʔ55}.
巫师 也 知道 PAR 念 MOOD
巫师当然懂得念咒语了。

（18）ŋa:u^{55} fa:p^{11} na^{33} nə^{11} pla^{31} nə^{11} ri^{33} ɬom^{33} kɯ^{33} lei^{31}-^{51}.
人 懒 DEF 3sg 什么 3sg 都 不懂 PAR 做
人懒所以他就什么都不会做。

第七，通过声调交替改变词性或词义的名词或动词。如：khaŋ^{55}"门闩"（名词）—khaŋ^{11}"闩"（动词）、ɔu^{31}fei^{11}"吹火"（ɔu^{31}：动词）—ɔu^{51}fei^{11}吹火筒（ɔu^{51}：名词）、fiŋ^{11}"背"（动词）—kha^{11}fiŋ^{55}"布背带"（fiŋ^{55}：名词）、diau^{11}"会"（动词）—diau^{55}"本事"（名词）、fit^{55}"扁担"（名词）—fit^{11}"担"（量词）、dia^{31}"肯"—dia^{51}"不肯"。

1.2.4.1.2 重叠构形变调

本调为低平调 11 调、中平调 33 调、中降调 31 调的动词或形容词重叠时，前一语素变读为高平调 55 调表示程度或性状的加深。如：bɔu^{11}"想念"—bɔu^{11}-^{55}bɔu^{11}"很想念"、uap^{11}"喜欢"—uap^{11}-^{55}uap^{11}"很喜欢"、kha:u^{11}"白"—kha:u^{11}-^{55}kha:u^{11}"白花花"；hiaŋ^{33}"努力"—hiaŋ^{33}-^{55}hiaŋ^{33}"很努力"、zəŋ^{33}"快"—zəŋ^{33}-^{55}zəŋ^{33}"快快"；tsaŋ^{31}"慢"—tsaŋ^{31}-^{55}tsaŋ^{31}"很慢"、dia^{31}"能干"—dia^{31}-^{55}dia^{31}"很能干"、tsəŋ^{31}"相信"—tsəŋ^{31}-^{55}tsəŋ^{31}"深信不疑"。

1.2.4.1.3 数字 fut^{55} "十" 的变调

数字 "十" 单念或为复合词的首音节时，读本调 55 调，如：fut^{55}seɯ^{33} "十一"、fut^{55}ɬɔu^{33} "十二"。当位于词句末尾，变为低平调 11 调，如：ɬɔu^{33}fut$^{55\text{-}11}$ "二十"、fu^{33}fut$^{55\text{-}11}$ "三十"。

1.2.4.1.4 能愿动词 rɯ^{51} "即将" 的变调

rɯ^{51}是表示可能性和必要性的能愿动词，读 51 调时，表示说话者对事件发生的趋势有较强烈的确定性；读 11 调时，表示把握性不大的推测。例如：

（19）khai^{55}ne^{31} fa^{33} rɯ^{51} foŋ^{11}.
　　　现在　　　　天　　要　　下雨
　　　现在天要下雨了。（较为肯定，即将发生）

　　　khai^{55}ne^{31} fa^{33} rɯ^{11} foŋ^{11}.
　　　现在　　　　天　　要　　下雨
　　　现在天可能会下雨。（不大确定，存在可能性）

1.2.4.1.5 人称代词变调

白沙牙叉话的一部分人称代词有几种读音，其中只有一个是本调，如在tsou^{55}/tsou^{11} "嫂子"、feɯ^{55}/feɯ^{11} "叔叔"、ei^{31}noŋ^{31}/ei^{51}noŋ^{31}/ei^{55}noŋ^{31} "姊妹" 中，tsou^{55}、feɯ^{55}、ei^{31}noŋ^{31}是本调，其他是变调。这种变调有时是随意的，有时受到一定语用条件的制约，比如小姑称嫂子为 tsou^{55}，而公公婆婆随小姑称呼时，则读成 tsou^{11}。

1.2.4.2 合音

白沙牙叉话的合音现象多见于女性，男性说话极少有合音情况。白沙牙叉话的合音规则是：两个音节合并为一个音节时，前一音节取声母，后一音节取韵母，声调依后一音节。例如：luak^{11} "特别大" =luŋ^{11} dak^{11}（大+特别）、pra^{31} "那地方" =phai^{11}ra^{31}（DIR+地方）、tsom^{11} "一个" =tsɯ^{31}hom^{11}（一+个）；有时也有前后音节的韵母合并为一个新韵母，如：ɬuaŋ^{11}=ɬom^{33}vaŋ^{11} "原来"；个别合音取前一音节声调，如：dia^{51} "不能" =dai^{51} + ia^{31}（不肯+能）；tsuŋ^{51} "自从" =tsu^{51}həŋ^{33}（往+从）。

1.3 构词法

1.3.1 单纯词

黎语白沙牙叉话的单纯词可以分为单音节单纯词、双音节单纯词以及多音节单纯词等。

1.3.1.1 单音节单纯词
单纯词在各个词类中均有分布。

ɳa:ŋ^{11}	月亮	ra:u^{11}	星星	pot^{11}	蚂蚁	tsuŋ^{11}	站	lo^{11}	看
dat^{11}	淡	diaŋ^{11}	甜	buai^{33}	已经	tsɯ^{31}	就	van^{33}	不
laŋ^{11}	个	sɯ^{33}	里	kɯ^{33}	因为	zɔu^{11}	然后	ɬuc^{33}	二

1.3.1.2 双音节单纯词
第一，声母相同。这类词较多。例如：

dam^{33}de^{ʔ55}	蝴蝶	sam^{33}si^{33}	蜻蜓	niŋ^{11}na:i^{31}	知了	khɔu^{55}khuŋ^{11}	蜘蛛
loŋ^{31}leʔ^{11}	涮	baŋ^{31}ba:i^{11}	马虎	zi^{31}za^{31}	黑漆漆	ka:u^{11}ka:p^{11}	打哈欠
zom^{55}ziaŋ^{31}	椰子	vum^{31}vu^{11}	蜣螂	su^{31}sɔk^{55}	摇（树）	kiŋ^{55}kut^{55}	萤火虫

第二，韵母相同。这类词较少。例如：

ha:m^{31}ɬa:m^{55}	门槛儿	rɔu^{11}khɔu^{31}	休息

第三，声母韵母全同。这类词也可称为叠音词，单个音节没有独立意义，必须重叠才能构成一个有意义的语言单位。例如：

phui^{11}phui^{11}	纷纷	rom^{55}rom^{55}	细密状	vum^{51}vum^{51}	黎明
zen^{11}zen^{11}	水蚂蟥	let^{55}let^{55}	飘状		

第四，声母韵母全异。这类词由两个声韵母全异的无意义音节组成。例如：

lei^{31}kai^{31}	随便	zok^{55}suŋ^{51}	角落	ɳim^{51}va:u^{11}	壁虎	sam^{33}khaŋ^{11}	鸡嗉子
khou^{11}ha^{33}	猫头鹰	a:u^{33}uak^{55}	大雁	kep^{55}mui^{11}	蟋蟀	khiau^{11}voi^{31}	蝎子

1.3.1.3 多音节单纯词
白沙牙叉话固有的多音节单纯词较少。例如：

ə^{55}nam^{33}sa^{11}	蝼蛄	vu^{33}thiu^{11}tit^{11}	水泡

白沙牙叉话中有相当数量的汉语借词，这类词整体从海南闽方言借入，无论音节数多少，均视为单纯词。例如：

da:u^{33}hu^{33}na:u^{31}	豆腐脑	koŋ^{33}kia^{31}	连环画	siaŋ^{31}sen^{31}poi^{51}	划拳
bon^{55}ki^{33}	粪箕	pheŋ^{31}koi^{31}	苹果	tui^{31}ban^{31}	暖水瓶

1.3.2 合成词

1.3.2.1 附加式合成词

由实语素前加一个虚语素构成。虚语素又叫词头，也可叫前加成分，表示一定的语义类别。白沙牙叉话缺乏其他黎语方言中常见的通用词头，如侾方言保定话中的 tsɯ²-、加茂方言的 kɯ²-、美孚方言西方话的 pɯ³-、杞方言通什话 ɯ³-，这些通用词头可构成不同的词类，而白沙牙叉话的词头一般只可构成名词。白沙牙叉话常见的词头大致有如下几类。

pha³³-：表示男性或雄性，可用在体词性或谓词性成分之前，构成表示人或动物的名词。例如：

pha³³doŋ⁵⁵ 丈夫	pha³³thoŋ³³ 道公	pha³³za¹¹ 老头儿
M　爱人	M　巫师	M　老
pha³³lak¹¹ 单身汉	pha³³-viu³³pom³³ 豁嘴子（男）	pha³³viaŋ¹¹ 公公
M　自己	M　裂　嘴巴	M　婆家

pai³³-：表示女性，可用在体词性或谓词性成分之前，构成表示人的名词。例如：

pai³³doŋ⁵⁵　妻子	pai³³thoŋ³³ 巫婆	pai³³za¹¹ 老太婆
F　爱人	F　巫师	F　老
pai³³ thuaŋ³³ 妯娌	pai³³ na³³ 那女的	pai³³viaŋ¹¹ 婆婆
F　伙伴	F　那个	F　婆家

此外，pai³³-还是构成时间名词的词头。如：pai³³ho³¹ "明天"、pai³³ɲeɯ¹¹ "后天"、pai³³ɲit⁵⁵ "大后天"、pai³³phaŋ³³ "昨天"、pai³³plɔu³³ "前天"、pai³³plet⁵⁵ "大前天"、pai³³vaŋ¹¹ "白天"、pai³³ko³³ "夜晚"。

雌性动物根据生育与否区分两个词头，me¹¹-表示已生育，khuai¹¹-则表示未生育。例如：

未生育：khuai¹¹ ka³³ 母马	khuai¹¹ soi³³ 母水牛	khuai¹¹ ut⁵⁵ 母猪
NPARS 马	NPARS 水牛	NPARS 猪
已生育：me¹¹ ka³³ 母马	me¹¹ soi³³ 母水牛	me¹¹ ut⁵⁵ 母猪
PARS 马	PARS 水牛	PARS 猪

ɬuk⁵⁵-：附加于名词性语素之前，表示"小"。例如：

ɬuk⁵⁵ viaŋ³³ 背心	ɬuk⁵⁵ ziŋ⁵¹ 无名指	ɬuk⁵⁵ ɬaːu¹¹fei¹¹ 火花
DIM 衣服	DIM 手指	DIM　火苗
ɬuk⁵⁵ ziaŋ¹¹ 羔羊	ɬuk⁵⁵ kai¹¹ 罐子	ɬuk⁵⁵ suŋ³³　窟窿
DIM 羊	DIM 坛子	DIM 洞

ɬuk⁵⁵-源于实义词 ɬuk¹¹ "儿子"，ɬuk¹¹有时也可作前加成分表"小"，但仅用于表

示人与动物。如：ɬuk¹¹pha³³ma:ŋ¹¹（ɬuk¹¹＋男人）"男孩"、ɬuk¹¹pai³³kho³¹（ɬuk¹¹＋女人）"女孩"、ɬuk¹¹pɔu¹¹"猪崽"、ɬuk¹¹ka³³"马崽"。

其他：

thuaŋ³³-（表"伴儿"）：thuaŋ³³ɬuk¹¹（thuaŋ³³＋孩子）朋友、thuaŋ³³fa:ŋ¹¹（thuaŋ³³＋村庄）老乡、thuaŋ³³ta³³（thuaŋ³³＋外婆）外甥

phai¹¹-（表"方向"）：phai¹¹daŋ⁵⁵（phai¹¹＋前面）面前、phai¹¹ra³¹此处（phai¹¹＋处）

1.3.2.2 复合式合成词

复合式合成词由两个实语素构成。根据语素之间的关系，可分为四种类型。

1.3.2.2.1 修饰式

后一语素修饰、限制前一语素，两个语素形成前正后偏的关系。修饰式是白沙牙叉话最主要的构词类型，按其结构又可分为以下五种。

第一，"通名+专名"格式，前一个语素表示某类事物的通称，后一语素表示具体事物的专称，结合之后构成一个特定事物的名称。例如：

za³¹（蛇）duŋ³³	鳝鱼	sei¹¹（贝类）va³³	蚌
ɬa¹¹（鱼）faŋ³³	鲫鱼	maŋ¹¹（薯）suŋ¹¹	山药
ruaŋ³¹（竹）kɔu³³	毛竹	suam¹¹（果实）khe²¹¹	莲子

第二，"通名＋复合式语素"格式，由一个表事物类别的名词性语素与另一个复合式语素（多为述宾式或偏正式）结合而成，后面的修饰性成分单用时是合成词或为短语，但在结构中作为一个构词语素来修饰前一语素。例如：

sat¹¹ 鸟＋bo³¹sai¹¹ 锄木→啄木鸟　　　za³¹ 蛇＋pha:u³³ta³¹ 锄田→草蛇
ziŋ⁵¹ 手指＋tso²¹¹ɳa:u³³ 蘸盐→食指　　　kaŋ³³ 草＋sot¹¹pa¹¹ 狗尾巴→狗尾巴草

第三，"名词性语素＋动词性语素"，后一语素说明前一语素所指称事物的性质、用途、来源等。例如：

tha:ŋ¹¹ oŋ¹¹ 疙瘩	vaŋ¹¹ ɬou¹¹ 生日	daŋ³¹ a:i¹¹ 椅子
痕迹 肿	日子 生	凳子 靠
then¹¹ bo³¹ 汤匙	fei¹¹ phan³³ 手电筒	vo²⁵⁵ ɳat¹¹ 旋风
葫芦 挖	火 照亮	风 旋转

第四，"名词性语素＋形容词性语素"，后一语素说明前一语素所指称事物的性质特点与范围。例如：

ai¹¹ huam¹¹ 苦瓜	pot¹¹ kha:u¹¹ 白蚁	ɳa:u³³ dian¹¹ 糖
西瓜 苦	蚂蚁 白	盐 甜
ɳuŋ¹¹ khiu¹¹ 牛虻	pian³³ khiu¹¹ 冬瓜	rɔŋ³³ o²¹¹ 筛子（密）
苍蝇 绿	南瓜 绿	筛子 密

另外，白沙牙叉话的修饰式合成词的中心语素主要为名词性语素，谓词性语素充当中心语素的情况较少见。例如：

ɬen¹¹ lei³¹ 容易　　　　　te²¹¹ lei³¹ 难
好　做　　　　　　　　　难　做

这种结构的修饰成分置于中心语素之前，可能是仿译了汉语的构词结构。

第五，"量词性语素+名词性语素"，前一语素说明事物的单位和类别，后一语素限制修饰前一语素。例如：

daŋ³¹ ra:i³³ 肠子　　　daŋ³¹ vo³³ 头发　　　ra:ŋ¹¹ sai¹¹ 树林
根　肚子　　　　　　根　头　　　　　　片　树

thoŋ¹¹ dap¹¹ 毛巾　　　thoŋ¹¹ sai¹¹ 棍子　　　ra:ŋ¹¹ ŋo³³ 岑
段　布　　　　　　　段　木　　　　　　片　山

1.3.2.2.2 联合式

由两个词性一致，词义相关或相近的语素结合而成。构词语素以名词性语素居多。例如：

kho³¹ viaŋ³³ 衣服　　　ri¹¹ n̠aŋ¹¹ 发抖　　　pau³³ veɯ¹¹ 认识
裤　上衣　　　　　　颤　抖　　　　　　知道　认识

foi³³ fip¹¹ 半生不熟　　　faŋ¹¹ fa³³ 老天爷　　　phɔu³³ phok⁵⁵ 祖宗
熟　生　　　　　　　地　天　　　　　　爷爷 祖先

1.3.2.2.3 述宾式

前一语素为动词性语素或形容词性语素，后一语素为名词性语素。后一语素是前一语素所支配及关涉的对象。这类结构大多为名词及谓词。例如：

前一语素是动词性语素：

tuk⁵⁵ ziŋ⁵¹ 戒指　　　ŋuaŋ¹¹ thiu¹¹ 噎　　　mat⁵⁵ daŋ¹¹ 酒窝
套　手指　　　　　　卡　声音　　　　　陷　脸

pit¹¹zɔŋ³³ 围巾　　　tsap¹¹ thiu¹¹ 讨厌　　　ren³¹n̠e²¹¹ 鸡皮疙瘩
围　脖子　　　　　　灭　声音　　　　　起　鸡皮

前一语素为形容词性语素：

ken¹¹ thɔu¹¹ 糊　　　tham³³ daŋ¹¹ 雀斑　　　suaŋ³³ zai¹¹ 淘气
焦　锅　　　　　　　霉　脸　　　　　　硬　耳朵

fuk¹¹ daŋ¹¹ 麻子　　　khəŋ¹¹ hiaŋ¹¹ 结巴　　　pla:u¹¹ sa 瞎子
腐朽 脸　　　　　　　重　下巴　　　　　瞎　眼睛

1.3.2.2.4 述补式

前一语素表示动作或状态，后一语素补充说明动作的结果或状态产生的原因。例如：

前一语素为动词性语素:

fat⁵⁵ khai³¹ 着凉　　　　　ȵak¹¹ tsa:u¹¹ 玩笑　　　　　fat⁵⁵ sit¹¹ 发烧
发　凉　　　　　　　　　逗　笑　　　　　　　　发　热

前一语素为形容词性语素:

poi¹¹ sit¹¹ 中暑　　　　　ȵuai⁵⁵ phet¹¹ 狐臭　　　　huam¹¹ ȵa:u³³ 咸
醉　热　　　　　　　　　臭　狐臭味　　　　　　苦　盐

1.4 词类

1.4.1 名词

名词不能被数词直接修饰,数词和量词要结合起来才能修饰名词。例如:

fu³³ bui¹¹ seɯ¹¹ 三本书　　　　　　　tsɯ³¹ ŋom³¹ ŋo³³ 一座山
三　CL　书　　　　　　　　　　　一　CL　山

能够直接与数词搭配的,是兼作量词的时间名词。如:tsɯ²¹van¹¹"一天"、tsɯ³¹sap¹¹
"一晚"、tsɯ³¹pou³¹ "一年"。

名词不能重叠,除了兼表量词的时间名词。如:vaŋ⁵⁵-¹¹vaŋ¹¹ "天天"、pou³¹pou³¹
"年年"。

1.4.1.1 名词的性

表示人和动物的性别,一般要在名词前加上 pha³³(阳性)和 pai³³(阴性)。在
构词中,有些名词无须添加性别标记,但在句中,性别标记须显性出现。例如:

(20) pha³³-łuk¹¹　　nə¹¹　na³³　do²¹¹　tsɯ³¹　paŋ¹¹　ka³³.
　　　M-儿子　　　3sg　DEF　有　　一　　CL　　马
　　　他儿子有一匹马。

(21) nə¹¹　mai¹¹　kom³¹　fei¹¹　tso²¹¹,　mai¹¹　la:i³³　pha³³-thup¹¹.
　　　3sg　就　　还　　走　　MOOD　就　　看见　M-乌龟
　　　他继续走着,就看到乌龟。

(22) pai³³-me¹¹　nə¹¹　na³³　van³³　tsən³¹.
　　　F-母亲　　3sg　DEF　NEG　信
　　　他母亲不相信。

以上例子,在构词中,łuk¹¹"儿子"、thup¹¹"乌龟"、me¹¹"母亲"可不加性别
标记,但在叙述句中,性别标记须出现。

此外,pha³³可兼表指称男性的量词"个"。例如:

（23）khə¹¹   tha:n¹¹   suam¹¹ sai¹¹,   pha³³   hom¹¹   pha³³   hom¹¹.
      1pl-incl 分   果子   CL   CL   CL   CL
      咱们分果，一人一个。

在这里，pha³³是表男性量词的"个"，hom¹¹是表事物的个体量词"个"。

1.4.1.2 名词的强调

pai³³在话语中，常用在名词之前表示强调，使用较为普遍。例如：

（24）pai³³   ɬuk¹¹   na³³   mai¹¹   paɯ¹¹   pai³³ko³³   na³³.
      EMPH 儿子   DEF   就   回   夜晚   DEF
      儿子到晚上回来了。

（25）pai³³   thoŋ³¹ma¹¹   mai¹¹   thuk⁵⁵   a³¹   thuk⁵⁵.
      EMPH 竹节   就   爆开   RHY   爆开
      竹子就接连裂开。

例（24）（25）中，pai³³不是性别标记，而是强调标记，有提示焦点及强化句子某一成分的作用。强调标记 pai³³不仅可以用在名词之前，还能用在名词性短语之前。例如：

（26）həŋ³³ na³³,   pai³³   pom³³ ɬa¹¹rim¹¹ na³³ mai¹¹ tsa:m¹¹ tsa:m¹¹.
      PREP 那时   EMPH   嘴巴 尖嘴鱼   DEF 就   尖   尖
      从那时起，尖嘴鱼的嘴巴就变得尖尖的了。

（27）pai³³   faɯ³³   laŋ¹¹   leu¹¹   nə¹¹   na³³   ŋe⁵¹   tha:u³¹   uai⁵⁵.
      EMPH 九   CL   儿媳妇 3sg   DEF 一定 找   情人
      这九个媳妇肯定找了情人。

1.4.1.3 名词的数

名词没有表示"数"的标记，要表示名词的复数，则在名词前加数词为"一"以上数量结构。例如：

tsɯ³¹ vo³³ ŋa:u⁵⁵ 一群人   fu³³ laŋ¹¹ sat¹¹ 三只鸟
一   CL   人   三 CL 鸟

1.4.1.4 名词的指大指小

名词用 ɬuk⁵⁵-来指小，如：ɬuk⁵⁵kuŋ⁵⁵"小路"、ɬuk⁵⁵siaŋ¹¹"小花"（人名）、ɬuk⁵⁵viaŋ³³"内衣"、ɬuk⁵⁵khai¹¹"小鸡"、ɬuk⁵⁵sa³¹suŋ³³"缝儿"。指大则用形容词 luŋ¹¹"大"来

修饰名词，如：vaːu¹¹luŋ¹¹ "大碗"、ɬa¹¹luŋ¹¹ "大鱼"、thou¹¹luŋ¹¹ "大锅"。

me¹¹-既可表示雌性，也能表大和程度高，但是 me¹¹-不能直接修饰名词，必须与数量结构及强调标记 pai³³-共同修饰名词。例如：

pai³³	me¹¹	thoŋ³³	sai¹¹	好大一棵树
EMPH	AUG	CL	树	
pai³³	me¹¹	thɔu¹¹	siu¹¹	好大一锅油
EMPH	AUG	CL	油	
pai³³	me¹¹	toŋ³¹	ɬa¹¹	好多好多的鱼
EMPH	AUG	CL	鱼	

1.4.1.5 名词的有定无定

一般在名词前加数量结构表示无定。例如：

（28）kha¹¹　sai¹¹　na³³　　　dɔ²¹¹　fu³³　laŋ¹¹　sat¹¹.
　　　上　　树　　DEF/TOP　有　　三　　CL　　鸟
　　　树上有三只鸟。

表示名词的有定性，常在其后加定指标记 na³³。例如：

（29）pha³³te²¹¹　na³³　ɬuai¹¹　tsiŋ¹¹　ɬuai¹¹　kaŋ¹¹.
　　　恶霸　　　DEF　多　　　钱　　　多　　　银
　　　恶霸家财万贯。

（30）ba³¹　na³³　mai¹¹　sɔk¹¹　niaŋ¹¹　kha¹¹　vo³³.
　　　父亲　DEF　就　　疼　　疮　　　上　　头
　　　父亲头上长了个疮。

量词在一定的语境中，也能起到定指作用，此时量词所标记名词的指称对象，是话语中双方已知的信息。例如：

（31）khiu⁵⁵　zen³¹　laŋ¹¹　　　　pa¹¹　khui⁵⁵.
　　　卖　　　ASP　　CL/DEF　　狗　　肥
　　　卖掉那条肥花狗。

（32）"laŋ¹¹　tsau³³　heɯ⁵¹, na³³　fə¹¹　ka³¹　buai³³　pau³³　phɔu³³
　　　CL/DEF 奶奶　INJ　　那　1pl-excl 也　　已经　　知道　春
　　　mut¹¹mai³¹　ro²⁵⁵."
　　　稻米　　　　MOOD
　　　"奶奶啊，那我们都会春米了。"

1.4.1.6 方位名词

白沙牙叉话方位词 tew^{11} "上"、kha^{11} "之上"与名词性词语构成的方位短语兼表空间及处所义，置于谓词性词语之后作状语，而 fou^{11} "下"通常在 khw^{33} "在"或 sw^{33} "在"的介引下，才能构成介词结构作状语。例如：

（33）do^{211}　lan^{11}　sat^{11}　ben^{11}　pho^{11}　tso^{33}　tew^{11}　kha^{11}　$suai^{33}$　na^{33}.
　　　有　　CL　　鸟　　飞　　去　　停留　　上　　树枝　荔枝　DEF
　　　有只鸟飞过去停在荔枝树的树枝上。

（34）$fuuk^{11}$　mo^{11}　$thok^{11}$　kha^{11}　no^{33}　na^{33}　$tsin^{11}$　the^{211}.
　　　骨头　2sg　掉　　上　　山　　DEF　成　　旱蚂蟥
　　　你掉在山上的骨头变成了旱蚂蟥。

（35）mo^{11}　kom^{11}　ho^{11}　khw^{33}　fou^{11}　$vo^{33}ma^{11}$　na^{33}　lew^{31}.
　　　2sg　埋　　1sg　PREP　下面　竹子　　　DEF　IMPM
　　　你把我埋在竹子下边吧。

khw^{33}和sw^{33}既是方位名词"里"，也是介词"在"，当与之后的名词性成分结合得较为紧密时，其为"里"义，相当于复合词，如：khw^{33} nam^{33}/$sw^{33}nam^{33}$ "水里"、khw^{33} $plon^{33}$/$sw^{33}plon^{33}$ "家里"、khw^{33} sun^{33}/$sw^{33}sun^{33}$ "洞里"；但khw^{33}或sw^{33}与之后的名词性成分结合较为松散时，两者往往构成介词结构，khw^{33}或sw^{33}表方位兼处所义。例如：

（36）zou^{55}　no^{11}　khw^{33}　$plon^{33}$　ou^{51}　kou^{31}　a^{11}　$la{:}i^{33}$.
　　　放　　3sg　里　　家　　NEG　PERMS　别人　看见
　　　把它（宝物）放在家里，不让人看见。

（37）$pha^{33}\text{-}ei^{51}ko^{11}$　na^{33}　$la{:}i^{33}$　non^{31}　$buai^{33}$　$łuk^{55}$　khw^{33}　$plon^{33}$.
　　　M-胞兄　　　DEF　看见　妹妹　已经　进　　里　　家
　　　哥哥看到妹妹进了家里。

例（36）的khw^{33} $plon^{33}$ "在家里"是介词结构作补语，例（37）的$khw^{33}plon^{33}$ "家里"是方位短语作宾语。

此外，uk^{55} "里面"与khw^{33}/sw^{33}的区别是：uk^{55}指的是"内里"，khw^{33}/sw^{33}强调与外部空间相对的内部空间。例如：

（38）ho^{11}　$khun^{51}$　$łuk^{11}$　uk^{55}　$plon^{33}$　lou^{11}　$kho^{31}vian^{33}$.
　　　1sg　先　　进　　里　　屋　　换　　衣服
　　　我先进屋里换衣服。

（39）ho¹¹ khuŋ⁵¹ ɬuk¹¹ khɯ³³/sɯ³³ plɔŋ³³ lou¹¹ kho³¹viaŋ³³.
　　　1sg　　先　　进　　里　　　　　屋　　换　　衣服
　　　我先进屋里换衣服。

　　例（38）的言谈现场就在家里，说话人要去卧室换衣服；例（39）的言谈现场则在屋外，说话者表示要进房里换衣服。

1.4.2　动词

1.4.2.1　动词的重叠

　　动词一般较少使用重叠式，只有一些表具体行为动作和心理活动的单音节动词可以重叠，重叠后表示短暂、轻微义。例如：

（40）khə¹¹ thɯŋ¹¹ khɯ³³ziŋ³³ fei¹¹ fei¹¹.
　　　1pl-incl　出　　外面　　　　走　　走
　　　我们出去走走。

　　实际上，表示动作的时量少或尝试义，在动词后加短暂体标记 la:i³³（原义为"看"）是最为常见的。例如：

（41）khə¹¹ phə¹¹ tha:u⁵¹⁻³¹ la:i³³ ba³¹ khə¹¹ re³³.
　　　1pl-incl　去　找　　　　PNC　爸爸　1pl-incl　IMPM
　　　咱们去找找爸爸吧。

　　有时候，单音节动词重叠后也能后加la:i³³，表示行为的试探。例如：

（42）ho¹¹ khuŋ⁵¹ lo¹¹lo¹¹ la:i³³.
　　　1sg　　先　　看看　　PNC
　　　我先看看。

　　短暂体标记一般和动词结合得较紧密，宾语通常要放在 la:i³³ 后面，但有时宾语也可以插在动词和 la:i³³ 之间。例如：

（43）mə¹¹ ɬuk¹¹ khɯ³³nen³³ la:i³³.
　　　2sg　进去　　这里　　　PNC
　　　你进来一下。

　　但当宾语由小句充当时，宾语一定要置于 la:i³³ 之后。例如：

（44）thɔu³³ ho¹¹ na³³ phə¹¹ khɯ³³ suŋ¹¹ŋo³³ na³³ tha:u⁵¹⁻³¹ la:i³³ dɔ²¹¹
　　　等　　1sg　才　去　　里　　野外　　DEF　找　　PNC　有
　　　faŋ¹¹ mut¹¹ faŋ¹¹ mai³¹ van³³ re³³.
　　　种子　稻谷　种子　米　　NEG　IMPM

等我去野外找找看有没有稻种米种吧。

1.4.2.2 系动词（判断动词）

肯定判断句中，如句子是简单句，一般不用系动词。如：

（45）mə¹¹ （na³³） faːŋ¹¹ the⁵¹?
2sg DEF 村 哪儿
你是哪个村的？

若判断句是个复杂结构，主语由谓词性词语充当，或谓语较长，则一定要用系动词。白沙牙叉话有五个系动词：maŋ¹¹"是"、tsɯ³¹"是"、thom³¹"即"、kɯ³³"是"、ti³¹"是"，其中，ti³¹是海南闽方言借词。对事物进行客观的判断陈述时，除了 kɯ³³ 之外，其余四个系动词可以交替使用。例如：

（46）pai³³-noŋ³¹ na³³ phə¹¹ploŋ³³ pha³³-za³¹ na³³ tsɯ³¹ pha³³-ten³¹naŋ³¹.
F-妹妹 DEF 嫁 M-蛇 DEF 是 M-神人
妹妹嫁的那条蛇实际上是个神仙。

例句（46）的 tsɯ³¹"是"可以换成 maŋ¹¹"是"、thom³¹"即"、ti³¹"是"。maŋ¹¹"是"、tsɯ³¹"是"、thom³¹"即"、kɯ³³"是"的语义侧重点和句法功能各有不同。

1.4.2.2.1 maŋ¹¹

maŋ¹¹"是"注重事实的真实性，表示说话人语气强烈的断定或对事实的肯定推测。例如：

（47）pai³³-me¹¹ nə¹¹ mai¹¹ phə¹¹ lo⁵⁵⁻¹¹ laːi³³ maŋ¹¹ dak¹¹ re³¹.
F-母亲 3sg 就 去 看 PNC 是 真 IND
他母亲就去看看，是真的呀。

（48）nə¹¹ pau³³ khuŋ⁵⁵ muai¹¹, tsɯ³¹ maŋ¹¹ ŋaːu⁵⁵ muai¹¹.
3sg 懂 说 汉 就 是 人 汉
他会说汉语，应该是汉族人。

maŋ¹¹"是"能用于疑问句中，还能用来肯定回答，tsɯ³¹"是"、thom³¹"即"都不能。例如：

（49a）baŋ¹¹ ten³³ nen³³ na³³ maŋ¹¹ mə¹¹ vai³³ va³¹?
封 信 这 DEF 是 2sg 写 INT
这封信是不是你写的？

（49b）maŋ¹¹. vai³¹.
是　　不是
是。不是。

1.4.2.2.2　tsɯ³¹

当所陈述事件的真实性无法确认时，可以用tsɯ³¹，不能用maŋ¹¹或thom³¹。例如：

（50）la:i³³　ɬok¹¹　na³³　tsɯ³¹　suai¹¹　kha:u¹¹　rɯ⁵¹　pau¹¹.
看见　鼹鼠　DEF　是　鬼　白　要　回来
看到鼹鼠意味着白鬼要回来了。

tsɯ³¹还常用于谓词性词语之前，表示肯定的语气。例如：

（51）siu¹¹ŋa¹¹　tsɯ³¹　ɬen¹¹ɔk¹¹　va³¹.
毛薯酒　是　好喝　INJ
毛薯酒是好喝啊！

1.4.2.2.3　thom³¹

thom³¹"即"则着重对主语进行解释说明。例如：

（52）tɔu¹¹　faŋ¹¹　thom³¹　ɬuk¹¹　khɯ³³　faŋ¹¹　na³³　lo⁵⁵.
下　土　即　进　里　土　DEF　IND
下土就是入葬呀。

（53）na³³　ma³³　thom³¹　mə¹¹　pha³³lak¹¹　ia³¹　deɯ¹¹　buai³³.
那　只　即　2sg　自己　能　用　MOOD
那是只能你自己用啊。

1.4.2.2.4　kɯ³³

kɯ³³"是"主要用来阐释事情的原委，说明事情发生的原因是什么。例如：

（54）kiŋ³³kiŋ³³kɔŋ³³kɔŋ³³　kɯ³³　mə¹¹　vop¹¹mɔu³¹ra³¹?
ONOM　是　2sg　做什么
"咣啷咣当"是因为你在做什么吗？

（55）ɬou³³　ha³¹,　kɯ³³　ho¹¹　tsat⁵⁵ha:i³³　kha¹¹　daŋ¹¹　ha¹¹　mə¹¹.
哥哥　INJ　是　1sg　拉屎　上　面前　腿　2sg
哥哥啊，是我拉屎在你的腿上。

ti³¹"是"作判断动词时用法与maŋ¹¹一致，也有tsɯ³¹加强语气的副词用法。
系动词的否定形式是vai³¹"不是"，在正反问句中，常与肯定系词maŋ¹¹"是"合用。例如：

（56）da:m¹¹　phə¹¹　en³³　plauɯ¹¹　zɔu¹¹　lo¹¹　la:i³³　maŋ¹¹　ɬuɯ³³　laŋ¹¹
　　　想　　去　　一点　近　　CONJ　看　PNC　是　　两　　CL
　　　ɬuɯk¹¹　na³³　kuɯ³³　vai³¹.
　　　孩子　DEF　CONJ　不是
　　　想去走近一点看是不是那两个孩子。

1.4.2.3 能愿动词（助动词）

白沙牙叉话能愿动词从语义来划分，可分为两大类。

第一类表示行为者的能力和意愿或行为发生的可能性：ia³¹ "能/得/可以"、dai³¹ "肯"、dai⁵¹ "不肯"、kiau⁵⁵ "可能"、da:m¹¹ "想/愿意"、van³³da:m¹¹ "不想"、ai³³ "不愿"、ai³¹ "敢"、da³³ "怕/不敢"、ɔi⁵¹ "会"、van³³ɔi⁵¹ "不会"、pauɯ³³ "会"、ɬom³³ "不会"。

第二类表示动作或行为的必要性或即将发生：khem³³ "必须"、ruɯ⁵¹ "将要"、kuɯ³³ "将要"。

能愿动词通常放在核心动词前作状语，但有一部分表意愿的能愿动词（如pauɯ³³、ɬom³³、da:m¹¹、ai³³等）能直接作谓语核心，后带宾语。例如：

（57）nə¹¹　　ɬom³³　　seɯ¹¹.
　　　3sg　　不会　　字
　　　他不识字。

（58）nə¹¹　　ai³³　　nə¹¹.
　　　3sg　不愿　3sg
　　　她不喜欢他。

kuɯ³³和ruɯ⁵¹都有"将要""即将"之意，但两者的用法有区别，kuɯ³³强调事情发生的必然性，ruɯ⁵¹推测事件行为即将发生。例如：

（59）suɯ³³saŋ¹¹　khə¹¹　deɯ¹¹doŋ⁵⁵　ni⁵¹, ti³¹　khuŋ⁵¹　kuɯ³³　　uŋ³³ɲa:ŋ¹¹.
　　　从前　　1pl-incl　结婚　　　TOP　是　先　　要　　　谈恋爱
　　　以前我们结婚之前呢，要先谈恋爱。

（60）pai³³　　nen³³　na³³　buai³³　ruɯ⁵¹　dɔʔ¹¹　viŋ¹¹　ruɯ⁵¹　dɔʔ¹¹
　　　EMPH　这个　DEF　已经　要　　有　　凶兆　即将　有
　　　suɯ³¹　　boi³¹.
　　　事情　　IND
　　　这就是说要有凶兆发生，要发生大事了。

1.4.2.4 动名词同形

有一些动词与名词同形，比如说 zum¹¹ 既是"蛋"，也是"生蛋"；foŋ¹¹ 既是"雨"，也是"下雨"。例如：

（61）khai¹¹　ruɯ⁵¹　zum¹¹.
　　　鸡　　要　　生蛋
　　　鸡要下蛋。

（62）lo¹¹　fa³³　buai³³　ruɯ⁵¹　foŋ¹¹　　mɔ³¹.
　　　看　天　已经　要　　下雨　　IMPM
　　　看天色会下雨吧？

1.4.2.5 趋向动词

白沙牙叉话只有单音节趋向动词，没有双音节趋向动词。如：kha:ŋ¹¹"上"、tɔu¹¹"下"、ɬuk¹¹"进"、thuɯŋ¹¹"出"、pauɯ¹¹"回来/回去"、luɯŋ¹¹"返回"、phə¹¹"来/去"、ku³¹"过"。thuɯŋ¹¹通过变调表示不同的动作趋向，thuɯŋ¹¹"出来"，thuɯŋ⁵⁵"出去"。

要表示与汉语"过来""过去""上来""下去"等义的双音节趋向动词，须在单音节趋向动词后加表方位的指示代词。如：ku³¹nen³³"过来"、phə¹¹nen³³"过来"、phə¹¹na³³"过去"、kha:ŋ¹¹nen³³"上来"。

趋向动词主要的语法功能就是作谓语核心，或作补语表示动作的趋向。但 luɯŋ¹¹ 不能单独作谓语，只能在动词之后作补语。

1.4.2.6 动词的体

白沙牙叉话动词常见的体有九种。

1.4.2.6.1 完成体

用副词 buai³³"已经"或起煞尾作用的语气词 bauɯ³¹ 表示动作或状态已实现。例如：

（63）mai¹¹　ŋa:m³³　luam¹¹　tsiŋ¹¹kham³³　na³³　buai³³　foi⁵⁵⁻¹¹.
　　　就　　刚　　合　　肉茶　　　DEF　已经　熟
　　　刚好肉茶熟了。

（64）sem³¹　rit⁵⁵,　nə¹¹　mai¹¹　but¹¹khei³¹　bauɯ³¹.
　　　说　完　3sg　就　咽气　　MOOD
　　　说完，她就咽气了。

1.4.2.6.2 进行体

用副词 fat⁵⁵"正在"表示动作正在进行。例如：

（65）pha³³-ɬɯk¹¹　nə¹¹　na³³　fat⁵⁵　kɔu³¹　ket⁵⁵　zok⁵⁵suŋ⁵¹.
　　　 M-儿子　　　 3sg　DEF　正在　躺　　附近　角落
　　　 她儿子正躺在角落里。

（66）laːi³³　ko⁵⁵　nə¹¹　fat⁵⁵　rɔu¹¹khɔu³¹　khɯ³³　na³³.
　　　 看见　哥哥　3sg　正在　休息　　　　PREP　那里
　　　 看见她哥哥正在那里休息。

1.4.2.6.3 终结体

在动词后面加 zen³¹ 凸显行为的终结点，强调动作行为不再继续。例如：

（67）mai¹¹　kiau¹¹　zen³¹　pai³³　vo³³　　pai³³　pe³³　na³³.
　　　 就　　剪　　ASP　EMPH　头发　　EMPH　其他　DEF
　　　 就把头发什么的剪掉。

（68）mai¹¹　lap¹¹　zen³¹　pai³³　ra³¹　van³³　tsoŋ³³　na³³.
　　　 就　　补充　ASP　EMPH　地方　NEG　绣　　　DEF
　　　 就把没绣的地方全补上（图案）。

zen³¹ 通常紧跟动词之后出现，有时也放在动宾结构之后。例如：

（69）pai³³　　siu¹¹　na³³　mai¹¹　tak¹¹　nam³³　zen³¹.
　　　 EMPH　酒　　DEF　就　　停　　（酒）水　ASP
　　　 蒸酒就不出（酒）水了。

1.4.2.6.4 持续/未竟体

语气词 tsoʔ¹¹ 置于句末，常常表示行为或状态的持续。例如：

（70）nə¹¹　mai¹¹　kom³¹　fei¹¹　khaːŋ¹¹　tsoʔ¹¹.
　　　 3sg　就　　还　　走　　上去　　MOOD
　　　 她就还继续向前走着。

（71）ɬɯk¹¹　na³³　mai¹¹　voŋ³³　a³¹　voŋ³³　tsoʔ¹¹.
　　　 儿子　DEF　就　　扇　　RHY　扇　　MOOD
　　　 儿子就不停地扇啊扇着。

（72）ma³³kɯ³³　van³³laːi³³　meɯ¹¹　khɔk¹¹　tsoʔ¹¹.
　　　 CONJ　　没有　　　手　　脚　　MOOD
　　　 但是还没长出手脚呢。

tso²¹¹还可表示相同事态的再度发生，相当于"又"。如：

（73）ai³³ kɔu³¹　　a¹¹ laːi³³　　nə¹¹ bɔu³³ siu¹¹, da³³ a¹¹ tsəŋ³³ tso²¹¹.
　　　不愿 PERMS 别人 看见 3sg 煮 酒 怕 别人 咒 MOOD
　　　不想让别人看到她煮酒，怕是别人又要诅咒。

1.4.2.6.5 重复体

将语气词tham¹¹置于句末，或在动词后加标记luŋ¹¹（本义为"回"）来表示行为或状态的重复，相当于"再""又"。例如：

（74）mə¹¹　　ɔu⁵¹　　heɯ⁵¹　　tham¹¹.
　　　2sg NEG INTERJ MOOD
　　　你别再"哎"了。

（75）mə¹¹　　ɔu⁵¹ uan³³　　tham¹¹, kɯ³³　　ho¹¹ buai³³ thaːn⁵⁵⁻¹¹ kɔu³¹
　　　2sg NEG 埋怨 MOOD CONJ 1sg 已经 分 BEN
　　　mə¹¹　　ta³¹.
　　　2sg 水田
　　　你别再埋怨了，因为我已经分给你田了。

（76）pha³³-ba³¹　　ma³³ mai¹¹ thaːu³¹ luŋ¹¹ tsɯ³¹ laŋ¹¹ me¹¹no³³.
　　　M-父亲 只 就 找 REP 一 CL 继母
　　　父亲只得找了个继母。

（77）laŋ¹¹　　me¹¹no³³ na³³ mai¹¹ ɬou¹¹ luŋ¹¹ tsɯ³¹ laŋ¹¹ ɬuk¹¹pha³³maːŋ¹¹.
　　　CL 继母 那 就 生 REP 一 CL 男孩
　　　那个继母就又生了个男孩。

但在语义上，tham¹¹和luŋ¹¹有细微差别，tham¹¹表动作行为次数的叠加，luŋ¹¹则表动作行为的循环、反复。例如：

（78a）nə¹¹　　buai³³ sat⁵⁵⁻¹¹ tsɯ³¹ ke³³ mɔ⁵¹khɔ⁵¹si¹¹ tham¹¹.
　　　3sg 已经 买 一 辆 摩托车 MOOD
　　　他又买了一辆摩托车。

（78b）nə¹¹　　buai³³ sat⁵⁵⁻¹¹ luŋ¹¹ tsɯ³¹ ke³³ mɔ⁵¹khɔ⁵¹si¹¹.
　　　3sg 已经 买 REP 一 辆 摩托车
　　　他又买了一辆摩托车。

（78a）句表明又添置了一辆新的摩托车，（78b）句强调新买的摩托跟原先的同款同型号。

1.4.2.6.6 经历体

表示动作曾经发生过，标记有两个：thaŋ³¹和ku³¹。

（79）lom³¹ fei¹¹ thaŋ³¹ fu³³ daŋ³¹ nam³³.
又　　走　　EXP　　三　　CL　　河
又走过三条河。

（80）nə¹¹ van³³ tsɔŋ³³ ku³¹ si¹¹ben¹¹.
3sg　　没　　坐　　EXP　　飞机
他没坐过飞机。

还有一个从海南闽方言里吸收的koi³³。例如：

（81）zei³¹,　　　　diu¹¹khuŋ³¹ ka³¹ phə¹¹ koi³³ tsok¹¹ nen³³ re³¹.
INTERJ　　　　以前　　也　　来　　EXP PREP 这里 IND
唉，以前也顺着（山路）来过呀。

1.4.2.6.7 短暂/尝试体

在动词后加短暂体标记la:i³³表示动作的时短、少量。例如：

（82）lo¹¹ la:i³³ na³³ kɯ³³ tsom¹¹ kai¹¹aŋ³³ a³³re³¹.
看　PNC　那　　是　　一个　　土罐　　MOOD
看了一下那就是个土罐的呀。

1.4.2.6.8 结果体

在动词后加结果体标记daŋ³³，引出表示动作行为结果的补语。例如：

（83）kɯ³³uŋ³¹ buai³³ lo⁵⁵⁻¹¹ daŋ³³ zip³¹vi³¹.
CONJ　　　已经　看　　RST　　沉迷
因为已经看到入迷。

（84）ŋuŋ¹¹ na³³ niak⁵⁵⁻¹¹niak¹¹ daŋ³³ dia⁵¹ om³³ fei¹¹.
身体　DEF　很衰弱　　　RST　不能　甚至　走
身体虚弱到走都走不了。

1.4.2.6.9 先行体

在动词后加先行体标记zɔu¹¹，表示动作发生的先后次序。例如：

（85） va³¹　　zɔu¹¹　　suŋ³³khiaŋ³³,　zɔu⁵⁵　vo²⁵⁵　ou³¹.
　　　　开　　ASP　　窗　　　　CAUP　风　　吹
　　　　先开窗，通下风。

（86） eɯ¹¹　　zɔu¹¹　　tha³¹,　zɔu¹¹　ɬen¹¹　kha:ŋ¹¹.
　　　　盛　　ASP　　饭　　CAUP　好　　凉
　　　　先盛饭，让饭好凉。

1.4.2.7 动词的态

在动词或动词性词语后加上标记thuaŋ³³（本义为"伴儿"），表示动作和行为的相互性。例如：

（87） ɬou³³　laŋ¹¹　ei³¹noŋ³¹　na³³　　mai¹¹　ma³³siaŋ³³　lo¹¹　thuaŋ³³.
　　　　两　　CL　　姐弟　　　那　　就　　只有　　　　看　　RECIP
　　　　那两姐弟只有面面相觑。

（88） mai¹¹　ɬou³³　laŋ¹¹　fou⁵⁵　thuaŋ³³　　thom³¹na³³.
　　　　就　　两　　CL　　跟随　RECIP　　这样
　　　　两个人就这样相互追随了。

thuaŋ³³也可以放在动词重叠式之后。例如：

（89） ɬou³³　　laŋ¹¹　ba³¹me³³　uap⁵⁵⁻¹¹uap¹¹　thuaŋ³³.
　　　　两　　CL　　夫妻　　　很喜欢　　　RECIP
　　　　夫妻俩很恩爱。

1.4.3 形容词

1.4.3.1 形容词的重叠

单音节形容词重叠式为 AA 式，如果兼表程度加深，前一音节要变调：ɬen¹¹ "好" →ɬen¹¹ɬen¹¹ "好好" /ɬen⁵⁵⁻¹¹ɬen¹¹ "很好"、tsa:m¹¹ "尖" →tsa:m¹¹tsa:m¹¹ "尖尖" /tsa:m⁵⁵⁻¹¹tsa:m¹¹ "很尖"、phe²¹¹ "高" → phe²¹¹phe²¹¹ "高高" /phe²⁵⁵⁻¹¹phe²¹¹ "好高"。

双音节形容词根据构词方式的不同，重叠式分 AA 式、AABB 式、ABAB 式三种。述宾式合成词的重叠式为 AAB 式，重叠时第一个音节变调，表性状程度加深，如：ɬen¹¹phen¹¹ "干净" →ɬen⁵⁵⁻¹¹ɬen¹¹phen¹¹ "干干净净"、ɬen¹¹mɯŋ¹¹ "漂亮" →ɬen⁵⁵⁻¹¹ɬen¹¹mɯŋ¹¹ "漂漂亮亮"、te²¹¹ha:u³³→te²⁵⁵⁻¹¹te²¹¹ha:u³³ "特别难看"；单纯词则为 AABB 式，声调可变可不变，若要变调，则前一音节变调，如：zi³¹za³¹ "黑" →zi³¹zi³¹za³¹za³¹ 或 zi⁵⁵⁻³¹zi³¹za³¹za³¹ "黑黑漆漆"、baŋ¹¹ba:i¹¹ "马虎" →baŋ³¹baŋ³¹ba:i¹¹ba:i¹¹或 baŋ⁵⁵⁻³¹baŋ³¹ba:i¹¹ba:i¹¹ "马马虎虎"；联合式合成词的重叠形式有 AABB、ABAB 和"又 A 又 B"三种，AABB 式的前三个音节要变调，如：luŋ¹¹biaŋ¹¹

"宽敞" → luŋ⁵⁵⁻¹¹luŋ⁵⁵⁻¹¹biaŋ⁵⁵⁻¹¹biaŋ¹¹或 luŋ¹¹biaŋ¹¹luŋ¹¹biaŋ¹¹"宽宽敞敞"，或者
ziu¹¹biaŋ¹¹ziu¹¹luŋ¹¹"又宽又广"。

1.4.3.2 形容词的生动形式

1.4.3.2.1 fai³¹

形容词后面常加一个标记 fai³¹，语义上等同于形容词的重叠式。例如：

（90）la:i³³　pai³³　tha:ŋ¹¹　nam³³　na³³　khiu³¹　fai³¹.
　　　看见　EMPH　痕迹　水　DEF　明显　PAR
　　　很明显地看到了（龙钻水里）的痕迹。

（91）na³³　la:i³³　pai³³　mɔu³¹　na³³　ma³³　khɔu¹¹　fai³¹.
　　　那　看见　EMPH　东西　DEF　PAR　白　PAR
　　　就看到那东西白白的。

例句中的khiu³¹fai³¹＝khui³¹khiu³¹"很明显"，khɔu¹¹fai³¹＝khɔu¹¹khɔu¹¹"白白"，表示特定的状态。

fai³¹还能放在拟声词及动词之后，描绘人和事物的性质和状态。例如：

（92）pɔp⁵⁵　fai³¹　bit¹¹　kɔŋ³³　fen⁵⁵　kha¹¹　plɔŋ³³　na³³.
　　　ONOM　PAR　CL　柴火　扔　上　家　DEF
　　　"砰"地一声把柴火扔在地上。

（93）nə¹¹　buai³³　rɯ⁵¹　vi⁵⁵　na³³, nam³³　na³³　ma³³　ła³¹　fai³¹.
　　　3sg　已经　要　钻　那里　河　DEF　PAR　散开　PAR
　　　它（龙）要钻到那里，河水就自然分开了。

1.4.3.2.2 ma³³

描写句中，ma³³常加在状态形容词之前，或与fai³¹连用，放在名词、谓词语、拟声词、数量短语等之前，对情境加以描写和形容，使语言更加的生动形象。例如：

（94）ma³³　se³¹daŋ¹¹　tho³¹　plɔŋ³³　tau³³sa³³　mai¹¹　tɔu¹¹　ka³³.
　　　PAR　神采奕奕　到　家　外家　就　下来　马
　　　容光焕发地来到外家之后，就下了马。

（95）pai³³　　　suam¹¹　then¹¹　suam¹¹　piaŋ³³　na³³　ma³³　khuŋ³¹　fai³¹.
　　　EMPH　果实　葫芦　果实　南瓜　DEF　PAR　枝头　PAR
　　　南瓜、葫芦瓜长满枝头。

（96）pai³³　　　ɲa¹¹　na³³　ma³³　ram¹¹ba¹¹　san³¹.

EMPH 茅草 DEF PAR 四处 散开
茅草散落得到处都是。

（97）tsɯ³¹ laŋ¹¹ pha³³ŋa:u⁵⁵ na³³ ma³³ ruŋ³¹ fai³¹.
   一 CL 男人 那 PAR 挺拔 PAR
   那个男人玉树临风。

（98）mai¹¹ sun³³ pai³³ luap¹¹ za³¹ na³³ ma³³ thuk⁵⁵ a³¹ thuk⁵⁵.
   就 蜕 EMPH 鳞 蛇 DEF PAR ONOM RHY ONOM
   蛇鳞就"哗啦啦"地蜕掉了。

（99）pai³³ suam¹¹ then¹¹ suam¹¹ piaŋ³³ na³³ ha:ŋ¹¹ kha¹¹ kuap¹¹
   EMPH 果实 葫芦 果实 南瓜 DEF 攀爬 上 篱笆
   na³³ ma³³ plo³³ plo³³ suam¹¹.
   DEF PAR CL CL 果实
   葫芦藤、南瓜藤爬满了篱笆，长满了一串一串的果子。

1.4.3.3 形容词带宾语

形容词可以带宾语，宾语由名词性成分充当，是形容词所陈述的对象和内容。例如：

（100）mai¹¹ la:i³³ ɬuai⁵⁵ pe³³ ko²⁵⁵.
    就 看见 多 其他 谷子
    就看到了很多谷子什么的。

（101）laŋ¹¹ miu¹¹ nen³³ ta:u³³ sot¹¹.
    CL 猫 这 长 尾巴
    这只猫的尾巴很长。

（102）nə¹¹ buai³³ phuaŋ³³ ɬu³³ hom¹¹ va:u¹¹.
    3sg 已经 破 两 CL 碗
    他打破了两只碗。

1.4.3.4 形容词的级

一般通过重叠，并伴随声调变化的手段表示形容词性状程度的加深。此外，AB式双音节形容词可变为"A＋dak¹¹（真）＋AB"的形式，表示程度更深。例如：

（103）fɯk¹¹ pai³³ riŋ³³viaŋ³³ na³³ ɬen¹¹ dak¹¹ ɬen¹¹muŋ¹¹.
    织 EMPH 黎锦 DEF 好 真 漂亮

织的黎锦非常漂亮。

（104）nə¹¹　lom³¹　mai¹¹　viat⁵⁵　ka:u³³　dak¹¹　ka:u³³kha¹¹.
　　　　3sg　更加　就　挖　久　真　很久
　　　　她就再挖了好久好久的时间。

单音节形容词受形容词dak¹¹"真"修饰后表示程度更进一步，dak¹¹可叠加使用表示程度不断加深。例如：

（105）na³³　lai¹¹　dak¹¹　lai¹¹　dak¹¹　lai¹¹.
　　　　那里　远　真　远　真　远
　　　　那里特别特别远。

或者用程度副词et⁵⁵"非常"和ke¹¹"更"来表程度。例如：

（106）me¹¹　ho¹¹　tsɔk¹¹　tsɯ³¹　daŋ³¹　ma:ŋ⁵⁵　ni⁵⁵, et⁵⁵　ɬen¹¹ŋɔu³¹zai¹¹.
　　　　妈妈　1sg　讲　一　CL　故事　TOP　非常　好听
　　　　我妈妈讲的一个故事很好听。

还可通过差比句的句式来表示形容词的比较关系，后文再介绍。
表示程度最高，则在形容词前加副词tui³³"最"和tuŋ³³"最"。例如：

（107）tsaɯ³³　mai¹¹　fa:u⁵⁵　tui³³　ɬen¹¹.
　　　　奶奶　PREP　客人　最　好
　　　　奶奶总是对客人很热情。

（108）za³¹　pit¹¹　thuaŋ³³　na³　　　　tuŋ³³　luŋ¹¹　suai¹¹.
　　　　蛇　缠　RECIP　DEF/COMP　最　大　鬼
　　　　蛇缠在一起意味着是最凶的鬼。

1.4.4 数词和量词

1.4.4.1 数词
1.4.4.1.1 基数词
基数词中，系数词（一至九）和位数词fut⁵⁵/poŋ⁵⁵"十"、va:n⁵⁵"百"、ŋen⁵⁵"千"是固有的，va:n³¹"万"和i⁷⁵⁵"亿"为海南闽方言借词。
"一"有seɯ³³和tsɯ³¹两种说法，seɯ³³用于单独计数及出现在位数词之后；在量词或位数词之前要用tsɯ³¹。例如：

seɯ³³、ɬɔu³³、fu³³　一、二、三　　　　fut⁵⁵ seɯ³³　十一
一　二　三　　　　十　一

tsɯ³¹ laŋ¹¹ ɬa¹¹ 一条鱼　　　　　　　　　　tsɯ³¹va:ŋ⁵⁵leŋ³¹seɯ³³ 一百零一
一　　CL　鱼　　　　　　　　　　　　　一　百　零　一

"十"有 fut⁵⁵ 和 poŋ⁵⁵ 两种说法。fut⁵⁵可单独计数，如：khou¹¹、faɯ³³、fut⁵⁵"八、九、十"。fut⁵⁵也能和其他数词构成复合数词，复合数词是相加关系，fut⁵⁵读原调；复合数词是相乘关系，fut⁵⁵变读为11调，如：fut⁵⁵ɬɔu³³"十二"、ɬɔu³³fut¹¹"二十"。fut⁵⁵还能用于数量结构中，如 fut⁵⁵thuŋ³³sai¹¹"十棵树"。

poŋ⁵⁵在相加关系的复合数词中读原调，在相乘关系的复合数词中也变读为11调，如poŋ⁵⁵seɯ³³"十一"、ɬɔu³³poŋ¹¹"二十"。poŋ⁵⁵主要用来标量货币，量词可用可不用，例如：poŋ⁵⁵ seɯ³³（hom¹¹）kaŋ¹¹"十一块钱"。

1.4.4.1.2 序数的表示

表示长幼有序，用 luŋ¹¹"大"表老大，用 tɔk¹¹"小"或 sot¹¹"尾"表老幺。如：ɬɯk¹¹luŋ¹¹"大儿子"、ɬɯk¹¹tɔk¹¹/ɬɯk¹¹sot¹¹"小儿子"。

表示农历初一到初十，用"系数词＋日＋月"的格式表达。如：tsɯ³¹vaŋ¹¹ɲa:ŋ¹¹"初一"、ɬɔu³³vaŋ¹¹ɲa:ŋ¹¹"初二"、fut⁵⁵vaŋ¹¹ɲa:ŋ¹¹"初十"。

表示事物的次序，则照搬海南闽方言的说法。例如：duai¹¹et⁵⁵"第一"、duai¹¹zi¹¹"第二"、duai¹¹ta³³"第三"、duai¹¹ti⁵⁵"第四"等，以此类推。

1.4.4.1.3 十二地支纪日、纪年法

用黎族十二生肖和vaŋ¹¹"日"和pou³¹"年"构成合成词计算日子和纪年。例如：

vaŋ¹¹thaɯ¹¹　鼠日　　　　　　vaŋ¹¹ɬɔu³³　牛日　　　　　　pou³¹tsaŋ³³　虎年
vaŋ¹¹po³³　兔日　　　　　　　vaŋ¹¹tsei¹¹　龙日　　　　　　pou³¹saɯ³³　蛇年
vaŋ¹¹ŋa³³　马日　　　　　　　vaŋ¹¹mak¹¹　羊日　　　　　　pou³¹saŋ¹¹　猴年
vaŋ¹¹tsɔu³³　鸡日　　　　　　vaŋ¹¹thet¹¹　狗日　　　　　　pou³¹kaɯ³³　猪年

1.4.4.1.4 概数表示法

在数词或数量短语后加za¹¹"多"。例如：

fu³³　fut¹¹　za¹¹　li³¹　五十多里
五　十　多　里

thom⁵⁵　diam¹¹　za¹¹　diam¹¹tsuŋ³³　半个多钟头
半　点　多　钟头

用 tsɯ³¹vet⁵⁵/vet⁵⁵vet⁵⁵/ɬɯk⁵⁵vet⁵⁵/tsɯ³¹vi⁵⁵"一点儿"、tsɯ³¹kuam³¹"一些"、kei¹¹"几"表示不定量。kei¹¹"几"要构成量词短语才能修饰名词，"十几"要说成"十多"，如 fut⁵⁵za¹¹va:n³¹kaŋ³³"十多万元"。

数词连用。除"一"和"二"不能连用之外，"二"以上的两个或三个相邻的系数词可以连用。例如：

fu³³　so³³　laŋ¹¹　三四个　　　　　　ɬɔu³³　fu³³　so³³　laŋ³³　二三四个

三　　四　　CL　　　　　　　二　　三　　四　　CL

汉语的"一两个"要说成：

laŋ¹¹　mai¹¹　ɬou³³　或　　tsɯ³¹　laŋ¹¹　mai¹¹　ɬou³³　laŋ¹¹.

个　　CONJ　两　　　　　一　　CL　　CONJ　两　　CL

1.4.4.2 量词

量词分名量词和动量词两大类。

名量词又可分为个体量词、集体量词、度量衡量词及借用名量词。个体量词的分类性较强，如 laŋ¹¹"只"用于指称一般动物，而 paŋ¹¹"头"仅指牛和马，根据树木的不同特征，量词"棵"有 phuŋ³³、vo³³、thuŋ³³三种说法。

集体量词有表双数的 ɬum³³"双、对"和表多数的 vo³³"群"、toŋ³¹"堆"。

度量衡量词除了 ɬa:ŋ³¹"庹"、ŋop¹¹"拃"之外，其他的都是借自汉语。如：li³¹"里"、ken³³"斤"、luŋ³¹"两"、ten³¹"斗"、du³¹"石"等。

借用名量词有借自名词的：tsɯ³¹kai¹¹nam³³"一桶水"、tsɯ³¹va:u¹¹tha³¹"一碗饭"、ɬou³³la³³ mai³¹ka³³"两箩筐糯米"等；有借自动词的：tsɯ³¹khop¹¹mai³¹"一捧米"、tsɯ³¹dɔk⁵⁵zou¹¹"一滴油"等。

动量词较少，常用 ba:n¹¹"次、下、回、遍"，fuai¹¹"下、次、遍"来表示动作的次数。另外也有借用动量词，如 thet⁵⁵ nə¹¹ ɬou³³ khɔk³¹"踢他两脚"、kan³³ lou³³ ŋo²¹¹"咬两口"等。

量词不能重叠，要在量词前加 mui³¹"每"表示"每一"。例如：

（109）bet⁵⁵　plɔŋ³³　ho¹¹,　mui¹¹　laŋ¹¹　ri³³　khui³³.

鸭　　　家　　　1sg　每　　CL　都　　肥

我家的鸭子，只只都肥。

1.4.5 代词

1.4.5.1 人称代词

表 4　白沙牙叉话的人称代词

	第一人称	第二人称	第三人称
单数	ho¹¹	mə¹¹	nə¹¹
复数	khə¹¹（包括式）/fə¹¹（排除式）	sə¹¹	khoŋ¹¹na³³

在叙述句中，nə¹¹也可表第三人称复数，nə¹¹还常与数量结构构成同位结构表示复数，如 nə¹¹ɬou¹¹laŋ¹¹"他们两个"、nə¹¹fu³³laŋ¹¹"她们三个"。

此外，人称代词还有 pha³³lak¹¹（男说）"自己"、laŋ¹¹lak¹¹（女说）"自己"、a¹¹"别人、人家"、təŋ¹¹təŋ¹¹"大家"等。

1.4.5.2 指示代词

有表示近指的 nen³³ "这" 和表远指的 na³³ "那"，另外还有一个表示近指的语素 ne³¹，只能在表时间的复合词中出现，不能独立使用，如：ko³³ne³¹ "今晚"、khai⁵⁵ne³¹ "现在"、pɔu³¹ne³¹ "今年"、vaŋ¹¹ne³¹ "今天"。

nen³³和na³³可指人、物、数量、程度、方位、方式等，一般使用基本形式，有时为了明确语义，也和其他语素构成复合形式，如 doŋ¹¹nen³³ "这样"、doŋ¹¹na³³ "那样"、khu³³nen³³ "这里"、khu³³na³³ "那里"、fiaŋ⁵⁵nen³³ "这边"、ma⁵⁵nen³³ "这样"、ma⁵⁵na³³ "那样"等。

指示代词和数量结构构成指量结构修饰名词时，数量结构放在名词之前，指示代词须放在名词之后，数词为"一"时，常常省略。例如：

（110）ɬou³³   vaŋ¹¹   ne³¹   dɔ²¹¹   vet⁵⁵   kha:i³¹.
两   CL   这   有   点   冷
这两天有点冷。

（111）paŋ¹¹   soi³³   nen³³   ɬen¹¹,paŋ¹¹   soi³³   na³³   te²¹¹.
CL   牛   这   好   CL   牛   那   不好
这头牛好，那头牛不好。

当指量结构与其他修饰性成分（形容词、领属性定语）共现时，这些修饰性成分也置于中心词后边，指示代词要在最外围。例如：

（112）a³³ta³³   buai³³   hou³³   laŋ¹¹   khai¹¹   nə¹¹   na³³.
阿三   已经   杀   CL   鸡   3sg   那
阿三杀了他家的那只鸡。

（113）nə¹¹   mai¹¹   khuŋ³³   mai¹¹   laŋ¹¹   ɬɯk⁵⁵-sat¹¹   toŋ³³   pom³³   na³³.
3sg   就   说话   CONJ   CL   DIM-鸟儿   红   嘴巴   那
他就跟那只红嘴巴的鸟儿说话。

指示代词可以单独作主语、宾语。例如：

（114）nen³³   pit⁵⁵   ku³¹   na³³.
这   黑   CMP   那
这个黑过那个。

指示代词直接修饰名词时，也放在名词之后。例如：

（115）suam¹¹sai¹¹   nen³³   dai⁵⁵   ia³¹   lɔ²¹¹.
果子   这   不能   吃
这种果子不能吃。

此外，白沙牙叉话中，na³³"那"是一个多功能词，有五种语法作用。

第一，定指标记

na³³可附加在名词、代词、方位短语、指量结构、领属结构等各种语类之后，表示所指称事物的有定性。例如：

（116）nə¹¹　na³³　ɬuk¹¹　luŋ¹¹　ho¹¹.（人称代词）
　　　　3sg　DEF　儿子　大　1sg
　　　　他是我的大儿子。

（117）pha³³-ɬuk¹¹　nə¹¹　na³³　dɔ²¹¹　tsɯ³¹　paŋ¹¹　ka³³.（领属结构）
　　　　M-儿子　3sg　DEF　有　一　CL　马
　　　　她儿子有一匹马。

（118）nen³³　na³³　pla³¹.（指示代词）
　　　　这　DEF　什么
　　　　这是什么？

（119）na³³　ti³¹　tsɯ³¹　duan⁵¹　nen³³　na³³　thom³¹na³³.（指量结构）
　　　　那　是　一　CL　这　DEF　这样
　　　　那这一段故事就是这样子。

（120）mai¹¹　fit⁵⁵　tɔu¹¹　sɯ³³　nam³³　na³³, rim³¹　tɔu¹¹　sɯ³³　tɔu¹¹　na³³.
　　　　就　扔　下　里　河　DEF　抛　下　里　下　DEF
　　　　就扔到河里，抛下河里。（方位短语）

（121）ma³³　kho²¹¹　pai³³　ɬuk¹¹　nə¹¹　ɬou¹¹　na³³　buai³³.（定语从句）
　　　　只　疼爱　EMPH　孩子　3sg　生　DEF　MOOD
　　　　只疼爱她生的孩子罢了。

na³³与定指成分主要在主语位置出现，可也作宾语。例如：

（122）ɬom³³vaŋ¹¹　za³¹　na³³　dɔ²¹¹　dak¹¹, mai¹¹　kan³³　pai³³-me¹¹　na³³　zui³³.
　　　　原来　蛇　DEF　有　毒　就　咬　F-母亲　DEF　死
　　　　原来蛇有毒，就把后妈咬死了。

（123）pui³³　fit⁵⁵　mə¹¹　na³³　kɔu³¹　ho¹¹　rai³¹.
　　　　拿　扁担　2sg　DEF　给　1sg　用
　　　　拿你的扁担给我用一下。

na³³置于谓词性词语之后，起定指作用的同时还能使之名词化。例如：

（124）ruaŋ³¹　na³³　ɬen¹¹　lɔʔ²¹¹, tseŋ³³　na³³　te²¹¹　lɔʔ²¹¹.
　　　　煮　DEF　好　吃　蒸　DEF　难　吃
　　　　煮饭好吃，蒸饭不好吃。

第二，话题标记
na³³表定指时，常在话题位置出现，兼作话题标记。例如：

（125）suɯ³³saŋ¹¹　na³³　　dɔ²¹¹　tsɯ³¹　daŋ³¹　ma:ŋ⁵⁵　ma⁵⁵nen³³.
　　　　从前　　DEF/TOP　有　一　CL　故事　这样
　　　　以前呢，有这样一个故事。

（126）duai¹¹et⁵⁵　tsoŋ³³　na³³　　　deɯ¹¹　pai³³　pla³¹　tek⁵⁵　voi¹¹　ni⁵⁵?
　　　　第一　　绣　DEF/TOP　　用　EMPH　什么　颜色　线　INT
　　　　绣锦第一步，要用什么颜色的线呢？

（127）fuk¹¹　riŋ³³　na³³　　deɯ¹¹　voi¹¹　　pla³¹　fuk¹¹　ni⁵¹?
　　　　织　锦　DEF/TOP　INST　线　　什么　织　INT
　　　　织锦的话，要用什么线织呢？

第三，连词的用法
在语篇中，na³³还能起到衔接上下文的作用，表示顺承关系。例如：

（128）ka³¹　buai³³　ɬom³³　kuŋ⁵⁵　paɯ¹¹　ro²⁵⁵,　na³³　tsɯ²⁵⁵　rɯ¹¹
　　　　也　已经　不知道　路　回去　MOOD　那　怎么　要
　　　　lei³¹mɔu⁵¹the⁵¹　bɔ⁵¹?
　　　　做什么　　　　INT
　　　　也不知道回去的路了，那要怎么办呢？

（129）khə¹¹　　lei³¹　viaŋ³³　ɬai¹¹　na³³, na³³　lei³¹　zoŋ³³　na³³　ma³³　lei³¹
　　　　1pl-incl 做　上衣　黎族　DEF　那　做　脖子　DEF　只　做
　　　　tsɯ³¹　daŋ³¹　tɔu¹¹　buai³³.
　　　　一　CL　下去　MOOD
　　　　做咱们黎族的上衣，那只要往领子那儿直接一刀剪下去就行了。

第四，标句词
当主语由小句充当时，往往由na³³充当标句词，引导主语从句。例如：

（130）ruaŋ¹¹　luŋ¹¹　thiu¹¹　na³³　　　　tsɯ³¹　ko¹¹noŋ³¹　plaɯ⁵⁵-¹¹plaɯ¹¹.
　　　　叫　　大　　声音　DEF/COMP　　是　　亲戚　　　很近
　　　　叫大声即是很亲的亲人（过世）。

（131）za³¹　pit¹¹　thuaŋ³³　na³³　　　　tuŋ³³　luŋ¹¹　suai¹¹.
　　　　蛇缠　RECIP　DEF/COMP　最　　大　　鬼
　　　　蛇缠在一起意味着鬼最凶。

　　第五，语气词
　　na³³在句尾出现时，有语气词的用法。例如：

（132）kɯ³³uŋ³¹　buai³³　la:i³³　pha³³-ɬeɯ¹¹za³¹　na³³　pau¹¹　na³³.
　　　　CONJ　已经　看见　M-蛇妹夫　　　　DEF　回来　MOOD
　　　　因为看到妹夫回来了。

1.4.5.3 疑问代词

表5　白沙话牙叉话的疑问代词

疑问代词	语义	指代	句法功能
a¹¹ra⁵¹ "谁"	问人	代名词	主语、定语、宾语
pla³¹ra³¹/mɔu⁵¹pla³¹ "什么"	问物	代名词	宾语、定语
the⁵¹ "哪里"	问处所	代名词	宾语
pai³³the⁵¹ "哪个"	问选择	代名词	宾语、定语
doŋ¹¹the⁵¹ /lei³¹mɔu⁵¹the⁵¹ "怎么"	问方式	代谓词	状语
pla³¹the⁵¹ "怎样"	问状态	代谓词	谓语
phɯŋ⁵⁵the⁵¹ "什么时候"	问时间	代名词	状语、谓语
ɬuai¹¹to³¹ "多少" kei¹¹ "几"	问数量	代名词	定语
lei³¹pai³³pla³¹ "为什么"	问原因	代谓词	状语
lei³¹pla³¹ "干什么"	问行为	代谓词	谓语

　　tsɯ²⁵⁵是表示反诘口气的副词，单用时不表示疑问，而是通过无疑而问的方式表明说话者的真实态度。例如：

（133）"hu^{51}, a^{11}ra^{51} tsɯ$^{?55}$ ia^{31} hou^{33} ɬuk^{11} ho^{11} bɔ^{55}?"
　　　INTER 谁 怎么 能 杀 儿子 1sg INT
　　　"嘿，谁能杀了我儿子嘛？"

（134）tsɯ$^{?55}$ dɔ$^{?11}$ ka^{31} ɬou^{11} tso$^{?55}$?
　　　怎么 有 还 活 MOOD
　　　怎么还能活着嘛？

　　　tsɯ$^{?55}$还常与疑问代词连用，以加强疑问的口气。例如：

（135）na^{33} tsɯ$^{?55}$ lei^{31}pla^{31} zou^{11} tak^{11} nam^{33}siu^{11}?
　　　那 怎么 干什么 CAUP 停 酒水
　　　是什么原因让酒水停了啊？

（136）na^{33} 　　tsɯ$^{?55}$ lei^{31}mou^{51}the^{51} thom^{31}nen^{33}?
　　　那 　怎么 怎么 　这样
　　　怎么会这样呢？

1.4.6 副词

1.4.6.1 表示程度

有et^{55} "非常"、tuŋ^{33} "最"、tui^{33} "最"、ke^{11} "更"、luam^{51} "太"、fat^{55} "越"、en^{33} "有点儿"等。这类副词一般用来修饰形容词，语序以置于形容词之前为常。例如：

et^{55} kaːu^{33} kha^{11} 很久的时间　　　ke^{11} hiaŋ^{33} vɔŋ^{33}vaŋ^{11} 更卖力扇风
非常 久 时间　　　　　　　　　更 努力 扇风
tuŋ^{33} ɬen^{11} 　最好　　　　　en^{33} lai^{11} 　　　　　有点远
最 好　　　　　　　　　　有点 远

程度副词可以重叠，如：tuŋ$^{55\text{-}33}$tuŋ^{33}taːu^{33} "超级长"、en$^{55\text{-}33}$en^{33}te$^{?11}$ "有点坏"。

1.4.6.2 表示范围

有ka^{31} "也"、ri^{33}/rɯ^{33} "都"、təŋ^{11}təŋ^{11} "全部"、ma^{33} "只"、ma^{33}siaŋ^{33} "只有"等。这类副词一般用来修饰动词，通常放在动词之前。例如：

（137）ka^{31} pau^{11} lo^{11} ho^{11}.
　　　也 回来 看 1sg
　　　也回来看我。

（138）ma^{33} ɔk^{11} tsu^{31} duan^{31} siu^{11}.
　　　只 喝 一 CL 酒

只喝了一顿酒。

1.4.6.3 表示时间

有 buai³³ "已经"、fat⁵⁵ "正在"、ruam⁵¹ "刚"、aŋ³³ "刚"、na³³ "才"、tsɯ³¹ "就"、mai¹¹ "就"、ma³¹ "就"、tsɯ⁵⁵ "接着"等。这类副词多用在动词和形容词之前。例如：

（139）nə¹¹   ruam⁵¹   tho³¹   plɔŋ³³   aŋ³³.
      3sg   刚   到   房子   坡地
      他刚到山寮。

（140）nə¹¹   mai¹¹   mou¹¹   fei¹¹.
      3sg   就   烧   火
      她就烧火。

aŋ³³ 是一个后置副词，要放在句末。例如：

（141）ho¹¹   buai³³   lɔ⁵⁵⁻¹¹   tha³¹   aŋ³³.
      我   已经   吃   饭   刚
      我吃过饭了。

1.4.6.4 表示频率

有 kom³¹ "还"、ka³¹ "还"、lom³¹ "又"、kuai³³ "再、又"、ɳeɯ⁵⁵ɳa¹¹ "经常"。这类副词常出现在动词前面。例如：

（142）kom³¹   la:i³³   dɔ²¹¹   thiu¹¹   heɯ⁵¹   tso²¹¹   a¹¹.
      还   看见   有   声音   INTERJ   MOOD IND
      还听到有 "heɯ⁵¹" 的应答声。

（143）lom³¹   fei¹¹   thaŋ³¹   fu³³   daŋ³¹   nam³³.
      又   走   EXP   三   CL   河
      又走过了三条河。

1.4.6.5 表示否定

有 van³³ "不"、ɔu⁵¹ "别"、iu³³ "别、不要"。这类副词要用在动词或形容词前面。例如：

van³³   da³³ 不怕   ɔu⁵¹   sem³¹ 别说   iu³³   sem³¹ 别说
不   怕   别   说   别   说

1.4.6.6 表示语气和方式

有 fai³¹"空、白"、lei³¹kai³¹"随便"、tsɯʔ⁵⁵"怎么"、na³³kɯ³³"根本"、łom³³vaŋ¹¹"原来"，zɔu¹¹"竟然"等。这类副词通常放在动词之前，在无系词的判断句中，有时在句首出现。例如：

（144）łom³³vaŋ¹¹　　pai³³-me¹¹no³³　　nə¹¹　　na³³　　e³³re³¹.
　　　　原来　　　　F-继母　　　　　　3pl　　DEF　　MOOD
　　　　原来是他们的继母的呀。

（145）pai³³-va⁵¹　　na³³　　tsɯʔ⁵⁵　　van³³　　pauu¹¹　　vet⁵⁵vet⁵⁵.
　　　　F-姑姑　　DEF　　怎么　　　NEG　　回来　　　一点儿
　　　　姑姑怎么老不回来。

1.4.7 连词

1.4.7.1 连接词和短语

这类连词有mai¹¹"和"、nam³³"及"、zɔu¹¹"并且、而且"，前两者表示等立关系，后者表示等立关系或递进关系。

mai¹¹"和"使用频率较高，主要连接名词及名词性短语，nam³³"及"的作用与之相同，但在口语中较少用。例如：

（146）"na³³　　ho¹¹　　mai¹¹　　mə¹¹　　na³³　　van³³　　tsiŋ¹¹　　me¹¹　　mai¹¹　　łuk¹¹."
　　　　那　　1sg　　CONJ　　2sg　　DEF　　NEG　　成　　母亲　　CONJ　　儿子
　　　　"那我和你就做不了母子了。"

（147）tsɯ³¹　　deɯ¹¹　　tsɯ³¹　　laŋ¹¹　　ut⁵⁵　　mai¹¹　　tsɯ³¹　　kai¹¹　　nam³³siu¹¹.
　　　　就　　要　　一　　CL　　猪　　CONJ　　一　　CL　　酒水
　　　　就要一头猪和一坛酒。

（148）（tsɯ³¹）kai¹¹tsen³³　　siu¹¹　　nam³³　　tsɯ³¹　　thuk¹¹　　tsiŋ¹¹ła¹¹.
　　　　一　　CL　　酒　　CONJ　　一　　CL　　鱼茶
　　　　一土罐酒和一包鱼茶。

mai¹¹在句中还能重复使用，所连接的成分结构一致。例如：

（149）laŋ¹¹　　ei⁵¹　　mai¹¹　　laŋ¹¹　　ko⁵⁵　　mai¹¹　　laŋ¹¹　　noŋ³¹sot¹¹.
　　　　CL　　姐姐　　CONJ　　CL　　哥哥　　CONJ　　CL　　小妹
　　　　一个姐姐，一个哥哥和一个妹妹。

mai¹¹有时也可连接谓词性词语。例如：

（150）nə¹¹ mai¹¹ ru¹¹ ha:i⁵¹ laŋ¹¹ pha³³ na³³ mai¹¹ po²¹¹ pai³³ laŋ¹¹
　　　3sg 就 要 害 CL 男 那 CONJ 抓 EMPH CL

　　　ɬuk¹¹ mɔu³³ na³³.
　　　彩虹姑娘 那
　　　他想要陷害那个男的，还有把那个彩虹姑娘抓起来。

　　mai¹¹还能放在句末作后置连词，表伴随关系。例如：

（151）om³³ pai³³-me¹¹ na³³ ka³¹ la:²¹¹ mai¹¹.
　　　甚至 F-母亲 DEF 也 骂 CONJ
　　　连他自己的母亲也一同骂了。

　　zɔu¹¹"并且、而且"主要连接谓词性词语。例如：

（152）pai³³ fa³³ na³³ kup¹¹dam³³zam³¹he¹¹ zɔu¹¹ ma³³ thuk⁵⁵pit⁵⁵.
　　　EMPH 天 DEF 天昏地暗 CONJ PAR 黑漆漆
　　　一下天昏地暗，并且伸手不见五指。

（153）tha:u³¹ zou¹¹ zɔu¹¹ suŋ¹¹ zou¹¹ a¹¹.
　　　找 油 CONJ 借 油 人家
　　　找油并向别人借油。

（154）mai¹¹ kho²⁵⁵-¹¹kho²¹¹-sa¹¹ zɔu¹¹ sɔk⁵⁵-¹¹sɔk¹¹-sem¹¹.
　　　就 很怜惜 CONJ 很伤心
　　　就哀怜（她）且为她伤心。

1.4.7.2 连接词、短语和分句

　　有a¹¹ku³³"或者"、ku³³"或者"。这类连词能连接谓词性词语和分句，表示选择关系。例如：

（155）ka³¹ ɬom³³ pha³³-taŋ¹¹ na³³ ɬou¹¹ ku³³ ɬa:u³¹ tso²¹¹.
　　　也 不知道 M-龙 DEF 活 CONJ 死 MOOD
　　　也还不知道龙的死活呢。

（156）mə¹¹ uap¹¹ lɔ²¹¹ li³¹ ku³³ uap¹¹ lɔ²¹¹ thau¹¹.
　　　2sg 喜欢 吃 李子 CONJ 喜欢 吃 桃子
　　　你喜欢吃李子还是桃子？

　　副词om³³"甚至"常用来表示递进关系，其位置较为灵活，可位于句首也可位于句末，在名词性、动词性、形容词性词语前后出现皆可，有强调某一句子成分的作用。

从语法作用来看，om^{33}比一般的副词虚化程度更高。例如：

（157）ŋuŋ^{11}　　na^{33}　niak$^{55\text{-}11}$niak^{11}　daŋ^{33}　dia^{51}　om^{33}　fei^{11}.
　　　　身体　　DEF　很衰弱　　　　　RST　不能　甚至　走
　　　　身体衰弱到不能走路。

（158）bɔu^{11}　daŋ^{33}　buai^{33}　sɔk$^{55\text{-}11}$　om^{33}.
　　　　想　　RST　已经　病了　　甚至
　　　　甚至想到病了。

（159）pauu^{33}　om^{33}　fuuk^{55}　łuuk^{55}-sat^{11}, łuuk^{55}-luai^{11}, łuuk^{55}-ła^{11}.
　　　　懂　甚至　织　DIM-鸟儿　　DIM-麂　　DIM-鱼
　　　　连鸟儿、黄猄、小鱼都会织了。

om^{33}还可和uŋ^{31}构成复合词om^{33}uŋ^{31}"连同"，带有顺带之意，作用与om^{33}同。

1.4.7.3　连接分句

表示因果关系的有kɯ^{33}"因为"、kɯ^{33}uŋ^{31}"因为"、in^{33}ui^{31}"因为"、to^{11}si^{11}"所以"、kha^{11}kuŋ^{11}"所以"；表示假设关系的有ai^{33}ma^{33}"如果"、bi^{ʔ55}"如果"；表示顺承关系的有zɔu^{11}"然后"；表示转折关系的有zɔu^{11}"而且"；表示条件关系的有kan^{33}"只要"。这些连词多在主从结构中用来连接分句。

另外，还有一些副词，如ma:i^{11}"就"、kom^{31}"还"、fat^{55}"越"也具有关联作用，常用于主从结构。（详见主从结构部分）

1.4.8　介词

介词一般和名词性词语构成介词短语，在句中作状语或补语。白沙牙叉话中的介词可分为三类。

1.4.8.1　表示方向、时间、处所

这类介词有hən^{33}"从"、tsok^{11}"沿"、tsui^{33}"顺"、suu^{33}"在"、khɯ^{33}"在"、tsu^{51}hən^{33}"自从"、daŋ^{33}"到"。这类介词构成的介词结构主要放在动词或动词性短语之后作状语，有时也作补语。例如：

（160）mai^{11}　lo^{11}　tsok^{11}　suŋ^{33}　ple^{ʔ11}　na^{33}.
　　　　就　看　PREP　洞　泥墙　DEF
　　　　就顺着洞口往里看。

（161）tsuŋ³³　həŋ³³　pai³¹nam³³　na³³　kha:ŋ¹¹.
　　　　跳　　PREP　水缸　　　DEF　上来
　　　　从水缸里跳上来。

（162）la:i³³　ko⁵⁵　nə¹¹　fat⁵⁵　rɔu¹¹khɔu³¹　khɯ³³　na³³.
　　　　看见　哥哥　3sg　正在　休息　　　　PREP　那里
　　　　看见她哥哥正在那里休息。

这类介词和时间名词构成的介词短语置于句首，作时间状语。例如：

（163）həŋ³³　phuɯ⁵⁵　na³³, mai¹¹　zɔu⁵⁵　nə¹¹　khɯ³³　fa:ŋ¹¹　tham¹¹.
　　　　PREP　那时候　DEF　就　　PERMS　3sg　在　　村庄　MOOD
　　　　从那时起，就让她呆在村里了。

tsui³³ "顺" 一般介引较长的名词性短语放在动词前作状语，例如：

（164）nə¹¹　mai¹¹　tsui³³　pai³³　tha:ŋ¹¹　khɔk¹¹　za³¹　na³³　phə¹¹.
　　　　3sg　就　　PREP　EMPH　痕迹　脚　　蛇　　DEF　去
　　　　她就顺着蛇的脚印过去。

daŋ³³ "到" 构成的介词短语通常放在谓词性词语后做补语。例如：

（165）ho¹¹　həŋ³³　ka:u³³va:ŋ³³　lei³¹kɔŋ¹¹　sɯ³³　ta³¹　daŋ³³　sap¹¹.
　　　　1sg　PREP　早上　　　　做工　　　里　田　PREP　晚上
　　　　我从早到晚都在田里做工。

1.4.8.2 表示关涉对象

常见的有mai¹¹ "和、同"、kɔu³¹ "给"。mai¹¹ "和" 作介词时，构成的介词短语放在谓词性词语前后作状语。例如：

（166）khai⁵⁵ne³¹　ho¹¹　mai¹¹　dua³³ke³³　sem³¹.
　　　　现在　　　1sg　PREP　大家　　说
　　　　现在我跟大家说。

（167）nə¹¹　ka³¹　ma³³siaŋ³³　lei³¹lɔ²¹¹　mai¹¹　pha³³ɫuk¹¹　nə¹¹　na³³　buai³³.
　　　　3sg　也　只有　　　过日子　PREP　M-儿子　3sg　DEF　MOOD
　　　　他也只好和他儿子过日子了。

kɔu³¹可介引出动作的受益者，构成的介词短语通常放在动词性短语之后作状语。例如：

（168）vaɯ³¹　po²¹¹　n̠uŋ¹¹　po²¹¹　pe³³　kɔu³¹　nə¹¹.
　　　起床　抓　蚊子　抓　其他　BEN　3sg-他
　　　起床为他抓蚊子什么的。

（169）eɯ¹¹　tha³¹　eɯ¹¹　nam³³　kɔu³¹　nə¹¹.
　　　盛　米饭　盛　水　BEN　3sg
　　　给他盛米饭盛水。

1.4.8.3 表示工具、比较、方式、施事

有deɯ¹¹ "用"、deɯ¹¹ "拿"、bi³¹ "比"、kɔu³¹ "给" 等，这类介词所构成的介词短语总是置于谓词性词语之前作状语。例如：

（170）deɯ¹¹　pai³³　se²¹¹rɔu¹¹　na³³　phɔu³³　mai³¹.
　　　INST　EMPH　杵臼　DEF　舂　米
　　　用杵臼舂米。

（171）pha³³na³³　mai¹¹　zəŋ³³　deɯ¹¹　pai³³　ɬa:t¹¹　na³³　dɔk⁵⁵　vuan¹¹vi¹¹
　　　那男的　就　快　DISP　EMPH　血　DEF　滴　周围
　　　khem¹¹bo¹¹.
　　　宝石
　　　那男的就赶快把血滴在宝石周围。

（172）tsɯ³¹　laŋ¹¹　khai¹¹　nen³³　bi³¹　laŋ¹¹　na³³　khaɯ³³.
　　　一　CL　鸡　这　CMP　CL　那　轻
　　　这只鸡比那只鸡轻。

（173）kɔu³¹　ŋa:u⁵⁵　te²¹¹sem¹¹　mai¹¹　pleɯ¹¹thiu¹¹.
　　　PASS　人　歹毒　就　听见
　　　被坏人听到。

deɯ¹¹还可用在动词前面，说明工具的用途，有时，deɯ¹¹与助词kɯ³³连用，起到强调的作用。例如：

（174）mai¹¹　tha:u³¹　tsom¹¹　phun⁵¹　ple²¹¹　deɯ¹¹　eɯ⁵⁵⁻¹¹　nə¹¹.
　　　就　找　一个　盆　泥巴　INST　装　3sg
　　　就找了一个陶盆用来装它（宝石）。

（175）khuŋ⁵¹khuŋ³¹　deɯ¹¹　voi¹¹　pit⁵⁵　deɯ¹¹　kɯ³³　pit¹¹.
　　　首先　INST　线　黑　INST　PAR　缠
　　　先用黑线来缠。

1.4.9 语气词

1.4.9.1 陈述语气词

根据不同的语法意义可将陈述语气词分为四种类别。

1.4.9.1.1 对事件进行客观叙述

对出现的情况进行叙述的直陈语气，这类语气词常见的有lo^{33}、o^{31}、mo^{31}、ne^{33}、le^{33}、be^{51}、ro$^{?11}$等，相当于汉语的"了、呀、喽、嘛、呐、啦、啊"。例如：

（176）me^{11}　nə^{11}　mai^{11}　ŋai^{33}　lo^{33}.
　　　　母亲　3sg　就　　哭　　IND
　　　　他母亲就哭了。

（177）a^{11}　mai^{11}　sem^{31}　nə^{11}　　　na^{33}　phen^{33}ɲuai^{11}　na^{55}　o^{31}.
　　　　人家　就　　说　　3sg　　　DEF　骗子　　　　　　DEF　IND
　　　　人家就说他是骗子啦。

1.4.9.1.2 对事件进行解释、说明

表明情况本来如此，这类语气词常用的是ka^{31}、a^{11}，相当于汉语的"的"。例如：

（178）me^{11}　nə^{11}　ka^{31}　ŋai^{33}ŋai^{33}　ma^{55}na^{33}　ka^{31}.
　　　　母亲　3sg　也　　哭哭　　　　那样　　IND
　　　　他母亲也哭得很伤心的。

（179）łom^{33}vaŋ^{11}　laŋ^{11}　pai^{33}za^{11}　na^{33}　pom^{33}　tsaːu^{33}　luai^{11}, tak^{11}　zen^{31}
　　　　原来　　　　CL　老太太　　那　嘴巴　招致　　不幸　停　ASP
　　　　nam^{33}siu^{11}　a^{11}.
　　　　酒水　　　　IND
　　　　原来那老太太是乌鸦嘴，导致不再出酒水的。

1.4.9.1.3 表示强调的口气，事实不容质疑，略带夸张

这类语气词有boi^{51}、re^{31}、bei^{51}、leɯ^{51}、ni^{55}、ha^{55}等，相当于汉语的"啦、了、呢"。例如：

（180）ho^{11}　buai^{33}　łou$^{55-11}$　luɯŋ^{11}　boi^{51}.
　　　　1sg　已经　活　　　REP　　IND
　　　　我复活啦。

（181）ho^{11}　buai^{33}　dɔ$^{?55-11}$　meɯ^{11}　leɯ^{31}.
　　　　1sg　已经　有　　手　　IND

我的手长出来了。

（182）ɬuk⁵⁵-sat¹¹　na³³　mai¹¹　phə¹¹　tha:u⁵¹⁻³¹　fei¹¹　dak¹¹　re³¹.
　　　　DIM-鸟儿　DEF　就　去　找　火　真　IND
　　　　小鸟就真的去找火种啦。

1.4.9.1.4 其他

有一些特殊的语气词，具有体助词的属性，如tso⁷¹¹、tham¹¹、bauɯ³¹（动词部分有详述），这类语气词后面还可以再加一个语气词。例如：

（183）mə¹¹　ka³¹　ɬou¹¹　tso⁷¹¹　va³¹?
　　　　2sg　还　活　MOOD　INT
　　　　你还能活着吗？

（184）na³³　vai³¹　doŋ⁵⁵　nə¹¹　tham¹¹　lo¹¹!
　　　　那　不是　老婆　3sg　MOOD　IND
　　　　那早就不是他老婆了！

还有一个语气词buai³³，由副词"已经"语法化而来，置于句末表示情况不过如此，相当于汉语的"罢了、而已"。例如：

（185）deɯ¹¹lɔ⁷¹¹　ɬuai⁵⁵na³³　na³³　sem³¹　ɬuai⁵⁵na³³　buai³³.
　　　　记住　多少　DEF　说　多少　MOOD
　　　　记住多少就说多少而已。

1.4.9.2 疑问语气词

主要是va³¹、bɔ⁵⁵、ra³¹、mɔ³¹、ni⁵⁵、a⁵⁵。

1.4.9.2.1 va³¹

主要用于是非问句，相当于汉语的"吗"。例如：

（186）"ha:ŋ³³　mə¹¹　ia³¹　soŋ¹¹　fə¹¹　phɔu³³　mai³¹　va⁵¹?"
　　　　之后　2sg　可以　教　1pl-excl　舂　米　INT
　　　　"等下你可以教我们舂米吗？"

（187）"kha³¹, mə¹¹　la:i³³　laŋ¹¹　doŋ⁵⁵　ho¹¹　rip⁵⁵za³¹　na³³　va³¹?"
　　　　螃蟹　2sg　看见　CL　爱人　1sg　蜈蚣蛇　那　INT
　　　　"螃蟹啊，你看到我的爱人蜈蚣蛇吗？"

但是va³¹只能用于肯定句中，否定句不能用va³¹，要用mɔ³¹。例如：

（188a）mə¹¹　da:m¹¹　phə¹¹plɔŋ³³　rip⁵⁵za³¹　va³¹?
　　　　2sg　想　　嫁　　　　蜈蚣蛇　　INT
　　　　你愿意嫁给蜈蚣蛇吗?

（188b）mə¹¹　van³³　da:m¹¹　phə¹¹plɔŋ³³　rip⁵⁵za³¹　mɔ³¹?
　　　　2sg　NEG　想　　嫁　　　　蜈蚣蛇　　INT
　　　　你不愿嫁给蜈蚣蛇吗?

　　（188b）句不能说成:
　　*mə¹¹　van³³　da:m¹¹　phə¹¹plɔŋ³³　rip⁵⁵za³¹　va³¹?
　　2sg　NEG　想　　嫁　　　　蜈蚣蛇　　INT

1.4.9.2.2　bɔ⁵⁵

主要用于特指问句，相当于汉语的"呢"或"吗"。例如:

（189）na³³　tsɯʔ⁵⁵　rɯ¹¹⁻⁵¹　lei³¹mɔu⁵¹the⁵¹　bɔ⁵¹?
　　　那　怎么　要　　做什么　　　　INT
　　　那要怎么做呢?

（190）"na³³　mə¹¹　lei³¹　ruk¹¹　ut⁵⁵　deɯ¹¹　eɯ⁵⁵⁻¹¹　pla³¹　bɔ³³，ba³¹?"
　　　那　2sg　做　笼　猪　INST　装　　什么　INT　爸爸
　　　"那你做猪笼拿来装什么呢，爸爸?"

bɔ⁵⁵还常用于反问句中，表示无疑而问，用反诘的语气表示否定。例如:

（191）"hu⁵¹，a¹¹ra⁵¹　tsɯʔ⁵⁵　ia³¹　hɔu³³　ɬɯk¹¹　ho¹¹　bɔ⁵⁵?"
　　　INTER　谁　怎么　能　杀　儿子　1sg　INT
　　　"嘿，谁能杀了我儿子呢?"

1.4.9.2.3　ra³¹

多用于特指问句，相当于汉语的"呢"，大多数情况下可以和bɔ⁵⁵互换。但询问地点时，只能用ra³¹，不能用bɔ⁵⁵。例如:

（192）na³³　mə¹¹　rɯ⁵¹　iu¹¹　fə¹¹　phə¹¹　khɯ³³the⁵¹　ra³¹?
　　　那　2sg　要　带　1pl-excl　去　哪里　　呢
　　　那你要带我们去哪儿呢?

　　（192）句中的ra³¹不能换成bɔ⁵⁵。

1.4.9.2.4 mɔ³¹

表示反诘的语气。例如：

（193）mə¹¹　kha⁵⁵da³³　suɯ³³saŋ¹¹　na³³　dɔ²¹¹　viaŋ³³　ɬen¹¹　sak¹¹　mɔ³¹?
　　　　2sg　　以为　　　　从前　　　DEF　有　　衣　　好　　穿　　INT
　　　　你以为以前有什么好衣服穿吗？

　　　（193）句中的mɔ³¹可以换成bɔ⁵⁵。mɔ³¹还可表示提醒、疑惑及揣测的语气。如：

（194）suŋ³³　rip⁵⁵za³¹　fat⁵⁵　kha¹¹na³³,　na³³　van³³　mɔ²¹¹?
　　　　洞　　蜈蚣蛇　　正在　那里　　　那　　NEG　INT
　　　　那个蛇洞不是就在那里吗？

（195）lo¹¹　fa³³　buai³³　ruɯ⁵¹　foŋ¹¹　mɔ³¹?
　　　　看　天　　已经　　要　　　下雨　INT
　　　　看天色会下雨吧？

1.4.9.2.5 ni⁵⁵

多用于设问句中，自问自答，相当于"呢"。例如：

（196a）ma³³kuɯ³³　laŋ¹¹　ŋa:u⁵⁵　na³³　a¹¹ra⁵¹　ni⁵⁵?
　　　　CONJ　　　CL　　人　　　那　　谁　　　INT
　　　　可是那个人是谁呢？

（196b）laŋ¹¹　ŋa:u⁵⁵　na³³　thom³¹　tsuɯ³¹　laŋ¹¹　taŋ¹¹　hən³³　nam³³　na³³
　　　　CL　　人　　那　　即　　　一　　　CL　　龙　　PREP　河　　DEF
　　　　kha:ŋ¹¹.
　　　　上来
　　　　那人是从河里上来的一条龙。

1.4.9.2.6 a⁵⁵

用于询问句，表示心里虽有了答案，但想得到别人认可的试探口气。例如：

（197）kuɯ³³uŋ³¹　na³³　nə¹¹　buai³³　deɯ⁵⁵⁻¹¹　vaŋ¹¹　sou¹¹　a¹¹kuɯ³³
　　　　CONJ　　那　3sg　已经　　要　　　　日子　收　　CONJ
　　　　vaŋ¹¹　　ma³³the⁵¹　　　a⁵⁵?
　　　　日子　　怎样　　　　　INT
　　　　因为它（出殡的日子）是收日或其他什么日子吗？

1.4.9.3 祈使语气词

最常用的是 re³³，表示请求、劝告、催促、建议等语气；mɔ³¹表示敦促，口气稍为急促；o^{55}、leɯ^{51}、o^{11}表示吩咐、委托、商请，口气比较温和。例如：

（198）mə^{11}　lo^{11}　la:i^{33}　re^{33}.
　　　　2sg　看　PNC　IMPM
　　　　你去看看吧。

（199）mə^{11}　iu^{11}　phə^{11}　zui$^{55\text{-}11}$　ɬuk^{11}　khɯ^{33}　ŋo^{33}　na^{33}　re^{33}.
　　　　2sg　带　去　丢弃　进　里　山　DEF　IMPM
　　　　你带去山里扔了吧。

（200）na^{33}　mə^{11}　khem^{33}　zəŋ^{33}　kua^{ʔ55}a:ŋ^{31}　mo^{31}.
　　　　那　2sg　必须　快　挂红　IMPM
　　　　那你一定快点挂红啊。

（201）sun^{33}　pai^{33}　luap^{11}　na^{33}　ha:ŋ^{33}　mə^{11}　voŋ^{11}　leɯ^{51}.
　　　　蜕　EMPH　鳞　DEF　之后　2sg　捡　IMPM
　　　　蜕了鳞后你要捡呀。

1.4.9.4 感叹语气词

有boi^{51}、heɯ^{51}、a^{31}、o^{31}、nei^{31}等，表示惊讶、悲哀、愤怒、恐惧等感情比较强烈的语气，用于感叹句中。例如：

（202）ma^{33}kɯ^{33}　ɬom^{33}vaŋ^{11}　pai^{33}　vo^{33}　ŋa^{11}　na^{33}　luŋ^{11}　o^{31}!
　　　　CONJ　不知道　EMPH　CL　毛薯　那　大　INJ
　　　　但是没想到那个毛薯那么大啊！

（203）"khai^{33}　ho^{11}　dam^{33}　da:ŋ^{11}tha^{31}　a^{11}　thɔk^{11}　nei^{31}, ɬou^{33}　a^{31}!"
　　　　CAUP 1sg　捡　剩饭　人家　掉　INJ　哥哥　INJ
　　　　"叫我捡人家倒的剩饭啊，哥哥啊！"

另外，语气词可根据口气的轻重语调有所变化，但语义不变。语气词连用时，最后一个语气词是整个句子的语气重点。例如：

（204）"khai^{33}　mə^{11}　phə^{11}plɔn^{33}　rip^{55}za^{31}　e^{33}re^{31}, noŋ^{31}."
　　　　CAUP 2sg　嫁　蜈蚣蛇　MOOD　孩子
　　　　"叫你嫁蜈蚣蛇的呀，孩子。"

e^{33}表示陈述语气，re^{31}表示祈使语气，全句的语气重点在于re^{31}，表示恳求。

1.4.10 象声词

象声词可分为两类，一类是表示应答和感叹的词，可称为叹词；另一类是模拟自然界种种声音的词，可叫拟声词。其特点如下：

叹词在句中一般作独立语使用。例如：

（205）"e³³, na³³ khə¹¹ ma³³ tsu³¹ pha³³-ɫuk¹¹ buai³³."
INTERJ 那 1pl-incl 只 一 M-儿子 MOOD
"哎，那咱们就一个儿子而已。"

（206）mɔ³¹, mai¹¹ la:i³³ ka³¹ vaŋ⁵⁵⁻¹¹vaŋ¹¹ dɔʔ¹¹ siu¹¹ tso²¹¹.
INTERJ 就 看见 也 CL-CL 有 酒 MOOD
咦，就看着天天都有酒呢。

拟声词可在句中充当不同的句子成分。例如：

（207）bɔu³³ daŋ³³ ma³³ lom³¹ a³¹ lom³¹ da:ŋ¹¹.（作状语）
煮 RST PAR ONOM RHY ONOM 沸腾
煮到油"咕噜、咕噜"地响。

（208）kiŋ³³kiŋ³³kɔŋ³³kɔŋ³³ kɯ³³ mə¹¹ vop¹¹ mɔu³¹ra³¹.（作主语）
ONOM 是 2sg 做 什么
"咣啷咣当"是因为你在做什么吗？

1.5 短语

短语是比词更大一级的语言单位。从短语的结构类型来看，可分为联合短语、修饰短语、述宾短语、述补短语和主谓短语五种。

1.5.1 联合短语

由语法地位平等的两个或两个以上的成分组成，成分项之间是联合关系，有时用连词或具有关联作用的副词来表示。例如：

khai¹¹ mai¹¹ bet¹¹ 鸡和鸭（名＋名）　　ziu¹¹ phe²¹¹ ziu¹¹ luŋ¹¹ 又高又大（形＋形）
鸡 CONJ 鸭　　　　　　　　　　　　又 高 又 大
ho¹¹ mai¹¹ mə¹¹ 我和你（代＋代）　　ha:u³³na³³ thom³¹na³³ 这样那样（代＋代）
我 CONJ 你　　　　　　　　　　　　这样 那样

ta:u^{55}_^{33} ta:u^{33} pit^{55} pit^{55}（动词重叠式＋动词重叠式）
长　　　长　　　黑　　黑

白沙牙叉话还有一种特殊的联合短语，叫四音格，四音格在牙叉话的口语中出现的频次较高，对某件事情进行描述时，人们常采用四音格形式以增强语言的生动性和感染力。四音格形式通常为ABAC式，讲究音节对称，节奏分外鲜明。根据四音格内部成分的紧密性及语义的凝固程度，白沙牙叉话的四音格可分为自由短语和固定短语两种形式：

第一，自由短语式的四音格。这类四音格结构较为松散，从结构上来看，由两个语法关系对等的词或短语构成。例如：

pai^{33}　　　ra:i^{33}　　pai^{33}　　bok^{55}　　肚子和背（名词＋名词）
EMPH　　　肚子　　EMPH　　背

loŋ^{33}　　　ba^{31}　　　loŋ^{33}　　me^{11}　　欺骗父母（述宾短语＋述宾短语）
骗　　　　父亲　　骗　　　母亲

suŋ^{33}　　　luŋ^{11}　　suŋ^{33}　　tɔk^{11}　　大大小小的洞（修饰短语＋修饰短语）
洞　　　　大　　　洞　　　小

有时，ABAC式中的C还可用pe^{33}"其他"，表示列举之意。例如：

po^{ʔ11}　　　ɳuŋ^{11}　　po^{ʔ11}　　pe^{33}　　抓蚊子什么的（述宾短语＋述宾短语）
抓　　　　蚊子　　抓　　　其他

第二，固定短语式的四音格。这类四音格作为一个整体单位来使用，其内部结构比较紧密，意义较为凝固，不是构成成分意义的简单相加。根据成分的不同又可分为以下几种：

ABAC式中的B和C的语义相当、相关或相近。例如：

van^{33} ka:u^{33} van^{33} no^{33}　没过多久　　　　uŋ^{33} ɳa:ŋ^{11} uŋ^{33} uai^{55}　谈情说爱
不　早　不　新　　　　　　　　　　　玩　月亮　玩　情人

te^{ʔ11}　daŋ^{11} te^{ʔ11}　sa^{11}　鼻青脸肿　　　　ŋou^{11} foŋ^{11} ŋou^{11} fa^{33}　遮风挡雨
坏　脸　坏　眼睛　　　　　　　　　　避　雨　避　天

ABAC式中的B和C是固定的形式，第一个音节和第三个音节可以自由替换，能够类推出一组格式相当、语义相似的固定短语。例如：

lo^{11} tsaŋ^{33} lo^{11} lui^{11}　　东张西望　　　　fei^{11} tsaŋ^{33} fei^{11} lui^{11}　　走来走去
看　上　看　下　　　　　　　　　　　走　上　走　下

vou^{31} phə^{11} vou^{31} pɯ^{11}　跑来跑去　　　　vuai^{11} phə^{11} vuai^{11} pɯ^{11}　洗来洗去
跑　去　跑　回　　　　　　　　　　　洗　去　洗　回

lei^{31} baŋ^{11} lei^{31} ba:i^{11}　　随意糊弄（lei^{31}"做"）
sem^{31} baŋ^{31} sem^{31} ba:i^{11}　胡说八道（sem^{31}"说"）
lei^{31} koŋ^{11} lei^{31} vaŋ^{11}　　手脚勤快（lei^{31}"做"）

kuŋ^{55} koŋ^{11} kuŋ^{55} vaŋ^{11}　样样精通（kuŋ^{55}"路"）

在这样的格式中，B和C要么是语义相对的一组词，如tsaŋ^{33}/luɪ^{11}"上/下"、phə^{11}/pauɪ^{11}"去/回"；要么原本是一个双音节单纯词，在四音格形式中被拆开了，如baŋ^{11}ba:i^{11}"随便"、koŋ^{11}vaŋ^{11}"勤快/贤惠"。

ABAC式中的C是与B语义相近、相关的不成词语素，不能单独使用，必须在四音格形式中出现，和B成对、呼应使用，意义才能明确。例如：

lei^{31}　aŋ^{11}　lei^{31}　iŋ^{33}　开荒垦地　　　diau^{11} la:ʔ^{11} diau^{11} lai^{11}　恶语相向
做　旱地　做　荒地　　　　　　会　骂　会　损

ma^{33}　liŋ^{11}　ma^{33}　laŋ^{11}　形容亮如白昼　　khɔu^{55} vaŋ^{11} khɔu^{11} va^{33}　如期而至
PAR　亮　PAR　明　　　　　　　齐　日　齐　期

1.5.2 修饰短语

由有修饰关系的两个成分构成，一个是中心语，一个是修饰性成分。根据中心语的成分构成，修饰短语可分为三种。

1.5.2.1 中心语为名词

名词的修饰成分有名词、动词、代词、形容词、数量结构等。除数量结构以外的修饰成分要放在名词之后。

ɬa^{11}　nam^{33}　水里的鱼　　　　　seɯ^{11}　mə^{11}　你的书
鱼　水　　　　　　　　　　　书　你

ɬuk^{11}uŋ^{11}　ɬen^{11}ɬen^{11}ha:u^{33}　好漂亮的姑娘
姑娘　　　非常好看

fu^{33}　laŋ^{11}　sat^{11}　三只鸟　　　　mɔu^{31}　lɔ^{ʔ11}　吃的东西
三　CL　鸟　　　　　　　　　东西　吃

形容词重叠式一般放在名词前。例如：

tɔŋ$^{55-33}$tɔŋ^{33}　pom^{33}　红红的嘴
红红　　　嘴

修饰成分若为借词，也可放在名词之前。例如：

kuaŋ^{31}ta:i^{33}　ŋau^{55}　广西人　　　kui^{55}tsiu^{33}　ŋau^{55}　贵州人
广西　　　人　　　　　　　贵州　　　人

白沙牙叉话还从海南闽方言借用定语标记ka:i^{11}，用来连接名词中心语和修饰成分。用ka:i^{11}时，修饰成分须放在名词之前。例如：

pai^{33}-nɔn^{31}　ka:i^{11}　te^{33}ke^{ʔ55}　妹妹的性格
F-妹妹　　ASSOC　性格

pauɪ^{11}　ka:i^{11}　ti^{31}ha:u^{33}　回去的时候
回去　ASSOC　时候

使用定语标记ka:i^{11}时，中心语通常为借词，如te^{33}ke^{ʔ55}"性格"、ti^{31}ha:u^{33}"时候"。

1.5.2.2 中心语为动词

修饰成分有代词、形容词、副词、拟声词、数量结构、介词结构等。代词、形容词重叠式及拟声词修饰动词时，放在动词前后都可；单音节形容词、副词、能愿动词、数量结构修饰动词时，通常放在动词之前。介词结构一般放在动词之后（详见介词部分）。

修饰成分可前可后，例如：

tsaŋ⁵⁵tsaŋ¹¹　lɔ²¹¹　慢慢吃　　　　　lɔ²¹¹　　fat⁵⁵fat⁵⁵　快快吃
慢慢　　　　　吃　　　　　　　　　吃　　　快快

ŋai³³　doŋ¹¹nen³³　这样哭　　　　　doŋ¹¹the⁵¹　lei³¹　这样做
哭　　这样　　　　　　　　　　　这样　　　做

ui¹¹　　ŋai³³　　"嘤嘤"地哭　　　　lɔ²¹¹　kə³¹kə³¹　"咯咯"地吃
ONOM哭　　　　　　　　　　　　吃　　咯咯地

修饰成分在前：

zəŋ³³　vou³¹　快跑　　　　　　　ɬen¹¹　　tɔu¹¹　　nam³³siu¹¹　好出酒
快　　跑　　　　　　　　　　好　　下　　酒

tsɯ³¹　pom³³　tsɯ³¹　pom³³　lɔ²¹¹　一口一口地吃
一　　VCL　　一　　VCL　　吃

khuŋ³¹　phə¹¹　先去　　　　　　ia³¹　　bo³¹　　faŋ¹¹　能挖土
先　　去　　　　　　　　　　能　　锄　　地

除了能愿动词，一般动词不能直接作动词中心语的修饰成分，要加上一个方式标记zɔu¹¹，才能作方式状语修饰动词中心语。例如：

tsuŋ¹¹　zɔu¹¹　tsaːu¹¹　站着笑　　　　ŋai³³　　zɔu¹¹　　sem³¹　哭着说
站　　ADV　笑　　　　　　　　　哭　　ADV　说

zom³³thuaŋ³³　zɔu¹¹　tsuaŋ¹¹　相拥而睡　　pui³³　zɔu¹¹　lo¹¹　　拿着看
依偎　　　　ADV　睡　　　　　　　拿　ADV　看

1.5.2.3 中心语为形容词

修饰成分有代词、副词、形容词。形容词和副词作修饰成分时，通常置于中心语之前，个别放在中心语之后。例如：

ɬuai⁵⁵　pe¹¹e¹¹　特别多　　et⁵⁵　ɬuai¹¹　很多　　　　en³³　lai¹¹　有点远
多　　特别　　　　　非常　多　　　　　一点　远

ɬen¹¹　sit¹¹　很热　　　phe²¹¹　doŋ¹¹thuaŋ³³　一样高
好　　热　　　　　高　　　一样

代词作修饰成分时，要放在形容词之后。例如：

ɬuai⁵⁵　na³³　那么多　　lai⁵⁵　　nen³³　这么远
多　　那么　　　　远　　这么

lai³³　　the⁵¹　　多远　　　　miŋ³³siŋ¹¹　　doŋ¹¹nen¹¹　　这么丢脸
远　　　多　　　　　　　　羞耻　　　　　　这样

在句式对称的并列复合句中，代词有时可放在形容词之前。例如：

phuɯ⁵⁵the⁵¹　　ra:ŋ⁵⁵, phuɯ⁵⁵the⁵¹　　lɔ²¹¹.
几时　　　　　饿　　　几时　　　　　吃
什么时候饿什么时候吃。

1.5.3 述宾短语

由有支配、关涉关系的两个成分构成，前面起支配作用的是述语，由动词或形容词充当；后面被支配及关涉的对象是宾语，由名词、代词、数量结构充当。例如：

sɔ²¹¹　　viaŋ³³　　　　洗衣服　　uap¹¹　　nə¹¹　　喜欢他
洗　　　衣　　　　　　　　　　喜欢　　他

sat¹¹　　tsu³¹　　laŋ¹¹　　买一只　　poi¹¹　　a¹¹　　让人醉了
买　　　一　　　CL　　　　　　醉　　　人家

luŋ¹¹　　khɔu³¹　　　　力气大　　ɬen¹¹　　mut¹¹　　稻子好
大　　　力气　　　　　　　　　好　　　稻子

1.5.4 述补短语

由有补充关系的两个成分构成，前面被补充的部分叫述语，由动词或形容词充当；后面补充的部分是补语。当述语是动词，补语一般由动词、形容词、数量结构、介词结构充当，补充说明动作的结果、频次、趋向、时间和地点等。例如：

lo⁵⁵　　rit⁵⁵　　看完　　　　　　　do³¹　　tɔu¹¹　　　　摔下来
看　　　完　　　　　　　　　　　摔　　　下

ou⁵¹　　bot⁵⁵　　吹断　　　　　　　lɔ²¹¹　　fu³³　　duan³¹　　吃三顿
吹　　　断　　　　　　　　　　　吃　　　三　　　CL

sem³¹　　daŋ³³　　nen³³　　说到这儿
说　　　PREP　　这里

当述语是形容词时，可后带趋向补语及数量补语。例如：

ɬuai¹¹　　thuɯ¹¹　　多出　　　　ɬen⁵⁵　　tsu³¹vet⁵⁵　　好一点
多　　　出　　　　　　　　　好　　　一点

当补语强调动作的结果和程度，或者描述动作、性状所呈现的一种情状时，述语和补语间往往要用结果补语标记daŋ³³来连接，此时，补语成分可以是词、短语或小句。例如：

kha:i³¹　　daŋ³³　　ri³¹ɲaŋ¹¹　　冷得发抖
冷　　　RST　　发抖

ɬen¹¹phen¹¹　daŋ³³　tsɯ³¹vet⁵⁵　nap⁵⁵　ri³³　van³³la:i³³　干净得一点垃圾都没有
干净　　　　RST　　一点　　垃圾　都　没有

fei¹¹　daŋ³³　lai¹¹　dak¹¹　lai¹¹　走得特别远
走　　RST　远　　真　　远

ku³³　daŋ³³　nə¹¹　buai³³　ɬen⁵⁵⁻¹¹　khɔk¹¹　na³³　把她照顾到脚伤全好了
顾　　RST　3sg　已经　　好　　　脚　　DEF

有时，daŋ³³还可与另一个结果补语标记lom³¹重叠使用，用以强调结果。例如：

ŋai³³　daŋ³³　lom³¹　oŋ¹¹　sa¹¹　哭到眼睛肿
哭　　RST　　RST　　肿　　眼睛

宾语和补语同现时，宾语可插在述语和补语之间，也可出现在述补短语之后。例如：

phə¹¹　ha:i³¹kha:u³¹　ɬou³³　ba:n¹¹　我去海口两次
去　　海口　　　　　两　　VCL

phə¹¹　ɬou³³　ba:n¹¹　ha:i³¹kha:u³¹　我去海口两次
去　　两　　VCL　　海口

1.5.5 主谓短语

　　由有陈述关系的两个成分构成，前面被陈述的部分是主语，通常由名词或代词充当；后面陈述的部分是谓语，一般由动词或形容词充当。例如：

mə¹¹　pha³³lak¹¹　ke¹¹　kaŋ³³　pha³³lak¹¹　lɔ²¹¹.
你　　自己　　　夹　　菜　　自己　　　吃
你自己夹菜吃。

sem¹¹　ɬen¹¹　kɯ³³　te²¹¹.
心　　好　　CONJ　坏
心好或不好。

1.6 句子

1.6.1 简单句

1.6.1.1 被动句

　　被动句是指在谓语动词前面，由具有被动义的介词kɔu³¹"给"介引出施事的句子。其中，施事不能省略。例如：

（209）ɔu⁵¹　　kɔu³¹　　sa¹¹vaŋ⁵⁵　　thuɯŋ¹¹　　tuaŋ³¹.
　　　　NEG　　PASS　太阳　　　出来　　　照射

别被太阳出来照到。

（210）łɯk⁵⁵soi³³　　khou⁵¹　　buai³³　　kɔu⁵¹⁻³¹　　a¹¹　　zɔk¹¹.
　　　　DIM-牛　　　舅舅　　　已经　　　PASS　　　别人　偷
　　　　舅舅的牛犊被偷了。

施事主语为人称代词时，动词后可以用代词复指主语。例如：
（211）nə¹¹　　kɔu³¹　　pa¹¹　　kan³³　　nə¹¹　　lɔu³³　　ŋo⁷¹¹.
　　　　3sg　　PASS　　狗　　咬　　　3sg　　两　　VCL
　　　　他被狗咬了两口。

1.6.1.2 双及物句

白沙牙叉话的双及物句有以下三种句法形式。

1.6.1.2.1 双宾式

这类句式中的谓语动词须为典型的双及物动词，可带两个宾语，一个是远宾语，也叫受事宾语；一个是近宾语，也叫与事宾语。例如：

（212）ho¹¹　　kɔu³¹　　sə¹¹　　pai³³　　se⁷¹¹　　pai³³　　rɔu¹¹.
　　　　1sg　　给　　　2pl　　EMPH　　杵　　EMPH　　臼
　　　　我给你们杵臼。

（213）ru³³　　nə¹¹　　tsɯ³¹　　vaŋ³³　　bui¹¹seɯ¹¹.
　　　　还　　　3sg　　一　　　CL　　　书
　　　　还她一本书。

（214）nə¹¹　　khiam³³　　ho¹¹　　tsɯ³¹　　poŋ⁵⁵　　kaŋ¹¹.
　　　　3sg　　欠　　　　1sg　　一　　　十　　　钱
　　　　他欠我十块钱。

kɔu³¹ "给"、ru³³ "还" 为给予类动词，khiam³³ "欠" 为取得类动词，都为双及物动词。

1.6.1.2.2 "动词＋受事宾语＋kɔu³¹＋与事宾语"式

当动词非双及物动词，仅能支配受事宾语时，需要介词kɔu³¹介引出动作行为的受益对象。例如：

（215）zɔu¹¹　　vai³¹　　fou¹¹　　kɔu³¹　　ko⁵⁵　　nə¹¹.
　　　　CONJ　　找　　　虱子　　BEN　　哥哥　3sg

给她哥哥找虱子。

（216）pai³³　　kei¹¹　laŋ¹¹　ei⁵¹　nə¹¹　na³³　mai¹¹　sou³³　ka:i³¹　kou³¹　nə¹¹.
　　　　EMPH　　几　　CL　姐姐　3sg　那　　就　　想　　计谋　BEN　3sg
她的那几个姐姐就帮她出谋划策。

双及物句中，这种句式是优势句式，双宾式也常转换成该句式。例如：

（217a）ru³³　　nə¹¹　tsu³¹　vaŋ³³　bui¹¹seu¹¹.
　　　　还　　3sg　一　　CL　　书
还她一本书。

（217b）ru³³　tsu³¹　vaŋ³³　bui¹¹seu¹¹　kou³¹　nə¹¹.
　　　　还　　一　　CL　　书　　　　BEN　3sg
还她一本书。

1.6.1.2.3 "动词＋kou³¹＋与事宾语＋受事宾语"式

这个句式结构上跟双宾式接近，其中，动词与kou³¹结合较为紧密，可直接后带双宾语。例如：

（218）ku³³　　ho¹¹　buai³³　tha:n⁵⁵⁻¹¹　kou³¹　mə¹¹　ta³¹.
　　　　CONJ　1sg　已经　　分　　　　BEN　2sg　水田
因为我已经分给你田了。

（219）łuk¹¹　nə¹¹　mai¹¹　fom¹¹　kou³¹　nə¹¹　łou³³　la³³　mai³¹ka³³.
　　　　孩子　3sg　就　　捎　　BEN　3sg　两　　CL　糯米
他孩子就让他捎上两箩筐糯米。

在上下文语境中，常将受事宾语提前作话题或省略掉，"动词＋kou³¹"在句中的表现更像复合词。例如：

（220）kha:m¹¹　a¹¹ra⁵¹　ka³¹　ai³³　sem³¹　kou³¹　nə¹¹.
　　　　问　　　谁　　也　不愿　说　　BEN　3sg
问谁谁也不愿告诉她。

（221）ku³³　　pai³³　　kai¹¹a:ŋ³³　na³³　ma³³　bu³³　kou³¹　pha³³za¹¹　na³³　buai³³.
　　　　CONJ　EMPH　土罐　　　DEF　只　赏赐　BEN　老头儿　　DEF　MOOD
因为土罐只赏给老头儿而已。

1.6.1.3 致使句

致使句可分为纯致使句和允许致使句两种类型，从语义划分，允许致使句还可再细分为允让致使、使令致使、使成致使、任凭致使四种类型。不同类型的致使句都有相应的表致使义的标记性词语，白沙牙叉话的致使句标记有七种来源。

1.6.1.3.1 源于做义动词lei³¹ "做"

lei³¹强调致使者对事件施加作用力，构成"lei³¹＋宾语（致使对象）＋补语（致使结果）"格式或兼语句的句法形式。例如：

（222）mə¹¹   ŋe⁵¹ŋe⁵¹   khem³³   da:m¹¹   <u>lei³¹   ho¹¹   ła:u³¹</u>.
　　　 2sg   一定   必须   打算   CAUP   1sg   死
　　　你一定要把我弄死。

（223）lei³¹   nə¹¹   van³³la:i³³   tha³¹   lɔ²¹¹.
　　　 CAUP   3sg   没有   米饭   吃
　　　让他没饭吃。

1.6.1.3.2 源于持拿义动词deɯ¹¹ "拿"

deɯ¹¹用于表处置义的致使句中，介引出动作行为的处置对象。例如：

（224）mai¹¹   deɯ¹¹   pai³³   ła:t¹¹   na³³   dɔk⁵⁵   teɯ¹¹   pai³³   dap¹¹   tɔŋ³³   na³³.
　　　 就   DISP   EMPH   血   DEF   滴   上   EMPH   布   红   DEF
　　　就把血滴在红布上面。

（225）deɯ¹¹   ut⁵⁵   na³³   deɯ¹¹   khiu³³.
　　　 DISP   猪   DEF   INST   卖
　　　把猪卖了。

1.6.1.3.3 源于给予义动词kɔu³¹ "给"

kɔu³¹主要用于允让致使句，表示致使者主观上允许某种行为结果的产生。例如：

（226）ai³³   kɔu³¹   pai³³   łɔu³³   laŋ¹¹   łuk¹¹   na³³   lɔ²¹¹   tha³¹.
　　　 不愿   PERMS   EMPH   两   CL   孩子   那   吃   米饭
　　　不让那两个孩子吃饭。

（227）"kɔu³¹   laŋ¹¹   the⁵¹   phə¹¹plɔŋ³³   ho¹¹   ka³¹   łen¹¹."
　　　 PERMS   CL   哪   嫁   1sg   也   好
　　　"让谁嫁我都行。"

kɔu³¹也可用于使令致使句。例如：

（228）łuk^{11} na^{33} mai^{11} kɔu^{31} nə^{11} saːp^{11} fit^{11} ko^{ʔ55} mai^{31} deɯ^{11}
　　　孩子　DEF　就　　CAUP他　挑　　CL　谷子　米　　拿
paɯ^{11}.
回去
孩子就让他挑一担谷子回去。

1.6.1.3.4 源于叫义动词khai^{33}"叫、请"和tsaːŋ^{11}"叫、喊"

这两个标记通常都用于使令致使句，表示致使者主观上希望某种结果发生。例如：
（229）ma^{33} khai^{33} kɔu^{31} khɯ^{33} fɔu^{11} ven^{31}plɔŋ^{33} buai^{33}.
　　　只　CAUP　睡　PREP　下面　走廊　　　MOOD
只让在走廊下面睡而已。

（230）moŋ^{11}fa^{33} na^{33} dɔ^{ʔ11} pla^{31} na^{33} tsaːŋ^{11} nə^{11} khaːŋ^{11} kha^{11}fa^{33}.
　　　天神　　　DEF　有　什么　就　CAUP　3sg　上去　天上
神仙有什么事就叫他去天上。

当khai^{33}和tsaːŋ^{11}在句中同现时，khai^{33}优先充当致使标记。例如：
（231）"khai^{33} thɔu^{33} sə^{11} tsaːŋ^{11} haːŋ^{33} khai^{33} ho^{11} heɯ^{51}."
　　　CAUP　等　2pl　叫　之后　CAUP　1sg　INTERJ
"让待你们叫了之后，叫我'唉'一声。"

1.6.1.3.5 源于使役动词zɔu^{11}"使"

zɔu^{11}主要表使成致使，有意促成某种结果。例如：
（232）"ba^{31} ha^{31}, na^{33} mə^{11} rɯ^{51} iu^{11} fə^{11} phə^{11} khɯ^{33}the^{51} ra^{31}?
　　　父亲　INJ　那　2sg　要　带　1pl-excl　去　哪里　　INT
zɔu^{11} fei^{11} lai^{55} nen^{33} kuŋ^{55}."
CAUP　走　远　这么　路
"爸啊，那你要带我们去哪儿呢？让走那么远的路。"

（233）kiaŋ^{11} ko^{ʔ55} zɔu^{11} ko^{ʔ55} na^{33} łen^{11} ɔu^{51} ək^{11}.
　　　炒　稻谷　CAUP　稻谷　DEF　好　NEG　长
炒稻谷让稻谷长不了。

1.6.1.3.6 源于动词sai^{31}"随"

sai^{31}表"任凭"义，任凭某件事情发生。例如：
（234）sai^{31} mə^{11} ɳaːm^{11} tsiŋ^{11}.
　　　PERMS　2sg　玩　钱

随你花钱。

（235）sai³¹　　　mə¹¹　　phə¹¹　　re³³.
　　　　PERMS　　2sg　　去　　　IMPM
　　　　随你去吧。

1.6.1.3.7 源于行为动词zɔu⁵⁵"放"

zɔu⁵⁵"放"主要表允让义，有时也表使成义和任凭义。例如：

（236）zɔu⁵⁵　　　nə¹¹　sem³¹　rit⁵⁵,　ɔu⁵¹　maɯ³¹　sem³¹.　（允让义）
　　　　PERMS　　3sg　说　　完　别　　插　　嘴
　　　　让他说下去，不要插嘴。

（237）va³¹　zɔu¹¹　suŋ³³khiaŋ³³,　zɔu⁵⁵　voʔ⁵⁵　ou³¹.　（使成义）
　　　　开　　ASP　窗　　　　　　CAUP　风　　吹
　　　　先开窗，通下风。

（238）sai³¹　　nə¹¹,　　zɔu⁵⁵　　nə¹¹　　ŋai³³.　（任凭义）
　　　　随便　　3sg　　PERMS　　3sg　　哭
　　　　别理他，让他哭去。

允许致使句中，两个表不同语义的致使标记可以连用。例如：

（239）zɔu¹¹　　　khai³³　　kai⁵⁵　na³³　do³¹　tɔu¹¹　khɯ³³　nam³³　na³³.
　　　　CAUP　　CAUP　　柚子　DEF　摔　下来　里　　河　　DEF
　　　　好让柚子树倒在河里。

（240）khai³³　　　kɔu³¹　　phə¹¹plɔŋ³³　ɬuk¹¹ɬeʔ¹¹　　na³³.
　　　　CAUP　　PERMS　嫁　　　孤儿　　　DEF
　　　　让嫁给那个孤儿。

1.6.1.4 比较句

比较句可分为等比句和差比句两种。

1.6.1.4.1 等比句

等比句体现平等、对称语义关系，表示对比双方程度相同，通常用副词doŋ¹¹thuaŋ³³"一样"表示。例如：

（241）pha³³luŋ¹¹　　mai¹¹　pha³³tɔk¹¹　doŋ¹¹thuaŋ³³　phe²¹¹.
　　　　老大　　　　PREP　老小　　一样　　　　高

　　老大和老二一样高。

1.6.1.4.2 差比句

　　差比句体现不平衡和不对称的语义关系，表示比对双方在程度上的差异。差比句有两个差比标记：ku³¹和 bi³¹，前者为固有，后者为借词，两个差比标记可构成不同的句法结构：

　　由 ku³¹构成的差比结构为"比较主体＋比较参项＋比较基准"。例如：

（242）riŋ³³koŋ¹¹　　tsɯ³¹　　ɬen¹¹　　lei³¹　　ku³¹　　riŋ³³viaŋ³³.
　　　　筒裙　　　　　是　　　好　　　做　　　CMP　　上衣
　　　　筒裙的锦幅确实比上衣的好做。

（243）plɔŋ³³　　nə¹¹　　ɬuai¹¹　　ŋaːu⁵⁵　　ku³¹　　plɔŋ³³　　ho¹¹.
　　　　家　　　　3sg　　多　　　人　　　　CMP　　家　　　1sg
　　　　他家比我家人多。

　　由 bi³¹构成的差比结构为"比较主体＋bi³¹＋比较基准＋比较参项"。例如：

（244）tsɯ³¹　　pou³¹　　bi³¹　　tsɯ³¹　　pou³¹　　ɬen¹¹.
　　　　一　　　CL　　CMP　　一　　　CL　　好
　　　　一年好过一年。

（245）ho¹¹　　bi³¹　　mə¹¹　　pheʔ¹¹.
　　　　1sg　　CMP　2sg　　高
　　　　我比你高。

　　当比较主体与比较基准的中心语一致时，比较基准的中心语可以省略。例如：

（246）vaːu¹¹　　ho¹¹　　luŋ¹¹　　ku³¹　　kɯ³³　　mə⁵⁵⁻¹¹.
　　　　碗　　　　1sg　　大　　　CMP　　NOM　2sg
　　　　我的碗比你的碗大。

（247）tsɯ³¹　　laŋ¹¹　　khai¹¹　　nen³³　　bi³¹　　laŋ¹¹　　na³³　　khaɯ³³.
　　　　一　　　CL　　鸡　　　这　　　CMP　　CL　　那　　轻
　　　　这只鸡比那只鸡轻。

1.6.1.5 否定句

　　否定句是表示否定的句子，必须要有否定词。否定词可分为三类：否定副词、否定能愿动词、否定系词。

1.6.1.5.1 否定副词

否定副词有三个：van^{33} "不、没"、ɔu^{51} "别、不要"、iu^{33} "别、不要"。van^{33} "不、没"最为常用，专用否定谓词。例如：

（248）na^{33}　pai^{33}-me^{11}　nə^{11}　na^{33}　van^{33}　tsən^{31}.
　　　 那　　F-母亲　　　 3sg　DEF　NEG　信
　　　 他母亲不相信。

ɔu^{51} "别"、iu^{33} "别"专用于祈使句，都可表示请求、提醒、商量的语气，但 ɔu^{51} 口气稍为强硬，iu^{33} 口气较为委婉。例如：

（249）na^{33}　ma^{31}　ɔu^{51}　lei^{31}　　nə^{11}　zui^{33}　re^{33}!
　　　 那　 就　 NEG　CAUP　3sg　死　 IMPM
　　　 那就别弄死他了吧！

（250）"iu^{33}　laˑ^{211}　ho^{11}　pai^{33}　sat^{11}　plaːu^{11}, pai^{33}　ŋaːu^{11}　mɔu^{33}."
　　　 NEG　骂　　1sg　EMPH　鸟儿　瞎　EMPH　老鹰　　可恶
　　　 "别骂我是眼睛瞎的鸟儿，可恶的老鹰。"

1.6.1.5.2 否定能愿动词

白沙牙叉话能愿动词的否定形式可分为两类，一类是短语形式，在能愿动词前加 van^{33} 表示否定，如：daːm^{33} "想" —— van^{33}daːm^{33} "不想"、ɔi^{51} "会" ——van^{33}ɔi^{51} "不会"；另一类是单音节形式，如：ai^{33} "不愿"、ɬom^{33} "不会"、dai^{51} "不肯"，这类否定词可以作谓语动词带宾语，通常放在谓词前表示情态否定（见能愿动词部分），能够独立回答问题。例如：

（251a）mə^{11}　daːm^{11}　van^{33}　daːm^{11}　phə^{11}plɔŋ^{33}　nə^{11}?
　　　　2sg　想　　 NEG　 想　　 嫁　　　　 3sg
　　　　你愿不愿意嫁给他？

（251b）daːm^{11}. ai^{33}/ van^{33}　daːm^{11}.
　　　　想　 不愿 NEG　 想
　　　　愿意。不愿意。

1.6.1.5.3 否定系词

vai^{31} "不是"是 maŋ^{11} "是"的对应否定形式，通常用于否定系词句，可以独立回答问题。例如：

（252）laŋ^{11}　na^{33}　vai^{31}　ei^{51}　ho^{11}.
　　　 CL　 那　 不是　姐姐　1sg
　　　 那个人不是我姐姐。

此外还有形容词 te²¹¹"坏"也能表示否定。例如：

（253）laŋ¹¹　na³³　te²¹¹.
　　　CL　　那　　坏
　　　那个人不好。

1.6.1.6　疑问句

疑问句可分为是非问、特指问、正反问和选择问四种。

1.6.1.6.1　是非问

一般在陈述句后加疑问语气词表示疑问，常用的语气词有 va³¹、mɔ³¹、a⁵⁵等（详见疑问语气词部分）。例如：

（254）mə¹¹　dɔ²¹¹　ko¹¹noŋ³¹　va³¹?
　　　2sg　有　　兄弟　　　INT
　　　你有兄弟吗？

1.6.1.6.2　特指问

句中用疑问代词表明疑问点，语气词可加可不加，常用的语气词有ra³¹和bɔ⁵⁵（详见疑问语气词部分）。

（255）mə¹¹　na³³　a¹¹ra⁵¹?
　　　2sg　DEF　谁
　　　你是谁？

（256）mə¹¹　dəɯ¹¹　laŋ¹¹　soi³³　the⁵¹?
　　　2sg　要　　CL　　牛　　哪
　　　你要哪头牛？

1.6.1.6.3　正反问

这是黎语的优势疑问句式，通常由连词 kɯ³³"或者"来连接谓语的肯定形式和否定形式，可分为三种格式：

"V＋kɯ³³＋V 的否定式"格式。例如：

（257）sem¹¹　ɬen¹¹　kɯ³³　te²¹¹?
　　　心　　好　　CONJ　坏
　　　心好不好？

（258）mə¹¹　phə¹¹　kɯ³³　van³³　phə¹¹?
　　　2sg　去　　CONJ　NEG　去
　　　你去不去？

"V＋kɯ³³＋van³³'不'"格式。这是最常用的格式，如谓语核心动词是判断动词maŋ¹¹"是"，则van³³要替换成vai³¹"不是"。例如：

（259）mə¹¹   phə¹¹   sa:p⁵⁵⁻¹¹   nam³³   kɯ³³   van³³?
     2sg   去   挑   水   CONJ   NEG
     你去不去挑水？

（260）nə¹¹   (maŋ¹¹)   ŋa:u⁵⁵   ɬai¹¹   vai³¹?
     3sg   （是）   人   黎   不是
     他是黎族人吗？

"V＋van³³'不'"格式。这是第二种格式的省略形式。例如：

（261）mə¹¹   dɔ²¹¹   ko¹¹noŋ³¹   van³³?
     2sg   有   兄弟   NEG
     你有没有兄弟？

正反问句中，为了加强疑问口气，van³³可以和语气词va³¹、ra³¹或bɔ⁵⁵同现。例如：

（262）ho¹¹   buai³³   lɔ²⁵⁵   tha³¹, mə¹¹   buai³³   lɔ²⁵⁵   van³³   va³¹?
     1sg   已经   吃   饭   2sg   已经   吃   NEG   INT
     我吃过饭了，你吃了吗？

（263）mə¹¹   la:i³³   pla³¹   pe³³   van³³   ra³¹?
     2sg   看见   什么   其他   NEG   INT
     你看见什么东西没呢？

1.6.1.6.4 选择问

用kɯ³³"或者"或a¹¹kɯ³³来连接两个或以上选项，供对方选择。例如：

（264）mə¹¹   deɯ¹¹   bo³¹   a¹¹kɯ³³   deɯ¹¹   za:u³¹?
     2sg   要   锄头   CONJ   要   铲子
     你要锄头还是铲子？

（265）ɬa¹¹   na³³   tseŋ¹¹   kɯ³³   bɔu³³?
     鱼   DEF   蒸   CONJ   煮
     鱼是蒸着吃还是煮着吃？

说话者可根据表达的需要，在疑问句中选择是否使用语气词。选择问句一般不用语气词。

1.6.1.7 存在句

存在句有两个特点。

第一，主语一般由方位短语充当，且后带定指兼话题标记na^{33}。

（266）suɯ^{33}　huai^{33}　na^{33}　dɔ^{211}　ɬa^{11}　ɬuŋ^{11}.
　　　　里　　海　　DEF/TOP　有　鱼　大
　　　　海里面有大鱼。

（267）suɯ^{33}　fɔu^{11}　laːu^{31}　na^{33}　　dɔ^{211}　ɬou^{33}　laŋ^{11}　khai^{11}.
　　　　PREP　下　楼　DEF/TOP　　有　两　CL　鸡
　　　　楼下有两只鸡。

第二，存在动词dɔ^{211}"有"的否定形式是vaːn^{33}laːi^{33}"没有"。例如：

（268）kha^{11}　sai^{11}　na^{33}　　dɔ^{211}　fu^{33}　laŋ^{11}　sat^{11}.
　　　　上　树　DEF/TOP　　有　三　CL　鸟
　　　　树上有三只鸟。

（269）suɯ^{33}suŋ^{11}suɯ^{33}ŋo^{33}　na^{33}　ni^{51},　van^{33}laːi^{33}　ŋaːu^{55}　ni^{51}.
　　　　荒郊野岭　　　　　DEF　TOP　没有　　人　IND
　　　　荒郊野岭那里呢，没有人呢。

另外，方位名词兼存在动词 suɯ^{33}"在"和 khɯ^{33}"在"也可表示存在，但主语只能由表有生命体的名词充当。例如：

（270）mə^{11}　suɯ^{33}　the^{51}. ＝mə^{11}　khɯ^{33}　the^{51}?
　　　　2sg　在　哪儿　2sg　在　　哪儿
　　　　你在哪儿？

（271）ɬa^{11}　khɯ^{33}　nam^{33}.
　　　　鱼　在　　水
　　　　鱼在水里。

1.6.2 复合句

1.6.2.1 定语从句

定语从句即充当修饰语的成分是个小句。例如：

（272）nə^{11}　ma^{33}　kho^{211}　pai^{33}　ɬuk^{11}　nə^{11}　ɬou^{11}　na^{33}　buai^{33}.
　　　　3sg　只　疼　EMPH　孩子　3sg　生　DEF　MOOD
　　　　她只疼她自己生的孩子。

当其修饰的中心语在句中作主语时，定语从句一般放在中心语之前。例如：

（273） nə¹¹ sem³¹ thoŋ¹¹ na³³ luam¹¹.
　　　　3sg 说　　话　　才　　对
　　　　他说的话很对。

（274） a¹¹ va¹¹ pai³³ mut¹¹aŋ¹¹ na³³ ma³³ ziaŋ¹¹ ma³³ zaːŋ¹¹.
　　　　人家 种　EMPH 旱稻　　DEF PAR 黄　　PAR 灿烂
　　　　人家种的旱稻黄橙橙金灿灿。

当其修饰的中心语在句中做宾语时，定语从句一般置于中心语之后。例如：

（275）"khai³³ ho¹¹ dam³³ daːŋ¹¹tha³¹ a¹¹ thɔk¹¹ nei³¹, ɬɔu³³ a³¹."
　　　　CAUP 1sg 捡　　剩饭　　　　人家 掉　　INJ　哥哥 INJ
　　　　"叫我捡人家倒的剩饭啊，哥哥啊！"

（276） tso³¹ pai³³ zou¹¹ nə¹¹ phə¹¹ suŋ⁵⁵⁻¹¹ ku³³ a⁵⁵⁻¹¹ na³³.
　　　　倒　　EMPH 油　　3sg 去　　借　　　NOM 别人　DEF
　　　　把她向别人借的油倒了。

不管是前置定语从句还是后置定语从句，都不需要强制使用定语标记。但受汉语影响，有时前置定语从句后可加借自海南闽方言的定语标记 kaːi¹¹ "的"；中心语后带定指标记 na³³ 时，na³³ 介于中心语和后置定语从句之间，具有了定语标记的作用。例如：

（277） nə¹¹ dɔ⁷¹ tsom¹¹ bo¹¹ na³³ voŋ¹¹ həŋ³³ khɯ³³ ŋo³³ deu¹¹ pau¹¹.
　　　　3sg 有　　一个　宝　　DEF 捡　　PREP 里　　山　　拿　　回
　　　　她有一个从山里头捡回来的宝物。

ra³¹ "地方" 在句中常被后置定语从句修饰，此外，ra³¹ 还常用来复指名词性成分，起到强调说明的作用。例如：

（278） təŋ³¹ vo³³ lo¹¹ buai³³ ɬom³³ ra³¹ pha³³-za³¹ na³³ phə⁵⁵⁻¹¹ the⁵¹
　　　　抬　　头　　看　　已经 不知道 地方 M-蛇　　DEF 去　　哪个
　　　　tham¹¹.
　　　　MOOD
　　　　抬头一看都不知道蛇去哪个地方啦。

（279）duai¹¹ŋɔu⁵¹　na³³　paɯ¹¹　khɯ³³　　　ra³¹　suŋ³³　za³¹　na³³.
　　　　第五　　　DEF　回去　里　　　　地方洞　蛇　DEF
　　　五妹回到蛇洞里头。

例（278）句中的ra³¹是被修饰的中心语，例（279）句中的ra³¹与suŋ³³ za³¹ "蛇洞"
同指。

1.6.2.2 主语从句

主语从句即主语由小句构成，标句词na³³连接主语和谓语部分。例如：
（280）pleɯ¹¹thiu¹¹　nə¹¹　ruan¹¹　tɔk¹¹　thiu¹¹　na³³,　　　tsɯ³¹　ko¹¹noŋ³¹　en³³
　　　　听见　　　3sg　叫　　小　声音　DEF/COMP　是　亲戚　　　一点
　　　lai¹¹.
　　　远
　　　听到它叫的声音小，是远房亲戚过世了。

1.6.2.3 并列复合句

并列复合句由两个或以上有并列关系的小句构成，各分句之间意义平等，无主从之
分，根据分句间的语义关系，并列复合句可分为五类。

1.6.2.3.1 等立复合句

各分句间意义平行，连接分句的句法手段是关联词和句式对称。常见的关联词主要
有fiaŋ¹¹…fiaŋ¹¹… "一边……一边……"、fat⁵⁵…fat⁵⁵… "越……越……"、ziu¹¹…ziu¹¹…
"又……又……"、ka³¹ "也" 等。
（281）nə¹¹　fiaŋ¹¹　khun³³　fiaŋ¹¹　tsa:u¹¹.
　　　　3sg　一边　说　　一边　笑
　　　他一边说一边笑。

（282）fat⁵⁵　luŋ¹¹　thiu¹¹　tsa:ŋ¹¹　ba³¹　fat⁵⁵　luŋ¹¹　thiu¹¹　"heɯ⁵¹".
　　　　越　大　声音　叫　　父亲　越　大　声音　INTERJ
　　　越大声叫父亲，"唉" 的声音就越大。

句式对称指的是分句的结构相似或相同。例如：
（283）paŋ¹¹　soi³³　nen³³　ɬen¹¹, paŋ¹¹　soi³³　na³³　te²¹¹.
　　　　CL　牛　这　好　CL　牛　那　不好
　　　这头牛好，那头牛不好。

（284）me¹¹　ho¹¹　ruaŋ³¹　tha³¹, ba³¹　ho¹¹　lei³¹　ta³¹.
　　　妈　1sg　煮　饭　爸　1sg　做　田
　　　妈妈做饭，爸爸种田。

1.6.2.3.2 解说复合句

分句间有解释说明的关系。例如：

（285）ploŋ³³　nə¹¹　dɔʔ¹¹　ɬou³³　laŋ¹¹　ɬuk¹¹, laŋ¹¹　pha³³　laŋ¹¹　pai³³.
　　　家　3sg　有　两　CL　小孩　CL　男　CL　女
　　　他家有两个小孩儿，一男一女。

1.6.2.3.3 选择复合句

有两种或几种情况，供对方选择。常用的关联词有kɯ³³"或者"、a¹¹kɯ³³"或者"、van³³…tsɯ³¹…"不……就……"等。

（286）ɬou³³　laŋ¹¹　ei³¹noŋ³¹　diau¹¹lei³¹, van³³　tsoŋ³³　riŋ³³　tsɯ³¹　tsoŋ³³
　　　两　CL　姐妹　能干　NEG　织　筒裙　就　绣
　　　siaŋ¹¹sai¹¹.
　　　花
　　　姐妹俩勤劳能干，不是织布就是绣花。

（287）kɯ³³uŋ³¹　za³¹　kan³³　nə¹¹　a¹¹kɯ³³　a¹¹ra⁵¹　lei³¹pla³¹.
　　　CONJ　蛇　咬　3sg　CONJ　谁　干什么
　　　是因为蛇咬了他或者谁动了什么手脚？

1.6.2.3.4 顺承复合句

分句在时间、空间及逻辑上有先后相承的关系。常用表示时间顺承关系的副词和连词作关联词，如：mai¹¹"就"、tsɯ³¹"就"、khuŋ⁵¹"先"、na³³"才"、zou¹¹"然后"、ha:ŋ"等下"、fuai¹¹…tsɯ³¹…"一……就……"等。

（288）mai¹¹　phə¹¹　po²⁵⁵⁻¹¹　pai³³　ra:i³³　sat¹¹　na³³, mai¹¹　hou³³　nə¹¹, mai¹¹
　　　就　去　抓　EMPH　肚子　鸟儿　DEF　就　杀　3sg　就
　　　boi³¹　pai³³　ra:i³³　sat¹¹　na³³.
　　　破　EMPH　肚子　鸟儿　DEF
　　　就去抓小鸟，接着把它杀了，然后把小鸟的肚子剖开。

（289）khuŋ⁵¹　thak⁵⁵⁻¹¹　sai¹¹　nen³³　na³³　deɯ¹¹　lei⁵¹⁻³¹　daŋ³¹.
　　　先　锯　木头　这　才　INST　做　凳子
　　　先把木头锯了，再拿来做凳子。

1.6.2.3.5 递进复合句

后一分句比前一分句的意义更进一层，关联词主要有ke¹¹"更"，lom³¹"更加"、zɔu¹¹"而且"等。例如：

（290）ho¹¹　　bi³¹　　mə¹¹　　phe²¹¹, nə¹¹　　bi³¹　　ho¹¹　　ke¹¹　　phe²¹¹　　tso²¹¹.
　　　　1sg　　CMP　　2sg　　高　　3sg　　CMP　　1sg　　更　　高　　MOOD
　　　　我比你高，他比我更高。

（291）"haːn³³haːn³³　　zɔu¹¹　　　　dɔ²¹¹　　ɬuk¹¹koŋ¹¹　　lei³¹va³¹　　mə¹¹."
　　　　闲-闲　　　　CONJ-且　　有　　长工　　　　服侍　　2sg
　　　　"清清闲闲，还有长工来服侍你。"

1.6.2.4 主从复合句

各分句间意义有主有从，从句的位置不固定，有时在主句前，有时在主句后。主从复合句分为以下六类。

1.6.2.4.1 时间状语句

从句一般在前，表示事件行为所发生的时间。通常由介词hən³³"从"和方位名词haːŋ³³"以后"构成时间状语，还可借用海南闽语的kaːi³¹ ti¹¹haːu³³"的时候"来表达。例如：

（292）mai¹¹　　hən³³　　na³³, mai¹¹　　ɬen¹¹　　lei³¹lɔ²¹¹　　luɯŋ¹¹.
　　　　就　　PREP　　那时　　就　　好　　过日子　　ASP
　　　　从那时起，生活又好起来了。

（293）nə¹¹　　daŋ³³　　ti³¹　　kit⁵⁵hun³³　　kaːi¹¹　　ti¹¹haːu³³, tsɯ³¹　　lei³¹ə³³　　re³¹.
　　　　3sg　　到　　是　　结婚　　ASSOC　　时候　　就　　唱歌　　IND
　　　　到了结婚的时候，（大家）就唱歌。

1.6.2.4.2 因果句

从句表示原因，主句表示结果。常用的关联词有：kɯ³³"因为"、kɯ³³uŋ³¹"因为"、in³³ui³¹"因为"、to¹¹si¹¹"所以"、kha¹¹kuŋ¹¹"所以"、ma³¹"就"等。kɯ³³和kɯ³³uŋ³¹单用时，所连接的从句在前在后皆可，但和to¹¹si¹¹合用时，其所连接的从句须在前。例如：

（294）khai³³　　nə¹¹　　tɔu¹¹　　voŋ¹¹　　ɳaːu³³, kɯ³³　　sem³¹　　ɳaːu³³　　buai³³　　va⁵¹⁻³¹.
　　　　CAUP　　3sg　　下来　　捡　　盐　　CONJ　　说　　盐　　已经　　散落
　　　　叫她下来捡盐，因为盐已经散落一地。

（295）ku³³　ka³³　suam¹¹　nə¹¹　dɔ²¹¹　suŋ³³lɔk⁵⁵,　to¹¹si¹¹　nə¹¹　uap¹¹
　　　　CONJ　马　踩　3sg　有　小洞坑　　CONJ　3sg　喜欢

ɬoŋ³¹　khuɯ³³　suŋ³³　khɔk¹¹　ka³³　khɔk¹¹　soi³³.
藏　　　PREP　洞　脚　　马　脚　　牛

因为马踩到的地方有小坑，所以它（青蛙）喜欢藏在马和牛踩过的脚坑洞里。

（296）mə¹¹　buai³³　sit⁵⁵⁻¹¹　mə¹¹　ma³¹　zot¹¹　viaŋ³³　re³³.
　　　　2sg　已经　热　　　2sg　就　脱　衣　　IMPM
你既然热了就脱外套吧。

1.6.2.4.3　条件句

从句提出条件，正句表示在满足条件的情况下产生的结果。常见的关联词有kan³³"只要"、ha:ŋ³³"之后"等，kan³³连接的从句放在正句前后都可。例如：

（297）ho¹¹　phə¹¹　ma³¹　phə¹¹,　kan³³　lei³¹　niaŋ¹¹　vo³³　ba³¹　ho¹¹　ɬen¹¹
　　　　1sg　去　就　去　　CONJ　CAUP　疮　头　爸爸　1sg　好

buai³³.
MOOD
我嫁就嫁吧，只要能治好咱爸爸的头疮呀。

（298）thɔu³³　mə¹¹　pleɯ¹¹thiu¹¹　dɔ²¹¹　ɬuk¹¹　a¹¹　tsa:ŋ¹¹　ba³¹,　ha:ŋ³³　mə¹¹
　　　　等　　2sg　听见　　　有　孩子　人家　叫　父亲　之后　2sg

heɯ⁵¹　"leɯ⁵¹".
回答　INTERJ
等你听到有人家的孩子叫唤父亲，就应答"唉"。

1.6.2.4.4　假设句

从句提出假设，主句表示假设实现后所产生的结果。常见的连词有bi²⁵⁵"如果"、ai³³ma³³"如果"、na³³"才"、ma³³kuɯ³³"要是"等。

（299）ai³³ma³³　ho¹¹　ia³¹　tsiŋ¹¹　sat¹¹　doŋ¹¹　mə¹¹　na³³　khe⁵¹　ɬen¹¹
　　　　CONJ　1sg　能　成　　鸟儿　像　2sg　DEF　就　好

hɔ³¹,　da:m¹¹　ben¹¹　phə¹¹　khuɯ³³the⁵¹　ma³³　ben¹¹.
INJ　想　飞　去　哪里　　只　飞
如果我能像你一样是鸟儿就好了，想飞去哪儿只管飞就好。

（300）fei¹¹　tsok¹¹　kha¹¹nam³³　na³³　ke¹¹　lai¹¹　tso²¹¹.
　　　　走　PREP　河　　才　更　远　MOOD
如果沿着河边走就更绕了。

1.6.2.4.5 目的句

从句表示行为，通常在前；主句表示行为的目的，通常在后，常用 łen^{11} "好"、 zɔu^{11} "为了"、 zɔu^{11} "使"等来连接。例如：

（301） ho^{11}　　fat^{55}　　phɔu^{33}　　mut^{11}　　łen^{11}　　tsiŋ^{11}　　$\text{hom}^{11}\text{mai}^{31}$　　$\text{ha}^{33}\text{re}^{31}$.

　　　　1sg　　正在　　舂　　稻谷　　好　　成　　米粒　　MOOD

　　　　我正在舂稻谷，好（让稻谷）变成米粒。

（302） thaːn^{11}　　nə^{11},　　zɔu^{11}　　nə^{11}　　łen^{11}　　ɔu^{51}　　ŋaːm^{11}　　pai^{33}　　mut^{11}　　khə^{11}　　na^{33}

　　　　分　　3sg　　CAUP　　3sg　　好　　NEG　　把玩　　EMPH　　稻　　1pl-incl　　DEF

　　　　分给他田，是为了让他别把玩咱们的稻子。

1.6.2.4.6 让步句

前后分句的意思相反或相对，后面分句才是说话人的本意。常见的关联词有 $\text{ma}^{33}\text{kɯ}^{33}$ "但是"、 zɔu^{11} "而且"。例如：

（303） $\text{vaŋ}^{55}\text{-}^{11}\text{vaŋ}^{11}$　　dɔ^{211}　　ŋaːu^{55}　　lei^{31}　　kɔu^{31}　　nə^{11}　　$\text{tha}^{31}\text{kaŋ}^{33}$,　　$\text{ma}^{33}\text{kɯ}^{33}$

　　　　CL-CL　　有　　人　　做　　BEN　　3sg　　饭菜　　CONJ

　　　　łom^{33}　　$\text{a}^{11}\text{ra}^{51}$　　$\text{lei}^{51}\text{-}^{31}$　　lo^{33}.

　　　　不知道　　谁　　做　　IND

　　　　天天有人给他做饭，但不知道是谁做的。

（304） nə^{11}　　van^{33}　　deɯ^{11}　　zeu^{33}　　viat^{55},　　zɔu^{11}　　deɯ^{11}　　meɯ^{11}　　viat^{55}.

　　　　3sg　　NEG　　INST　　匕首　　挖　　CONJ　　INST　　手　　挖

　　　　他不用匕首挖而是用手挖。

1.7 文本语料采集说明

本书语料全部为笔者田野调查所得，收集长篇语料共 13 篇，其中故事 10 篇，对话一篇，民俗讲述 2 篇。调查的起止时间为 2017 年 7 月至 2019 年 12 月，语料收集地点为海南省白沙黎族自治县牙叉镇道阜村委会什奋村及莫妈村（两村紧邻），话语材料提供者共有 5 人，其个人信息及提供材料见表 6。

表 6 白沙牙叉话话语材料提供者信息

姓名	性别	出生年月	住址	提供材料
王亚兴	男	1950.01	海南省白沙黎族自治县牙叉镇道阜村委会什奋村	故事、民俗讲述
王玉英	女	1946.09	海南省白沙黎族自治县牙叉镇道阜村委会莫妈村	故事、对话

续表

王爱花	女	1957.05	海南省白沙黎族自治县牙叉镇中路	故事
王花	女	1981.05	海南省白沙黎族自治县牙叉镇道阜村委会莫妈村	故事、对话
王少姑	女	1964.03	海南省白沙黎族自治县牙叉镇中路	故事

　　语料采集整理通过录音采集、后期核对转写的方式进行，因语料为口述，难免存在表达欠妥、逻辑混乱、重复冗余的情况。语料转写完毕之后，笔者再与讲述人王花逐句核对，剔除掉多余及表达不畅的语句，尽量使表达顺畅准确、合乎语法规则。

　　此外，为反映白沙牙叉话在口语中的实际情况，本书语料标实际读音，白沙牙叉话的变调规律在语法导论中有具体介绍，对照词汇标的则是本调。语法导论中 95% 的语法例句来自书中的文本语料，能够真实体现白沙牙叉话话语中的语法现象。

　　另因讲述者读音有差异，本书语料依照王亚兴读音，语料已根据王亚兴的音系情况进行统一处理。

1.8　参考文献

白沙县委史志办公室：《白沙黎族自治县年鉴（2011 年）》，南方出版社，2011。
白沙黎族自治县地方志编纂委员会：《白沙县志》，南方出版社，1992。
符昌忠：《坡春话概况》，《民族语文》2005 年第 6 期。
刘援朝：《闰黎方言牙叉土语的内部分歧》，《民族语文》2009 年第 2 期。
欧阳觉亚、郑贻青：《黎语调查研究》，中国社会科学出版社，1983。
王力、钱逊：《海南岛白沙黎语初探》，《岭南学报》1951 年第 11 卷第 2 期。
中国科学院少数民族语言调查第一工作队海南分队：《关于划分黎语方言和创制黎文的意见》，黎族语言文字问题科学讨论会（内部参考资料），1957。

2 标注文本

2.1 蛇妹夫

vaŋ¹¹ne³¹　　ho¹¹　　mai¹¹　　khə¹¹　　　　tsɔk¹¹　　tsɯ³¹　　daŋ³¹
今天　　　　1sg-我　PREP-同 1pl-incl:咱们　说　　一　　CL-条
ma:ŋ⁵⁵　phɯŋ¹¹ma:ŋ¹¹,
故事　　古代
今天我跟大家讲一个古老的故事，

su³³saŋ¹¹　　ni⁵¹,　dɔ²¹¹　　ɬu³³　　laŋ¹¹　　ba³¹me¹¹　　,ɬou¹¹　　pa¹¹　　laŋ¹¹
从前　　　　TOP　有　　两　　CL-个　夫妇　　生　　五　　CL-个
ɬuk¹¹pai³³kho³¹.
女儿
以前呢，有一对夫妇生了五个女儿。

dɔ²¹¹　　tsɯ³¹　　vaŋ¹¹,
有　　一　　CL-天
有一天，

ba³¹　　na³³　　mai¹¹　　sɔk¹¹　　niaŋ¹¹　　kha¹¹　　vo³³,　za¹¹　　lei³¹mɔu⁵¹the⁵¹　　ri³³
父亲　DEF　就　疼　疮　上　头　治　做什么　　　都
van³³　　ɬen¹¹.
NEG-不好
父亲头上长了疮，怎么治都治不好。

mai¹¹　　dɔ²¹¹　　pha³³-rip⁵⁵za³¹　　na³³　　mai¹¹　　la:i³³　　mai¹¹　　pau³³　　ba³¹
就　　有　M - 蜈蚣蛇　　DEF　就　看见　就　知道　父亲
nə¹¹　　sɔk¹¹　　niaŋ¹¹　　kha¹¹　　vo³³　　mai¹¹　　sem³¹:
3pl-他们　疼　疮　上　头　就　说
有一条蜈蚣蛇看到了，知道那父亲在头上长了疮，就说：

"sə¹¹　　　dɔ²¹¹　　pa¹¹　　laŋ¹¹　　ɬuk¹¹pai³³kho³¹　　　na³³.
2pl-你们　有　五　CL-个　女儿　　　　那
"你们有五个女儿。

kɔu³¹ laŋ¹¹ the⁵¹ phə¹¹plɔŋ³³ ho¹¹ ka³¹ łen¹¹.
PERMS-给 CL-个 哪个 嫁 1sg-我 也 好
随便叫哪个嫁给我也好。

ho¹¹ ia³¹ lei³¹ niaŋ¹¹ vo³³ ba³¹ sə¹¹ na³³ łen¹¹ lo³³."
1sg-我 能 CAUP-弄疮 头 父亲 你们 DEF 好 IND
我能把你们父亲的头疮治好的。"

pai³³ pa¹¹ laŋ¹¹ łuk¹¹pai³³kho³¹ ni⁵¹, phə¹¹ tha:u⁵¹ koŋ³³ paɯ¹¹,
EMPH 五 CL-个 女儿 TOP 去 找 柴火 回来
那五个女儿呢，找柴火回来了，

tho³¹ plɔŋ³³, mai¹¹ pɔp⁵⁵ fet⁵⁵ bit¹¹ koŋ³³.
到 房子 就 ONOM 扔 CL-把 柴火
回到家，"砰"地一声把柴火扔到地上。

pai³³-me¹¹ mai¹¹ kha:m¹¹ sem³¹:" nɔŋ³¹ eɯ⁵¹, a¹¹ra⁵¹
F - 母亲 就 问 说 孩子（呼称） INJ 谁
da:m¹¹ phə¹¹plɔŋ³³ rip⁵⁵za³¹ ra³¹?"
想 嫁 蜈蚣蛇 INT
妈妈就问："孩子啊，你们谁愿意嫁给蜈蚣蛇呢？"

pai³³ laŋ¹¹ ei⁵¹ na³³ mai¹¹ sem³¹:" ai³³ phə¹¹ ei⁵¹ me¹¹
EMPH CL-个 姐姐 那 就 说 不愿 嫁 INJ 妈妈
ei⁵¹, rip⁵⁵ kɯ³³ rip⁵⁵, za⁵¹ kɯ³³ za⁵¹.
INJ 蜈蚣 是 蜈蚣 蛇 是 蛇
大姐就说："不想嫁，妈妈啊妈妈，蜈蚣是蜈蚣，蛇是蛇。

za³¹ lɔʔ¹¹ duŋ¹¹, kha³¹ ven³¹ plɔŋ³³ ven³¹ za:u³³.
蛇 吃 黄鳝 挂 屋檐 房子 屋檐 谷仓
蛇吃黄鳝，还吊在房子、谷仓的屋檐边。

a¹¹ra⁵¹ tsɯʔ⁵⁵ da:m¹¹ phə¹¹ bɔ⁵⁵? me¹¹ bɔ⁵⁵? ai³³ phə¹¹."
谁 怎么 想 去 INT 妈妈 INT 不愿 去
谁想嫁呀？妈妈，不是吗？不嫁。"

mai¹¹　　dan³³　　lan¹¹　　duai¹¹zi¹¹　　　　tso²¹¹,　　mai¹¹　　pau¹¹　　zɔu⁵⁵　　bit¹¹　　koŋ³³,
就　　　　到　　　　CL-个　第二　　　　　MOOD　　就　　　回来　　搁　　　CL-把　　柴火
轮到第二个女儿，也回来把柴火放下来，

me¹¹　　mai¹¹　　kha:m¹¹　　doŋ¹¹na³³　　thom³¹na³³,　　kha:m¹¹　　la:i³³:
母亲　　就　　　问　　　　那样　　　　这样　　　　　问　　　　　PNC
母亲就也那样问，试着问问看：

"a¹¹ra⁵¹　　da:m¹¹　　phə¹¹plɔŋ³³　　rip⁵⁵za³¹?"
谁　　　　想　　　　嫁　　　　　　蜈蚣蛇
"谁愿意嫁给蜈蚣蛇？"

pai³³-duai¹¹zi¹¹　　na³³　　ka³¹　　ai³³　　da:m¹¹　　phə¹¹,
F - 第二　　　　　DEF　　也　　不愿　想　　　嫁
二女儿也不想嫁，

sem³¹:"　ku³³　　　　za³¹　na⁵¹,　van³³la:i³³　　khɔk¹¹　　van³³la:i³³　　meu¹¹,
说　　　CONJ-因为蛇　DEF　没有　　　　脚　　　　没有　　　　手
a¹¹ra⁵¹　　da:m¹¹　　phə¹¹　　bɔ⁵⁵?　me¹¹　　bɔ⁵⁵?　ai³³　　da:m¹¹　　phə¹¹　　ei⁵¹."
谁　　　　想　　　　嫁　　　INT　妈妈　　INT　　不愿　想　　　去　　　INJ
说："因为蛇没手没脚，谁想嫁呢？妈妈，是吗？不想嫁啊。"

ka³¹　　doŋ¹¹na³³　　thom³¹na³³.
也　　　那样　　　　这样
也跟大姐一样的回答。

daŋ³³　　pai³³　　laŋ¹¹　　duai¹¹ta¹¹　　deu¹¹　　pau¹¹　　koŋ³³,
到　　　EMPH　CL-个　第三　　　　　拿　　　回来　　柴火
待三女也找柴火回来了，

pai³³-me¹¹　　ka³¹　　kha:m¹¹　　sem³¹　　a¹¹ra⁵¹　　da:m¹¹　　phə¹¹plɔŋ³³
F - 母亲　　也　　问　　　　说　　　谁　　　　想　　　嫁
rip⁵⁵za³¹　　ra³¹?
蜈蚣蛇　　INT
妈妈也问谁愿意嫁给蜈蚣蛇呢？

"noŋ³¹　　　　heu³¹,　　mə¹¹　　da:m¹¹　　phə¹¹plɔŋ³³　　rip⁵⁵za³¹　　va³¹?"

孩子（呼称）INJ　　2sg-你　想　　　嫁　　　　蜈蚣蛇　　INT
"孩子啊，你愿意嫁给蜈蚣蛇吗？"

laŋ¹¹　　na³³　sem³¹　ai³³　phə¹¹　kɯ³³　　　za³¹　na³³,
CL-个　那　说　　不愿　去　　　PREP-因为 蛇　DEF
那个也说不愿意，说因为蛇呢，

"za³¹　lɔ⁷¹¹　ŋa:u⁵⁵,　za³¹　ɬom³³　khuŋ⁵⁵,　a¹¹ra⁵¹　tsɯ⁷⁵⁵　da:m¹¹　phə¹¹
蛇　吃　人　　蛇　不懂　说话　　谁　　怎么　想　　去
bɔ⁵⁵? me¹¹　bɔ⁵⁵?"
INT　母亲　INT
"蛇会吃人，蛇不会说话，谁要嫁给它呀？妈妈呀？"

mai¹¹　daŋ³³　laŋ¹¹　duai¹¹ti⁵⁵　paɯ¹¹　leɯ³¹,　pɔp⁵⁵　fai³¹　tsɯ³¹
就　　到　　CL-个 第四　　　回来　IND　ONOM PAR　一
bit¹¹　koŋ³³,
CL-把　柴火
轮到四女儿回来了，她"砰"一声把柴火扔下来，

me¹¹　ka³¹　kha:m¹¹　doŋ¹¹na³³　thom³¹na³³,
母亲　也　问　　　那样　　　这样
母亲也问同样的问题，

me¹¹　kha:m¹¹　la:i³³ : "da:m¹¹　　phə¹¹plɔŋ³³　rip⁵⁵za³¹　va³¹, noŋ³¹?"
母亲　问　　PNC　　想　　嫁　　　蜈蚣蛇　　INT　孩子
母亲试着问："愿意嫁给蜈蚣蛇吗，孩子？"

"ha:ŋ³³ rip⁵⁵za³¹　　　ɬen¹¹　lei³¹　niaŋ¹¹　vo³³　ba³¹　khə¹¹　ɬen¹¹."
之后　蜈蚣蛇　　　好　CAUP-弄　疮　头　　爸爸 1pl-incl:咱们 好
"这样蜈蚣蛇就能把咱爸爸的头疮治好了。"

pai³³　laŋ¹¹　duai¹¹ti⁵⁵　ka³¹　sem³¹　ai³³　phə¹¹　kɯ³³　　za³¹
EMPH CL-个 第四　　　也　说　　不愿 嫁　CONJ-因为 蛇
na³³　rɯ¹¹　lɔ⁷¹¹　a¹¹,
DEF　要　吃　别人
四女儿也说不愿嫁，因为蛇会吃人，

"za³¹　na³³　łom³³　fei⁵⁵　łom³³　vou⁵¹,　ai³³　phə¹¹　mɔ³¹　me¹¹　mɔ³¹."
蛇　　DEF　不懂　走　　不懂　跑　　不愿　嫁　　IMPM　妈妈　IMPM
"蛇不会走也不会跑，我不想嫁啊，妈妈呀。"

mai¹¹　daŋ³³　laŋ¹¹　noŋ³¹　duai¹¹ŋou⁵¹　na³³　pauɯ¹¹,
就　　到　　CL-个　妹妹　第五　　　　DEF　回来
轮到五妹回来，

pɔp⁵⁵　fai³¹　bit¹¹　koŋ³³　fen⁵⁵　kha¹¹　plɔŋ³³　na³³,
ONOM　PAR　CL-把　柴火　扔　　上　　家　　DEF
"砰"一声把柴扔在门口，

me¹¹　na³³　mai¹¹　sem³¹:" noŋ³¹　　　heɯ⁵¹,　da:m¹¹　phə¹¹plɔŋ³³
母亲　DEF　就　　说　　孩子（呼称）INJ　　想　　嫁
rip⁵⁵za³¹　bɔ³³　noŋ³¹　　　bɔ³³?
蜈蚣蛇　　INT　孩子（呼称）INT
母亲就说："孩子啊，你愿意嫁给蜈蚣蛇吗，孩子？

khai³³　mə¹¹　phə¹¹plɔŋ³³　rip⁵⁵za³¹　e³³re³¹,　noŋ³¹.
CAUP-叫 2sg-你 嫁　　　蜈蚣蛇　　MOOD　孩子（呼称）
叫你嫁给蜈蚣蛇呀，孩子。

zɔu¹¹　　　nə¹¹　łen¹¹　lei³¹　niaŋ¹¹　vo³³　ba³¹　khə¹¹　łen¹¹　re³¹."
CAUP-使　3sg-它 好　CAUP-弄 疮　头　　爸爸　1pl-incl　好　IMPM
让它能治好咱爸爸的头疮。"

pai³³-noŋ³¹　mai¹¹　sem³¹　dɔu³³:
F - 妹妹　　就　　说　　到
五妹就说：

"ei⁵¹,　rip¹¹　na³³　　　a¹¹ra⁵¹　tsɯʔ⁵⁵　da:m¹¹　phə¹¹　bɔ⁵⁵,　za³¹　na³³
INTERJ 蜈蚣 DEF/TOP　谁　　怎么　　想　　嫁　　INT　蛇　　DEF
a¹¹ra⁵¹　tsɯʔ⁵⁵　da:m¹¹　phə¹¹　bɔ⁵⁵　me¹¹　bɔ⁵⁵.
谁　　怎么　　想　　去　　INT　妈妈　INT
"哎，谁想要嫁给蜈蚣啊，谁想要嫁给蛇啊，妈妈啊。

ma³³kɯ³³　kan³³　lei³¹　niaŋ¹¹　vo³³　ba³¹　ho¹¹　łen¹¹

CONJ-但是　　CONJ-只要 CAUP-弄疮　　头　　爸爸　1sg-我　好
ma³¹　　ɬen¹¹　　re⁵⁵.
就　　好　　INJ
但只要能治好我爸爸的头疮，那嫁了也行吧！

ho¹¹　　phə¹¹　　ma³¹　　phə¹¹,　kan³³　　　lei³¹　　　niaŋ¹¹　　vo³³　　ba³¹
1sg-我　去　　就　　去　　　CONJ-只要 CAUP-弄疮　　头　　爸爸
ho¹¹　　ɬen¹¹　　buai³³."
1sg-我　好　　MOOD
我嫁就嫁吧，只要能治好我爸爸的头疮。"

pai³³-me¹¹　　na³³　beɯ³¹,　buai³³　phə¹¹　boi⁵¹,
F - 妈妈　　DEF　问完　　已经　嫁　　IND
母亲刚问完，五妹就同意嫁了，

ku³³　　　nə¹¹　　buai³³　then¹¹pom³³　lei³¹　　niaŋ¹¹　　vo³³
CONJ-因为 3sg-它　已经　　答应　　　　CAUP-弄疮　　头
ba³¹　khə¹¹　　　　ɬen¹¹　ma³¹　phə¹¹　be³³re³¹.
爸爸　1pl-incl:咱们　好　就　去　　MOOD
因为它（蜈蚣蛇）已答应能治好咱爸的头疮，嫁就嫁了吧。

pha³³-za³¹　　na³³　mai¹¹　za¹¹　pha³³-ba³¹　na³³,
M - 蛇　　DEF　就　治　　M - 父亲　DEF
蜈蚣蛇就开始治疗她们的父亲，

deɯ¹¹　pai³³　ɬiŋ³³　za³¹　na³³　n̩im³¹　ha³¹　n̩im³¹　pai³³　niaŋ¹¹
INST-用 EMPH 舌头　蛇　DEF　舔　　RHY　舔　　EMPH 疮
vo³³　ba³¹　na³³,
头　　父亲　DEF
用蛇舌来舔父亲的头疮。

mai¹¹　ɬen¹¹　pai³³　niaŋ¹¹　vo³³　na³³.
就　　好　　EMPH　疮　　头　　DEF
就把父亲的头疮治好了。

koi³³　kei¹¹　vaŋ¹¹,　niaŋ¹¹　vo³³　ba³¹　nə¹¹　na³³　mai¹¹　ɬen¹¹.
过　　几　　CL-天　疮　　头　　父亲　3sg-她 DEF　就　　好

过了几天，她爸爸的头疮真的好了。

niaŋ¹¹ vo³³ ba³¹ na³³ ka³¹ buai³³ ɬen⁵⁵ ni⁵¹,
疮 头 父亲 DEF 也 已经 好 TOP
父亲的头疮好了之后呢，

laŋ¹¹ za³¹ na³³ mai¹¹ iu¹¹ laŋ¹¹ ɬuk¹¹pai³³kho³¹,
CL-个 蛇 那 就 带 CL-个 女儿
那条蜈蚣蛇就带那个女孩，

duai¹¹ŋɔu⁵¹ na³³ pau¹¹ khɯ³³ ra³¹ suŋ³³ za³¹ na³³.
第五 DEF 回去 里 地方 洞 蛇 DEF
带五妹回去蛇洞。

pha³³-za³¹ na³³ mai¹¹ iu¹¹ pai³³ laŋ¹¹ noŋ³¹ na³³ pau¹¹
M - 蛇 DEF 就 带 EMPH CL-个 妹妹 那 回去
fou⁵⁵ nə¹¹,
COM-跟着 3sg-它
蛇就带着五妹跟它回去。

pai³³-noŋ³¹ na³³ mai¹¹ fiŋ¹¹ tsom¹¹ zuk⁵⁵ na³³ fei¹¹
F - 妹妹 DEF 就 背 一个 腰鱼篓 那 走
fou⁵⁵ pha³³-za³¹ na³³,
COM-跟着 M-蛇 DEF
妹妹就背着一个腰鱼篓跟着蛇走，

mai¹¹ fei¹¹ tho³¹ ŋa³³kuŋ⁵⁵ na³³,
就 走 到 岔路口 DEF
就走到岔路口，

rip⁵⁵za³¹ na³³ mai¹¹ khai³³ pai³³doŋ⁵⁵ nə¹¹ na³³ mou¹¹
蜈蚣蛇 DEF 就 CAUP-叫妻子 3sg-它 DEF 烧
tsɯ³¹ toŋ³¹ fei¹¹,
一 CL-堆 火
蜈蚣蛇叫它老婆烧一堆火，

nə¹¹ mai¹¹ sem³¹:" thɔu³³ ho¹¹ naːŋ¹¹ teɯ¹¹ fei¹¹ na³³.

3sg-它　　就　　说　　　　　等　　　1sg-我　爬　　上　　火　　DEF
它说："等我从火堆上爬过去。

sun³³　　pai³³　luap¹¹　na³³　haːŋ³³　mə¹¹　voŋ¹¹　leɯ⁵¹.
蜕　　　EMPH　鳞　　DEF　之后　　2sg-你　捡　　IMPM
等蜕了鳞片之后，你就捡呀。

pai³³　　luap¹¹　luŋ¹¹　na³³　tsiŋ¹¹　kaŋ¹¹,　pai³³　luap¹¹　tɔk¹¹　na³³　tsiŋ¹¹
EMPH　鳞　　大　　DEF　成　　光洋　　EMPH　鳞　　小　　DEF　成
suŋ³³.
铜钱
大的鳞片会变成光洋，小的鳞片会变成铜钱。

haːŋ³³　mə¹¹　voŋ¹¹　zen³¹　rit⁵⁵rit⁵⁵,　　tsɯ³¹vet⁵⁵　　ri³³　　ou⁵¹　thiu³³."
之后　　2sg-你　捡　　ASP　全　　　　　一点儿　　　　都　　　NEG-别　落下
然后你全捡完，一点儿都别落下。"

sem³¹　rit⁵⁵,　pha³³-za³¹　na³³　mai¹¹　naːŋ¹¹　teɯ¹¹　fei¹¹　na³³,
说　　完　　　M-蛇　　　DEF　就　　爬　　　上　　　火　　DEF
说完，蛇就从火堆上爬过去，

mai¹¹　sun³³　pai³³　luap¹¹　za³¹　na³³　ma³³　thuk⁵⁵　a³¹　thuk⁵⁵,
就　　蜕　　EMPH　鳞　　　蛇　　DEF　PAR　ONOM　RHYONOM
蛇鳞就"哗啦啦"地往下掉，

mai¹¹　tsiŋ¹¹　łuai⁵⁵　pe¹¹e¹¹　tsiŋ¹¹kaŋ¹¹tsiŋ¹¹suŋ³³.
就　　成　　多　　特别　　金银财宝
变成很多的金银财宝。

pai³³-noŋ³¹　　na³³　mai¹¹　zəŋ³³　phə¹¹　voŋ⁵⁵　pai³³
F-妹妹　　　DEF　就　　快　　去　　捡　　EMPH
tsiŋ¹¹kaŋ¹¹tsiŋ¹¹suŋ³³　　　na³³,
金银财宝　　　　　　　　DEF
妹妹就赶紧去捡那些金银财宝，

eɯ¹¹　tɔu¹¹　khɯ³³　zuk⁵⁵　na³³,　mai¹¹　buai³³　ia⁵¹　voŋ¹¹　rit⁵⁵,
装　　下来　　里　　腰鱼篓　DEF　就　　已经　　能　捡　　完

装在腰鱼篓里，然后全捡完了，

təŋ³¹　vo³³　lo¹¹　buai³³　ɬom³³　ra³¹　pha³³-za³¹　na³³　phə⁵⁵　the⁵¹　tham¹¹.
抬　头　看　已经　不知道　地方　M -蛇　DEF　去　哪个　MOOD
抬头一看就不知道蛇跑去哪里了啊。

nə¹¹　mai¹¹　tsui³³　pai³³　tha:ŋ¹¹　khɔk¹¹　za³¹　na³³　phə¹¹,
3sg-她　就　PREP-沿　EMPH　痕迹　脚　蛇　DEF　去
她就沿着蛇的脚印走，

la:i³³　pai³³　tha:ŋ¹¹　za³¹　tho³¹　tsok¹¹　tsɯ³¹　daŋ³¹　nam³³　na³³,
看见　EMPH　痕迹　蛇　到　PREP-沿着　一　CL-条　河　那
看到蛇爬行的痕迹一直延伸到一条河边，

nə¹¹　mai¹¹　la:i³³　pai³³　suŋ³³　luŋ¹¹　suŋ³³　tɔk¹¹　na³³,
3sg-她　就　看见　EMPH　洞　大　洞　小　DEF
她就看到大大小小的洞，

nə¹¹　ka³¹　phə¹¹　viat⁵⁵,　kɯ³³　khou³³　sem³¹　na³³　suŋ³³　za³¹,
3sg-她　也　去　挖　CONJ-因为　想　说　那　洞　蛇
她就去挖洞，以为那是蛇洞，

ma³³kɯ³³　kom³¹　dia⁵¹　la:i³³　pha³³-za³¹　tso²¹¹.
CONJ-但是　还　不能　看见　M -蛇　MOOD
但还看不到蛇呢，

nə¹¹　mai¹¹　fei¹¹　kha:ŋ¹¹　tsaŋ³³nam³³,　mai¹¹　la:i³³　laŋ¹¹　kha³¹,
3sg-她　就　走　上去　上游　就　看见　CL-只　螃蟹
她走到河的上游处，就看见一只螃蟹，

nə¹¹　mai¹¹　kha:m¹¹　kha³¹　na³³　sem³¹:
3sg-她　就　问　螃蟹　DEF　说
她就问螃蟹：

"kha³¹,　mə¹¹　la:i³³　laŋ¹¹　dɔŋ⁵⁵　ho¹¹　rip⁵⁵za³¹　na³³　va³¹?"
螃蟹　2sg-你　看见　CL-个　爱人　1sg-我　蜈蚣蛇　那　INT
"螃蟹，你看见我的爱人蜈蚣蛇了吗？"

kha³¹　　mai¹¹　　then¹¹　　sem³¹:"　　van³³la:i³³　　ei⁵¹."
螃蟹　　　就　　　回答　　　说　　　　没有　　　　　　IND
螃蟹就回答说："没有呀。"

nə¹¹　　mai¹¹　　po²¹¹　　pai³³　　laŋ¹¹　　kha³¹　　na³³　　mai¹¹　　fuai¹¹
3sg-她　就　　　抓　　　EMPH　CL-个　螃蟹　　那　　　就　　　CL-一下
maŋ³¹　　bok⁵⁵　　kha³¹　　na³³,　　həŋ³³　　na³³,
印　　　背　　　　螃蟹　　DEF　　PREP-从　那时
她就抓住螃蟹，就用指甲在螃蟹背上按出一道印子，从那时起，

pai³³　　bok⁵⁵　　kha³¹　　na³³　　mai¹¹　　dɔ²¹¹　　tha:ŋ¹¹　　lip¹¹maŋ³¹.
EMPH　　背　　　螃蟹　　DEF　　就　　　有　　　痕迹　　　　指甲印
螃蟹的背就有了指甲印。

mai¹¹　　fei¹¹　　kha:ŋ¹¹　　tso²⁵⁵,　　mai¹¹　　la:i³³　　laŋ¹¹　　ła¹¹rim¹¹,
就　　　走　　　上去　　　MOOD　　就　　　看见　　CL-条　尖嘴鱼
她继续向前走，就看见一条尖嘴鱼，

nə¹¹　　mai¹¹　　kha:m¹¹　　ła¹¹rim¹¹:"　　ła¹¹rim¹¹　　ha³¹　　ła¹¹rim¹¹.
3sg-她　就　　　问　　　　尖嘴鱼　　　尖嘴鱼　　INJ　　尖嘴鱼
她就问尖嘴鱼："尖嘴鱼啊尖嘴鱼。

mə¹¹　　la:i³³　　pha³³doŋ⁵⁵　　ho¹¹　　rip⁵⁵za³¹　　va³¹?"
2sg-你　看见　　丈夫　　　　　1sg-我　蜈蚣蛇　　　INT
你看见我的丈夫蜈蚣蛇吗？"

ła¹¹rim¹¹　　mai¹¹　　then¹¹　　sem³¹,　　dia⁵¹　　la:i³³　　ei⁵¹.
尖嘴鱼　　　就　　　回答　　　说　　　　不得　　看见　　IND
尖嘴鱼就回答，没有看见呀。

nə¹¹　　mai¹¹　　po²¹¹　　pai³³　　ła¹¹rim¹¹　　na³³,
3sg-她　就　　　抓　　　EMPH　尖嘴鱼　　　DEF
她就抓住尖嘴鱼，

mai¹¹　　deɯ¹¹　　pai³³　meɯ¹¹　na³³　　phan³³　pai³³　　pom³³　ła¹¹rim¹¹　　na³³,
就　　　INST-用　EMPH　手　　DEF　　捏　　EMPH　嘴巴　尖嘴鱼　　　　DEF

然后用手捏住尖嘴鱼的嘴巴，

həŋ³³　na³³　pai³³　pom³³　ɬa¹¹rim¹¹　na³³　mai¹¹　tsa:m¹¹tsa:m¹¹,
PREP-从 那时 EMPH 嘴巴 尖嘴鱼 DEF 就 尖尖
从那时起，尖嘴鱼的嘴巴就尖尖的，

a¹¹　mai¹¹　sem³¹　ɬa¹¹rim¹¹　na³³　tsa:m¹¹　pom³³　thom³¹na³³.
别人 就 说 尖嘴鱼 DEF 尖 嘴巴 这样
人家就说尖嘴鱼的嘴巴是这么变得尖尖的。

mai¹¹　kom³¹　fei¹¹　kha:ŋ¹¹　tso²¹¹,　mai¹¹　la:i³³　laŋ¹¹　ɬa¹¹hou¹¹,
就 还 走 上去 MOOD 就 看见 CL-条 鲶鱼
就继续向前走着，就看见一条鲶鱼，

nə¹¹　mai¹¹　kha:m¹¹　sem³¹:"　ɬa¹¹hou¹¹　ha³¹　ɬa¹¹hou¹¹.
3sg-她 就 问 说 鲶鱼 INJ 鲶鱼
她就问："鲶鱼啊鲶鱼。

mə¹¹　la:i³³　pha³³doŋ⁵⁵　ho¹¹　rip⁵⁵za³¹　na³³　va⁵¹?"
2sg-你 看见 丈夫 1sg-我 蜈蚣蛇 DEF INT
你看见我的丈夫蜈蚣蛇了吗？"

ɬa¹¹hou¹¹　ka³¹　then¹¹　nə¹¹　sem³¹:"　dia⁵¹　la:i³³　ei⁵¹."
鲶鱼 也 回答 3sg-她 说 不得 看见 IND
鲶鱼也回答她："没看见呀。"

nə¹¹　mai¹¹　ren³¹khei³¹　mai¹¹　fi³¹　pai³³　nam³³khak⁵⁵　na³³
3sg-她 就 生气 就 撛 EMPH 鼻涕 DEF
teɯ¹¹　pai³³　ɬa¹¹hou¹¹　na³³,
上 EMPH 鲶鱼 DEF
她就生气了，然后撛鼻涕甩到鲶鱼身上，

həŋ³³　na³³,　pai³³　ɬa¹¹hou¹¹　na³³　na²¹¹ka³¹ɳɯŋ³³,　te²¹¹　ia³¹　po²¹¹.
PREP-从 那时 EMPH 鲶鱼 DEF 滑溜溜 难 得 抓
从那时起，鲶鱼就变得滑溜溜的，很难抓住。

nə¹¹　mai¹¹　kom³¹　fei¹¹　tso²¹¹,　mai¹¹　la:i³³　pha³³-thup¹¹,

3sg-她　就　　还　　走　　MOOD　就　　看见　M - 乌龟
她就继续走着，就看见乌龟，

mai¹¹　　kha:m¹¹　　pha³³-thup¹¹:"　　thup¹¹　a³¹　thup¹¹.
就　　　问　　　　M - 乌龟　　　　乌龟　INJ　乌龟
就问乌龟："乌龟啊乌龟。

mə¹¹　la:i³³　pha³³doŋ⁵⁵　　ho¹¹　　rip⁵⁵za³¹　va³¹?"
2sg-你　看见　丈夫　　　　1sg-我　蜈蚣蛇　　INT
你看见我的丈夫蜈蚣蛇了吗？"

pha³³-thup¹¹　　na³³　mai¹¹　sem³¹:"　la:i³³　ja⁵⁵.
M - 乌龟　　　　DEF　就　　说　　看见　IND
乌龟就说："看到呀。

suŋ³³　rip⁵⁵za³¹　fat⁵⁵　kha¹¹na³³,　na³³　van³³　　mɔ³¹?"
洞　　蜈蚣蛇　　正在　那里　　　那　　NEG-不　INT
蜈蚣蛇的洞就在那里，那不是嘛？"

"nə¹¹　ruam⁵¹　tho³¹　plɔŋ³³　aŋ³³."
3sg-他　刚　　　到　　房子　　坡地
"它刚到家里。"

pai³³doŋ⁵⁵　rip⁵⁵za³¹　na³³　pleɯ¹¹thiu¹¹　mɔu⁵¹nen³³　mai¹¹　ɬen¹¹bou¹¹,
妻子　　　蜈蚣蛇　　DEF　听见　　　　　这些　　　　就　　　高兴
蜈蚣蛇的妻子听到这些话就高兴了，

mai¹¹　kɔu³¹　laŋ¹¹　thup¹¹　na³³　tsɯ³¹　pai³³　ɬiaŋ³³,
就　　给　　　CL-只　乌龟　那　　一　　　CL-顶　斗笠
就给那只乌龟一顶斗笠，

pha³³-thup¹¹　na³³　mai¹¹　vaŋ⁵⁵vaŋ¹¹　　ŋo³³　pai³³　hom¹¹　na³³,
M - 乌龟　　　DEF　就　　CL-天-CL-天　　戴　　EMPH　CL-个　DEF
乌龟就天天戴着斗笠，

buai³³　ka:u³³kha¹¹,　ma⁵⁵　la:i³³　tsiŋ¹¹　bok⁵⁵thup¹¹.
已经　　很久　　　　只　　看见　　成　　　龟壳

很久以后，只见（斗笠）变成了龟壳。

pai³³doŋ⁵⁵　rip⁵⁵za³¹　na³³　mai¹¹　fei¹¹　ɬuk¹¹　khɯ³³　suŋ³³　za³¹　na³³,
妻子　　　蜈蚣蛇　　DEF　就　　走　　进　　里　　洞　　蛇　　DEF
蜈蚣蛇的妻子就走进蛇洞里，

mai¹¹　buai³³　tho⁵¹　ploŋ³³　za³¹　na³³　thom³¹na³³.
就　　已经　　到　　家　　　蛇　　DEF　这样
就这样到了蛇的家。

buai³³　　ka:u³³kha¹¹　bei⁵¹,　mai¹¹　dɔʔ¹¹　laŋ¹¹　ɬuk¹¹pha³³ma:ŋ¹¹.
已经　　很久　　　　INJ　　就　　有　　CL-个　男孩
过了很久啦，就生了一个男孩。

dɔʔ¹¹　van¹¹　ni⁵¹,　laŋ¹¹　ɬuk¹¹pai³³kho³¹　　na³³　mai¹¹　da:m¹¹　iu¹¹
有　　CL-天　TOP　CL-个　女儿　　　　　　那　　就　　打算　　带
pha³³-za³¹　na³³　pau¹¹　ploŋ³³　ta³³sa³³,
M - 蛇　　DEF　回　　家　　　外家
有一天呢，五妹就想带蛇回娘家，

nə¹¹　　mai¹¹　khai³³　a¹¹　ŋaŋ³³　thoŋ¹¹　kou³¹　ba³¹　nə¹¹,
3sg-她　就　　CAUP-叫别人　捎　　话　　　BEN-给　父亲　3sg-她
她就让人捎话给父亲，

sem³¹　nə¹¹　　mai¹¹　pha³³ɬeɯ¹¹za³¹　　rɯ⁵¹　pau¹¹　uŋ³³,
说　　3sg-她　就　　CONJ-和 蛇女婿　　要　　回来　玩儿
说她和蛇女婿要回来探亲，

pai³³　ba³¹　na³³　mai¹¹　khai³³　ko¹¹noŋ³¹　fiaŋ³³viaŋ³³　ploŋ³³　na³³
EMPH 父亲 DEF　就　　CAUP-叫 亲戚　　隔壁　　　　家　　　DEF
phə¹¹　po²⁵⁵　tsɯ³¹　rou¹¹tha¹¹　tit¹¹,
去　　抓　　一　　CL-臼篓　　田鸡
父亲就叫乡亲邻里去抓了一臼篓田鸡，

plam³¹　ɬen⁵⁵ɬen¹¹　thou³³　za³¹　pau¹¹　kou³¹　nə¹¹　　lɔʔ¹¹.
盖　　好 - 好　　　等　　蛇　　回来　给　　3sg-它　吃
盖住田鸡，好好放起来，等蛇回来给它吃。

vaŋ⁵⁵na³³   be⁵¹,   laŋ¹¹   ɬuk¹¹   mai¹¹   pha³³ɬeɯ¹¹za³¹   mai¹¹   tum³³
那天   IND   CL-个 孩子   CONJ-和 蛇女婿   就   骑
ka³³   paɯ¹¹.
马   回来
到了那天了，五妹和蛇女婿就骑马回来了。

ma³³   se³¹daŋ¹¹   tho³¹   plɔŋ³³   ta³³sa³³   mai¹¹   tou¹¹   ka³³,
PAR   神采奕奕   到   家   外家   就   下来   马
神采奕奕地到了外家之后就下马，

mai¹¹   ɬuk¹¹   plɔŋ³³,   laŋ¹¹   pai³³dɔŋ⁵⁵   na³³   mai¹¹   sem³¹   kou³¹
就   进   房子   CL-个 妻子   那   就   说   BEN-给
pha³³-za³¹,
M - 蛇
进到房里，妻子就跟蛇说，

sem³¹:" mə¹¹   buai³³   sit⁵⁵   mə¹¹   ma³¹   zot¹¹   viaŋ³³   re³³,
说   2sg-你 已经   热   2sg-你 就   脱   衣   IMPM
kɯ³³   sit¹¹   re³³."
CONJ-因为 热   IND
说："你热了就脱外套吧，因为很热呀。"

pha³³-za³¹   na³³   mai¹¹   zot¹¹   pai³³   viaŋ³³   na³³.
M - 蛇   DEF   就   脱   EMPH 衣   DEF
蛇就把外套脱了，

u⁵¹,   zot¹¹   pai³³   viaŋ³³   na³³   mai¹¹   thɯŋ¹¹   pai³³   kem¹¹   pai³³
INTERJ脱   EMPH 衣   DEF   就   出来   EMPH 金子 EMPH
kaŋ¹¹   ma³³   lip⁵⁵   a³¹   lip⁵⁵,
银   PAR   闪   RHY闪
哇，脱了上衣就露出闪闪发光的金子银子，

ma³³siaŋ³³   la:i³³   ɬou³³   va³³   luap¹¹   za³¹   khɯ³³   fou¹¹   ŋai³³   buai³³.
只有   看见   两   CL-片 鳞   蛇   PREP-在 下面   膈肢窝 MOOD
只看见腋窝下有两片蛇鳞而已。

pai³³ laŋ¹¹ ei⁵¹ boi⁵¹, u⁵¹, ruaŋ³¹ tha³¹ mai¹¹ la:i³³,
EMPH CL-个 姐姐 TOP INTERJ煮 米饭 就 看见
姐姐呢，哇，煮饭时看到了，

la:i³³ mai¹¹ təŋ³¹ tha³¹ ri³³ do³¹, tha³¹ ri³³ va³¹ om³³uŋ³¹,
看见 就 端 米饭 都 摔 米饭 都 散落 连着
手里端着的米饭摔到了地上，散了一地，

buai³³ la:i³³ pha³³-za³¹ na³³ buai³³ tsiŋ⁵⁵ pha³³-ɬɯk¹¹mɯŋ¹¹,
已经 看见 M - 蛇 DEF 已经 成 M - 青年男子
看到了蛇变成了一位年轻男子，

ma³³ rɯŋ³¹ fai³¹, ɬiak¹¹ ɬen¹¹ha:u³³, zɔu¹¹ ma³³ lip⁵⁵ a³¹ lip⁵⁵,
PAR 直 PAR 很好看 漂亮 CONJ-且 PAR 闪 RHY 闪
身材挺拔，非常英俊，而且还一闪一闪的，

kɯ³³ nə¹¹ buai³³ zot⁵⁵ vian³³ za³¹ na³³ buai³³ tsiŋ⁵⁵ ŋa:u⁵⁵.
CONJ-因为 3sg-它 已经 脱 衣 蛇 DEF 已经 成 人
因为它把蛇皮脱了就变成人了。

a¹¹ra⁵¹ la:i³³ a¹¹ra⁵¹ ri³³ hɯp¹¹ la¹¹lɯŋ¹¹,
谁 看见 谁 都 奇怪 反复
谁看到都感到奇怪，

kɯ³³ nə¹¹ na³³ pha³³ ten³¹ pha³³ ten³³, thoŋ¹¹ za³¹
CONJ-因为3sg-他 DEF M 神仙 M 仙 CL-段 蛇
thoŋ¹¹ ten³¹,
CL-段 神仙
因为他是神人仙人，半蛇半仙，

a¹¹ra⁵¹ ri³³ sem³¹ nə¹¹ na³³ suai¹¹ za³¹,
谁 都 说 3sg-他 DEF 鬼 蛇
谁都说它是蛇鬼，

ɬom³³vaŋ¹¹ nə¹¹ na³³ tsɯ³¹ laŋ¹¹ ten³³.
不知道 3sg-他 DEF 是 CL-个 仙
谁知他是个神仙。

pai³³　laŋ¹¹　ei⁵¹　duai¹¹zi¹¹　tɔu¹¹　nam³³　fei¹¹　tho³¹　daŋ⁵⁵　plɔŋ³³
EMPH CL-个 姐姐 第二　挑　水　走　到　面前　房子
ri³³　do³¹　om³³,
都　摔　甚至
二姐挑水经过门口时也摔了一跤，

kɯ³³uŋ³¹　buai³³　la:i³³　pha³³-za³¹　na³³　ma³³　lip⁵⁵　a³¹　lip⁵⁵.
CONJ-因为 已经 看见 M - 蛇　DEF PAR 闪　RHY闪
因为看到蛇一闪一闪发亮。

daŋ³³　pai³³　duai¹¹ta¹¹　ei⁵¹　tsɯ⁵⁵　tsoŋ³³　riŋ³³,
到　EMPH 第三　姐姐 正　织　锦
三姐正在织锦，

tsoŋ³³　riŋ³³　ri³³　tsoŋ³³　van³³　luam¹¹,
织　锦　都 织　NEG-不对
却怎么织都织不对，

kɯ³³uŋ³¹　buai³³　la:i³³　pha³³ɬɯ¹¹za³¹　na³³　pau¹¹　na³³,
CONJ-因为 已经 看见 蛇妹夫　DEF 回来 MOOD
因为看到妹夫回来了，

mai¹¹　buai³³　zot⁵⁵　pai³³　viaŋ³³　za³¹　na³³,　mai¹¹　ma³³　lip⁵⁵　a³¹　lip⁵⁵,
就　已经 脱　EMPH 衣　蛇　DEF　就　PAR 闪　RHY 闪
脱了蛇皮，身上闪闪发光，

a¹¹ra⁵¹　ri³³　boi³³boi³³　zaŋ³¹sa¹¹　ka³¹　lo¹¹　na³³,　lei³¹pai³³pla³¹
谁　都 全 - 全　眼花　也　看 那样　干什么
ri³³　buai³³　so³³.
都　已经 错
谁看到眼都花了，做什么都犯错。

pai³³　laŋ¹¹　ei⁵¹　duai¹¹ti⁵⁵　tsɯ⁵⁵　mo³¹　mut¹¹　ri³³　buai³³　tuan³¹
EMPH CL-个 姐姐 第四　正　磨　稻谷 都　已经 转
la¹¹　kɯ³³uŋ³¹　buai³³　lo⁵⁵　daŋ³³　zip³¹vi³¹,
反　CONJ-因为 已经 看　RST 沉迷

四姐磨稻谷，居然都把磨盘转反了，都已经看得入迷，

buai³³ zip³¹vi³¹ pha³³ɬɯ¹¹ kɯ³³ buai³³ la:i³³ pha³³ɬɯ¹¹,
已经 沉迷 妹夫 CONJ-因为已经 看见 妹夫
已经对妹夫沉迷了，因为看到妹夫，

kɯ³³ buai³³ la:i³³ pha³³ɬɯ¹¹ ɬiak¹¹ ɬen¹¹mɯŋ¹¹.
CONJ-因为已经 看见 妹夫 很好看 漂亮
因为看到妹夫一表人才。

su³³saŋ¹¹ na⁵¹, me¹¹ na³³ kha:m¹¹ laŋ¹¹ the⁵¹, laŋ¹¹ the⁵¹
从前 DEF/TOP母亲 DEF 问 CL-个 哪个 CL-个 哪个
ka³¹ ai³³ da:m¹¹ phə¹¹, kɯ³³ sem³¹ dou³³ za³¹, ai³³
也 不愿 想 嫁 CONJ-因为说 到 蛇 不愿
da:m¹¹ phə¹¹,
想 去
以前呢，母亲问谁，谁也不愿嫁，说是蛇就不想嫁，

na³³ mai¹¹ kɔu³¹ laŋ¹¹ noŋ³¹doi³³ na³³ phə¹¹.
那 就 CAUP-给CL-个 幺妹 那 嫁
那只有让小妹嫁了。

tsu³¹khei³¹, pha³³-ba³¹ na³³ pau¹¹,
一会儿 M - 父亲 DEF 回来
过了一会儿，父亲回来了，

mai¹¹ la:i³³ pha³³ɬɯ¹¹za³¹ na³³ buai³³ pau⁵⁵,
就 看见 蛇女婿 DEF 已经 回来
看到女婿回来了，

mai¹¹ va³¹ pai³³ tit¹¹ na³³ zɔu¹¹ kɔu³¹ pha³³-za³¹ na³³ lɔʔ¹¹,
就 开 EMPH 田鸡 DEF CONJ-然后 给 M -蛇 DEF 吃
就打开臼篓，把田鸡放出来给蛇吃，

kɯ³³ a¹¹ sem³¹ za³¹ lɔʔ¹¹ tit¹¹,
CONJ-因为人家 说 蛇 吃 田鸡
因为别人说蛇吃田鸡，

ma³³kɯ³³　　na³³　a¹¹　za³¹　tet¹¹tsi⁵⁵　a¹¹　ten³¹naŋ³¹,
CONJ-但是 那　人家 蛇　实际　　人家 神人
但是那蛇其实是神仙，

na³³　nə¹¹　van³³　lɔ²¹¹　pai³³　tit¹¹　na³³,
那　3sg-他 NEG-不吃　EMPH 田鸡 DEF
他不吃田鸡，

pai³³　tit¹¹　na³³　mai¹¹　vou³¹　phə¹¹　vou³¹　paɯ¹¹.
EMPH 田鸡 DEF 就　跑　去　跑　回
田鸡就跑来跑去，

pha³³-za³¹　na³³　mai¹¹　phɯŋ³³　pai³³　ka³³　na³³　suam¹¹　pai³³
M - 蛇　DEF 就　放　EMPH 马　DEF 踩　EMPH
tit¹¹　na³³,
田鸡　DEF
蛇就放马出来踩田鸡，

suam¹¹　pai³³　tit¹¹　na³³,　tit¹¹　na³³　mai¹¹　biat⁵⁵,
踩　EMPH 田鸡 DEF 田鸡 DEF 就　扁
把田鸡踩扁了，

mai¹¹　hən³³　na³³,　pai³³　tit¹¹　na³³　mai¹¹　dia⁵¹　vou³¹　tham¹¹,
就　PREP-从 那时 EMPH 田鸡 DEF 就　不能　跑　MOOD
就从那时起，田鸡就再也不能跑了，

ma³³siaŋ³³　tsuŋ³³　ha³¹　tsuŋ³³,　thet⁵⁵　ha³¹　thet⁵⁵.
只有　跳　RHY 跳　踢　RHY 踢
只能跳啊跳，蹦啊蹦。

zɔu¹¹　nə¹¹　ma³³　　　　tuan¹¹　łoŋ³¹　khɯ³³　thaːŋ¹¹　khɔk¹¹　ka³³
CONJ-且 3sg-它 只　　　专门　藏　里　痕迹　脚　马
khɔk¹¹　soi³³,
脚　牛
而且它专门藏在马和牛留下的脚印里，

to¹¹si¹¹　　a¹¹　　phə¹¹　　po²⁵⁵　　tit¹¹　　na³³　　khem³³　　phə¹¹　　thaːu⁵¹
CONJ-所以人家　去　　抓　　田鸡　DEF　必须　　去　　找
khɯ³³　　suŋ³³　　khɔk¹¹　　ka³³　　khɔk¹¹　　soi³³.
里　　洞　　脚　　马　　脚　　牛
所以人们去抓田鸡时，就必须在马和牛踩出的脚印里找。

ku³³　　　　ka³³　　suam¹¹　　nə¹¹　　dɔ²¹¹　　suŋ³³lɔk⁵⁵,　　to¹¹si¹¹
CONJ-因为马　　踩　　3sg-它　有　　小洞坑　　CONJ-所以
nə¹¹　　uap¹¹　　ɬoŋ³¹　　khɯ³³　　suŋ³³　　khɔk¹¹　　ka³³　　khɔk¹¹　　soi³³.
3sg-它 喜欢　藏　　里　　洞　　脚　　马　　脚　　牛
因为马踩田鸡的时候，会留下小坑，所以田鸡喜欢藏在里头。

pha³³-za³¹　　　na³³　　van³³　　lɔ²¹¹　　tit¹¹　　na³³,　　ku³³　　nə¹¹　　pha³³-ten³¹,
M-蛇　　DEF　NEG-不　吃　　田鸡　　DEF CONJ-因为 3sg-他　M-神仙
蛇不吃田鸡，因为他是神仙，

pai³³　　kei¹¹　　laŋ¹¹　　ei⁵⁵noŋ⁵⁵　　na³³　　ka³¹　　buai³³　　te²⁵⁵ŋai³¹　　nə¹¹.
EMPH 几　　CL-个 姐妹　　DEF　也　已经　　倾心　　3sg-他
那几个姐妹都已倾心于他。

buai³³　　uŋ³³　　kaːu³³kha¹¹　　ni⁵¹,　　pha³³-za³¹　　na³³　　mai¹¹　　iu¹¹　　doŋ⁵⁵
已经　　玩儿　很久　　　TOP　M-蛇　　DEF　就　带　老婆
nə¹¹　　pauu¹¹　　plɔŋ³³　　nə¹¹.
3sg-它 回去　　家　　3sg-它
待了一段时间之后呢，蛇就带它的老婆回家了。

van⁵⁵kaːu⁵⁵van⁵⁵no⁵⁵,　　　　laŋ¹¹　　ei⁵¹　　luŋ¹¹　　mai¹¹　　ŋan³³　　thoŋ¹¹,
没过多久　　　　　　CL-个 姐姐 大　　就　托　话
没过多久，大姐就托话过来，

khai³³　　laŋ¹¹　　noŋ³¹　　na³³　　pauu¹¹　　uŋ³³　　plɔŋ³³　　ta³³,
CAUP-叫CL-个 妹妹　那　回去　　玩儿　家　　外祖母
叫妹妹回娘家玩，

pai³³-ei⁵¹　　ni⁵¹,　　buai³³　　te²⁵⁵ŋai³¹　　pai³³-noŋ³¹　　sem³¹　　ɬen⁵⁵
F-姐姐 TOP　已经　　忌妒　　F-妹妹　说　好
ra³¹　　phə¹¹　　lo³³.

地方　嫁　　IND
姐姐忌妒妹妹嫁了好人家啦。

pai³³-ei⁵¹　　na³³　khɔu³³　la¹¹lɯŋ¹¹,　　sɯ³³saŋ¹¹　　na³³　　　　nə¹¹
F - 姐姐　DEF　想　　反复　　从前　　　DEF/TOP　　　3sg-她
ai³³　phə¹¹,
不愿　嫁
姐姐不断地想以前她不愿嫁，

ma³³kɯ³³　khai⁵⁵ne⁵¹　na³³,　　　　la:i³³　　　pai³³-noŋ³¹　na³³
CONJ-但是　现在　　　　DEF/TOP　　看见　　　F-妹妹　　DEF
phə¹¹plɔŋ³³　　pha³³-za³¹　　na³³　tsɯ³¹　pha³³-ten³¹naŋ³¹,
嫁　　　　M - 蛇　　DEF　是　　M - 神人
但是现在呢，看到妹妹嫁的蛇是个神仙，

łom³³vaŋ¹¹　　za³¹　na³³　pha³³-ten³¹naŋ³¹.
不知道　　　蛇　DEF　M - 神人
没想到蛇是神仙。

nə¹¹　　mai¹¹　iu¹¹　pai³³　laŋ¹¹　noŋ³¹　na³³　zɔu¹¹　　phə¹¹　zun⁵⁵
3sg-她　就　　带　EMPH CL-个　妹妹　那　CONJ-然后　去　　诓骗
sɯ³³sɯŋ¹¹sɯ³³ŋo³³,
荒郊野岭
她就带妹妹，把她骗到深山老林里去，

zɔu¹¹　　khai³³　　　　nə¹¹　na:ŋ¹¹　tsɯ³¹　thuŋ³³　kai⁵⁵　ket⁵⁵　kha¹¹nam³³.
CONJ　CAUP-叫　　她　爬　　一　　CL-棵　柚子　附近　河
然后叫她爬到河边的一棵柚子树上。

nə¹¹　mai¹¹　kho³¹　ha³¹　kho³¹　ro³¹　pai³³　sai¹¹kai⁵⁵　na³³,
她　　就　　ONOM　RHY　ONOM　砍　EMPH　柚子树　　DEF
她就开始"咣咣"地砍柚子树，

zɔu¹¹　　khai³³　kai⁵⁵　na³³　do³¹　tɔu¹¹　khɯ³³　nam³³　na³³,
CAUP-使CAUP-叫柚子　DEF　摔　下来　里　　河　　DEF
pai³³-noŋ³¹　　na³³　łen¹¹　zui³³.
F - 妹妹　　DEF 好　死

好让柚子树摔到河里，害死妹妹。

pai³³-noŋ³¹　　na³³　pleɯ¹¹thiu¹¹　koŋ³¹　ha³¹　koŋ³¹　ka³¹　laŋ³¹　lo³³,
F - 妹妹　　　DEF　听见　　　　　ONOM RHY ONOM 还　　砍　　IND
妹妹听到"咣咣"的砍树声了，

noŋ³¹　　mai¹¹　　kha:m¹¹　　sem³¹:"　ei⁵¹　ha³¹　ei⁵¹."
妹妹　　就　　　问　　　　说　　　姐姐　RHY　姐姐
妹妹就问："姐姐呀姐姐。"

"mə¹¹　　laŋ³¹　　pla³¹　　na³³　　ra³¹　　ei⁵¹?"
2sg-你　砍　　什么　　DEF　INT　姐姐
"你在砍什么呢，姐姐？"

"lei³¹pla³¹　　zɔu¹¹　　koŋ³¹　　ha³¹　　koŋ³¹　　ra³¹,　ei⁵¹?"
干什么　　　CAUP-使ONOM RHY　ONOM INT　　姐姐
"怎么还弄出'咣咣'的声音啊，姐姐？"

ei⁵¹　　mai¹¹　　sem³¹:"　van⁵⁵　　lei³¹pla³¹　　mɔ³¹,　noŋ³¹　　mɔ³¹."
姐姐　就　　　说　　　NEG-没 干什么　　　　IND　妹妹　　IND
姐姐就说："没干什么呢，妹妹呢。"

"na:ŋ¹¹　kai⁵⁵　　ɬeɯ¹¹　　ro³¹　　kai⁵⁵　　zo³³　　mɔ³¹."
爬　　柚子　　妹夫　　砍　　柚子　　姐夫　IND
"只是爬妹夫的柚子树，就砍姐夫的柚子树呢。"①

nə¹¹　　buai³³　　sem³¹　rit⁵⁵,　mai¹¹　　pai³³　kai⁵⁵　na³³　　mai¹¹　　buai³³
3sg-她 已经　　说　完　　就　　EMPH 柚子　DEF　就　　已经
ro⁵¹　　rit⁵⁵　　mai¹¹　　ma³³　plo³¹　fai³¹,　do³¹　tɔu¹¹　khɯ³³　　nam³³,
砍　完　　就　　PAR ONOM PAR　摔　　下去　里　　河
她一说完，柚子树也砍好了，"噗通"一声柚子树摔到河里去了，

pai³³　　noŋ³¹　　na³³　mai¹¹　　zui³³　　tɔu¹¹　khɯ³³　　nam³³.
F　　妹妹　DEF　就　　死　下去　里　　河
妹妹就掉到河里死了。

---

① 意即互换身份，除掉妹妹后妹夫变姐夫。

doi³³a:u⁵¹,　　nə¹¹　　mai¹¹　　pauɯ¹¹,
接下来　　　3sg-她　就　　回去
然后她就回去，

pauɯ¹¹　　phə¹¹　　lei⁵¹lɔ²¹¹　　mai¹¹　　pha³³łeɯ¹¹　　na³³.
回去　　去　　过日子　　PREP-同 妹夫　　　　DEF
回去和妹夫生活了。

ma³³kɯ³³　　pha³³łeɯ¹¹　　nə¹¹　　na³³　　sɯ³³saŋ¹¹　　buai³³　　deɯ⁵⁵
CONJ-但是　妹夫　　　　3sg-她　DEF　从前　　　　已经　　娶
pai³³-noŋ³¹　　na³³,
F - 妹妹　　　DEF
可是妹夫以前娶了妹妹，

a¹¹　　tsɯ³¹　　buai³³　　pauɯ³³　　pai³³-noŋ³¹　　ka:i¹¹　　te³³ke²⁵⁵　　doŋ¹¹the⁵¹,
人家　就　　　已经　　知道　　F - 妹妹　　　ASSOC 性格　　　怎样
他就已经了解妹妹的性格，

a¹¹　　lei³¹koŋ¹¹lei³¹vaŋ¹¹　　,a¹¹　　ka³¹　　buai³³　　pauɯ³³　　kuɯ⁵⁵koŋ¹¹kuɯ⁵⁵vaŋ¹¹.
人家　手脚勤快　　　　　　人家 也　　已经　　知道　　　样样精通
她手脚勤快，什么活儿都会做，慧心巧思。

ei⁵¹　　na³³　　phə¹¹plɔŋ³³　　pha³³łeɯ¹¹　　na³³,　　pai³³　　pla³¹　　nə¹¹　　ri³³
姐姐　DEF　嫁　　　　　　妹夫　　　　DEF　EMPH 什么　3sg-她　都
łom³³　　kɯ³³　　lei⁵¹,　　kɯ³³　　nə¹¹　　ŋa:u⁵⁵　　fa:p¹¹,
不会　　PAR　做　　　CONJ-因为3sg-她　人　　懒
姐姐嫁了妹夫后，什么她都不会做的，因为她是懒鬼，

ŋa:u⁵⁵　　fa:p¹¹　　na³³,　　nə¹¹　　pla³¹　　nə¹¹　　ri³³　　łom³³　　kɯ³³　　lei⁵¹.
人　　懒　　DEF　3sg-她　什么　3sg-她　都　　不会　　PAR　做
懒所以什么她都不会做。

pha³³łeɯ¹¹　　na³³　　mai¹¹　　pauɯ³³　　nen³³　　na³³　　vai³¹　　doŋ⁵⁵　　nə¹¹,
妹夫　　　　DEF　就　　知道　　这个　　DEF　不是　老婆　3sg-他
妹夫就知道了这不是他的老婆，

kɯ³³　　　　　nə¹¹　　pa¹¹　　laŋ¹¹　　ei³¹noŋ³¹　　　　tsɯ³¹　　eu¹¹　　daŋ¹¹thuaŋ³³,

CONJ-因为　　3sg　　五　　CL-个 姐妹　　　　　是　　相貌　　一样
因为她们五姐妹长得一样，

nə¹¹　　buai³³　　pauɯ³³　　pai³³doŋ⁵⁵　　na³³,　　na³³　　vai³¹　　doŋ⁵⁵　　nə¹¹
3sg-他　 已经　　 知道　　　 妻子　　　　　DEF　　 那　　 不是　　老婆　　 3sg-他
tham¹¹　　lo¹¹.
MOOD　　IND
他很了解他妻子，那肯定不是他老婆了。

doi³³aːu⁵¹　　na³³,　　　　　nə¹¹　　buai³³　　pauɯ³³,　　nə¹¹　　ka³¹　　van³³
接下来　　　　DEF/TOP　　　 3sg-他　 已经　　 知道　　　3sg-他　也　　 NEG-不
lei³¹pla³¹　　pai³³-ei⁵¹　　na³³,
干什么　　　 F - 姐姐　　 DEF
然后呢，他虽然清楚了但也不对姐姐做什么，

kɯ³³　　　nə¹¹　　buai³³　　pauɯ³³　　pai³³-ei⁵¹　　na³³　　tsɯ³¹　　ke³¹,
CONJ-因为3sg-他　 已经　　 知道　　　F - 姐姐　　 DEF　　 是　　　假
因为他已经知道那是姐姐，是假冒的，

vai³¹　　doŋ⁵⁵　　nə¹¹.
不是　　老婆　　 3sg-他
不是他老婆。

dɔʔ²¹¹　　vaŋ¹¹,　　tit¹¹　　khɯ³³　　nam³³　　na³³　　mai¹¹　　khaːŋ¹¹　　sem³¹　　kɔu³¹
有　　　　CL-天　　田鸡　 里　　　水　　　 DEF　　 就　　 上来　　　 说　　　 BEN-给
nə¹¹,　　sem³¹:
3sg-他　说
有一天，水里的田鸡就上到岸上，跟他说：

"pai³³　　ei⁵¹　　na³³　　buai³³　　lei⁵¹　　doŋ⁵⁵　　mə¹¹　　ɬaːu³¹　　khɯ³³　　nam³³."
EMPH　 姐姐　　DEF　　已经　 CAUP-弄老婆　 2sg-你 死　　　 里　　　 河
"你老婆已经被姐姐弄死在河里。"

pha³³-za³¹　　na³³　　mai¹¹　　phə¹¹　　tho³¹　　khɯ³³　　tiaŋ⁵⁵nam³³,　　ra³¹
M - 蛇　　　 DEF　　就　　 去　　　到　　 PREP-在 河边　　　　　　 地方
doŋ⁵⁵　　nə¹¹　　zui³³　　na³³,　　mai¹¹　　khuai⁵¹　　pai³³　　thoŋ¹¹　　ten³³
老婆　　 3sg-他 死　　　DEF　　就　　 念　　　　 EMPH　话　　　仙

nə¹¹　　na³³,
3sg-他　DEF
蛇就去到河边，也是他老婆死的地方，就开始念神咒，

tsaːŋ¹¹　pai³³　ɬa¹¹,　pai³³　fiaŋ¹¹,　pai³³　tit¹¹,　pai³³　ŋɔk¹¹,　pai³³
CAUP-唤EMPH　鱼　　EMPH　虾　　　EMPH　田鸡　EMPH　癞蛤蟆　EMPH
kha³¹,　pai³³　za³¹,　pai³³　pe³³　na³³　phə¹¹　voŋ⁵⁵　pai³³　fuk¹¹　doŋ⁵⁵
螃蟹　　EMPH　蛇　　EMPH　其他　DEF　去　　捡　　　EMPH　骨头　老婆
nə¹¹　　na³³　rit⁵⁵rit⁵⁵,　　euɯ¹¹　tɔu¹¹　khɯ³³　tsɯ³¹　hom¹¹　kai¹¹.
3sg-他　DEF　完完　　　　装　　下来　里　　一　　个　　瓶子
叫鱼、虾、田鸡、癞蛤蟆、螃蟹、蛇，还有其他小动物去捡他老婆的尸骨，全部捡上来
之后就把尸骨装在一个瓶子里。

suɯ³³saŋ¹¹　na³³,　　　　a¹¹　　sem³¹　kai¹¹tsen³³,
从前　　　　DEF/TOP　人家　说　　　小罐
以前呢，人家说小罐，

zɔu¹¹　deuɯ¹¹　euɯ⁵⁵,　zɔu¹¹　zɔu⁵⁵　pai³³　fuk¹¹　pai³³doŋ⁵⁵　nə¹¹　　na³³,
CONJ　INST-用　装　　CONJ　放　　EMPH　骨头　妻子　　　3sg-他　DEF
是用来装（尸骨），用来放他老婆的尸骨，

zɔu¹¹　　ɬen¹¹　sum³³,　buai³³　ia⁵¹　sum³³　khɔu¹¹,　na³³　mai¹¹　ɬoŋ¹¹.
CONJ　　好　　凑　　　已经　　能　　凑　　齐　　　才　　就　　焖
用小罐装尸骨是为了凑齐尸骨，好拿来焖烧。

ɬoŋ¹¹　nə¹¹　　mai¹¹　khuai⁵¹　thoŋ¹¹　ten³³　luŋ¹¹,
焖　　3sg-他　就　　念　　　　话　　　仙　　REP
焖的时候，他就反复地念神咒，

khai³³　thou¹¹　thou¹¹　so³³　fut¹¹　fauɯ³³　vaŋ¹¹　ɬen¹¹　tsiŋ¹¹　ŋaːu⁵⁵.
CAUP-叫七　　七　　　四　　十　　九　　　CL-天　好　　成　　人
为了让七七四十九天后尸骨能变成人。

pha³³-za³¹　na³³　mai¹¹　pai³³-noŋ³¹　na³³　tsɯ³¹　dɔʔ¹¹　tsɯ³¹　pha³³-ɬuk¹¹,
M-蛇　　　DEF　CONJ-和F-妹妹　　DEF　是　　有　　一　　M-儿子
蛇和五妹有一个儿子，

nə¹¹　　deɯ¹¹　　pau¹¹　　pai³³　　kai¹¹tsen³³　　fɯk¹¹　　doŋ⁵⁵　　nə¹¹　　na³³,
3sg-他　拿　　回　　EMPH　小罐　　　　骨头　老婆　3sg-他　DEF
他把装有妻子尸骨的小罐拿回家，

khai³³　　pha³³-ɬɯk¹¹　　na³³　　vaŋ⁵⁵vaŋ¹¹　　ka³¹　　voŋ³³vaŋ¹¹.
CAUP-叫M - 儿子　　DEF　CL-天 -CL-天　也　　猛扇
叫儿子天天用扇子扇火（烧罐子）。

buai³³　　voŋ³³　　tho³¹　　pa¹¹　　vaŋ¹¹,　pai³³　　vo³³　　me¹¹　　na³³　　mai¹¹　　ɬou¹¹,
已经　　扇　　到　　五　　CL-天　EMPH　头　　母亲　DEF　就　　生
mai¹¹　　ia³¹　　khuŋ³³.
就　　能　　说话
扇了五天之后，母亲的头就长出来了，就可以说话了。

pha³³-ɬɯk¹¹　　nə¹¹　　na³³　　mai¹¹　　kha:m¹¹　　me¹¹:"　me¹¹　　a³¹
M - 儿子　　3sg-她　DEF　就　　问　　　母亲　妈妈　INJ
me¹¹,　mə¹¹　　buai³³　　ɬou⁵⁵　　vo³³　　rit⁵⁵　　va³¹?"
妈妈　2sg-你　已经　　生　　头　　完　　INT
儿子就问母亲："妈妈啊妈妈，你的头长出来没？"

me¹¹　　na³³　　mai¹¹　　then¹¹:"　ɬɯk¹¹　　a³¹,　ho¹¹　　buai³³　　ɬou⁵⁵　　vo³³
母亲　DEF　就　　回答　　儿子　INJ　1sg-我　已经　　生　　头
thɯŋ¹¹,　buai³³　　ia⁵¹　　khuŋ³³,　ma³³ku³³　　van³³la:i³³　　meɯ¹¹　　khɔk¹¹　　tsɔ²¹¹."
出来　已经　能　　说话　CONJ-但是　　没有　　手　　脚　　MOOD
母亲就回答说："儿子呀，我的头长出来了，能说话了，但还没手没脚呢。"

ɬɯk¹¹　　na³³　　mai¹¹　　voŋ³³　　a³¹　　voŋ³³　　tsɔ²¹¹,
儿子　DEF　就　　扇　　RHY　扇　　MOOD
儿子就继续扇啊扇，

voŋ³³　　daŋ³³　　tho³¹　　luŋ¹¹　　pa¹¹　　vaŋ¹¹　　tsɔ²¹¹,
扇　　RST　　到　　REP　五　　CL-天　MOOD
又再过了五天，

ɬɯk¹¹　　na³³　　mai¹¹　　kha:m¹¹:"　me¹¹　　heɯ⁵¹　me¹¹,　me¹¹　　buai³³　　ɬou⁵⁵
孩子　DEF　就　　问　　妈妈　INJ　妈妈　妈妈　已经　　生
meɯ¹¹　　thɯŋ¹¹　　va³¹?"

手　　　出来　　　INT
孩子就问："妈妈呀妈妈，你的手长出来了吗？"

me¹¹　　na³³　　mai¹¹　　sem³¹:"　ɬuk¹¹　　heɯ⁵¹,　　ho¹¹　　buai³³　　dɔ⁷⁵⁵
母亲　　DEF　　就　　　说　　　儿子　　INJ　　1sg-我　　已经　　有
meɯ¹¹　　leɯ³¹,　　khɔk¹¹　　van³³la:i³³　　tso²¹¹."
手　　　IND　　　脚　　　没有　　　　MOOD
妈妈就说："儿子啊，我的手长出来了，还没脚呢。"

ɬuk¹¹　　na³³　　mai¹¹　　ka³¹　　hiaŋ⁵⁵hiaŋ³³　　vɔŋ³³　　tso²¹¹.
儿子　　DEF　　就　　还　　努力 -努力　　　扇　　　MOOD
儿子就再拼命地扇啊扇，

kom¹¹　　koi³³　　lɯŋ¹¹　　pa¹¹　　vaŋ¹¹　　tso²¹¹,
埋　　　EXP　　REP　　五　　CL-天　MOOD
再焖了五天之后呢，

ɬuk¹¹　　na³³　　kom³¹　　kha:m¹¹　　tso²¹¹:"　me¹¹　heɯ⁵¹,　　mə¹¹　　buai³³
儿子　　DEF　　还　　问　　　　MOOD　母亲　INJ　　2sg-你　　已经
ɬou⁵⁵　　khɔk¹¹　　va³¹?"
生　　　脚　　　INT
儿子继续问："妈妈呀，你的脚长出来没？"

me¹¹　　na³³　　mai¹¹　　zəŋ⁵⁵zəŋ³³　　then¹¹,
母亲　　DEF　　就　　快 -快　　　回答
母亲就赶紧回答，

sem³¹:"　ɬuk¹¹　　heɯ⁵¹,　　khɔk¹¹　　kom³¹　　van³³　　ɬou¹¹　　tso²¹¹,
说　　　孩子　　INJ　　　脚　　　还　　NEG-没生　　MOOD
ma³³kɯ³³　　buai³³　　ɬou⁵⁵　　tsɯ³¹thom⁵⁵　　ŋuŋ¹¹　　ha⁵⁵."
CONJ-但是　已经　　生　　一半　　　　　身体　　IND
说："孩子啊，脚还没长出来呢，但是身体已经长出一半啦。"

pha³³-ɬuk¹¹　　na³³　　mai¹¹　　buai³³　　ɬen⁵⁵bou¹¹,
M - 儿子　　DEF　　就　　已经　　高兴
儿子听了就很高兴，

ke¹¹　　hiaŋ³³　voŋ³³vaŋ¹¹　　tso²¹¹,　łen¹¹　khai³³　me¹¹　zəŋ³³　łou¹¹　luɯŋ¹¹.
更　　努力　猛扇　　　　MOOD　好　CAUP-叫　母亲　快　活　REP
更加卖力地扇扇子，好让母亲赶紧复活。

mai¹¹　　buai³³　　khɔu⁵⁵vaŋ¹¹khɔu¹¹va³³,
就　　　已经　　约期而至
到了七七四十九天，

pha³³-łuɯk¹¹　　na³³　　mai¹¹　khaːm¹¹:"　me¹¹　heɯ⁵¹,　mə¹¹　buai³³
M - 儿子　　　DEF　　就　问　　　妈妈　INJ　　2sg-你　已经
łou⁵⁵　khɔk¹¹　rit⁵⁵　e³³re³¹?"
生　　脚　　完　　MOOD
儿子就问："妈妈呀，你的脚长好了吗？"

me¹¹　na³³　mai¹¹　then¹¹　sem³¹:"　łuɯk¹¹　heɯ⁵¹,　ho¹¹　buai³³
母亲　DEF　就　回答　说　　孩子　INJ　　1sg-我　已经
łou⁵⁵　luɯŋ¹¹　boi⁵¹."
活　　REP　　IND
母亲就回答："孩子啊，我已经复活啦。"

"khɔk¹¹　dɔ²⁵⁵,　meɯ¹¹　dɔ²⁵⁵,　pla³¹　ri³³　dɔ²⁵⁵,　rit⁵⁵,　buai³³　łou⁵⁵
脚　　有　　手　　有　　什么　都　有　　尽　已经　活
luɯŋ¹¹　boi⁵¹."
REP　　IND
"脚有，手有，什么都有，我活过来啦。"

łuɯk¹¹　na³³　mai¹¹　łen¹¹bɔu¹¹,　tsaːŋ¹¹　ba³¹,
儿子　DEF　就　高兴　　　　叫　　父亲
儿子就高兴地叫爸爸，

pha³³-za³¹　　na³³　　mai¹¹　fa³¹　pai³³　kai¹¹tsen³³　na³³,
M - 蛇　　　DEF　　就　掀开　EMPH　小罐　　　DEF
蛇就打开罐子，

iu¹¹　pai³³　laŋ¹¹　me¹¹　na³³　thuɯŋ¹¹.
带　　EMPH　CL-个　母亲　那　出来
把孩子母亲带出来。

ma³³kɯ³³　　nə¹¹　　ŋa:u⁵⁵　buai³³　ɬa:u⁵¹　mai¹¹　ɬou¹¹　luŋ¹¹　na³³,
CONJ-但是　3sg-她　人　　已经　　死　　就　　活　　REP　　那样
因为她是死而复生，

ŋuŋ¹¹　　na³³　niak⁵⁵niak¹¹　　daŋ³³　dia⁵¹　om³³　fei¹¹,
身体　　DEF　衰弱-衰弱　　　RST　　不能　甚至　走
身体虚弱到路都走不了。

pha³³-za³¹　　na³³　mai¹¹　ɔu³³　nə¹¹　　paɯ¹¹　kam¹¹　khɯ³³
M-蛇　　　　DEF　就　　扶　　3sg-她　回　　藏　　里
tsɯ³¹　　toŋ¹¹　plɔŋ³³　luɯŋ¹¹,
一　　　CL-间　房子　　REP
蛇就扶着她，把她藏到一个屋子里，

ɔu⁵¹　　kɔu³¹　　　pai³³-ei⁵¹　na³³　la:i³³,
NEG-不要PERMS-给　F-姐姐　　DEF　看见
不让姐姐看到，

kɯ³³　　　da³³　laŋ¹¹　pai³³　ei⁵¹　na³³　ha:i⁵¹　tso²¹¹.
CONJ-因为怕　CL-个　F　　姐姐　那　　害　　MOOD
怕是姐姐又要害人。

pha³³-za³¹　　na³³　mai¹¹　iu¹¹　laŋ¹¹　pai³³　ei⁵¹　na³³　phə¹¹
M-蛇　　　　DEF　就　　带　　CL-个　F　　姐姐　那　　去
ra³¹　　　laŋ¹¹　ei⁵¹　na³³　ha:i⁵¹　pai³³　laŋ¹¹　noŋ³¹　na³³,　ket⁵⁵
地方　　CL-个　姐姐　那　　害　　EMPH CL-个　妹妹　那　　附近
tiaŋ¹¹nam³³　　na³³.
河边　　　　　DEF
蛇就带着姐姐去到她把妹妹害死的地方，河边附近一带。

mai¹¹　buai³³　tho⁵¹　tiaŋ¹¹nam³³　　na³³,
就　　已经　　到　　河边　　　　　DEF
到了河边，

pha³³-za³¹　　na³³　mai¹¹　khoi³¹ti³¹　kha:m¹¹　laŋ¹¹　ei⁵¹,　sem³¹:
M-蛇　　　　DEF　就　　开始　　　问　　　CL-个　姐姐　说

蛇就开始问姐姐：

"suɯ³³saŋ¹¹　na³³　　mə¹¹　lei³¹pla³¹　kha¹¹　nen³³,　maŋ¹¹　mə¹¹
从前　　　DEF/TOP　2sg-你　干什么　　上　　这里　是　　2sg-你
hɔu³³　pai³³-noŋ³¹　mə¹¹　kha¹¹　nen³³　va³¹?"
杀　　F - 妹妹　　2sg-你　上　　这里　INT
"以前你为什么来这里，是你在这里杀了你妹妹吗？"

pai³³-ei⁵¹　na³³　mai¹¹　then¹¹　sem³¹:"maŋ¹¹　ha⁵⁵.
F - 姐姐　DEF　就　　回答　说　　是　　IND
姐姐就回答："是啊。

daːm¹¹　phə¹¹plɔŋ³³　mə¹¹　na³³ma³¹　lei³¹　zen³¹　pai³³　laŋ¹¹
想　　嫁　　　　　2sg-你　CONJ-所以　做　　ASP　EMPH　CL-个
noŋ³¹　na³³　zui³³　be³³re³¹."
妹妹　那　死　　MOOD
想嫁给你，所以把妹妹弄死了啦。"

pha³³-za³¹　na³³　mai¹¹　pleɯ¹¹thiu¹¹　pai³³　thoŋ¹¹　nə¹¹　sem³¹
M - 蛇　　DEF　就　　听见　　　　EMPH　话　　3sg-她　说
na³³　mai¹¹　et⁵⁵　ren³¹khei⁵¹,
DEF　就　　非常　生气
蛇听到她说的话就非常生气，

mai¹¹　ȵuŋ⁵¹　pai³³-ei⁵¹　na³³　tou¹¹　khɯ³³　nam³³,
就　　推　　F - 姐姐　DEF　下去　里　　河
就把姐姐推下河里，

lei³¹　doŋ⁵⁵　nə¹¹,　hɔu³³　noŋ³¹　nə¹¹　thɔk¹¹　khɯ³³　nam³³
CAUP-弄老婆　3sg-他　杀　　妹妹　3sg-她　掉　　里　　河
nen³³　na³³.
这　　DEF
把这个害死他老婆，杀了自己妹妹的姐姐推下这条河里。

mai¹¹　khuai⁵¹　thoŋ¹¹,　tsu⁵¹hən³³　nen³³　na³³,
就　　念　　话　　PREP-自从　这时　DEF
就开始念，从现在开始，

fuk¹¹ mə¹¹ thɔk¹¹ khɯ³³ nam³³ na³³ tsiŋ¹¹ zen¹¹,
骨头 2sg-你 掉 里 河 DEF 成 水蚂蟥
你掉到河里的骨头变成水蚂蟥，

fuk¹¹ mə¹¹ thɔk¹¹ kha¹¹ ŋo³³ na³³ tsiŋ¹¹ the²¹¹.
骨头 2sg-你 掉 上 山 DEF 成 旱蚂蟥
你掉在山上的骨头变成旱蚂蟥。

mai¹¹ pai³³-ei⁵¹ na³³ mai¹¹ buai³³ zui³³ ni⁵¹,
就 F - 姐姐 DEF 就 已经 死 TOP
姐姐死了之后呢，

pha³³-za³¹ na³³ mai¹¹ pai³³-noŋ³¹ na³³ mai¹¹
M - 蛇 DEF CONJ-和 F - 妹妹 DEF 就
tsei³¹fa³³ra¹¹ro²¹¹ ɬen⁵⁵ɬen¹¹ lei³¹lɔ²¹¹ mai¹¹thuaŋ³³.
平安无事 好 - 好 过日子 一起
蛇和妹妹就相安无事地在一起过日子了。

今天我跟大家讲一个古老的故事。从前，一对夫妇有五个女儿。有一天，父亲头上长了疮，怎么治都治不好，一条蜈蚣蛇看到父亲头上长了疮，就说："你们有五个女儿，要是把其中一个女儿嫁给我，我就帮你把头疮治好。"

那五个女儿呢，都去找柴火了。大姐先回到家，"砰"地一声把柴火扔到地上。妈妈就问："孩子啊，你愿意嫁给蜈蚣蛇吗？"大姐就说："我不愿意，妈妈啊妈妈，那是蜈蚣，那是蛇呀。蛇吃黄鳝，还吊在房子、谷仓的屋檐边上，谁愿意嫁呀，不是吗？妈妈，我不嫁。"

轮到第二个女儿回到家，她把柴火放下来，母亲还是一样问："你愿意嫁给蜈蚣蛇吗？"

二女儿也不想嫁，说："蛇没手没脚，又不是人，谁愿意嫁呀，妈妈呀，我不愿意啊。"跟大姐一样的回答。

待三女也找柴火回来了，妈妈继续问："孩子啊，你愿意嫁给蜈蚣蛇吗？"那个女儿也不愿意，说："蛇会吃人，又不会说话，妈妈呀，谁愿意嫁呀。"

轮到四女儿回来了，她"砰"一声把柴火扔在地上，母亲也试探性地问："孩子，你要是愿意嫁给蜈蚣蛇，它就能把你爸爸的头疮治好了。"四女儿也不愿意，说是蛇会吃人，"蛇不会走也不会跑，我不想嫁啊，妈妈呀。"

轮到五妹回来，她"砰"一声把柴扔在门口，母亲就说："孩子啊，你愿意嫁给蜈蚣蛇吗？把你嫁给蜈蚣蛇吧，孩子，这下它就能治好你爸爸的头疮了。"五妹就说："哎，谁想要嫁给蜈蚣啊，谁想要嫁给蛇啊，妈妈啊，但只要它能治好我爸爸的头疮，那嫁了就嫁了吧，只要我爸爸的头疮能被治好。"

母亲问了一圈，五妹终于同意嫁了，她觉得蜈蚣蛇要是能治好父亲的头疮，嫁就嫁了吧。

而后，蜈蚣蛇就用舌头来舔头疮，就把父亲的头疮治好了。过了几天，爸爸的头疮真的消失了，之后蜈蚣蛇就带着五妹一起回蛇洞，妹妹就背着一个腰鱼篓跟着它走。

走到岔路口，蜈蚣蛇叫五妹烧一堆火，叮嘱道："等我从火堆上爬过去、蜕掉鳞片之后，你要把脱落的鳞片捡起来呀。大的鳞片会变成光洋，小一点儿的鳞片会变成铜钱。你要全捡完，一块儿都别落下呀。"

说完，蛇就爬过火堆，它身上的鳞片就"哗啦啦"地往下掉，变成很多金银财宝，五妹就赶紧去把那些金银财宝捡起来，装到腰鱼篓里。全捡完之后，她抬头一看，没看着蛇，不知道它跑到哪里去了啊。

她就沿着蛇的脚印走，顺着蛇的脚印一直走到一条河，看到大大小小的洞，以为那是蛇洞，她就去挖，但还找不到蛇呢。她接着往河的上游走，看见一只螃蟹，她就问螃蟹："螃蟹，你看见我的爱人蜈蚣蛇了吗？"螃蟹就回答说："没有呀。"她一把抓住螃蟹，用指甲使劲按了一下螃蟹的背，从那时起，螃蟹的背上就有了指甲印。

她继续向前走，看见一条尖嘴鱼，她就问尖嘴鱼："尖嘴鱼啊尖嘴鱼，你看见我的丈夫蜈蚣蛇了吗？"尖嘴鱼回答说没有看见。她便抓住尖嘴鱼，用手使劲捏尖嘴鱼的嘴巴，从那时起，尖嘴鱼的嘴巴就变得尖尖的，据说这就是尖嘴鱼嘴巴尖的由来。

五妹继续向前走着，然后看见一条鲶鱼，她再问："鲶鱼啊鲶鱼，你看见我的丈夫蜈蚣蛇了吗？"鲶鱼也回答："没看见呀。"她便生气了，擤了把鼻涕甩到鲶鱼身上，从那时起，鲶鱼就变得滑溜溜的，很不好抓。

她仍继续向前走，接着看见乌龟，问道："乌龟啊乌龟，你看见我的丈夫蜈蚣蛇了吗。"乌龟回应："看到了呀，蜈蚣蛇的洞就在哪里，那不是嘛？它刚到家里呢。"五妹听了很开心，就送给乌龟一顶斗笠，乌龟天天戴着斗笠，很久之后，斗笠就变成了龟壳。

五妹走进蛇洞里，跟蛇一起过日子，过了一段时间，就生了一个男孩。有一天，五妹想带蛇丈夫回娘家，她就让人给父亲捎话，说她和蛇女婿要回来探亲。父亲就叫乡亲邻里去抓了一臼篓田鸡放在家，等蛇女婿回来给它吃。

到了那天，五妹和蛇女婿就骑着马回来了，蛇女婿一路神采奕奕到了岳父母家。下了马之后，进到房里，妻子就对蛇丈夫说："那么热，你就把外套脱了吧。"蛇就脱了外套，哇！它脱了上衣之后，全身像金子银子一样闪闪发光，只看见两片蛇鳞贴在腋窝下。大姐正在煮饭，一看被惊到了，手里端的饭碗不由自主掉在地上，米饭撒了一地，只见蛇变成了一个年轻男子，身材挺拔，非常英俊，全身还闪闪发亮。

谁看见都感到吃惊，因为蛇脱了蛇皮之后就变成人了，他本来就是神人仙人，半蛇半仙，本以为这条蛇是个鬼怪，谁料到他居然是个神仙。

二姐正挑着水走到门口，看着蛇妹夫如此耀眼，就摔了一跤；三姐正在织锦，看到妹夫脱了蛇皮之后，身上闪闪发光，眼睛都看花了，就怎么织都织不对；四姐在磨稻谷，居然把磨盘转反了，已经完全沉迷于妹夫的一表人才和玉树临风，完全被妹夫吸引住了。谁能想到会是这样呢，以前母亲问她们的意见，谁也不肯嫁，说不想嫁给蛇，只有让小妹嫁了。

过了一会儿，父亲回来了，看到蛇女婿回来了，就打开臼篓，把田鸡放出来给蛇吃，因为人家都说蛇喜欢吃田鸡，但是那蛇其实是神仙，他不吃田鸡的。放出来的田鸡跑来跑去，蛇就放马来踩田鸡，马把田鸡踩扁了，从那时起，田鸡就再也不能跑了，只能跳啊跳，蹦啊蹦。而且它喜欢藏在马和牛的脚印坑里，人们去抓田鸡时，就得在马和牛留下的脚印坑里找田鸡，因为当时马踩田鸡的时候，留下一个个的脚印坑，为了不被马踩着，田鸡就藏在小坑里头，长此以往，田鸡就经常藏在马和牛的脚印坑里头啦。

蛇是不吃田鸡的，因为他是个神仙，而那几个姐妹都已倾心于他。在岳父母家待了一段时间之后，蛇就带五妹回家了。

没过多久，大姐托话过来，叫五妹回娘家玩。其实大姐是忌妒妹妹嫁了好人家啦，她不断地想着以前的事就感到后悔，那时她死都不愿嫁，可没想到蛇是神仙。妹妹回来之后，她就把妹妹骗到深山老林里，哄骗妹妹去爬河边的一棵柚子树，妹妹爬上柚子树之后，她就开始"咣咣"地砍柚子树，好让柚子树摔到河里，摔死妹妹。

妹妹听到"咣咣"的砍树声了，妹妹就问："姐姐呀姐姐，你在砍什么呢？怎么还发出'咣咣'的声音啊，姐姐？"大姐就说："没干什么呢，妹妹呢，不过是爬了妹夫的柚子树，就得砍姐夫的柚子树呢。"她一说完，柚子树就"噗通"一声倒到河里了，妹妹就掉到河里死了。

接着大姐就去蛇洞，假扮成五妹与妹夫一同生活了。可是妹夫和五妹生活了很长时间，他对五妹的个性非常了解，五妹手脚勤快，什么活儿都会做，慧心巧思。而大姐呢，什么她都不会做，她特别懒，所以什么她都不会做。妹夫心里就知道这不是他的老婆，她们五姐妹其实长得一样，但他很了解自己的妻子，相当笃定那不是他妻子。他什么都很清楚，也不轻举妄动，他虽然知道那是五妹的姐姐不是他的妻子，但苦于没有证据。

有一天，有只田鸡从水里走到岸上，跟蛇说："你的妻子已经被她姐姐弄死在河里了。"蛇就走到河边，到他妻子死的地方，开始念神咒，叫鱼、虾、田鸡、癞蛤蟆、螃蟹、蛇，还有其他小动物去河里捡他妻子的尸骨。

全捡上来之后，就把尸骨装在一个小土罐里，以前呢，这种小罐是专门用来装尸骨的，蛇用小土罐来存放他妻子的尸骨。将尸骨凑齐之后，蛇就用火来焖烧土罐，一边焖他就不停地念神咒，好让七七四十九天后他妻子能复活。

蛇和五妹有一个儿子，蛇将装有尸骨的小罐拿回家焖烧之后，叮嘱儿子天天用扇子扇火，好让焖土罐的火能旺一些。烧了五天之后，五妹的头生出来了，可以说话了。儿子就问他母亲："妈妈啊妈妈，你的头长出来没？"母亲回答："儿子呀，我的头长出来了，能说话了，但还没手没脚呢。"

儿子继续扇啊扇，又再过了五天，孩子又问："妈妈呀妈妈，你的手长出来了吗？"母亲就说："儿子啊，我的手长出来了，还没脚呢。"儿子继续拼命地扇啊扇，又过了五天，儿子再问："妈妈呀，你的脚长出来没？"母亲赶紧回答："孩子啊，脚还没长出来呢，但是身体已经长出一半啦。"

儿子听了就很高兴，更加卖力地扇扇子，好让母亲赶紧复活。到了七七四十九天，儿子又问："妈妈呀，你的脚长好了吗？"母亲应道："孩子啊，我已经复活啦！脚有，手有，什么都有了，我活过来啦。"

儿子就高兴地喊爸爸过来，蛇打开罐子，把孩子母亲带出来。因为五妹是死而复生，身体相当虚弱，走不了路，蛇就扶着她，把她带到一个屋子藏起来，瞒着姐姐，怕是姐姐知道了又要害人。

后来，蛇带着姐姐来到河边，就是她把妹妹害死的地方。到了河边，蛇开始质问姐姐："以前你在这里杀了你妹妹吗？"姐姐回答："是啊，我想嫁给你，所以就把妹妹弄死了呀。"

蛇听到这番话非常生气，就一下把姐姐推到河里，把这个害死他妻子、杀了自己妹妹的姐姐推到河里去，并一边念念有词："从现在开始，你掉到河里的骨头变成水蚂蟥，你掉在山上的骨头变成旱蚂蟥。"

姐姐死了之后呢，蛇和五妹就相安无事地在一起过日子了。

（王爱花讲述，王花补述，吴艳记录）

2.2 狡猾的小子

sɯ³³saŋ¹¹　　dak¹¹　　sɯ³³saŋ¹¹,　　phɯŋ¹¹ma:ŋ¹¹　　khə¹¹　　　　na³³,
从前　　　　真　　从前　　　　古代　　　　　　1pl-incl:咱们　DEF
在很久很久以前，古时候，

ma³³　　sɯ³³　　zuan³¹si¹¹so¹¹　　diu¹¹phɯŋ⁵⁵　　na³³,
只　　　PREP-在 原始时代　　　　时代　　　　　DEF
还在古代的时候，

to¹¹si¹¹　　khai⁵⁵ne⁵¹　　na³³,　　khə¹¹　　　　ka³¹　　buai³³
CONJ-所以 现在　　　　DEF/TOP　1pl-incl:咱们　也　　已经
ɬom³³　　pai³³　　ma:ŋ⁵⁵　　nen³³　　na³³　　həŋ³³　　kɯ³³　　the⁵¹　　thuŋ¹¹,
不知道 EMPH　故事　　这　　　DEF　PREP-从 NOM　哪个　　出来
我们也不知道这故事具体是从何时传下来的，

ma³³kɯ³³　　ma:ŋ⁵⁵　　nen³³　　na³³　　sɯ³³saŋ¹¹　　ŋa:u⁵⁵za¹¹　　suan³¹
CONJ-但是 故事　　这个 DEF/TOP　从前　　　　老人　　　传
dɔu¹¹,　　na³³　　khə¹¹　　　　ka³¹　　ma³³　　deɯ¹¹lɔ⁷¹¹,
到　　　那　　1pl-incl:咱们　也　　只　　记住

只是这故事是祖先传下来的，我们也就记住了，

deɯ¹¹lɔ²¹¹　　ɬuai⁵⁵na³³　　na³³　　sem³¹　　ɬuai⁵⁵na³³　　buai³³.
记住　　　　　多少　　　　就　　说　　　多少　　　　MOOD
记得多少内容就说多少吧。

dɔ²¹¹　ɬou³³　laŋ¹¹　ba³¹me¹¹　na³³　ɬou¹¹　tsɯ³¹　pha³³-ɬuk¹¹pha³³ma:ŋ¹¹,
有　　两　　CL-个　夫妇　　DEF　生　　一　　M-男孩
有一对夫妇生了一个男孩，

ɬou¹¹　tsɯ³¹　pha³³-ɬuk¹¹pha³³ma:ŋ¹¹　　　　na³³　ka³¹　ɬen¹¹　ɬuk¹¹,
生　　一　　M - 男孩　　　　　　　　　DEF　还　好　　孩子
这孩子也是好孩子，

ŋɔu³¹zai¹¹　　ba³¹me¹¹　khuŋ³³,　ka³¹　dai³¹　lei³¹koŋ¹¹,
听　　　　夫妇　　　说话　　也　肯　　干活儿
既听话也勤劳肯干，

ma³³kɯ³³　nə¹¹　na³³　diau¹¹　loŋ³³　ba³¹　loŋ³³　me¹¹　buai³³.
CONJ-但是　3sg-他　DEF　会　　骗　　父亲　骗　　母亲　MOOD
但是他喜欢欺骗父母的。

a¹¹　mai¹¹　sem³¹　nə¹¹　na³³　phen³³n̠uai¹¹　na⁵⁵　o³¹,
人家　就　　说　　3sg-他　DEF　骗子　　　　DEF　IND
人家就说他是狡猾的家伙咯，

a¹¹　sem³¹　ma:ŋ⁵⁵　phen³³n̠uai¹¹,　phen³³n̠uai¹¹　thom³¹na³³　o³¹,
人家　说　　故事　　骗子　　　　骗子　　　　这样　　　TOP
这就是关于这个狡猾家伙的故事，这个家伙呀，

loŋ³³　ba³¹　nə¹¹　kɯ³³　nə¹¹　da:m¹¹　lɔ²¹¹　kham³³　lo³³,
骗　　父亲　3sg-他　CONJ-因为　3sg-他　想　　吃　　肉　　IND
因为他想吃肉，所以骗了他父亲咯，

khai³³　ba³¹　nə¹¹　hou³³　ut⁵⁵　hou³³　i³⁵,
CAUP-叫父亲　3sg-他　杀　　猪　　杀　　猪
叫他父亲宰猪，

ba³¹   nə¹¹   ka³¹   ai³³   hɔu³³   lo³³,
父亲   3sg-他   也   不愿   杀   IND
他父亲就不同意呀，

ŋaːu⁵⁵za¹¹   na³³,   a¹¹   bɔu³¹   ut⁵⁵   na³³   a¹¹   deɯ¹¹   kɯ³³   khiu³³,
老人   DEF   人家   养   猪   DEF/TOP   人家   INST-用   PAR   卖
以前呢，人家养猪是拿来卖的，

a¹¹ra⁵¹   tsɯʔ⁵⁵   daːm¹¹   deɯ¹¹   kɯ³³   hɔu³³   bɔ⁵⁵?
谁   怎么   想   INST-用   PAR   杀   INT
谁想要拿来杀呢？

pha³³-phen³³n̩uai¹¹   na³³   mai¹¹   bian³³   sɔk¹¹   boi⁵¹,
M -   骗子   DEF   就   装   病了   IND
这家伙就故意装病啦，

nə¹¹   mai¹¹   phə¹¹   tsɔŋ³³   kha¹¹   vo³³   sai¹¹,
3sg-他   就   去   坐   上   CL-棵   树
他就坐在树上面，

mai¹¹   bian³³   thiu¹¹   sat¹¹   tsaːŋ¹¹   lei³¹   tu³¹tut³³tu³¹ti⁵⁵,
就   装   声音   鸟儿   叫   做   ONOM
装小鸟"咕咕咕"叫，

"ba³¹   phen³³n̩uai¹¹   ai³³   hɔu³³   pha³³-i³⁵   na³³,   phen³³n̩uai¹¹
父亲   骗子   不愿   杀   M -   猪   DEF   骗子
zui³³   daŋ³³   si³³   pɔu³¹ho³¹."
死   RST   时间   明年
"这家伙的父亲不想宰猪，那明年这个时候他孩子就死了。"

pai³³-me¹¹   na³³   mai¹¹   pleɯ¹¹thiu¹¹,   pai³³   nen³³   na³³   buai³³
F -   母亲   DEF   就   听见   EMPH   这个   DEF   已经
dɔʔ⁵⁵   viŋ¹¹   tho³¹   lo³³.
有   凶兆   到   IND
他母亲听到这声音，以为是凶兆要来临啦。

a¹¹　　suɯ³³saŋ¹¹　　na³³　　pleɯ¹¹thiu¹¹　　sat¹¹　　ruaŋ¹¹baŋ³¹ruaŋ¹¹baːi¹¹　　na¹¹,
人家　　从前　　DEF/TOP听见　　　鸟儿　　声音异常　　　　　　　　DEF

人家说以前呢，如果听到小鸟异常的叫声，

"ku⁵¹ku⁵¹"　　na³³　　ŋaːu⁵⁵　　khɯ³³　　ploŋ³³　　buai³³　　rɯ⁵¹　　dɔʔ¹¹　　mou³¹
ONOM　　　　DEF/TOP人　　里　　家　　已经　　即将　　有　　事情

dɔʔ¹¹　　sɔk¹¹　　dɔʔ¹¹　　kaŋ¹¹,
有　　疼　　有　　银

"咕咕咕"的叫声预示家里有事发生，或有人得病，或有人发财，

pai³³　　nen³³　　na³³　　buai³³　　rɯ⁵¹　　dɔʔ¹¹　　viŋ¹¹　　rɯ⁵¹　　dɔʔ¹¹　　sɯ³¹　　boi³¹,
EMPH　　这个　　DEF　　已经　　要　　有　　凶兆　　即将　　有　　事情　　IND

这声音听起来像是会发生什么不好的事呀，

sɯ³³saŋ¹¹　　na⁵¹　　sem³¹　　doŋ¹¹na³³　　thom³¹na³³.
从前　　DEF/TOP说　　那样　　这样

以前的人就这么认为。

na³³　　nə¹¹　　sem³¹　　sat¹¹　　na³³　　sem³¹　　ma⁵⁵na³³,　　ɬom³³vaŋ¹¹
那　　3sg-她　　说　　鸟儿　　DEF　　说　　那样　　　　不知道
phen³³n̠uai¹¹　　bian³³　　sat¹¹　　zɔu¹¹　　sem³¹:
骗子　　　　装　　鸟儿　　CONJ　　说

他母亲对此深信不疑，不知道其实是她儿子在装鸟叫，不停地说：

"tu³¹tut³³tu³¹ti⁵⁵,　　ba³¹　　phen³³n̠uai¹¹　　ai³³　　hou³³　　pha³³-i³⁵　　na³³,
ONOM　　　　　　父亲　　骗子　　　　不愿　　杀　　M - 猪　　DEF
phen³³n̠uai¹¹　　zui³³　　daŋ³³　　si³³　　pou³¹ho³¹."
骗子　　　　死　　RST　　时间　　明年

"咕咕咕咕，这家伙的父亲不想宰猪，那他儿子就活不到明年这个时候。"

ɬom³³vaŋ¹¹　　nə¹¹　　buai³³　　daːm⁵⁵　　lɔʔ¹¹　　pai³³　　kham³³　　na³³,
不知道　　　3sg-他　　已经　　想　　吃　　EMPH　肉　　DEF

谁知道是他想吃肉了，（所以想出这个计谋）

me¹¹　　nə¹¹　　mai¹¹　　sem³¹:"　　pha³³za¹¹　　heɯ⁵¹.
母亲　　3sg-他　　就　　说　　老头儿　　INJ

他母亲就说："老伴儿啊！

na³³　　khə¹¹　　　　　ma³³　tsɯ³¹　laŋ¹¹　　ɬuk¹¹　thom³¹nen³³　　buai³³　 roʔ²¹¹.
那　　1pl-incl:咱们　只　一　　CL-个　孩子　这样　　　　MOOD MOOD
咱们只有一个孩子啊。

khai³³　　khə¹¹　　　　　hɔu³³　pha³³-ut⁵⁵　　na⁵¹.
CAUP-叫 1pl-incl:咱们　杀　　M - 猪　　　DEF
他让咱们杀猪。

e³³,　　　na³³　khə¹¹　　　　　ma³³　tsɯ³¹　pha³³-ɬuk¹¹　　buai³³.
INTERJ 那　1pl-incl:咱们　只　一　　M - 儿子　　MOOD
哎，咱只有一个孩子。

ha:ŋ³³　ɬuk¹¹　ɬa:u³¹　ha:ŋ³³　khə¹¹
等　　孩子　死　　之后　1pl-incl:咱们
van³³la:i³³faŋ¹¹van³³la:i³³fa³³　　　　　tham³¹　mɔ³¹,　hɔu³³　ma³¹　hɔu³³　re³³."
膝下无子　　　　　　　　　　　　MOOD　IND　杀　　就　　杀　　IMPM
要是孩子没了，咱就断子绝孙了呀，猪宰了就宰了吧。"

ba³¹　mai¹¹　then³¹pom³³　hɔu³³　pai³³　laŋ¹¹　ut⁵⁵,　mai¹¹　hɔu³³　lo³³.
父亲　就　　同意　　　　杀　　EMPH CL-只　猪　　就　　杀　　IND
父亲就同意宰猪了。

mai¹¹　khai³³　pha³³-phen³³ȵuai¹¹　na³³　tɔu¹¹　khɯ³³　nam³³　na³³,
就　　CAUP-叫 M -骗子　　　　DEF　下来　里　　河　　DEF
还让孩子到河里去，

lei³¹　pai³³　ra:i³³　ut⁵⁵　na³³　mai¹¹　pləŋ³³　pai³³　ra:i³³　ut⁵⁵　na³³
做　　EMPH　肠　　猪　DEF　就　　翻　　EMPH 肠　　猪　　DEF
siŋ³¹　siŋ³¹,　mai¹¹　phə¹¹　tha:u⁵¹　ra³¹　bɔu³³　sɯ³³　suŋ¹¹.
干净　干净　就　去　　找　　地方　煮　　PREP-在 野外
把猪肠里侧翻出来洗干净，而这家伙随后就在野外找地方把猪肠给煮了。

tsɯ³¹khei³¹,　　nə¹¹　mai¹¹　pau¹¹　loŋ³³　ba³¹me¹¹　nə¹¹,
一会儿　　　　3sg-他　就　　回来　骗　　父母　　3sg-他
不一会儿，他回到家，骗了他父母，

sem³¹:" me¹¹ heɯ³¹, pai³³ ra:i³³ ut⁵⁵ na³³ ho¹¹ tɔu¹¹ lei³¹
说　　妈妈　INJ　　EMPH 肠　猪　　DEF　1sg-我　下去　做

sɯ³³ nam³³ na³³, pai³³ ɬa¹¹ na³³ buai³³ lɔ²⁵⁵ rit⁵⁵rit⁵⁵."
里　河　DEF　　　EMPH 鱼　DEF　已经　吃　全

说："妈妈呀，猪肠我拿到河里洗了，但鱼把猪肠吃了。"

ɬom³³vaŋ¹¹ pha³³-phen³³n̠uai¹¹ na³³ tsu³¹ buai³³ bɔu³³ zen³¹
不知道　　M - 骗子　　　　　DEF　是　已经　煮　ASP

mai¹¹ pha³³lak¹¹ lɔ²¹¹.
就　自己　　吃

其实是这家伙把猪肠煮了自己吃了。

nə¹¹ mai¹¹ tɔu¹¹ khɯ³³ tian⁵⁵nam³³ na³³ lɔ²¹¹ ni⁵¹,
3sg-他　就　下去　PREP-在 河边　　　　DEF　吃　TOP

他去到河边，吃的时候呢，

nə¹¹ tat¹¹ pai³³ ra:i³³ ut⁵⁵ na³³ kha¹¹ n̠a³¹ nə¹¹ na³³,
3sg-他　绑　EMPH 肠　猪　DEF　上　腰　3sg-他　DEF

他把猪肠绑在腰间，

zɔu¹¹ phe²⁵⁵tsu²⁵⁵ thak¹¹ phe²⁵⁵tsu²⁵⁵ thak¹¹ zɔu¹¹ lɔ²¹¹,
CONJ-然后 一会儿　　割　　一会儿　　　割　ADV　吃

一会儿割,一会儿割着吃，

lɔ²¹¹ ma³³ n̠u¹¹ku¹¹n̠iu³³.
吃　PAR 扭来扭去

吃的时候身体扭来扭去。

thup¹¹ mai¹¹ la:i³³, mai¹¹ kha:m¹¹ nə¹¹:" phen³³n̠uai¹¹ ha³¹ phen³³n̠uai¹¹.
乌龟　就　看见　就　问　3sg-他　骗子　　　INJ　骗子

乌龟看到就问到："孩子啊孩子。

mə¹¹ lɔ²¹¹ pai³³ pla³¹ na³³ ra³¹ʔ?"
2sg-你　吃　EMPH 什么　DEF　INT

你在吃什么东西呢？"

phen³³n̠uai¹¹ mai¹¹ then¹¹ sem³¹:

骗子　　　　　　　就　　　回答　　说
那家伙就回答：

"ho¹¹　　thak¹¹　　me²¹¹　　kha¹¹　　ra:i³³　　ho¹¹　　zɔu¹¹　　lɔ²¹¹　　be⁵⁵le³¹."
1sg-我　割　　肉　　上　　肚子　　1sg-我　CAUP-使吃　　MOOD
"我割自己肚子上的肉吃呀。"

pha³³-thup¹¹　　mai¹¹　　sem³¹:"　zo⁵¹,　ia³¹　lɔ²¹¹　me²¹¹　ra:i³³
M-乌龟　　就　　说　　INTERJ能　吃　肉　　肚子
pha³³lak¹¹　　doŋ¹¹na³³　bɔ⁵¹,　zɔu¹¹　ɬen⁵⁵　na³³　lɔ²¹¹　tham¹¹."
自己　　那样　　INT　CONJ-然后好　那么　吃　MOOD
乌龟就说："呀，还能吃自己肚子上的肉啊，还那么好吃呀。"

pha³³-thup¹¹　　mai¹¹　　tsən³¹　　pha³³-phen³³ņuai¹¹　　mai¹¹　　thak¹¹
M-乌龟　　就　　信　　M-骗子　　就　　割
me²¹¹　kha¹¹　ra:i³³　nə¹¹　na³³,　zɔu¹¹　lɔ²¹¹　doŋ¹¹
肉　上　肚子　3sg-它　DEF　CAUP-使　吃　像
phen³³ņuai¹¹　na³³.
骗子　　DEF
乌龟就听信了那小子，也割了自己肚子上的肉来吃，为了像那家伙一样。

ma³³kɯ³³　a¹¹　tsɯ²⁵⁵　doŋ¹¹na³³　bɔ³³?
CONJ-但是　人家　怎么　那样　　INT
但是那小子怎么可能那么做呢？

na³³　a¹¹　phen³³ņuai¹¹　na³³　a¹¹　lɔ²¹¹　ra:i³³　ut⁵⁵　kə³¹kə³¹,
那　人家 骗子　　DEF/TOP人家　吃　肠　猪　ONOM
那小子吃猪肠吃得"咯咯"响，

pha³³-thup¹¹　　ka³¹　phə¹¹　tsən⁵¹　zɔu¹¹　thak¹¹　me²¹¹　ra:i³³
M-乌龟　　也　去　信　CONJ-然后割　肉　肚子
nə¹¹　na³³　lɔ²¹¹　mai¹¹　zui³³hut¹¹　ei⁵¹.
3sg-它　DEF　吃　就　一命呜呼　INJ
乌龟也相信他的信口雌黄，被骗得割了自己肚子上的肉吃，接着就一命呜呼啦！

tsɯ²⁵⁵　dɔ²¹¹　ka³¹　ɬou¹¹　tso²⁵⁵.
怎么　有　还　活　MOOD

怎么可能还活着呀。

zɔu¹¹　　　phen³³n̠uai¹¹　　buai³³　　lɔ²⁵⁵　pai³³　ra:i³³　ut⁵⁵　na³³　rit⁵⁵,
CONJ-而　骗子　　　　　已经　　吃　EMPH肠　猪　DEF　完
那家伙吃完了猪肠，

mai¹¹　　ma³³siaŋ³³　　pai³³　me²¹¹　na³³,
就　　　只剩　　　　EMPH肉　　DEF
就剩下猪肉了，

pai³³　me²¹¹kham³³　　na³³　ka³¹　dia⁵¹　lɔ²¹¹　rit⁵⁵.
EMPH精肉　　　　DEF　也　不能　吃　完
猪肉还没吃完，

a¹¹ra⁵¹　tsɯ²⁵⁵　ia³¹　lɔ²¹¹　tsɯ³¹　laŋ¹¹　ut⁵⁵　rit⁵⁵　bɔ⁵⁵?
谁　　怎么　能　吃　一　　CL-只猪　完　INT
谁能把一整头猪的肉都给吃了呢？

pai³³-me¹¹　　phen³³n̠uai¹¹　　na³³　mai¹¹　lei³¹　tsɯ³¹　kai³³nam³³
F-母亲　骗子　　　　　DEF　就　做　一　　CL-水坛
tsiŋ¹¹kham³³　　na³³,
肉茶　　　　那
他母亲就拿猪肉做了一坛肉茶①，

mai¹¹　ŋa:m³³　luam¹¹　tsiŋ¹¹kham³³　　na³³　buai³³　foi⁵⁵,
就　刚　合　肉茶　　　　DEF　已经　熟
刚好肉茶腌熟了，

ma³³kɯ³³　　pai³³-me¹¹　　phen³³n̠uai¹¹　na³³　ai³³　kɔu³¹　lɔ²¹¹　tso²¹¹,
CONJ-但是　F-母亲　骗子　　DEF　不愿　PERMS-给吃　MOOD
可他母亲还不想给他吃，

sem³¹　te²¹¹　lɔ²¹¹　tso²¹¹.

① "肉茶""鱼茶"是海南汉族人对黎族特色佳肴的称呼。"肉茶""鱼茶"都属于腌制食品，根据食材的不同叫法有异，"肉茶"就是腌酸肉，"鱼茶"即腌酸鱼，两者制作工序相同。即将煮熟的米饭和洗干净的生肉或生鱼搅拌均匀之后，置放于陶制坛子密封，发酵数日后，即可开坛食用。腌透的"肉茶"和"鱼茶"虽然酸味浓烈，但咸酸适中，开胃爽口，肉质有嚼劲而不柴，是黎族的传统风味食品。

说　　　难　　吃　　　MOOD
就说还不能吃呢。

pha³³-phen³³ɲuai¹¹　　　　na³³　　mai¹¹　　tsat⁵⁵haːi³³　　mai¹¹　　thuk¹¹　　deɯ¹¹
M - 骗子　　　　　　　DEF　　就　　拉屎　　　　就　　　包　　INST-用
beɯ¹¹　　vɯʔ¹¹　　mai¹¹　　zɔu⁵⁵　　teɯ¹¹　　pom³³　　kai¹¹　　tsiŋ¹¹kham³³　　na³³,
叶　　芭蕉　　就　　　放　　　上　　口　　瓶子　　肉茶　　　　DEF
那家伙就拉了一坨屎，用芭蕉叶包起来然后放在坛口上，

mai¹¹　　sem³¹　　kɔu³¹　　me¹¹　　nə¹¹,　　　sem³¹:
就　　　说　　BEN-给 母亲　3sg-他　说
就跟他妈妈说，

"tsiŋ¹¹kham³³　　　buai³³　　teʔ⁵⁵,　　buai³³　　ɲuai⁵⁵　　haːi³³."
肉茶　　　　　　已经　　坏　　已经　　闻　　屎
"肉茶已经坏了，都臭得跟屎一样。"

pai³³-me¹¹　　nə¹¹　　mai¹¹　　phə¹¹　　lo⁵⁵　　laːi³³　　maŋ¹¹　　dak¹¹　　re³¹,
F - 母亲　3sg-他　就　　去　　看　　PNC　　是　　真　　IND
他母亲就去看看，确实如此呢，

me¹¹　　nə¹¹　　mai¹¹　　khai³³　　phə¹¹　　tso⁵¹　　tɔu¹¹　　khɯ³³　　nam³³.
母亲　3sg-他　就　　CAUP-叫　去　　倒　　下去　　里　　河
他母亲就叫他去把肉茶倒到河里。

nə¹¹　　mai¹¹　　bit¹¹　　pai³³　　kai¹¹　　na³³　　tɔu¹¹,
3sg-他　就　　扛　　EMPH 坛子　DEF　下去
他就扛着坛子出去，

ma³³kɯ³³　　van³³　　phə¹¹　　tso⁵¹　　zɔu¹¹　　phə¹¹　　kam⁵⁵　　khɯ³³suŋ¹¹khɯ³³ŋo³³,
CONJ-但是　NEG-不 去　倒 CONJ-而 去　藏　荒郊野岭
但不是拿去倒，而是藏在了荒郊野岭，

zɔu¹¹　　　　　nə¹¹　　ɬen¹¹　　dɔʔ¹¹　　ka³¹　　lɔʔ¹¹,
CONJ-为了　3sg-他　好　有　还　吃
让自己方便偷吃，

zou¹¹　　　me¹¹　　nə¹¹　　khai³³　　nə¹¹　　phə¹¹　　lei⁵¹koŋ¹¹　　khɯ³³ŋo³³khɯ³³suŋ¹¹,
CONJ-而 母亲　3sg-他　CAUP-叫 3sg-他 去　　　干活儿　　　　荒岭野外
他妈妈叫他去野外干活的时候，

ha:ŋ³³　　　　　nə¹¹　　　　　ɬen¹¹　　　　dɔ²¹¹　　ka³¹　　lɔ²¹¹,
之后　　　　　3sg-他　　　　好　　　　有　　　还　　吃
他就能吃着了，

vaŋ⁵⁵vaŋ¹¹　　　　lɔ²¹¹　　pai³³　　tsiŋ¹¹kham³³　　na³³.
CL-天 -CL-天 吃　　EMPH 肉茶　　　　　DEF
能天天吃到肉茶了。

dɔ²¹¹　　tsɯ³¹　　vaŋ¹¹,　　me¹¹　　nə¹¹　　mai¹¹　　khai³³　　nə¹¹　　phə¹¹
有　　　一　　　CL-天　母亲　3sg-他　就　　　CAUP-叫 3sg-他 去
khiu⁵¹　　sot¹¹ɳa¹¹,
割　　　茅草
有一天，他母亲叫他去割茅草，

phə¹¹　　khiu³¹　　ɳa¹¹　　boi⁵¹,　　fat⁵⁵　　khiu³¹khiu³¹　　tsɯ²⁵⁵　　tsuk⁵⁵　　zen³¹,
去　　　割　　　茅草 TOP　　正在　　割 - 割　　　接着　　抛　　　ASP
他割茅草呢，割一下就扔一下，

zou¹¹　　　pai³³　　ɳa¹¹　　na³³　　ram¹¹ba¹¹　　san³¹,　　zou¹¹　　　van³³la:i³³
CAUP-使 EMPH 茅草 DEF　四处　　　　散开　　CONJ-然后 没有
ɳa¹¹　　lo³³.
茅草 IND
让茅草四处散落，一根茅草都没了。

ɬom³³vaŋ¹¹　　a¹¹　　fat⁵⁵　　khiu³¹khiu³¹　　tsɯ²⁵⁵　　phə¹¹　　lɔ²⁵⁵　　pai³³
原来　　　　人家 正在　　割 - 割　　　接着　　去　　吃　　EMPH
tsiŋ¹¹kham³³　　na³³.
肉茶　　　　　DEF
原来他割一会儿茅草就去吃一口肉茶。

nə¹¹　　mai¹¹　　paɯ¹¹　　sem³¹:" me¹¹　　ha³¹,　　van³³la:i³³　　ɳa¹¹,
3sg-他 就　　　回来　　说　　妈妈 INJ　　没有　　　　茅草
van³³la:i³³　　ɳa¹¹　　khiu³¹,　　te²¹¹　　khiu³¹."

没有　　　　茅草　割　　难　割
他回到家就说："妈妈呀，茅草没了呀，没茅草割了，没法儿割了。"

mai¹¹　khai³³　me¹¹　nə¹¹　phə¹¹　lo⁵⁵　la:i³³,
就　　CAUP-叫　母亲　3sg-他　去　　看　PNC
就叫他母亲去看看，

me¹¹　nə¹¹　tho³¹　mai¹¹　la:i³³,　pai³³　ɲa¹¹　na³³　ma³³　ram¹¹ba¹¹　san³¹,
母亲　3sg-他　到　　就　　看见　EMPH　茅草　DEF　PAR　四处　　散开
他母亲就看到割好的茅草随处乱扔，

me¹¹　na³³　buai³³　łom³³　sem⁵¹　pla³¹.
母亲　DEF　已经　　不知道　说　　什么
他妈妈已经不知该说什么好了。

a¹¹　lei³¹koŋ¹¹　ri³³　van³³　doŋ¹¹　a¹¹　lei³¹koŋ¹¹,　ma³³　lei³¹baŋ¹¹lei³¹ba:i¹¹.
人家　干活儿　　都　　NEG-不像　人家　干活儿　　　PAR　随意糊弄
这家伙都不像其他人那样好好干活，只是随便糊弄，

łuaŋ¹¹　da:m⁵⁵　lɔʔ¹¹　pai³³　kham³³　na³³,
原来　　想　　　吃　　EMPH　肉　　　DEF
不过是想吃肉，

mai¹¹　pauɯ¹¹　loŋ³³　me¹¹　nə¹¹,
就　　回来　　骗　　母亲　3sg-他
就欺骗了自己的母亲。

thom³¹na³³,　nen³³　na³³　ma:ŋ⁵⁵　phen³³ɲuai¹¹　thom³¹nen³³.
这样　　　　这　　DEF　故事　　骗子　　　　这样
狡猾的小子的故事就是这样子。

　　这个故事发生在很久很久以前，或许在远古时期，但这个故事什么时候发生，流传了多长时间，我们都不知道。只是这故事流传已久，我们听过也就记住了，能记得多少内容就说多少吧。
　　有一对夫妇生了一个男孩，这孩子也是好孩子，既听话也勤劳肯干，但就是喜欢耍小聪明欺骗父母，谁都说他很狡猾，这就是一个关于狡猾小子的故事。
　　这小子呀，想吃肉了，就叫他父亲宰猪，可他父亲不同意呀，猪是拿来卖的，谁要

拿来杀呢？这小子就故意装病啦，他坐在树上面，装小鸟"咕咕咕"叫："父亲不愿宰猪，那明年这个时候这小子就死了。"

母亲听到小鸟的叫声，觉得是某些预兆。有风俗说，如果听到小鸟"咕咕咕"异常的叫声，便预示家里有事要发生，或有人得病，或有人发财，这是远古流传下来的说法。母亲心头一紧，这声音确实听起来像是会发生什么不好的事呀。

母亲对此深信不疑，根本没想到是她儿子在装鸟叫，那小子继续叫："咕咕咕咕，父亲不想宰猪，他儿子就活不到明年这个时候。"哪知道是那小子想吃肉了，所以想出这个计谋。

他母亲就说："老伴儿啊，老天让咱们杀猪，要是孩子没了，咱就断子绝孙了呀，猪宰了就宰了吧。"父亲只好同意了。

宰了猪之后，母亲让儿子去河里，把猪肠里侧翻出来洗干净，可这家伙随后就在野外找个地方把猪肠给煮了。不一会儿，他回到家，骗他父母说："妈妈呀，我拿猪肠到河里洗，可鱼把猪肠吃了。"其实呢，是这家伙把猪肠煮了自己吃了。

他去到河边，把猪肠绑在腰间，用刀子一块一块地割下来吃，吃的时候身体扭来扭去。乌龟看到便觉得奇怪，就问："小子，你在吃什东西呢？"那小子就说："我割自己肚子上的肉吃呀。"乌龟觉得不可思议，就说："呀，还能吃自己肚子上的肉啊，看着那么好吃呀。"乌龟听信了那小子的话，也学那小子把自己肚子上的肉割下来吃了，但是那小子怎么可能那么做呢，那小子啃猪肠啃得"咯咯"响。乌龟居然相信他的信口开河，被骗得割了自己肚子上的肉吃，怎么可能还活着呀，就一命呜呼啦！

那小子吃完猪肠，还剩下猪肉了，猪肉吃不完，谁能把一整头猪的肉都吃了呢？母亲就用猪肉做了一坛肉茶，肉茶腌熟了之后，母亲还不想给他吃，就假借说肉茶还没熟，不让他吃。

那小子就拉了一坨屎，用芭蕉叶包起来放在坛口上，然后跟他妈妈说："肉茶已经坏了，都臭得跟屎一样。"他母亲就去看看，确实如此呢，就叫他把肉茶拿去河里倒掉。

小子就扛着坛子出去啦，但不是拿去倒掉，而是把肉茶藏在野外，为了方便偷吃，等到母亲叫他去野外干活的时候，他就能光明正大地吃肉茶了，天天都能吃了。

有一天，他母亲叫他去野外割茅草，可是他怎么干活的呢？一边割一边随处乱扔，茅草四处散落，他也不好好收拾，割一会儿茅草就去吃一口肉茶。

回到家，他说："妈妈呀，没有茅草了，没茅草割了，割不了了。"就叫他母亲去看看，他母亲到了现场一看，只见茅草被扔得七零八落，都不知该说什么好了。

这小子不像其他人那样好好干活，不过是随便糊弄，为了吃上肉就骗了自己的母亲。

这就是狡猾小子的故事。

（王爱花讲述，王花补述，吴艳记录）

2.3 龙的故事

dɔ²¹¹   tsɯ³¹   daŋ³¹   ma:ŋ⁵⁵   phuŋ¹¹ma:ŋ¹¹   na³³   a¹¹
有   一   CL-条   故事   古代   DEF/TOP   人家
tsɔk¹¹   lei³¹   mɔu⁵¹nen³³,
讲   做   这样
有一个古老的故事，人家是这样说的，

sɯ³³saŋ¹¹   tsɯ³¹   dɔ²¹¹   laŋ¹¹   ko⁵⁵   mai¹¹   laŋ¹¹   tsou⁵⁵
从前   是   有   CL-个   哥哥   CONJ-和 CL-个   嫂子
mai¹¹   laŋ¹¹   va⁵¹,
CONJ-和 CL-个   姑姑
从前有一个哥哥，一个嫂子还有一个小姑，

buai³³   van³³la:i³³   ba³¹me¹¹   tham¹¹,   ma³³siaŋ³³   nə¹¹   fu³³
已经   没有   父母   MOOD   只有   3pl-他们   三
laŋ¹¹   buai³³.
CL-个   MOOD
没了父母，只剩他们仨。

pai³³   ko⁵⁵   mai¹¹   tsou⁵⁵   ni⁵¹,   ma³³   tuan¹¹   khei¹¹   pai³³   laŋ¹¹
EMPH 哥哥   CONJ-和 嫂子   TOP   只   专门   欺负   EMPH CL-个
va⁵¹   na³³,
姑姑   那
哥哥和嫂嫂经常欺负小姑，

khai³³   phə¹¹   pat⁵⁵   aŋ¹¹,   pat⁵⁵   aŋ¹¹   sɯ³³   ŋo³³   na³³.
CAUP-叫去   砍伐   坡地   砍伐   坡地   里   山   DEF
叫去开垦坡地，去山里开垦坡地。

va⁵¹   buai³³   phə⁵⁵   pat¹¹   aŋ¹¹   boi⁵¹,
姑姑   已经   去   砍伐   坡地   IND
小姑砍伐完树木了，

buai³³   ia⁵¹   pat¹¹   pai³³   tsɯ³¹   rok¹¹   aŋ¹¹   ma³³   lə³¹   fai³¹,
已经   得   砍伐   EMPH 一   CL-块   坡地   PAR   宽   PAR
都开垦出一大块宽敞的空坡地，

tsɯ^{ʔ55}　khai³³　pai³³　laŋ¹¹　va⁵¹　na³³　phə¹¹　muŋ³³　mut¹¹,
接着　CAUP-叫 EMPH CL-个 姑姑 DEF 去　播种　稻
phə¹¹　muŋ³³　mut¹¹aŋ¹¹,
去　播种　旱稻
仍继续叫小姑去播种，种旱稻，

pai³³　laŋ¹¹　va⁵¹　ka³¹　buai³³　phə⁵⁵　muŋ³³　mut¹¹aŋ¹¹,
EMPH CL-个 姑姑 也　已经　去　播种　旱稻
小姑就去播旱稻了，

buai³³　ia⁵¹　muŋ³³　pai³³　mut¹¹aŋ¹¹　ni⁵¹,
已经　得　播种　EMPH 旱稻　　TOP
播完旱稻了，

tsɯ^{ʔ55}　khai³³　phə¹¹　lei³¹　plaŋ⁵⁵, zɔu¹¹　phə¹¹　thɔu³³　plaŋ^{55①} na³³,
接着 CAUP-叫 去　做　山寮 CAUP-使 去　守　山寮 DEF
接着又叫去盖山寮，让她住在山寮里守田，

zɔu¹¹　thɔu³³　pai³³　aŋ¹¹mut¹¹　na³³,
CAUP-使守　　EMPH 旱稻地　　DEF
让她守旱稻田，

nə¹¹　thɔu³³　pai³³　aŋ¹¹mut¹¹　na³³,
3sg-她 守　　EMPH 旱稻地　　DEF
她守着旱稻田，

həŋ³³　tɔk⁵⁵tɔk¹¹　muŋ³³　pai³³　aŋ¹¹mut¹¹　na³³　lom³¹　dɔ^{ʔ55}
PREP-从 小 -小　　播种　EMPH 旱稻地　DEF PREP-到 有
khiu³¹,　mai¹¹　daŋ³³　luŋ¹¹,　daŋ³³　dɔ^{ʔ11}　ko^{ʔ55},　daŋ³³　dɔ^{ʔ11}　mai³¹.
割　就　PREP-到 大　PREP-到 有　谷子 PREP-到 有　米
经历了播种到稻子发芽，再到割稻，见证了旱稻从小禾苗到结满稻谷，稻谷从谷子变成大米。

mai¹¹　laŋ¹¹　va⁵¹　na³³　ka³¹　vaŋ⁵⁵vaŋ¹¹　thɔu³³　pai³³　mut¹¹
就　CL-个 姑姑 那　也　CL-天 -CL-天　守　EMPH 水稻

---

① plaŋ⁵⁵指的是为了看守农作物，黎族人在田地旁盖的小木屋，而"山寮"是海南汉族人对这种小木屋的称呼。

na³³   khɯ³³   plaŋ⁵⁵   na³³.
DEF   里   山寮   DEF
小姑就这样天天在山寮里守着稻子。

dɔ²¹¹   tsɯ³¹   vaŋ¹¹,   mai¹¹   ɭaːi³³   tsɯ³¹   pha³³ŋaːu⁵⁵,
有   一   CL-天   就   看见   一   男人
有一天，她看到一个男人，

tsɯ³¹   laŋ¹¹   pha³³ŋaːu⁵⁵   na³³   ma³³   rɯŋ³¹   fai³¹,   ɭen¹¹mɯŋ¹¹
一   CL-个 男人   那   PAR   挺拔   PAR   漂亮
ɭen⁵⁵ɭen¹¹haːu³³.
好 - 漂亮
那个男人身材挺拔，面容清朗。

ma³³kɯ³³   laŋ¹¹   ŋaːu⁵⁵   na³³   a¹¹ra⁵¹   ni⁵⁵?
CONJ-但是 CL-个 人   那   谁   INT
但那人是谁呢？

laŋ¹¹   ŋaːu⁵⁵   na³³   thom³¹   tsɯ³¹   laŋ¹¹   taŋ¹¹   hən³³   nam³³   na³³   khaːŋ¹¹,
CL-个 人   那   即   一   CL-条 龙   PREP-从 河   DEF   上来
那个人其实是一条龙，从水里爬到陆地上，

ma³³kɯ³³   nə¹¹   khɯ³³   nam³³   na³³   tsiŋ¹¹   taŋ¹¹,
CONJ-但是 3sg-他 里   河   DEF   成   龙
可他在河里时，就是一条龙，

khaːŋ¹¹   kha¹¹   ŋo³³   buai³³   tsiŋ⁵⁵   ŋaːu⁵⁵   lo³³,   ɭen¹¹ɭen¹¹haːu³³.
上来   上   陆地   已经   成   人   IND   好 - 漂亮
来到陆地，就是人的模样，非常英俊。

mai¹¹   pai³³-va⁵¹   na³³   mai¹¹   diaŋ¹¹sem¹¹   te²¹¹ŋai³¹   pha³³-taŋ¹¹   na³³,
就   F - 姑姑   DEF   就   钟情   倾心   M -龙   DEF
小姑对龙一见钟情，

zɔu¹¹   pha³³-taŋ¹¹   ka³¹   laːi³³   pai³³-va⁵¹   na³³,
CONJ-而 M -龙   也   看见   F-姑姑   DEF
而龙看着小姑，

pai³³　vo³³　na³³　 taːu⁵⁵taːu³³　　pit⁵⁵pit⁵⁵,
EMPH　头发　DEF　长 - 长　　　黑 - 黑
头发又黑又长，

ɬen⁵⁵ɬen¹¹haːu³³,　　zɔu¹¹　　dai³¹　lei³¹koŋ¹¹　　tham³¹.
好 - 漂亮　　　　CONJ-且 肯　干活儿　　MOOD
非常漂亮，而且勤劳肯干，

pha³³-taŋ¹¹　　mai¹¹　ka³¹　uap¹¹　nə¹¹,
M - 龙　　　就　　也　喜欢　3sg-她
龙也喜欢她，

ɬou³³　laŋ¹¹　mai¹¹　ɬen¹¹　mai¹¹thuaŋ³³,
两　　CL-个　就　　好　　一起
两个人就相好了，

mai¹¹　vaŋ⁵⁵vaŋ¹¹　　　ka³¹　uŋ³³　mai¹¹thuaŋ³³　khɯ³³　plaŋ⁵⁵　na³³,
就　　CL-天CL-天　　也　玩儿　一起　　　　里　　山寮　　DEF
就天天在山寮里谈情说爱，

mai¹¹　van³³　paɯ¹¹　khɯ³³　plɔŋ³³　na³³　vi⁵⁵vi⁵⁵　lo³¹.
就　　NEG-不回　里　　家　　DEF　再不　　IND
（小姑）就再也没回家了。

pai³³　ko⁵⁵　nə¹¹　na³³　mai¹¹　khɔu³³:
EMPH　哥哥　3sg-她　DEF　就　　想
她哥哥就想：

"zei³¹,　pai³³-va⁵¹　na³³　tsɯʔ⁵⁵　van³³　paɯ¹¹　vet⁵⁵vet⁵⁵?"
INTERJ　F-姑姑　　DEF　怎么　NEG-不 回来　一点儿
"哎，小姑怎么都不见回来呢？"

"buai³³　ia⁵¹　khiu³¹　mut¹¹,　khiu³¹　pe³³　pla³¹　ri³³　buai³³　ia⁵¹
已经　　得　割　　稻谷　割　　其他　什么　都　已经　　得
lei³¹　rit⁵⁵　lo¹¹,　khai³³　paɯ¹¹　ka³¹　ai³³　paɯ¹¹."
做　　完　　IND　CAUP-叫回来　也　不愿　回来
"都割完稻谷，什么都做完了，叫回来也不想回。"

buai³³ doi³³a:u⁵¹, ko⁵⁵ na³³ mai¹¹ sem³¹ khai³³ nə¹¹ pauɯ¹¹,
已经 接下来 哥哥 DEF 就 说 CAUP-叫 3sg-她 回来
然后，哥哥就叫她回家，

nə¹¹ ka³¹ ai³³ da:m¹¹ pauɯ¹¹ lo³³.
3sg-她 也 不愿 想 回来 IND
她还是不想回来呢。

ko⁵⁵ nə¹¹ mai¹¹ kha:m¹¹ la:i³³ nə¹¹:
哥哥 3sg-她 就 问 PNC 3sg-她
哥哥就问她：

"mə¹¹ ai³³ pauɯ¹¹, na³³ mə¹¹ ŋa¹¹ pla³¹ khɯ³³ na³³ ra³¹, noŋ³¹?"
2sg-你 不愿 回来 那 2sg-你 留恋 什么 PREP-在 那里 INT 妹妹
"你不想回来，那你留恋那里什么东西啊，妹妹？"

"e⁵¹, ho¹¹ ŋa¹¹ thoŋ³³pat⁵⁵ thoŋ³³ro⁵¹ ho¹¹ khɯ³³ na³³ be³³re³¹."
INTERJ 1sg-我 留恋 杂草杆 荆棘杆 1sg-我 PREP-在 那里 MOOD
"嗯，我留恋那里我砍过的杂草杆和荆棘杆呀。"

ko⁵⁵ na³³ mai¹¹ phə¹¹ ro⁵¹ pai³³ vo³³sai¹¹ vo³³fat⁵⁵ na³³ kha¹¹
哥哥 DEF 就 去 砍 EMPH 一种树 栗子树 DEF 上
ra³¹ daŋ⁵⁵ plaŋ⁵⁵ na³³ rit⁵⁵rit⁵⁵,
地方 面前 山寮 DEF 全
哥哥就把山寮前面的栗子树还有其他杂草乱枝都砍掉了，

pai³³-va⁵¹ kom³¹ ai³³ pauɯ¹¹ tso²¹¹, ai³³ pauɯ¹¹ tso²¹¹,
F - 姑姑 还 不愿 回来 MOOD 不愿 回来 MOOD
小姑仍不想回来呢，还不想回呢，

kɯ³³ ɬom³³vaŋ¹¹ a¹¹ buai³³ ŋa⁵⁵ pha³³-taŋ¹¹ khɯ³³ nam³³ na³³,
CONJ-因为原来 人家 已经 留恋 M - 龙 里 河 DEF
因为她已经恋上了河里的那条龙，

pai³³ko³³ a¹¹ tsɯ³¹ kha:ŋ¹¹.
夜晚 人家 就 上来
晚上龙就上来。

pha³³-ko¹¹　　na³³　mai¹¹　kha:m¹¹,
M - 哥哥　DEF　就　　问
哥哥就问，

sem³¹　khai³³　pau¹¹　ka³¹　ai³³　pau¹¹　tso⁷¹¹　lo³³,
说　　CAUP-叫　回来　也　不愿　回来　MOOD IND
说让回来也还不想回来呢，

dɔ⁷¹¹　pai³³　pla³¹　ɬen¹¹　ŋa¹¹　sɯ³³　plaŋ⁵⁵　na³³　tso⁷¹¹　lo³³?
有　　EMPH 什么　好　留恋 里　山寮　DEF　MOOD INT
山寮里有什么东西好留恋的呢？

mut¹¹　ka³¹　buai³³　ia⁵¹　khiu³¹.
稻谷　也　已经　得　割
稻谷也割完了。

pai³³-noŋ³¹　　na³³　mai¹¹　then¹¹,　sem³¹:
F - 妹妹　　DEF　就　回答　说
妹妹就回答：

"ŋa¹¹　thoŋ³³mut¹¹　　thoŋ³³ta³¹　　thoŋ³³aŋ¹¹."
留恋　稻杆　　　　田地　　　坡地
"留恋坡地、旱稻地的稻杆。"

na³³　mai¹¹　pha³³-ko⁵⁵　na³³　mai¹¹　phə¹¹　pat⁵⁵,
那　就　　M - 哥哥　DEF　就　去　砍伐
哥哥就去砍，

zɔu¹¹　ɬen¹¹　ɔu⁵¹　　dɔ⁷¹¹　thoŋ³³pɯk¹¹mut¹¹　　na³³　rit⁵⁵rit⁵⁵.
CAUP-使好　NEG-别　有　旱稻杆　　　　　　DEF　全
为了让田里不再有旱稻杆。

ia⁵¹　pat¹¹　rit⁵⁵,　khai³³　nə¹¹　pau¹¹　kom³¹　ai³³　pau¹¹　tso⁷¹¹.
得　砍伐　完　CAUP-叫　3sg-她 回　还　不愿　回　MOOD
砍完了，再叫她回去，但还不愿意回来呢。

ko⁵⁵ nə¹¹ mai¹¹ sou³³ ka:i³¹ sou³³ khiau³³,
哥哥　3sg-她　就　　想　计谋　想　　点子
她哥哥就想到一个点子，

mai¹¹ khai³³ pau¹¹, sem³¹:" tsou⁵⁵ mə¹¹ buai³³ sɔk⁵⁵."
就　　CAUP-叫　回来　说　　　嫂子　2sg-你　已经　病了
叫妹妹回来，说："你嫂子病了。"

khai³³ pau¹¹ lo¹¹ pau¹¹ ku³³ tsou⁵⁵.
CAUP-叫回来　看　回来　顾　嫂子
叫她回来看望嫂子，照顾嫂子。

nə¹¹ na³³ ka³¹ pau¹¹, lo¹¹ tsou⁵⁵, ku³³ tsou⁵⁵ mɔ³¹.
3sg-她　DEF　也　回来　看　嫂子　顾　嫂子　IND
她就只好回来看望嫂子，照顾嫂子了。

łom³³vaŋ¹¹ pau¹¹ lo¹¹ tsou⁵⁵ na³³, tsou⁵⁵ van³³ sɔk¹¹,
不知道　　回来　看　嫂子　DEF　嫂子　NEG-没病了
谁知道回来看到嫂子没病，

mai¹¹ khai³³ łuk¹¹ khɯ³³ plɔŋ³³, la:i³³ tsou⁵⁵ fat⁵⁵ kɔu³¹
就　　CAUP-叫进　里　家　　看见　嫂子　正在　躺
kha¹¹ zaŋ³¹,
上　床
进到家里，妹妹看到嫂子正躺在床上，

pha³³-ei⁵¹ko¹¹ na³³ la:i³³ nɔŋ³¹ buai³³ łuk⁵⁵ khɯ³³ plɔŋ³³,
M - 胞兄　　　DEF　看见　妹妹　已经　进　里　家
哥哥看到妹妹进了屋，

na³³ mai¹¹ khaŋ¹¹ la¹¹ theu¹¹suŋ³³,
那　就　闩　　反　大门
就把大门反闩上，

sɯ³³saŋ¹¹ a¹¹ van³³la:i³³ sɔŋ³¹si³³,
从前　　人家　没有　　锁
古时家里没有锁，

a¹¹   ma³³   deɯ¹¹   thoŋ¹¹sai¹¹   deɯ¹¹   kɯ³³   lɔk⁵⁵   buai³³.
人家 只   INST-用 棍子   INST-用 PAR   闩   MOOD
那时人们只能用棍子来闩门而已。

buai³³   lɔk⁵⁵   thei¹¹suŋ³³   khɯ³³   ziŋ³³   na³³,
已经   闩   大门   PREP-在 外面   DEF
从外面把大门闩上了，

na³³   khɯ³³uk⁵⁵   ka³¹   buai³³   dia⁵¹   thuɯŋ¹¹,
那   里头   也   已经   不得   出来
里头的人也出不来了，

pha³³-ko⁵⁵   na³³   buai³³   lɔŋ⁵¹   pai³³   laŋ¹¹   noŋ³¹   na³³   khɯ³³   plɔŋ³³,
M - 哥哥   DEF   已经   关   EMPH   CL-个   妹妹   那   里   家
哥哥就把妹妹关在家里，

buai³³   dia⁵¹   thuɯŋ¹¹   tham¹¹.
已经   不得   出来   MOOD
（妹妹）就再也出不来了。

buai³³   ka:u³³kha¹¹   boi⁵¹,
已经   很久   IND
过了很久，

nə¹¹   ka³¹   buai³³   dia⁵¹   la:i³³   pha³³-taŋ¹¹,
3sg-她 也   已经   不得   看见   M - 龙
她见不着龙，

nə¹¹   na³³   mai¹¹   vaŋ⁵⁵vaŋ¹¹   lei³¹lə¹¹,
3sg-她 DEF   就   CL-天CL-天   唱歌
她就天天唱歌，

vaŋ⁵⁵vaŋ¹¹   lei³¹   pai³³   lə¹¹   na³³,   zɔu¹¹   mai¹¹   sɔk¹¹,
CL-天CL-天   做   EMPH 歌   DEF CONJ-然后   就   病了
天天唱歌，然后就病了，

buai³³　sɔk⁵⁵　ka³¹　łom³³　pha³³-taŋ¹¹　　na³³　łou¹¹　kɯ³³　　ła:u³¹　tso²¹¹.
已经　　病了　也　不知道　M‐龙　　　　DEF　活　CONJ‐或者　死　　MOOD
她病了，还不知道龙是死是活。

pha³³-ko⁵⁵　　nə¹¹　　ni⁵¹,　tsɯ³¹　sap¹¹,
M‐哥哥　　　3sg‐她　TOP　一　　CL‐夜
她哥哥呢，有一天晚上，

mai¹¹　phə¹¹　khɯ³³　plaŋ⁵⁵　na³³　zou¹¹　phə¹¹　thom³³,
就　　去　　里　　山寮　　DEF　CONJ‐然后去　　守
就去山寮里头守着，

phə¹¹　thom³³　zɔu¹¹　　bian³³　noŋ³¹　nə¹¹　na³³,
去　　守　　CONJ‐然后装　妹妹　3sg‐他　DEF
去守着，然后装扮成他妹妹，

sak¹¹　pai³³　viaŋ³³riŋ³³　noŋ³¹　nə¹¹　na³³,
穿　　EMPH　锦衣　　　妹妹　3sg‐他　DEF
穿着他妹妹的上衣，

mai¹¹　sak¹¹　pai³³　koŋ¹¹riŋ³³　noŋ³¹　nə¹¹　na³³.
CONJ‐和　穿　EMPH　锦裙　　　妹妹　3sg‐他　DEF
还有穿着他妹妹的筒裙。

pha³³-taŋ¹¹　　mai¹¹　kha:ŋ¹¹　həŋ³³　nam³³　la:i³³　khɯ³³　plaŋ⁵⁵
M‐龙　　　　就　　上来　　PREP‐从河　看见　里　　山寮
na³³　liŋ⁵⁵　zou¹¹,
DEF　亮　　油
龙从河里上来，看到山寮里亮着灯，

mai¹¹　łuk¹¹　tho³¹　khɯ³³　plaŋ⁵⁵,　ŋa:m⁵⁵　fai³¹,
就　　进去　到　　里　　山寮　　刚好　　PAR
就走进山寮，正在这时，

pai³³　ko⁵⁵　nə¹¹　na³³　mai¹¹　deɯ¹¹　pai³³　zeu³³　na³³　fuai¹¹
EMPH　哥哥　3sg‐她　DEF　就　　INST‐用　EMPH　匕首　DEF　突然

tsɔp⁵⁵   pai³³   khɔk¹¹   taŋ¹¹   na³³,
戳   EMPH   脚   龙   DEF
哥哥用匕首突然刺中龙的脚，

pai³³   sot¹¹   na³³   ma³³kɯ³³   nə¹¹   ŋaːu⁵⁵   na³³   tsɯ³¹   khɔk¹¹,
EMPH   尾巴   DEF   CONJ-但是   3sg-他   人   DEF   一   VCL-脚
taŋ¹¹   na³³   tsɯ³¹   sot¹¹.
龙   DEF   一   VCL-尾巴
刺中尾巴处，相当于刺中人的脚，也就是龙的尾巴。

pha³³-taŋ¹¹   na³³   mai¹¹   tian¹¹   boi⁵¹.
M - 龙   DEF   就   受伤   INJ
龙就受伤啦！

pha³³-ko¹¹   tsɯˀ⁵⁵   lei³¹   fuai¹¹   zeu³³   mai¹¹   luam¹¹   kha¹¹   ɳa³¹,
M - 哥哥   接着   做   VCL-下   匕首   就   中   上   腰
哥哥接着再一下，就刺中了龙的腰，

pha³³-taŋ¹¹   na³³   mai¹¹   zən³³   vou³¹   thɯŋ¹¹,
M - 龙   DEF   就   快   逃   出来
龙就赶快逃出来，

vi¹¹   tɔu¹¹   khɯ³³   nam³³,   laːi³³   pai³³   thaːŋ¹¹   nam³³   na³³   khiu³¹   fai³¹,
钻   下去   里   河   看见   EMPH   痕迹   水   DEF   明显   PAR
钻到河里，它钻进河里的痕迹清晰可见，

nə¹¹   buai³³   rɯ⁵¹   vi⁵⁵   na³³,   nam³³   na³³   ma³³   ła³¹   fai³¹,
3sg-它   已经   要   钻   那里   河   DEF   PAR   散开   PAR
它要钻到水里时，只见河面自动分开，

ma³³   lip⁵⁵   ha³¹   lip⁵⁵,   pai³³   nam³³   na³³   doŋ¹¹thuaŋ³³   pai³³   kuŋ⁵⁵   na³³,
PAR   闪   RHY   闪   EMPH   河   DEF   一样   EMPH   路   DEF
水面波光粼粼，分出一条水路，

pha³³-taŋ¹¹   na³³   buai³³   va⁵¹   kha¹¹na³³.
M - 龙   DEF   已经   钻进   那里
龙顺着水路就钻到水里。

pha³³-ko⁵⁵　　nə¹¹　　buai³³　ia⁵¹　hou³³　pai³³　taŋ¹¹　na³³,　　nə¹¹
M - 哥哥　　3sg-她　已经　得　杀　EMPH 龙　　DEF　3sg-他
mai¹¹　　pau¹¹.
就　　回去
哥哥杀了龙之后就回去了。

pau¹¹　　mai¹¹　phuŋ³³　noŋ³¹　thuɯ¹¹,
回来　　就　　放　　妹妹　出来
回到家就把妹妹放出来,

phuɯŋ³³　nə¹¹　thuɯ¹¹　a:u⁵¹,　nə¹¹　　mai¹¹　phə¹¹　khɯ³³　plaŋ⁵⁵,
放　　　3sg-她 出来　后　　3sg-她　就　　去　　里　　山寮
放出来后, 她就跑去山寮,

na³³　mai¹¹　la:i³³,　la:i³³　pai³³　plaŋ⁵⁵　nə¹¹　　na³³　dɔ²¹¹　pai³³
那　　就　　看见　看见　EMPH 山寮　3sg-她　DEF　有　　EMPH
ɬa:t¹¹　na³³,
血　　DEF
就看见, 看见山寮里有血迹,

həŋ³³　khɯ³³　plaŋ⁵⁵　nə¹¹　na³³　thuɯ¹¹　khɯ³³　nam³³　na³³,
PREP-从 里　山寮　3sg-她 DEF　出　　里　　河　　DEF
从山寮里一直滴到河边,

ma³³　khiu³¹　fai³¹,　tɔu¹¹　lɯŋ¹¹　tsok¹¹　nam³³　na³³.
PAR　明显　PAR　下去　REP　PREP-沿 河　DEF
清晰刺目的血迹, 顺着河边一直流到河里。

nə¹¹　　mai¹¹　buai³³　pau³³　ko⁵⁵　nə¹¹　　buai³³　ha:i⁵¹
3sg-她　就　　已经　知道　哥哥　3sg-她　已经　害
pha³³-taŋ¹¹　na³³　lo³¹.
M - 龙　　DEF　JUD
她便知道她哥哥可能已经把龙给杀害了。

nə¹¹　　mai¹¹　fiaŋ¹¹　ŋai³³　fiaŋ¹¹　pau¹¹　khɯ³³　plaŋ⁵⁵　na³³,
3sg-她　就　　边　　哭　　边　　回去　里　　山寮　DEF
她边哭边回到山寮,

nə¹¹   mai¹¹   vaŋ⁵⁵vaŋ¹¹   thou³³   khɯ³³   plaŋ⁵⁵   na³³,
3sg-她   就   CL-天CL-天   等   里   山寮   DEF
她就天天在山寮里等着，

thou³³   pha³³-taŋ¹¹   na³³   kha:ŋ¹¹.
等   M - 龙   DEF   上来
等龙上来。

ma³³kɯ³³   pha³³-taŋ¹¹   na³³   ka³¹   van³³   kha:ŋ¹¹   kɯ³³   buai³³   tiaŋ⁵⁵,
CONJ-但是   M - 龙   DEF   也   NEG-不   上来   CONJ-因为   已经   受伤
但龙不上来了，因为它已经受伤了，

tsɯ²⁵⁵   kha:ŋ¹¹   tham¹¹   mɔ³¹?
怎么   上来   MOOD   INT
怎么还能上来呢？

nə¹¹   buai³³   thou³³   ka:u³³kha¹¹,   van³³la:i³³   pha³³-taŋ¹¹   na³³   kha:ŋ¹¹,
3sg-她   已经   等   很久   没有   M - 龙   DEF   上来
她等了很久，没看到龙上来，

khou³³   pha³³-taŋ¹¹   na³³   ŋe⁵¹   buai³³   ɬa:u⁵¹.
想   M - 龙   DEF   一定   已经   死
想着龙应该已经死了。

nə¹¹   mai¹¹   pau¹¹   khɯ³³   plɔŋ³³,   mai¹¹   ŋai³³   kou³¹   ko⁵⁵   nə¹¹   le³³,
3sg-她   就   回去   里   家   就   哭   BEN-给   哥哥   3sg-她   IND
她就回到家里，对着她哥哥哭啦，

mai¹¹   vaŋ⁵⁵vaŋ¹¹   ka³¹   lei³¹   pai³³   lə¹¹   na³³,   sem³¹   dou³³,
就   CL-天 - CL-天   也   做   EMPH   歌   DEF   说   到
就天天唱歌，唱道，

lei³¹   pai³³   lə¹¹   na³³   ui¹¹   sem³¹:
做   EMPH   歌   DEF   ONOM   说
"嘤嘤"唱着：

"pat¹¹ tsɯ³¹ rok¹¹ aŋ¹¹mut¹¹, ma³³ pat¹¹ fɔu¹¹ plɔŋ³³, ɬɔu³³ ɬen¹¹."
砍伐 一 CL-块 旱稻地 PAR 砍伐 下面 房子 哥哥 好
"开垦一块旱稻地，在房子下面砍伐，哥哥好呀。"

"ma³³ ɬɔu³³ ɬen¹¹ tsou⁵⁵ teʔ¹¹, ma³³ teʔ¹¹ŋai³¹ ho¹¹ ka:u³³ aŋ¹¹."
PAR 哥哥 好 嫂子 坏 PAR 忌妒 1sg-我 久 坡地
"哥哥好嫂子坏，忌妒我久待旱稻地。"

"ui¹¹ ma³³ ui¹¹ re³³, vo⁷⁵⁵ re³³ vaŋ³¹ re³³."
ONOM PAR ONOM INJ 风 INJ 台风 INJ
"哗啦哗啦啊，大风啊，台风啊。"

"ma³³ ɬa:m¹¹ thɔk¹¹ sɯ³³ thiu¹¹, ma³³ saŋ¹¹ thɔk¹¹ sɯ³³ sa¹¹."
PAR 刺 掉 里 喉咙 PAR 扎 掉 里 眼睛
"（让刀）刺中我喉咙，扎到我眼睛。"

"ɬɯk⁵⁵-taŋ¹¹ pui³³ ho¹¹ zui³³, ma³³ ɬɯk⁵⁵-taŋ¹¹ iu¹¹ ho¹¹ ɬa:u³¹."
DIM-龙 拿 1sg-我 死 PAR DIM-龙 带 1sg-我 死
"龙儿要我死，龙儿要带我去死。"

"ma³³ ui¹¹ re³³ vo⁷⁵⁵ re³³ vaŋ³¹."
PAR ONOM INJ 风 INJ 台风
"哗啦哗啦啊，大风啊，台风啊。"

nə¹¹ buai³³ sɔk⁵⁵, nə¹¹ mai¹¹ lei³¹ daŋ³¹ lə¹¹ nen³³
3sg-她 已经 病了 3sg-她 就 做 CL-条 歌 这
kɔu³¹ ko⁵⁵ nə¹¹.
BEN-给 哥哥 3sg-她
她病了，就给她哥哥唱了这首歌。

vaŋ⁵⁵vaŋ¹¹ ka³¹ ŋai³³ sɔk¹¹sem¹¹,
CL-天-CL-天 也 哭 伤心
天天都哭得很伤心，

vaŋ⁵⁵vaŋ¹¹ ka³¹ ŋai³³ sɔk¹¹sem¹¹ lom³¹ om³³ sɔk¹¹,
CL-天-CL-天 也 哭 伤心 RST 甚至 病了
天天都伤心地哭，甚至都病了，

nə¹¹   buai³³   həŋ⁵⁵   sɔk¹¹,   nə¹¹   mai¹¹   ŋaŋ³³   ko⁵⁵   nə¹¹,
3sg-她   已经   更   病了   3sg-她   就   叮嘱   哥哥   3sg-她

她病重了，就叮嘱她哥哥，

sem³¹   thɔu³³   nə¹¹   ɬa:u³¹   ni⁵¹,   khai³³   pai³³   ko⁵⁵   nə¹¹
说   等   3sg-她   死   TOP   CAUP-叫   EMPH   哥哥   3sg-她

phə¹¹   kom⁵⁵   nə¹¹   fiaŋ¹¹   plaŋ⁵⁵,   ra³¹   nə¹¹   hɔu³³
去   埋   3sg-她   边   山寮   地方   3sg-他   杀

pha³³-taŋ¹¹   ɬa:u³¹   na³³.
M - 龙   死   DEF

说等她死了呢，让她哥哥把她埋在山寮边上，就是把龙杀死的那个地方。

sem³¹   rit⁵⁵,   nə¹¹   mai¹¹   but¹¹khei³¹   baɯ³¹.
说   完   3sg-她   就   咽气   MOOD

说完，她就咽气了。

pai³³   ko¹¹   na³³   mai¹¹   sɔk¹¹sem¹¹   thai³¹   pai³³   laŋ¹¹   noŋ³¹,
EMPH   哥哥   DEF   就   伤心   替   EMPH   CL-个   妹妹

哥哥也替妹妹伤心，

ma³³kɯ³³   ko⁵⁵   nə¹¹   ni⁵¹,   ai³³   da:m¹¹   kom¹¹   nə¹¹   khɯ³³   na³³,
CONJ-但是   哥哥   3sg-她   TOP   不愿   想   埋   3sg-她   PREP-在   那里

但她哥哥不想把她埋在那里，

ai³³   da:m¹¹   kom¹¹   ket⁵⁵   ra³¹   pha³³-taŋ¹¹   ɬa:u³¹   na³³.
不愿   想   埋   附近   地方   M - 龙   死   DEF

不想把她埋在靠近龙死的地方。

mai¹¹   deɯ¹¹   pai³³   duai¹¹piŋ¹¹   na³³   khɔu¹¹   pai³³   kuan¹¹sai³¹   na³³,
就   INST-用   EMPH   麻绳   DEF   捆   EMPH   棺材   DEF

就用麻绳来捆棺材，

zɔu¹¹   ɬen¹¹   sa:m¹¹   phə¹¹,   ma³³kɯ³³   dia⁵¹   sa:m¹¹   phə¹¹,
CONJ-为了   好   抬   去   CONJ-但是   不得   抬   去

好让把棺材抬走，但却抬不动，

deɯ¹¹　　pla³¹　　ŋɔu¹¹　　sa:m¹¹　　ri³³　　bot⁵⁵.
INST-用　什么　绳子　　抬　　　都　断
不管用什么绳子抬，绳子都断了。

ko¹¹　　nə¹¹　　mai¹¹　　khɔu³³　　tho³¹,
哥哥　3sg-她　就　　想　　　到
哥哥就想到，

thak¹¹　　pai³³　　daŋ³¹vo³³　　ta:u³³　　na³³,　　mai¹¹　　ba¹¹khaʔ¹¹　　thuaŋ³³　　mai¹¹
割　　　EMPH 头发　　　　长　　　DEF　　就　　接合　　　　RECIP　　就
deɯ¹¹　　sa:m⁵⁵.
INST-用 抬
把长头发剪下来，接在一起就可以用来抬棺材。①

ko⁵⁵　　nə¹¹　　ka³¹　　buai³³　　da³³　　van³³　　ŋou³¹zai¹¹　　nə¹¹　　khuŋ³³,
哥哥　3sg-她　也　　已经　　怕　　NEG-不　听　　　　　　3sg-她　说话
哥哥也担心不听她的话，（会出岔子）

mai¹¹　　sa:m¹¹　　phə¹¹　　ra³¹　　nə¹¹　　sem³¹,
就　　抬　　　去　　　地方　3sg-她　说
就把棺材抬到她说的地方，

khai³³　　sa:m¹¹　　phə¹¹　　kom⁵⁵　　nə¹¹　　phai¹¹-ra³¹　　plaŋ⁵⁵　　na³³,
CAUP-叫　抬　　去　　埋　　3sg-她　DIR -地方　　山寮　　DEF
抬她去埋在山寮那个地方，

mai¹¹　　sa:m¹¹　　phə¹¹　　ra³¹　　na³³,
就　　抬　　　去　　　地方 DEF
就抬去了那地方，

na³³　　ŋa:m⁵⁵ŋa:m³³　　tho³¹　　ra³¹　　tɔu¹¹　　ɬa:t¹¹　　pha³³-taŋ¹¹　　na³³,
那　　刚 - 刚　　　到　　地方　流　　血　　M - 龙　　　DEF
刚到龙流血的地方，

pha³³-taŋ¹¹　　na³³　　thɔk¹¹　　tɔu¹¹　　na³³,
M - 龙　　　DEF　掉　　　下去　　那里

---

① 旧时黎族男子留长发并在额前盘成一个发髻。

也就是龙钻进去的那条河的河边，

pai³³ kuan¹¹sai³¹ na³³ mai¹¹ bot⁵⁵ phai¹¹-ra³¹ na³³,
EMPH 棺材 DEF 就 断 DIR -地方 DEF
绳子突然在那个地方断了，

bot⁵⁵ phai¹¹-ra³¹ na³³ ni⁵¹,
断 DIR - 地方 DEF TOP
绳子在那里断了呢，

mai¹¹ pai³³ kuan¹¹sai³¹ na³³ mai¹¹ pliŋ¹¹ tɔu¹¹ khɯ³³ nam³³ na³³,
就 EMPH 棺材 DEF 就 滚 下 里 河 DEF
棺材就滚到河里去了，

pai³³ nam³³ na³³ mai¹¹ ła³¹, pai³³ kuŋ⁵⁵ na³³ ma³³ khiu³¹ fai³¹
EMPH 河 DEF 就 散开 EMPH 路 DEF PAR 明显 PAR
tɔu¹¹,
下去
河面突然分开，出现一条很明显的水路，一直延伸至水底下，

na³³ na³³ daŋ³¹ kuŋ⁵⁵ taŋ¹¹ na³³.
那 DEF 像 路 龙 DEF
就像当时龙钻到水里时出现的水路。

pha³³-taŋ¹¹ na³³ pau³³ nə¹¹ buai³³ łaːu⁵¹,
M - 龙 DEF 知道 3sg-她 已经 死
龙知道她已经死了，

na³³ nə¹¹ rɯ⁵¹ phə¹¹ thaːu⁵¹ pha³³-taŋ¹¹,
那 3sg-她 要 去 找 M - 龙
她要去找寻龙，

nə¹¹ mai¹¹ fou⁵⁵ pha³³-taŋ¹¹ thom³¹na³³,
3sg-她 就 跟随 M - 龙 这样
她就这样随龙而去了，

mai¹¹ łɔu³³ laŋ¹¹ fou⁵⁵ thuaŋ³³ thom³¹na³³.

就　　两　　CL-个　跟随　RECIP　　这样
两个人就这样相互作伴。

pai³³　ma:ŋ⁵⁵　na³³　mai¹¹　buai³³　rit⁵⁵　thom³¹nen³³,
EMPH　故事　DEF　就　　已经　完　这样
故事就这样结束了，

kuɯŋ⁵⁵　nen³³　thom³¹nen³³　buai³³.
到　　这里　这样　　　　MOOD
到这里就结束了。

　　有一个古老的故事，内容是这样的：很久以前，有一对兄妹，他们的父母很早就去世了，后来，哥哥娶了一个嫂子，三个人就在一起生活。

　　但哥哥和嫂嫂经常使唤妹妹，先是叫去开垦坡地，妹妹上山清理荒地，将杂草、树枝清理干净，开垦出一大块宽敞的空坡地。他们接着叫妹妹去播旱稻，播完旱稻了，接着又叫去盖山寮房，盖好后还叫她住在山寮里，继续守看旱稻田。

　　妹妹守着旱稻田，从稻子播种到发芽抽穗，再到割稻，她亲历了整个过程，并见证了旱稻从小禾苗到结满稻谷，稻谷从谷子变成大米。妹妹就这样天天待在山寮里守看稻子。

　　有一天，她突然看到一个男人，那个男人身材挺拔，面容清朗。但那人是谁呢？那个人其实是一条龙，从河里爬到陆地上。在河里时，他就是一条龙；来到陆地，就变成人的模样，相貌英俊。妹妹对龙一见钟情。妹妹头发又黑又长，人长得漂亮，而且勤劳能干，龙也被妹妹的美丽淳朴吸引住，也喜欢上她了，两个年轻人就好上了，天天在山寮里谈情说爱，妹妹就再也没回家。

　　妹妹已经好久没回家了，她哥哥觉得奇怪："哎，妹妹怎么都不见回来呢，稻谷都割完了，什么活儿都做完了，叫她回来也不想回，是怎么回事呢？"

　　后来，哥哥就叫她回来，妹妹不愿意回去。哥哥就问她："你不想回家，是对什么有所留恋啊？妹妹。"妹妹答："嗯，我留恋我砍过的杂草杆和荆棘杆呀。"哥哥就把山寮房前面的栗子树还有其他杂草乱枝都砍掉了，可妹妹还是不想回家呢，其实是她已经恋上了河里的那条龙，到了晚上，龙从河里上来跟她幽会。

　　哥哥再继续追问，说怎么叫你回来还不想回来呢，到底山寮里有什么东西好留恋的呀，稻谷也割完了。妹妹就说她留恋坡地、旱稻地的稻杆。听完，哥哥就去把田里的旱稻杆清除得干干净净。清除完毕，哥哥再叫她回去，但妹妹还是不愿意回家呢。

　　哥哥就想到一个点子，就跟妹妹说嫂子病了，叫她回来照顾嫂子，妹妹就只好回家看望嫂子。谁知道嫂子根本没病，故意躺在床上，并叫妹妹进屋里看她，一见妹妹进了屋，哥哥就在外头把大门反闩上。以前古时候没有锁，那时人们只能用棍子来闩门。哥哥从外面把大门闩上，妹妹没法儿出门了，哥哥就把妹妹一直关在家里。

过了很长一段时间，因为见不着龙，妹妹思念成灾，天天唱歌，然后就病倒了，她心里一直挂念着龙，很想知道他的情况。

有一天晚上，哥哥就去山寮里头守着，他穿着妹妹的上衣和筒裙，装扮成妹妹的样子。龙从河里上来，看到山寮里亮着灯，以为妹妹在山寮房里头，就走进山寮，正在这时，哥哥突然拔出匕首刺中龙的脚，实际上是刺中了龙的尾巴，因为龙化成人时，它的尾巴就变成人的脚。龙受伤了，哥哥再接着刺一刀，刚好刺中了龙的腰。

龙慌忙逃出来钻到河里，可以清清楚楚地看到它是怎样钻进河里的，当它要钻进水里时，只见河面自动分开，水面波光粼粼，分出一条水路，龙便顺着水路钻到水里了。

哥哥把龙杀了之后就回家了，回到家把妹妹放出来。妹妹一出来就赶紧跑去山寮房，在那里，她看到一道长长的血迹，从山寮里一直到河边，再顺着河边延伸到河里，血迹清晰刺目。她便很清楚龙可能已经被哥哥杀害了。

她边哭边回到山寮，她就天天待在山寮里，等着龙从河里上来。但龙不上来了，因为它已经受伤了，怎么还能上来呢？她等了很久，没看到龙上来，她绝望了，觉得龙可能已经死了。

她回到家里，不停地哭，天天唱悲歌，"嘤嘤"边哭边唱："我去开垦一块旱稻地，就在山寮房下面；哥哥好嫂子坏，忌妒我久待旱稻地；哗啦哗啦，大风啊，台风啊；就让刀刺中我喉咙，扎中我眼睛；龙儿要我死，龙儿要带我去死；哗啦哗啦，大风啊，台风啊。"

她对哥哥唱了这首歌，就天天哭，天天都哭得很伤心，心力交瘁而病倒了。后来，妹妹的病越来越重，她奄奄一息，叮嘱哥哥，说等她死了之后，把她埋在山寮边上，即杀死龙的那个地方。说完，她就咽气了。

看到妹妹死了，哥哥很伤心，但哥哥起初不想把她埋在她说的地方，不想把她埋在龙遇害地点的附近。哥哥刚开始用麻绳来捆棺材，棺材却怎么抬也抬不动，后来换了其他绳子，但不管用什么绳子，一抬，绳子都断了。

哥哥想到一个办法，把剪下来的头发接在一起，然后用来抬棺材，这下，棺材终于抬得动了。哥哥担心如果再不听妹妹的话，可能又会出什么岔子，就直接把棺材抬到她说的地方，就是山寮房附近。

刚把棺材抬到龙流血的地方，也就是龙入水的那条河，走到河边，绳子突然断了，而棺材就顺势滚到河里去了。这时，河面突然分开，分出一条很明显的水路，一直通往水底下，跟龙当时钻进水里的情况一样。

龙也知道妹妹已经死了，要过来找他。妹妹就这样随龙而去了，两个人终于永远相互作伴了。

（王爱花讲述，王花补述，吴艳记录）

2.4 孤儿和仙女

suɯ³³saŋ¹¹　　dɔ²¹¹　　tsɯ³¹　　daŋ³¹　　maːŋ⁵⁵　　phɯŋ¹¹maːŋ¹¹　　na³³　　sem³¹
从前　　　　有　　一　　CL-条　故事　　古代　　　　　那　　说
mɔu⁵¹nen³³,
这样
以前有一个古老的故事，是这样的，

pha³³-ɬe²⁵⁵　　tsɯ³¹　　van³³laːi³³　　ba³¹　　van³³laːi³³　　me¹¹,
M - 孤儿　　　是　　没有　　　　　爸爸　没有　　　　妈妈
有个孤儿父母双亡，

vaŋ⁵⁵vaŋ¹¹　　　　phə¹¹　　lei⁵¹koŋ¹¹.
CL-天 -CL-天　去　　干活儿
天天去干活。

suɯ³³saŋ¹¹　　ka³¹　　van³³laːi³³　　pla³¹　　koŋ¹¹　　ɬen¹¹　　lei³¹　　ro²¹¹,
从前　　　　也　　没有　　　　什么　　工作　好　　做　　MOOD
以前也没什么活干呢，

pat¹¹　　aŋ¹¹　　pat¹¹　　iŋ³³,　　lei³¹　　aŋ¹¹　　lei³¹　　ta³¹,
砍伐　旱地　砍伐　坡地　　做　　旱地　做　　水田
开荒垦荒，种田种地，

van³³laːi³³　　pai³³　　pla³¹　　ɬen¹¹　　lei³¹　　doŋ¹¹　　khai⁵⁵ne⁵¹　　na³³,
没有　　　　EMPH 什么　好　　做　　像　　现在　　　　DEF
没有什么活儿好干的，不像现在，

mai¹¹　　vaŋ⁵⁵vaŋ¹¹　　　　phə¹¹　　lei⁵¹koŋ¹¹,
就　　CL-天 -CL-天　去　　干活儿
就天天都去干活，

na³³　　pha³³lak¹¹　　khem³³　　bɔu³³　　tha³¹　　bɔu³³　　nam³³,
那　　自己　　　必须　　煮　　米饭　煮　　水
那自己要煮饭。

dɔ²¹¹　　tsɯ³¹　　vaŋ¹¹,　　nə¹¹　　mai¹¹　　phə¹¹　　tɔu⁵⁵　　nam³³,

有　　一　　　CL-天　3sg-他　就　　去　　挑　　水
有一天，他去挑水，

phə¹¹　　tɔu⁵⁵　nam³³　mai¹¹　dɔʔ²¹¹　tsɯ³¹　laŋ¹¹　ɬa¹¹　tsuŋ³³　ɬuk¹¹
去　　　挑　　水　　就　　有　　　一　　　CL-只　鱼　　跳　　进
khɯ³³　kai¹¹nam³³　nə¹¹　na³³,
里　　水桶　　　　3sg-他　DEF
去挑水时，就有一只鱼跳进他的水桶里，

tsuŋ³³　khɯ³³　kai¹¹nam³³　na³³　　　　nə¹¹　　ka³¹　　　ɬom³³vaŋ¹¹　mai¹¹
跳　　　里　　水桶　　　　DEF/TOP　3sg-他　也　　　不知道　　　就
boʔ²¹¹　paɯ¹¹,
打水　　回来
他也不知道有东西跳到水桶里，打完水就回家了，

tso³¹　sɯ³³　kai¹¹pai³¹　　na³³.
倒　　里　　水缸　　　　DEF
把水倒在水缸里。

tso³¹　kai¹¹pai³¹　ni⁵¹,　pai³³　laŋ¹¹　ɬa¹¹　na³³　ɬuk¹¹ɳa:m³³,
倒　　水缸　　　TOP　EMPH　CL-只　鱼　DEF　仙女
倒在水缸呢，那条鱼其实是仙女，

na³³　ɬuk⁵⁵ɬuk¹¹ten³¹,
那　　DIM - 神仙
是小神仙，

muai³³　sem³¹　ten³¹,　khə¹¹　　　　　ɬai¹¹　sem³¹　ɬuk¹¹ɳa:m³³　　thom³¹na³³.
汉族　　说　　神仙　　1pl-incl:咱们　黎族　说　　仙女　　　　这样
汉族说是神仙，咱黎族说是仙女。

mai¹¹　pai³³　laŋ¹¹　ɬuk¹¹ɳa:m³³　na³³　ni⁵¹,
就　　EMPH　CL-个　仙女　　　　那　　TOP
那个仙女呢，

fou⁵⁵　sei¹¹　fou⁵⁵　sei¹¹,　pha³³-ɬeʔ⁵⁵　na³³　buai³³　phə¹¹　lei⁵¹koŋ¹¹
跟随　后面　跟随　后面　M - 孤儿　　　DEF　已经　　去　　干活儿

na³³   mai¹¹   thɯɯŋ¹¹,   tsuŋ³³   hən³³   pai³¹nam³³   na³³   kha:ŋ¹¹.
才   就   出来   跳   PREP-从 水缸   DEF   上来
在后面跟着，孤儿出去干活儿了她才出来，从水缸里跳出来。

zəu¹¹   tsiŋ¹¹   tsɯ³¹   laŋ¹¹   ɫɯk¹¹uŋ¹¹   ɫɯk¹¹   ɫiak¹¹mɯŋ¹¹
CONJ-然后成   一   CL-个   青年女子   孩子   特别好看
ɫiak¹¹   ɫen¹¹ha:u³³,
很好看   漂亮
然后变成一个美丽大方的女子，楚楚动人，

mai¹¹   tuan¹¹   bəu³³   tha³¹   bəu³³   nam³³   kəu³¹   nə¹¹   lə²¹¹,
就   专门   煮   米饭   煮   水   BEN   3sg-他   吃
就给他煮饭煮菜吃，

buai⁵¹,   nə¹¹   buai³³   paɯ⁵⁵   hən³³   lei³¹koŋ¹¹   boi⁵¹,
完了   3sg-他 已经   回来   PREP-从 干活儿   IND
完了，他就从干活的地方回来了，

phe²⁵⁵phe²¹¹   vaŋ¹¹   paɯ¹¹   hən³³   lei⁵¹koŋ¹¹,
高 - 高   天   回来   PREP-从 干活儿
等到日头高挂时，从干活的地方回来，

ha:ŋ³³   laŋ¹¹   ɫɯk⁵⁵n̩a:m³³   na³³   buai³³   ia⁵¹   foi¹¹   tha³¹   foi¹¹   kaŋ³³   ni⁵¹,
之后   CL-个   仙女   那   已经   得   熟   米饭   熟   菜   IND
那个仙女已经把饭菜都做好了呢，

ha:ŋ³³   nə¹¹   tsuŋ³³   təu¹¹   khɯ³³   pai³¹   na³³   lɯŋ¹¹,
之后   3sg-她 跳   下去   里   缸   DEF   REP
然后她就又跳到水缸里，

buai³³   tsuŋ³³   təu¹¹   khɯ³³   pai³¹   na³³   boi⁵¹.
已经   跳   下去   里   缸   DEF   IND
就跳进水缸里啦。

ha:ŋ³³   pha³³-ɫe²⁵⁵   na³³   paɯ¹¹   hən³³   lei⁵¹koŋ¹¹   ni⁵¹,
等   M - 孤儿   DEF   回来   PREP-从 干活儿   TOP
等孤儿从干活的地方回来呢，

buai³³ la:i³³ tha³¹ la:i³³ kaŋ³³ buai³³ foi⁵⁵ ni⁵¹, tsɯ³¹ seŋ³³so³¹
已经   看见   米饭   看见   菜   都   熟   IND   是   清楚
lo³³zo⁵¹.
MOOD
就已经看到热乎乎的饭菜了，棒极了呀。

na³³   nə¹¹   ka³¹   van³³   kuan³¹   lo⁵¹,
那   3sg-他 也   NEG-不管   IND
他也不管那么多了，

khɔu³³ a¹¹   ket⁵⁵siaŋ³³viaŋ³³plɔŋ³³   kɔu³¹   nə¹¹   be³¹re³¹,
想   人家   隔壁邻居   给   3sg-他 MOOD
以为是隔壁邻居给他的，

van³³   sa³¹   ɬuai⁵⁵   na³³.
NEG-不查 多   那么
不理会那么多。

nə¹¹   mai¹¹   vaŋ⁵⁵vaŋ¹¹   phə¹¹   lei⁵¹koŋ¹¹,
3sg-他 就   CL-天 -CL-天   去   干活儿
他就天天去干活，

vaŋ⁵⁵vaŋ¹¹   ka³¹   dɔ²¹¹   tha³¹   lɔ²¹¹,
CL-天 -CL-天   也   有   米饭   吃
天天都有饭吃，

mai¹¹   phə¹¹   lei⁵¹koŋ¹¹. dɔ²¹¹   kei¹¹   vaŋ¹¹   doŋ¹¹na³³,
就   去   干活儿   有   几   CL-天   那样
就去干活了。一连几天都那样，

nə¹¹   mai¹¹   sem³¹, khi³¹kuai³³   lo³³, vaŋ⁵⁵vaŋ¹¹   dɔ²¹¹
3sg-他 就   说   奇怪   IND   CL-天 -CL-天   有
ŋa:u⁵⁵ lei³¹   kɔu³¹   nə¹¹   tha³¹kaŋ³³,   ma³³kɯ³³   ɬom³³
人   做   BEN-给 3sg-他 饭菜   CONJ-但是   不知道

a¹¹ra⁵¹   lei⁵¹   lo³³.

谁　　做　　INT
他就感到奇怪啦，天天都有人给他做饭吃，但是不知道谁做的呀。

dɔ²¹¹　tsɯ³¹　vaŋ¹¹,　nə¹¹　mai¹¹　vaɯ³¹　phə¹¹　lei⁵¹koŋ¹¹,
有　　一　　CL-天　3sg-他　就　起来　去　干活儿
有一天，他起床后去干活，

phə¹¹　lei⁵¹koŋ¹¹　nə¹¹　mai¹¹　sem³¹　phə¹¹　lei⁵¹koŋ¹¹,
去　干活儿　3sg-他　就　说　去　干活儿
去干活时他就说去干活儿，

ma³³kɯ³³　a¹¹　laŋ¹¹　ɬɯk⁵⁵n̻a:m³³　khɯ³³　pai³¹　na³³,
CONJ-但是　人家　CL-个　仙女　　　在　缸　DEF
但是人家仙女就在水缸里，

a¹¹　nə¹¹　lei³¹pla³¹　a¹¹　ɬɯk⁵⁵n̻a:m³³　ri³³　paɯ³³,
人家　3sg-他　干什么　人家　仙女　　都　知道
他做什么仙女都知道，

thɔu³³　nə¹¹　tsuaŋ¹¹　pai³³ko³³　na³³,
等　3sg-他　睡　夜晚　DEF/TOP
等他晚上睡了，

ɬɯk⁵⁵n̻a:m³³　na³³　ka³¹　vaɯ³¹,　zɔu¹¹　vaɯ³¹　lo¹¹　nə¹¹,
仙女　　　DEF　还　起床　CONJ-然后　起床　看　3sg-他
仙女还起来看他，

vaɯ³¹　po²¹¹　n̻uŋ¹¹　po²¹¹　pe³³　kɔu³¹　nə¹¹.
起床　抓　蚊子　抓　其他　BEN-给　3sg-他
起来为他抓蚊子或其他的虫子。

buai³³　ni⁵¹,　nə¹¹　mai¹¹　phə¹¹　lei⁵¹koŋ¹¹,
完了　IND　3sg-他　就　去　干活儿
然后，他就去干活了，

nə¹¹　mai¹¹　baŋ³³kaŋ¹¹　sem³¹　nə¹¹　rɯ⁵¹　phə¹¹　lei⁵¹koŋ¹¹,
3sg-他　就　故意　说　3sg-他　要　去　干活儿

他故意说他要去干活，

ma³³kɯ³³　　nə¹¹　　mai¹¹　　van³³　　phə¹¹,　　mai¹¹　　paɯ¹¹　　lɯŋ¹¹,
CONJ-但是　3sg-他　就　　NEG-不去　　就　　回来　　REP
但实际上他没去，而是走了之后又返回来了，

mai¹¹　　phə¹¹　　phoʔ¹¹　　laŋ¹¹　　ɬɯk⁵⁵ɳaːm³³　　na³³　　khɯ³³　　plɔŋ³³　　nə¹¹　　na³³,
就　　去　　偷看　　CL-个　仙女　　　　　　那　里　　家　3sg-他　DEF
然后偷看家里的那个仙女，

mai¹¹　　lo¹¹　　tsok¹¹　　suŋ³³　　pleʔ¹¹　　na³³.
就　　看　　PREP-沿洞　泥墙　　DEF
就从泥墙上的洞往里看。

sɯ³³saŋ¹¹　　a¹¹　　kɯ³³　　lei³¹　　plɔŋ³³　　pleʔ¹¹　　buai³³,
从前　　人家　是　　做　　房子　　泥墙　　MOOD
以前房子的墙壁是泥做的，

mai¹¹　　leʔ⁵⁵　　pai³³　　suŋ³³　　pleʔ¹¹　　na³³　　zɔu¹¹　　lo¹¹,
就　　掀开　　EMPH　洞　　泥墙　　DEF　CONJ-然后看
就掀开泥墙上的茅草，从洞里往里看，

mai¹¹　　laːi³³　　laŋ¹¹　　ɬa¹¹　　na³³　　tsuŋ³³　　thɯŋ¹¹　　hən³³　　sɯ³³　　pai³¹
就　　看见　　CL-只鱼　那　跳　　出　　PREP-从里　缸
na³³　　mai¹¹　　u¹¹,　　na³³　　mai¹¹　　tsiŋ¹¹　　tsɯ³¹　　laŋ¹¹　　ɬɯk¹¹uŋ¹¹
DEF　就　　INTERJ那　就　　成　　一　　CL-个　青年女子
ɬen¹¹ɬen¹¹haːu³³,
好 - 漂亮
就看见那只鱼从水塘里跳出来，哇，它就变成了一个漂亮的女子，

zɔu¹¹　　lei³¹　　tha³¹　　lei³¹　　kaŋ³³　　kɔu³¹　　nə¹¹,
CONJ-然后做　米饭　做　菜　　BEN-给 3sg-他
然后还给他做饭做菜，

a¹¹　　ɬɯk¹¹ɳaːm³³　　na³³　　a¹¹　　paɯ³³　　ben³³　　tha³¹　　ben³³　　kaŋ³³　　roʔ⁵⁵,
人家 仙女　　　　　DEF　人家　知道　变　　米饭　变　　菜　　MOOD
仙女知道怎么变出好饭好菜，

mai¹¹　bɔu³³　tha³¹　bɔu³³　kaŋ³³　kɔu³¹　nə¹¹,
就　　煮　　米饭　煮　　菜　　BEN-给 3sg-他
就给他做了饭菜，

doi³³a:u⁵¹,　　nə¹¹　　mai¹¹　　la:i³³.
接下来　　　3sg-他　就　　看见
这些他都看见了。

nə¹¹　　mai¹¹　phə¹¹　ɬeɯ⁵¹　pai³³　laŋ¹¹　ɬuk⁵⁵n̥a:m³³　na³³,
3sg-他　就　　去　　吓　　EMPH CL-个　仙女　　　那
他就去吓唬那个仙女，

laŋ¹¹　ɬuk⁵⁵n̥a:m³³　　na³³　mai¹¹　buai³³　dia⁵¹　ɬuk¹¹　khɯ³³
CL-个　仙女　　　　那　就　　已经　不得　进　里
pai³¹nam³³　　tham³¹,　　kɯ³³　　ŋa:u⁵⁵　buai³³　la:i³³　nə¹¹　buai³³
水缸　　　　MOOD　　CONJ-因为人　已经　看见　3sg-她　已经
ɬeɯ⁵¹　nə¹¹,
吓　　3sg-她
那仙女就没法儿再回到水缸里了，因为人类已经看见她，把她吓住了，

nə¹¹　buai³³　hɯp⁵⁵,　dia⁵¹　tsuŋ³³　ɬuk¹¹　khɯ³³　pai³¹　tham¹¹.
3sg-她　已经　害怕　　不得　跳　　进　　里　　缸　　MOOD
她很害怕，没法儿再跳回水缸里了。

buai³³　doi³³a:u⁵¹　ni⁵¹,　nə¹¹　　mai¹¹　phə¹¹plɔŋ³³　pha³³-ɬe⁷⁵⁵　na³³,
完了　接下来　　TOP　3sg-她　就　　嫁　　　　M-孤儿　　DEF
然后呢，她就嫁给孤儿了，

lei³¹lɔ⁷¹¹　pha³³-ɬe⁷⁵⁵　na³³,　buai³³　tsiŋ⁵⁵　ŋa:u⁵⁵,
过日子　　M - 孤儿　　DEF　已经　成　　人
跟孤儿一起过日子，变成了普通人类，

dɔ⁷⁵⁵　ɬuk¹¹　dɔ⁷¹¹　pai³³　mai¹¹thuaŋ³³,　buai³³　lei⁵¹lɔ⁷¹¹　mai¹¹thuaŋ³³,
有　儿子　有　女　一起　　　　已经　过日子　　一起
还有了儿女，一起过生活了，

dɔ⁷⁵⁵　　kei¹¹　pou³¹,　　dɔ⁷⁵⁵　　ɬuuk¹¹　　dɔ⁷¹¹　　pai³³.
有　　　几　　CL-年　有　　　儿子　　有　　　女
过了几年，有儿也有女了。

dɔ⁷¹¹　　tsɯ³¹　van¹¹　mai¹¹　ɬom³³　lei³¹　mɔu⁵¹the⁵¹,
有　　　一　　CL-天　就　　不知道　做　　什么
有一天，不知道怎么回事，

zɔu¹¹　　pai³³　fa³³　na³³　kup¹¹dam³³zam³¹he¹¹,
CAUP-使EMPH　天　　DEF　天昏地暗
天昏地暗，

zɔu¹¹　　ma³³　thuk⁵⁵pit⁵⁵,
CONJ-且 PAR　黑漆漆
而且大地昏黑，

pai³³　fa³³　na³³　buai³³　ruu⁵¹　foŋ¹¹,　zɔu¹¹　a¹¹　mai¹¹　buai³³　pauu³³,
EMPH　天　DEF　已经　要　下雨　CONJ-而　人家　就　已经　知道
看着天要下雨了，因为神仙已经知道，

nə¹¹　　mai¹¹　pha³³-ɬe⁷⁵⁵　buai³³　lei⁵¹lɔ⁷¹¹　　mai¹¹thuaŋ³³　khɯ³³　fɔu¹¹,
3sg-她　CONJ-和 M -孤儿　已经　过日子　　　一起　　　　PREP-在　下面
他女儿和孤儿在人世间已经生活在一起了，

mai¹¹　lei³¹　pai³³　fa³³　na³³　kup¹¹dam³³zam³¹he¹¹　　zɔu¹¹
就　　CAUP-弄EMPH　天　DEF　天昏地暗　　　　　　　CONJ-然后
foŋ¹¹　tsɯ³¹　than³³　foŋ¹¹　luak¹¹luŋ¹¹　　na³³,
下雨　一　　CL-场　雨　　特别特别大　　那
就弄得天色昏黄不清，还下了一场特别大的雨，

om³³mai¹¹　pha³³-ɬe⁷⁵⁵　na³³　ka³¹　buai³³　ɬom³³pou³¹,
连同　　　M - 孤儿　DEF　也　已经　　晕倒
就连孤儿也晕过去了，

foŋ¹¹　buai³³　lei⁵¹　nə¹¹　ɬom³³pou³¹　kɯ³³　　ɳaːm³³
雨　　已经　CAUP-弄3sg-他　晕倒　　　CONJ-因为雷
buai³³　thaːi³¹　tɔu¹¹,

已经　　 打　　 下来
他晕倒了，因为下雨时打了很大的雷，

na³³　　zɔu¹¹　　　phə¹¹　　　pui³³　pai³³　laŋ¹¹　　　　　ɬɯk¹¹n̩a:m³³　　　na³³.
那　　CONJ-为了　去　　　　取　　EMPH CL-个　　　　仙女　　那
那是天神为了带回那个仙女。

zɔu¹¹　　　pha³³-ɬeʔ⁵⁵　na³³　ka³¹　buai³³　　ɬom³³pou³¹,　　mai¹¹
CONJ-而　M - 孤儿　　DEF　也　　已经　　晕倒　　　　就
va:u³¹　　lɯŋ¹¹　　ni⁵¹,
醒　　REP　　TOP
孤儿也晕过去了，醒过来的时候呢，

mai¹¹　　van³³la:i³³　　doŋ⁵⁵　nə¹¹　　tham¹¹,　　ma³³siaŋ³³　　nə¹¹
就　　没有　　　老婆　3sg-他　MOOD　只有　　　　3sg-他
mai¹¹　　ɬɯk¹¹　　nə¹¹,
CONJ-和 儿子　3sg-他
老婆就不见啦，只剩下他和他儿子，

buai³³,　　zɔu¹¹　　　pla³¹　ri³³　buai³³　ɬom³³　　tham¹¹.
完了　　CONJ-然后 什么　都　已经　　不懂　　MOOD
然后就什么不知道了。

nə¹¹　　phə¹¹　tha:u⁵¹　,da:m¹¹　　tha:u³¹　pai³³doŋ⁵⁵　　nə¹¹,
3sg-他 去　　找　　　想　　　找　　妻子　　　3sg-他
他就去找，想去找他老婆，

phə¹¹　the⁵¹　tha:u³¹　ka³¹　buai³³　dia⁵¹　la:i³³　tham¹¹,
去　　哪儿　找　　也　都　　　不得　看见　MOOD
去哪儿找都找不见了，

kha:m¹¹　a¹¹　khɯ³³　faŋ¹¹　ri³³　ɬom³³,
问　　　别人　里　　村庄　都　不知道
问村里人，村里人都不知道，

kɯ³³　　　pai³³　mou³¹　nen³³　na³³　nə¹¹　khɯ³³　plɔŋ³³　pha³³lak¹¹.
CONJ-因为　EMPH　事情　这　DEF　3sg-他 里　家　　自己

因为这事情是他的家事，

buai³³, na³³ nə¹¹ pha³³lak¹¹ pauɯ³³ buai³³, a¹¹ ɬom³³,
INTERJ 那 3sg-他 自己　　　知道　MOOD 别人 不知道
哎，只有他自己清楚，别人都不了解，

et⁵⁵doi³³ ni⁵¹, a¹¹ra⁵¹ ka³¹ buai³³ phə¹¹ ku³³ a¹¹ra⁵¹,
最后　　　TOP 谁　　也　　已经　去　NOM 谁
结果呢，各回各家，

na³³ nə¹¹ ka³¹ buai³³ ɬom³³ kuŋ⁵⁵ thaːu³¹,
那　3sg-他 也　已经　　不知道 路　　找
那他也不知道怎么找，

nə¹¹ ka³¹ ma³³siaŋ³³ lei³¹lɔʔ¹¹ mai¹¹ pha³³ɬuk¹¹ nə¹¹
3sg-他 也　只有　　　过日子　 PREP-同 M - 儿子　3sg-他
na³³ buai³³.
DEF　MOOD
他只有和他儿子一起过生活了。

pai³³ maːŋ⁵⁵ na³³ mai¹¹ buai³³ rit⁵⁵ thom³¹nen³³.
EMPH 故事　DEF 就　　已经　完　这样
这故事就这么完了。

　　传说有一个古老的故事，以前有个孤儿，自小父母双亡，他只有自食其力，天天去干活。以前能有什么活儿呢，就是去山上开荒垦荒，种田种地，也没有什么其他活儿好干的，不像现在。孤儿天天出去干活，还得自己做饭做菜，忙里忙外。
　　有一天，他去挑水时，有一只鱼跳进他的水桶里，他毫无察觉，就把水桶挑回家了。回到家之后，孤儿就把水桶里的水倒进水缸里。
　　那条鱼其实是个仙女，是个小神仙，汉族人说是神仙，咱黎族叫做仙女。那个仙女呢，在孤儿外出干活之后，她就从水缸里跳出来，然后变成一个美丽大方、楚楚动人的女子。等到日头高挂时，孤儿就要从山间地里回家啦，在他回来之前，仙女已经把饭菜都做好了，接着她就又跳回水缸，变回鱼的模样。
　　待孤儿从干活的地方回来，就看到热乎乎的饭菜了，这简直太棒了呀。孤儿也不在意，以为是隔壁邻居给他做的，他也不理会那么多，毫不客气地狼吞虎咽。他依旧天天外出干活，天天回到家都有饭吃，吃完又接着去干活了。一连几天都那样，他就开始生疑啦，怎么天天都有人给他做饭吃呢，可不知道是谁做的。

　　有一天，孤儿起床后又要出去干活，他就大声说要出去干活了。仙女就在水缸里，他的一举一动仙女都一清二楚，晚上他睡着了，仙女还特地起来帮他抓蚊子或其他的虫子。每次仙女听到孤儿外出的声响，都要从水缸出来给他做饭。

　　而这一次孤儿是故意的，他说要去干活，实际上没有去，他走到半路又折回，想知道这几天到底是谁帮他做饭。他回到家后，从泥墙上的洞偷看屋里的情况，因为以前房子的墙壁是用泥巴做的，孤儿就掀开泥墙上的茅草，从墙壁的缝隙往里看，就看见那条鱼从水塘里跳出来，哇，它变成了一个明眸皓齿的女子，然后还给他做饭做菜。

　　仙女非常贤惠能干，一会儿就给他做了一桌的好饭好菜。他见到很高兴，想把仙女留在身边，便突然闯进屋里吓唬仙女。仙女因为被人类看到了，就不能再跳回水缸里啦，她就嫁给了孤儿，跟孤儿一起过日子，变成普通人了。过了几年，他俩的日子过得有滋有味，有儿也有女了。

　　有一天，不知道怎么回事，突然天色大变，狂风肆虐，暴雨骤来，天地一片昏暗。天神知道他女儿在凡间和孤儿一起生活，很是生气，想要把仙女带回家，就弄得天色昏黄不清，雷声滚滚，暴雨倾盆。

　　伴随一声巨响，一道闪电把孤儿击晕了，天神就把仙女带走了。孤儿醒过来后，发现自己的妻子不见啦，只剩下他和他儿子，他的脑子也一片空白，也记不得发生了什么事。

　　他就去找他的妻子，到处找都找不到，问村里人，村里人也不知道，因为这是他的家事，哎，只有他自己清楚，别人都不了解。

　　故事的结局呢，只能是各回各家了，他也不知道去哪儿找他的妻子，只有和儿子一起过生活了，故事就这么结束了。

（王爱花讲述，王花补述，吴艳记录）

2.5 三件宝物的故事

ka:u³³hən³³suɯ³³saŋ¹¹　　　　　fə¹¹　　　　ɬuk¹¹lauɯ³¹　　tɔk¹¹　　na³³
很久以前　　　　　　　1pl-excl:我们　小孩　　　　小　　DEF
pleɯ¹¹thiɯ¹¹　　　ŋa:u⁵⁵za¹¹　　tsɔk¹¹　　fu³³　　daŋ³¹　　ma:ŋ⁵⁵　　na³³
听见　　　　　　老人　　　讲　　三　　CL-条　故事　　那
ɬen⁵⁵ɬen¹¹　　ŋou³¹zai¹¹.
好 - 好　听
很久以前，我们小的时候，听老人说过三个很好听的故事。

duai¹¹et⁵⁵　　daŋ³¹　na³³　tsɯ³¹　tsɔk¹¹　sem³¹　ma⁵⁵nen³³,
第一　　　CL-条　DEF　是　讲　说　这样
第一个故事是这样的，

laŋ¹¹　pha³³-ɬeʔ⁵⁵　na³³　van³³laːi³³　ba³¹　van³³laːi³³　me¹¹　tham¹¹,
CL-个　M - 孤儿　那　没有　父亲　没有　母亲　MOOD
有一个孤儿没了父母，

ma³³siaŋ³³　pha³³lak¹¹　khɯ³³　plɔŋ³³　buai³³.
只有　自己　在　家　MOOD
自己孤身一人。

pha³³-ɬeʔ⁵⁵　na³³　vaŋ⁵⁵vaŋ¹¹　ka³¹　phə¹¹　thaːu⁵¹　lat¹¹　thaːu³¹　luai¹¹,
M - 孤儿　DEF　CL-天 -CL-天　也　去　找　野猪　找　麂
孤儿天天都去山上找山猪找黄猄，

mui³¹　baːn¹¹　fuai¹¹　phə¹¹　ri³³　phə¹¹　khɯ³³　ŋo³³　lai⁵⁵lai¹¹
每　VCL-次　一　去　都　去　里　山　远 - 远
na³³　zɔu¹¹　ɬoʔ⁵⁵ɬoʔ¹¹　ŋo³³　na³³,
DEF　CONJ-且　深 - 深　山　DEF
每一次都去到很远很远的深山里，

zɔu¹¹　phə¹¹　poʔ⁵⁵　pai³³　lat¹¹　pai³³　luai¹¹　na³³.
CONJ-然后　去　抓　EMPH　野猪　EMPH　麂　DEF
为了去捕猎山猪和黄猄。

mui³¹　tsɯ³¹　baːn¹¹　ri³³　deɯ¹¹　pai³³　ɬuai⁵⁵ɬuai¹¹　mou³¹,
每　一　VCL-次　都　拿　EMPH　多 - 多　东西
每一次打猎都收获满满，

van³³　tuaŋ³¹　teu¹¹　tsɯ³¹　tuaŋ³¹　za³¹,
NEG-没　抓到　老鼠　就　抓到　蛇
不是抓到山鼠就抓到蛇，

van³³　tsɯ³¹　tuaŋ³¹　sat¹¹,　pla³¹　ri³³　dɔʔ¹¹.
NEG-没　就　抓到　鸟儿　什么　都　有
不然就抓小鸟，什么猎物都有。

mai¹¹　dɔʔ¹¹　tsɯ³¹　vaŋ¹¹　ni⁵¹,
就　有　一　CL-天　TOP
有一天呢，

pha³³-ɬeʔ⁵⁵　　na³³　mai¹¹　phə¹¹　khɯ³³　ra³¹　ŋo³³　na³³,
M -　孤儿　　DEF　就　　去　　里　　地方　山　　DEF
孤儿就去到深山里，

phə¹¹　　thaːu⁵¹　　na³³.
去　　找　　　那些
去寻找那些猎物。

pai³³　ŋo³³　na³³，na³³　lai¹¹　dak¹¹　lai¹¹　dak¹¹　lai¹¹，
EMPH　山　DEF　那　远　　真　　远　　真　　远
那座山特别特别远，

pai³³　tsom¹¹　suŋ³³　ŋo³³　na³³，mai¹¹　phə¹¹　na³³，
EMPH　一个　　洞　　山　那　　就　　去　　那里
就走到一个山洞，

khɯ³³　ra³¹　na³³　mai¹¹　laːi³³　dɔʔ¹¹　lip⁵⁵　ha³¹　lip⁵⁵　ha³¹　lip⁵⁵，
PREP-在 地方 DEF　就　　看见　有　　闪　　RHY　闪　　RHY　闪
在那里，看到有东西闪啊闪啊闪，

pha³³-ɬeʔ⁵⁵　　na³³　mai¹¹　khi³¹kuai³³，sem³¹:
M -　孤儿　　DEF　就　　奇怪　　　　说
孤儿感到奇怪，心想：

"zei³¹，diu¹¹khuŋ³¹　ka³¹　phə¹¹　koi³³　tsok¹¹　nen³³　re³¹，
INTERJ 以前　　　也　　去　　EXP　PREP-沿着 这里　IND
"哎，以前顺着路也来过这里呀，

ma³³kɯ³³　van³³　laːi³³　koi³³　khin³¹　mɔu³¹　nen³³　ne³³."
CONJ-但是 NEG-没看见 EXP　CL-样　东西　这　　IND
但是没见过这种东西呢。"

mai¹¹　tsaŋ⁵⁵tsaŋ³¹　phə¹¹　lo⁵⁵　na³³　phə¹¹　leʔ⁵⁵　na³³.
就　　慢慢　　　去　　看　那个　去　　掀开　那个
就小心地去看那东西，去翻出来。

tsaŋ⁵⁵tsaŋ³¹　　　le⁷⁵⁵　　　la:i³³　　vuan¹¹vi¹¹,
慢慢　　　　　　掀开　　　PNC　　周围
慢慢将旁边的杂物拂去，

na³³　la:i³³　pai³³　mɔu³¹　na³³　ma³³　khɔu¹¹　fai³¹,　ma³³　liŋ¹¹　fai³¹,
那　看见　EMPH 东西　DEF　PAR　白　　PAR　PAR　亮　PAR
便看到那东西白白的，亮晶晶的，

pha³³nen³³　　mai¹¹　khɔu³³　sem³¹　nen³³　na³³　kiau⁵⁵　a¹¹　ŋa:u⁵⁵za¹¹
这男的　　　就　　想　　说　　这　　DEF　可能　人家　老人
sem³¹　khem¹¹bo¹¹　　thom³¹nen³³　　bɔ⁵⁵.
说　　宝石　　　　这样　　　　JUD
这男的就想到这可能是老人常说的宝石吧。

suɯ³³saŋ¹¹　　　　na³³　　a¹¹　　sem³¹　mə¹¹　la:i³³　khin³¹　la:i³³　bo¹¹　ni⁵¹,
从前　　　　　DEF/TOP 人家　说　　2sg-你 看见　CL-样　看见　宝物　TOP
以前人家说，你看到这种宝物呢，

mə¹¹　khem³³　zəŋ³³　thak¹¹　ziŋ⁵¹　zɔu¹¹　　dɔk⁵⁵　ɬa:t¹¹　teɯ¹¹.
2sg-你 必须　快　割　　手指　CONJ-然后 滴　　血　　上
你得赶快割破手指，然后把血滴在上面。

pha³³na³³　　　mai¹¹　khɔu³³　tho³¹,　mai¹¹　thak¹¹　pai³³　ziŋ⁵¹　nə¹¹　na³³,
那男的　　　就　　想　　到　　就　　割　　EMPH 手指　3sg-他 DEF
那男的想到这些，就割破自己的手指，

mai¹¹　dɔk⁵⁵　pai³³　ɬa:t¹¹　na³³,　dɔk⁵⁵　rim¹¹　vuan¹¹vi¹¹　tsok¹¹
就　　滴　　EMPH 血　　DEF　滴　　淋洒　周围　　　PREP-沿着
khin³¹　bo¹¹　na³³.
CL-样　宝物　那
就顺着宝物的边沿滴血。

kɯ³³　　　mə¹¹　van³³　zəŋ³³　rim¹¹　ɬa:t¹¹　ni⁵¹,
CONJ-因为 2sg-你 NEG-不快　　淋洒　血　TOP
你若不快点把血滴在上面，

ha:ŋ³³　pai³³　bo¹¹　na³³　tsɯ³¹　van³³la:i³³　　tham¹¹.

之后　　　EMPH 宝物 DEF　　就　　　没有　　　　　MOOD
不一会儿，宝物就消失啦。

kɯ³³　　　pai³³　bo¹¹　na³³　ka³¹　doŋ¹¹　a¹¹　dɔ²¹¹　khɔk¹¹,
CONJ-因为 EMPH 宝物 DEF　也　　像　　　人家 有　　脚
因为宝物也像人有脚一般，

dɔ²¹¹　khɔk¹¹　zɔu¹¹　　　ia³¹　vou³¹　na³³.
有　　　脚　　　CONJ-然后　能　跑　　MOOD
有脚就能跑掉。

pai³³　khin³¹　khem¹¹bo¹¹　na³³　ni⁵¹,
EMPH CL-样　宝石　　　　那　　TOP
那种宝石呢，

tsɯ³¹　van³³laːi³³　łuai¹¹to³¹　laŋ¹¹　ŋaːu⁵⁵　łen¹¹　ia³¹　laːi³³,
是　　　没有　　　　多少　　　CL-个 人　　好　　得　　看见
没几个人能看到，

buai³³　kɔu⁵¹　mə¹¹　laːi³³　ni⁵¹,　tsɯ³¹　doŋ¹¹　a¹¹　　buai³³　bu³³　mə¹¹.
已经　PASS-给 2sg-你 看见　TOP　　是　　像　　人家　已经　　赏赐　2sg-你
让你看到了，说明这是上天赏赐给你的（宝贝）。

pha³³na³³　　mai¹¹　zəŋ³³　dɯɯ¹¹　pai³³　łaːt¹¹　na³³　dɔk⁵⁵　vuan¹¹vi¹¹
那男的　　　就　　快　　DISP-拿 EMPH 血　　DEF　滴　　周围
khem¹¹bo¹¹,
宝石
那男的就赶紧把血滴在宝石上，

mai¹¹　tsaŋ⁵⁵tsaŋ³¹　dɯɯ¹¹　pai³³　mɯɯ¹¹　na³³　fui³¹　zen³¹
就　　小心　　　　　INST-用 EMPH 手　　　DEF　拂　　ASP
tom¹¹sai¹¹　na³³　mai¹¹　viat⁵⁵,
杂物　　　DEF　就　　挖
便小心地用手拂去上面的杂物，就开始挖，

nə¹¹　　van³³　dɯɯ¹¹　　zeu³³　viat⁵⁵,　zɔu¹¹　dɯɯ¹¹　mɯɯ¹¹　viat⁵⁵,
3sg-他 NEG-不 INST-用　匕首　挖　　　CONJ-而 INST-用 手　　　挖

他不用匕首挖，而是用手挖，

nə¹¹	mai¹¹	zot¹¹	pai³³	suai³³	viaŋ³³	nə¹¹	na³³,
3sg-他	就	脱	EMPH	破	衣	3sg-他	DEF

他脱掉他的破衣裳，

deɯ¹¹	kɯ³³	thuk⁵⁵	khem¹¹bo¹¹	na³³.
INST-用	PAR	包	宝石	DEF

用来包宝石。

mə¹¹	kha⁵⁵da³³	sɯ³³saŋ¹¹	na³³	doʔ¹¹	viaŋ³³	ɬen¹¹	sak¹¹	mɔ³¹?
2sg-你	以为	从前	DEF/TOP	有	衣	好	穿	INT

你以为旧时能穿什么好衣服吗？

buai³³	ia⁵¹	thuk¹¹	mai¹¹	deɯ¹¹	pau¹¹	khɯ³³	plɔŋ³³.
已经	得	包	就	拿	回	里	家

把宝石包好后就拿回家了。

nə¹¹	mai¹¹	khɔu³³	sem³¹	pai³³	khem¹¹bo¹¹	na³³	ni⁵¹,
3sg-他	就	想	说	EMPH	宝石	DEF	TOP

他想着这宝石呢，

zɔu⁵⁵	nə¹¹	khɯ³³	plɔŋ³³	ɔu⁵¹	kɔu³¹	a¹¹	laːi³³,
放	3sg-它	里	家	NEG-不要	PASS-给	别人	看见

把它放在家里别人看不见的地方，

kɯ³³	da³³	a¹¹	zɔk¹¹.
CONJ-因为	怕	别人	偷

怕是被人偷。

ma³³kɯ³³	nə¹¹	deɯ¹¹	pau¹¹	khɯ³³	plɔŋ³³	na³³	ni⁵¹,
CONJ-但是	3sg-他	拿	回	里	家	DEF	TOP

但是他拿回家里呢，

pai³³	pla³¹	nə¹¹	ri³³	van³³	lei³¹,
EMPH	什么	3sg-他	都	NEG-没做	

他什么都没做，

kɯ³³　　nə¹¹　　khɔu³³　　dɔʔ⁵⁵　　tsom¹¹　　khem¹¹bo¹¹　　　na³³,
CONJ-因为3sg-他　想　　有　　一个　　宝石　　　DEF
因为他想着这宝石是他的了，

van³³tai¹¹　　lei³¹pla³¹,　　ket⁵⁵　teɯ⁵⁵vo³³　　na³³.
不用　　干什么　　　附近　枕头　　　DEF
不用干什么了，就放在枕头旁边。

doŋ¹¹　pai³³ho³¹,　　pai³³ho³¹　　mai¹¹　vau³¹,　　mɔ³¹,
像　明天　　　明天　　就　起床　INTERJ
到了第二天，第二天起床后，呜呼，

mai¹¹　la:i³³　　pa¹¹　na³³　buai³³　zui³³,　ɬom³³　lei³¹pla³¹　　zɔu¹¹　　zui³³,
就　看见　狗　DEF　已经　死　不知道　干什么　　CAUP-使　死
就看到狗死了，不知道怎么死的，

nə¹¹　ka³¹　khi³¹kuai⁵⁵　o³³,
3sg-他　也　奇怪　　　IND
他感到很奇怪啊，

ma³³kɯ³³　　nə¹¹　ka³¹　van³³　khɔu³³　ɬuai⁵⁵　na³³,
CONJ-但是　3sg-他　也　NEG-没想　多　那么
但他也没想那么多，

mai¹¹　kom³¹　vaŋ⁵⁵vaŋ¹¹　　lei³¹koŋ¹¹　tsoʔ²¹¹　mɔ³¹.
就　还　CL-天 -CL-天　干活儿　MOOD IND
就还天天去干活呢。

doŋ¹¹　pai³³ho³¹　tsoʔ²¹¹,
像　明天　　MOOD
又到了第二天，

ma⁵⁵　la:i³³　pai³³　khai¹¹　nə¹¹　bɔu³¹　,pe³³　na³³.
只　看见　EMPH　鸡　3sg-他　养　其他　DEF
只看到他养的鸡，还有其他家畜，

to²¹¹to²¹¹　　ma³³　　la:i³³　　zui³³,
无缘无故　　只　　看见　　死
莫名其妙地死了，

łom³³ma³³　　lei³¹mou⁵¹the⁵¹　　zɔu¹¹　　zui³³　　thom³¹nen³³.
不明白　　　做什么　　　　　CAUP-使死　　这样
不知道什么东西弄死它们。

buai³³　　re³³,　　nə¹¹　　mai¹¹　　phə¹¹　　uŋ³³　　khu³³　　sa⁵¹fa:ŋ¹¹　　na³³,
完了　　IND　　3sg-他　　就　　　去　　玩儿　　PREP-在　村中　　　DEF
末了，他就去村里串门，

nə¹¹　　mai¹¹　　tsɔk¹¹　　ma:ŋ⁵⁵　　sem³¹,
3sg-他　就　　讲　　　故事　　　说
他就闲聊说，

łom³³ma³³　　lei³¹pla³¹,　　łou³³　　van¹¹　　ni⁵¹,
不明白　　　干什么　　　两　　　CL-天　TOP
不知道为什么，这两天呢，

pai³³　　khai¹¹,　　pai³³　　pa¹¹,　　pai³³　　pe³³　　na³³　　lei³¹pla³¹　　zɔu¹¹　　zui³³.
EMPH　鸡　　　EMPH　狗　　　EMPH　其他　DEF　干什么　　　　CAUP-使死
鸡呀，狗啊，还有其他家畜啊，不知什么东西搞死它们。

laŋ¹¹　　ŋa:u⁵⁵　　za¹¹　　na³³　　mai¹¹　　pleɯ¹¹thiu¹¹,
CL-个　人　　　老　　那　　就　　　听见
有个老人听到了，

mai¹¹　　kha:m¹¹　　nə¹¹　　sem³¹:
就　　　问　　　　3sg-他　说
就问他：

"na³³　　mə¹¹　　łou³³　　vaŋ¹¹　　ne³¹　　na³³,
那　　2sg-你　两　　CL-天　　这　　DEF
"那你这两天，

mə¹¹　　la:i³³　　pla³¹　　pe³³　　van³³　　ra³¹?"

2sg-你　看见　什么　其他　NEG-没　INT
你看见什么东西没？"

pha³³na³³　　mai¹¹　　then¹¹　　sem³¹:
那男的　　　就　　　回答　　说
那男的就回答：

"ho¹¹　　van³³la:i³³　　pla³¹　　a⁵⁵.
1sg-我　没有　　　　什么　IND
"我没看见什么呀。

ho¹¹　　phə¹¹　　khɯ³³　　ŋo³³　　na³³　　la:i³³　　tsom¹¹　　mou³¹,　　ma³³
1sg-我　去　　里　　山　　DEF　看见　一个　　东西　PAR
lip⁵⁵　　ha³¹　　lip⁵⁵　　liŋ¹¹,
闪　　RHY　闪　　亮
我就在山里看见一个闪闪发亮的东西，

mai¹¹　　ou³³　　nə¹¹　　pau¹¹　　zou⁵⁵　　khɯ³³　　teɯ⁵⁵vo³³."
就　　抱　　3sg-它　回来　　放　　里　　枕头
就抱回家放在枕头里。"

laŋ¹¹　　ŋa:u⁵⁵za¹¹　　na³³　　mai¹¹　　sem³¹　　kou³¹　　nə¹¹,　　sem³¹,
CL-个　老人　　　那　　就　　说　　BEN-给 3sg-他　说
那个老人就这么跟他说，

"mə¹¹　　ŋe⁵¹　　buai³³　　la:i³³　　bo¹¹,　　ma³³kɯ³³　　mə¹¹　　deɯ¹¹　　pau¹¹
2sg-你　一定　已经　　看见　宝物　CONJ-但是　2sg-你　拿　　回
bo¹¹　　na³³,
宝物　DEF
"你确实已经看到宝物了，但你把它拿回来时，

ŋe⁵¹　　van³³　　lei³¹　　koi³³ki¹¹　　kuaʔ⁵⁵a:ŋ³¹①,
一定　NEG-没做　风俗　　挂红
一定没有做挂红仪式，

---

① "挂红"是海南闽方言借词，但指的是当地黎族的一种宗教祭祀仪式，若家中有何不详征兆，或人们有各种病痛，都要请村中道公举办"挂红"仪式，以驱除鬼怪，求得平安。"挂红"是比较小型的祭祀仪式，一般杀鸡当祭品即可。

to¹¹si¹¹   mə¹¹   bɔu³¹   pai³³   mɔu³¹   na³³   mai¹¹   zui³³.
CONJ-所以2sg-你 养   EMPH   东西   DEF   就   死
所以你养的所有家畜都死了。

mə¹¹   khem³³   rai³¹   pha³³thoŋ³³   kua²⁵⁵   luŋ¹¹a:ŋ³¹,
2sg-你   必须   CAUP-请巫师   挂   大红
你一定要请道公挂大红，

kɯ³³   khem¹¹bo¹¹   na³³   te²¹¹   dɔ²¹¹   la:i³³   na³³,   sə¹¹
CONJ-因为宝石   DEF   难   有   看见   MOOD 2pl-你们
khem³³   pau³³   deɯ⁵⁵."
必须   知道   用法
因为这宝石很难见到，你们必须知道它的处理办法。"

buai³³   boi⁵¹,   pha³³-ɬe²⁵⁵   na³³   mai¹¹   khɔu³³,
完了   IND   M - 孤儿   DEF   就   想
噢，那孤儿就想到，

sɯ³³saŋ¹¹   na³³   van³³   deɯ¹¹   pau¹¹   pai³³   khin³¹ bo¹¹   na³³,
从前   DEF/TOP   NEG-没 拿   回   EMPH CL-样 宝物   DEF
以前没拿回那宝物的时候，

ri³³   van³³la:i³³   pai³³   khai¹¹   pai³³   pa¹¹   nə¹¹   na³³   zui³³   re³¹,
都   没有   EMPH 鸡   EMPH 狗   3sg-他 DEF 死   IND
都不见他的鸡狗死呀，

lei³¹pai³³pla³¹   zɔu¹¹   deɯ¹¹   pau¹¹   tsɯ²⁵⁵   buai³³   zui³³   na³³   ni⁵⁵?
为什么   CONJ-而 拿   回   接着   已经   死   那些   INT
而为什么拿回之后那些家畜就死了呢？

na³³   kɯ³³   kiau⁵⁵   van³³   lei³¹   koi³³ki¹¹   bɔ⁵⁵.
那   是   可能   NEG-没 做   风俗   JUD
那很大可能是没做仪式吧。

nə¹¹   mai¹¹   khɔu³³   mɔu⁵¹na³³.
3sg-他 就   想   那样

他就那样想。

buai³³　　be⁵¹,　　nə¹¹　　mai¹¹　　phə¹¹,
完了　　　IND　　　3sg-他　　就　　　去
末了，他就去了，

phə¹¹　　khɯ³³　　faːŋ¹¹　　na³³　　mai¹¹　　phə¹¹　　thaːu⁵¹　　pha³³thoŋ³³,
去　　　里　　　村庄　　　DEF　　就　　　去　　　找　　　　巫师
去到村里请道公，

sem³¹　　nə¹¹　　dɔʔ¹¹　　tsom¹¹　　bo¹¹,　　tsom¹¹　　khem¹¹bo¹¹
说　　　3sg-他　有　　　一个　　　宝物　　　一个　　　宝石
na³³　　voŋ¹¹　　həŋ³³　　khɯ³³　　ŋo³³　　deɯ¹¹　　paɯ¹¹,
那　　　捡　　　PREP-从 里　　　山　　　拿　　　回
说他把一个从山里捡的宝石拿回家，

mai¹¹　　zɔu⁵⁵　　ket⁵⁵　　teɯ⁵⁵vo³³　　nə¹¹　　na³³.
就　　　放　　　附近　　　枕头　　　　3sg-他　DEF
就把宝石放在枕头旁边。

pha³³thoŋ³³　　na³³　　mai¹¹　　sem³¹　　kou³¹　　nə¹¹,
巫师　　　　　DEF　　就　　　说　　　BEN-给 3sg-他
道公就跟他说，

sem³¹:"　na³³　　mə¹¹　　khem³³　　zəŋ³³　　kuaʔ⁵⁵aːŋ³¹　　mɔ³¹.
说　　　那　　　2sg-你　必须　　　快　　　挂红　　　　　IMPM
"你必须马上挂红呀。

mə¹¹　　van³³　　kuaʔ⁵⁵aːŋ³¹　　ni⁵¹,　　haːŋ³³　　pai³³　　mou³¹　　ni⁵¹　　tsɯ³¹
2sg-你　NEG-不挂红　　　　　TOP　　　之后　　　EMPH　东西　　　TOP　　就
van³³　　łen¹¹　　lo¹¹.
NEG-不好　　IND
你不挂红的话，所有东西就遭遇厄运了。

doŋ¹¹na³³　　tsɯ³¹　　lei³¹　　mə¹¹,　　lei³¹pla³¹　　ri³³　　van³³　　tsiŋ¹¹　　o¹¹."
那样　　　　就　　　CAUP-弄2sg-你　干什么　　　都　　　NEG-不 成　　　IND
那样会让你做什么都做不好呀。"

pha³³-łeʔ⁵⁵ na³³ mai¹¹ kha:m¹¹ pha³³thoŋ³³,
M - 孤儿 DEF 就 问 巫师

孤儿就问道公，

sem³¹:" na³³ kuaʔ⁵⁵a:ŋ³¹ na³³ deɯ¹¹ pai³³ pla³¹ kuaʔ⁵⁵a:ŋ³¹ bɔ³³?"
说 那 挂红 DEF INST-用 EMPH 什么 挂红 INT

"那挂红是用什么来挂呢？"

pha³³thoŋ³³ na³³ mai¹¹ sem³¹ kɔu³¹ nə¹¹, sem³¹:
巫师 DEF 就 说 BEN-给 3sg-他 说

道公就跟他说：

"mə¹¹ phə¹¹ tha:u³¹ tsɯ³¹ laŋ¹¹ pha³³khai¹¹ toŋ³³ fiu⁵¹ deɯ¹¹
2sg-你 去 找 一 CL-只 公鸡 红 鸡冠 用
kɯ³³ kuaʔ⁵⁵a:ŋ³¹.
PAR 挂红

"你去找一只大红鸡冠的公鸡用来挂红。

khem³³ liŋ¹¹ ka:u³³va:ŋ³³ mai¹¹ lei³¹ kuaʔ⁵⁵a:ŋ³¹,
必须 光 早晨 就 做 挂红

一定要天刚亮就挂红，

ɔu⁵¹ kɔu³¹ sa¹¹vaŋ⁵⁵ thɯŋ¹¹ tuaŋ³¹.
NEG-别 PASS-给 太阳 出来 照射

不要被阳光照到。

mə¹¹ khem³³ khɯŋ⁵¹ thak¹¹ pai³³ zoŋ³³ khai¹¹ na³³,
2sg-你 必须 先 割 EMPH 脖子 鸡 DEF

你一定要先砍鸡脖子，

mai¹¹ la:i³³ ła:t¹¹ na³³, mai¹¹ deɯ¹¹ pai³³ ła:t¹¹ na³³ dɔk⁵⁵
就 看见 血 DEF 就 DISP-拿 EMPH 血 DEF 滴
teɯ¹¹ pai³³ dap¹¹ toŋ³³ na³³,
上 EMPH 布 红 DEF

看到血流出来之后，把鸡血滴在红布上，

haːŋ³³ mai¹¹ fen¹¹ pai³³ ɬaːt¹¹ khai¹¹ na³³ kha¹¹ pai³³ bo¹¹ na³³,
之后 就 泼 EMPH 血 鸡 DEF 上 EMPH 宝物 DEF
然后就把鸡血淋在宝物上面，

mai¹¹ kha¹¹ plɔŋ³³ mə¹¹ na³³ mai¹¹ kha¹¹ ŋuŋ¹¹ mə¹¹
CONJ-和上 房子 2sg-你 DEF CONJ-和上 身体 2sg-你
na³³ tham¹¹,
DEF MOOD
再淋到屋子和你自己的身上，

nen³³ na³³ tsɯ³¹ lei³¹ kua²⁵⁵ dɔ²¹¹ aːŋ³¹.
这 DEF 就 弄 挂 有 红
这样就挂到红了。

na³³ haːŋ³³ mə¹¹ ɬen¹¹ ia³¹ deɯ¹¹ pai³³ khem¹¹bo¹¹ nen³³.”
那 之后 2sg-你 好 得 用 EMPH 宝石 这个
那以后你就能用好这个宝物了。”

buai³³ boi⁵¹, na³³ pha³³thoŋ³³ mai¹¹ khuai⁵¹khuai⁵¹ kɔu³¹ nə¹¹,
完了 IND 那 巫师 就 念- 念 BEN-给 3sg-他
完了呢，道公就对他念念有词，

pha³³thoŋ³³ ka³¹ paɯ³³ kɯ³³ khuai⁵¹ ro²⁵⁵,
巫师 也 知道 PAR 念 MOOD
道公懂得念咒呀，

mai¹¹ buai³³ ia⁵¹ kua²⁵⁵aːŋ³¹ rit⁵⁵.
就 已经 得 挂红 完
就挂完红了。

mai¹¹ lei³¹ daŋ³¹ nɔu¹¹ tɔŋ³³ ŋuaŋ³³ kha¹¹ meɯ¹¹ nə¹¹,
就 做 CL-条 绳子 红 系 上 手 3sg-他
就做一根红绳系在他手上，

thaːŋ¹¹ ɬaːt¹¹ khai¹¹ dɔk⁵⁵ kha¹¹ bo¹¹ na³³.
痕迹 血 鸡 滴 上 宝物 DEF
将鸡血滴在宝物上。

na³³   nə¹¹   mai¹¹   et¹¹   siŋ³¹siŋ³¹,
那   3sg-他   就   擦   干净-干净
他擦干净宝物上的血，

mai¹¹   tha:u³¹   tsom¹¹   phun⁵¹   ple²¹¹   deɯ¹¹   eɯ⁵⁵   nə¹¹,
就   找   一个   盆   泥巴   INST-用   装   3sg-它
就用一个泥盆来装宝物，

mai¹¹   təŋ³¹   phə¹¹   sau³³   nə¹¹   khɯ³³   tseɯ⁵⁵   ploŋ³³   zɔu¹¹
就   端   去   放置   3sg-它   PREP-在   中间   家   CONJ-然后
koŋ³¹   nə¹¹.
供奉   3sg-它
将盆放在家中供奉。

mɔ³¹,   mai¹¹   pha³³thoŋ³³   ka³¹   buai³³   ia⁵¹   kua²⁵⁵   ia⁵¹   kua²⁵⁵a:ŋ³¹
INTERJ就 巫师   也   已经   得   挂   得   挂红
kua²⁵⁵   pe³³   ɬen¹¹ɬen¹¹   lo³³.
挂   其他   好 - 好   IND
喔，道公挂好红，一切都太平啰。

pha³³thoŋ³³   mai¹¹   paɯ¹¹.
巫师   就   回去
道公就回去了。

mai¹¹   doŋ¹¹   pai³³ho³¹   pai³³   pe³³   ni⁵¹,
就   像   明天   EMPH   其他   TOP
到了第二天呢，

la:i³³   pai³³   sat¹¹   pai³³   pe³³   na³³   phə¹¹   ruaŋ⁵⁵   ket⁵⁵   daŋ⁵⁵   ploŋ³³
看见   EMPH   鸟儿   EMPH   其他   DEF   去   叫   附近   面前   房子
nə¹¹,
3sg-他
看到鸟儿还有其他飞禽在他家门口附近叫，

ma³³   tsip⁵⁵   ha³¹   tsip⁵⁵,   tsa⁵¹   ha³¹   tsa⁵¹,
PAR   叽（喳）   RHY   叽（喳）   （叽）喳   RHY   （叽）喳

叽叽喳喳，唧唧喳喳，

mai¹¹ la:i³³ pai³³ me¹¹khai¹¹ na³³ tha³³ pai³³ tsɯ³¹ vat¹¹
就 看见 EMPH 母鸡 DEF 带 EMPH 一 CL-群
ɬɯk¹¹khai¹¹ na³³,
鸡仔 DEF
还看到母鸡带一群小鸡，

tha³³ phə¹¹ tha³³ pau¹¹, sɔu³¹ ko⁷⁵⁵ sɔu³¹ mai³¹ ket⁵⁵ daŋ⁵⁵ plɔŋ³³.
带 去 带 回 啄 谷子 啄 米 附近 面前 家
来来去去，在门口附近吃米吃谷子。

tsu⁵¹hən³³ na³³, mai¹¹ la:i³³ pla³¹ buai³³ ɬen⁵⁵ lɯŋ¹¹,
PREP-自从 那时 就 看见 什么 已经 好 REP
从那时候，就什么都恢复正常了，

pha³³-ɬe⁷⁵⁵ na³³ mai¹¹ ɬen¹¹ɬen¹¹ hiaŋ³³ lei³¹koŋ¹¹,
M - 孤儿 DEF 就 好 - 好 努力 干活儿
那孤儿就努力干活，

va¹¹ pla³¹ tsɯ³¹ dɔ⁷¹¹ pla³¹, tha:u³¹ pla³¹ tsɯ³¹ dɔ⁷¹¹ pla³¹,
栽 什么 就 有 什么 找 什么 就 有 什么
种什么都有收获，找什么就有什么，

na³³ na³³ tsɯ³¹ khem¹¹bo¹¹ buai³³ bu³³ nə¹¹,
那 DEF 是 宝石 已经 赏赐 3sg-他
那是宝石给他带来的福气，

na³¹ lei³¹ na³¹ dɔ⁷¹¹,
越 做 越 有
要什么就有什么，

mai¹¹ tha:u³¹ doŋ⁵⁵ dɔ⁷¹¹ doŋ⁵⁵ boi⁵¹, dɔ⁷⁵⁵ om³³ ɬɯk¹¹.
就 找 老婆 有 老婆 IND 有 连 孩子
后来还娶了媳妇，有了妻，孩子也有了。

na³³ na³³ tsɯ³¹ daŋ³¹ ma:ŋ⁵⁵ khem¹¹bo¹¹ na³³ thom³¹na³³.

那　　DEF　　一　　　CL-条　故事　　宝石　　　　　那　　这样
第一个故事就是这样。

mai¹¹　　dɔ²¹¹　　luɯŋ¹¹　　tsɯ³¹　　daŋ³¹　　maːŋ⁵⁵,
就　　有　　REP　　一　　　CL-条　故事
另外一个故事，

ŋaːu⁵⁵za¹¹　　sem³¹,
老人　　　说
老人说，

dɔ²¹¹　　tsɯ³¹　　laŋ¹¹　　paɯ³³na³³　　ni⁵¹,　buaɯ³³　　puaɯ³³,
有　　一　　CL-个　那女的　　TOP　已经　　守寡
有一个寡妇，

pha³³doŋ⁵⁵　　nə¹¹　　buaɯ³³　　ɬaːu⁵¹,　siaŋ³³　　nə¹¹　　tha³³　　laŋ¹¹
丈夫　　　3sg-她　已经　　死　　剩　　3sg-她　带　　CL-个
ɬɯk¹¹　　nə¹¹　　buaɯ³³.
孩子　　3sg-她　MOOD
老公去世了，只有她自己带个孩子呀。

dɔ²¹¹　　tsɯ³¹　　vaŋ¹¹　　ni⁵¹,　　nə¹¹　　phə¹¹　　khɯ³³　　ŋo³³　　phə¹¹　　thaːu⁵¹
有　　一　　CL-天　TOP　3sg-她　去　　里　　山　　去　　找
koŋ³³　　thaːu³¹　　pe³³,
柴火　　找　　其他
有一天呢，她去山里找柴火，

mɔ³¹,　mai¹¹　　laːɯ³³　　tsɯ³¹　　daŋ³¹　　ɳɔu¹¹maŋ¹¹　　eu¹¹doŋ¹¹
INTERJ就　　看见　　一　　CL-条　红薯秧　　　好像
ɳɔu¹¹maŋ¹¹suŋ¹¹　　na³³,
野薯秧　　　　DEF
呀，就看到一条红薯秧，看着像野薯秧，

ma³³kɯ³³　　nə¹¹　　mai¹¹　　viat⁵⁵　　ha³¹　　viat⁵⁵,
CONJ-于是　3sg-她　就　　挖　　RHY　　挖
然后她就挖呀挖，

ɬom³³vaŋ¹¹ la:i³³ tsɯ³¹ vo³³ ŋa¹¹.
不知道   看见   一   CL-棵 毛薯
没想到是一个毛薯。

kha⁵⁵da³³ pai³³ vo³³ ŋa¹¹ na³³ ka³¹ van³³la:i³³ luŋ⁵⁵ the⁵¹,
以为   EMPH CL-棵 毛薯 那 也 NEG-没有 大 那么
本以为毛薯没那么大，

ma³³kɯ³³ ɬom³³vaŋ¹¹ pai³³ vo³³ ŋa¹¹ na³³ luŋ¹¹ o³¹,
CONJ-但是 不知道   EMPH CL-棵 毛薯 那 大 INJ
没想到那个毛薯有那么大呀，

fat⁵⁵ viat⁵⁵ fat⁵⁵ luŋ¹¹, nə¹¹ lom³¹ mai¹¹ viat⁵⁵ ka:u³³ dak¹¹
越 挖 越 大 3sg-她 更加 就 挖 久 真
ka:u³³kha¹¹,
很久
越挖越大，她挖了很长很长时间，

luam⁵¹ ia³¹ viat⁵⁵ thɯŋ¹¹ pai³³ tsɯ³¹ hom¹¹ ŋa¹¹ na³³,
才 得 挖出   EMPH 一 个 毛薯 那
才挖出来那个毛薯，

ɔu³³ ri³³ rɯ⁵¹ dia⁵¹ ɔu³³.
抱 都 要 不能 抱
抱都抱不动。

mai¹¹ buai³³ ia⁵¹ viat⁵⁵ deɯ¹¹ tsom¹¹ ŋa¹¹ na³³,
就 已经 得 挖 要 一个 毛薯 那
挖出了那个毛薯，

mai¹¹ deɯ¹¹ paɯ¹¹ khɯ³³ plɔŋ³³.
就 拿 回 里 家
就带回家里了。

nə¹¹ mai¹¹ khoi¹¹ti³¹ suam³³ deɯ¹¹ lei⁵¹ siu¹¹,
3sg-她 就 开始   剁 INST-用 做 酒
她开始剁毛薯，打算用来酿酒，

kɯ³³   siu¹¹ŋa¹¹   tsɯ³¹   ɬen¹¹ɔk¹¹ va³¹.
CONJ-因为毛薯酒   是   好喝   INJ
因为毛薯酒很好喝啊。

nə¹¹   suam³³ pai³³ ŋa¹¹ na³³ ma³³ koŋ⁵¹ a³¹ koŋ³¹,
3sg-她 剁   EMPH 毛薯 DEF PAR ONOM RHYONOM
她剁毛薯剁得"咚咚"响,

mai¹¹ lei³¹ fa:n³¹ ŋa¹¹, buai³³ lei⁵¹ fa:n³¹ ŋa¹¹ ni⁵¹,
就   做   酒醋   毛薯 已经   做   酒醋   毛薯 TOP
然后就做了毛薯酒醋,做了毛薯酒醋呢,

mai¹¹ bɔu³³ siu¹¹ ni⁵¹, bɔu³³ pai³³ me¹¹ thɔu¹¹ siu¹¹ lo³¹, ①
就   煮   酒   TOP   煮   EMPH AUG   锅   酒   IND
就煮酒了,煮了好大一锅呀,

bɔu³³ pai³³ me¹¹ thɔu¹¹ siu¹¹ na³³ ni⁵¹,
煮   EMPH AUG-大锅 酒   DEF TOP
煮的那好大一锅酒呢,

hən³³ liŋ¹¹ ka:u³³vaŋ³³ ka³¹ bɔu³³, kha⁵⁵da³³ buai³³ rit⁵⁵rit⁵⁵ lo³³,
PREP-从 光 早晨   也   煮   以为   已经   全   JUD
从天一亮就开始煮,以为酒快没了呢,

ɬom³³vaŋ¹¹ nam³³siu¹¹ kom³¹ ɬen⁵⁵ɬen¹¹ tsoʔ²¹¹,
不知道   酒水   还   好 - 好   MOOD
谁知酒水一直很充足,

ɬen⁵⁵ɬen¹¹ tɔu¹¹ nam³³siu¹¹ tsoʔ²¹¹,
好 - 好   流   酒水   MOOD
酒水在不停地流着,

lom³¹ mai¹¹ bɔu³³ kei¹¹ vaŋ¹¹ ri³³ kom³¹ van³³ rit⁵⁵ tsoʔ²¹¹.

---

① 黎族人喜制蒸馏酒,其制作方法由汉族地区引入。蒸馏酒原料多为薯类,蒸酒时,把原料倒入煮锅,然后将漏斗状的蒸酒器置于铁锅之上,蒸酒器上方再放一个盛满凉水的小铁锅,另在蒸酒器出酒口处套上竹筒。随着不断添柴加热,从煮锅里冒出来的水蒸气上升遇冷凝结成酒水,以水滴状从出酒口导入酒坛里。其间,小铁锅须不断添换冷水。

又　　就　　煮　　几　　CL-天　都　还　　　NEG-没完　　MOOD
又煮了几天都还没流完呢。

dɔ²¹¹　tsu³¹　laŋ¹¹　pai³³za¹¹　ket⁵⁵　plɔŋ³³　nə¹¹　na³³，sem³¹:
有　　一　　CL-个 老太太　　附近　家　　3sg-她 那　说
她家隔壁有个老太太就说:

"zei⁵¹，na³³　pai³³　siu¹¹　mə¹¹　na³³　bou³³　daŋ³³　kei¹¹　vaŋ¹¹
INTERJ 那　EMPH 酒　2sg-你 DEF　煮　　RST　　几　　CL-天
kom³¹　van³³　bou³³　rit⁵⁵　tso²¹¹，
还　　NEG-没煮　完　　MOOD
"哎，你煮酒煮了几天还没煮完吗?

na³³　pai³³　siu¹¹　na³³　siu¹¹　pla³¹，
那　EMPH 酒　DEF　酒　什么
那是什么酒呀，

zou¹¹　bou³³　phuŋ⁵⁵nen³³　ri³³　kom³¹　van³³　rit⁵⁵　tso²¹¹　be⁵¹."
CONJ-而 煮　这个时候　　都　还　　NEG-没尽　MOOD IND
煮到这个时候还在不断出酒水呀。"

mɔ³¹，pai³³za¹¹　na³³　fuai¹¹　sem³¹　rit⁵⁵　fai³¹，
INTERJ 老太太　　DEF　一　　说　　完　　PAR
呃，老太太刚一说完，

pai³³　siu¹¹　na³³　mai¹¹　tak¹¹　nam³³　zen³¹.
EMPH 酒　DEF　就　停　水　　ASP
就停止出酒水了。

zou¹¹　　van³³laːi³³　nam³³siu¹¹　tham¹¹，
CONJ-然后没有　　酒水　　MOOD
就再也没有酒水流出来了，

laŋ¹¹　pai³³　na³³　ka³¹　ɬom³³　lei³¹pla³¹　zou¹¹　van³³laːi³³
CL-个 女　那　也　不知道 干什么　　CAUP-使没有
nam³³siu¹¹　tham¹¹，
酒水　　　MOOD

那女的也不知道什么原因导致酒水出不来了，

nə¹¹　　mai¹¹　　sem³¹:"　ni⁵⁵,　　buai³³　rit⁵⁵　thom³¹nen³³　　kha⁵⁵no³¹."
3sg-她　就　　说　　　INTERJ 已经　尽　这样　　　　　可能
她就说："咦，可能已经出完了吧。"

na³³　　fat⁵⁵　　van³³la:i³³　　siu¹¹　　tɔu¹¹　　tham¹¹.
那　　正在　　没有　　　　酒　　下来　　MOOD
再也不出酒了。

ɬom³³vaŋ¹¹　　laŋ¹¹　　pai³³za¹¹　　na³³　　pom³³　　tsa:u³³　　luai¹¹,　　tak¹¹　　zen³¹
原来　　　　CL-个　老太太　　那　　嘴巴　　招致　　　　不幸　停　　ASP
nam³³siu¹¹　　a¹¹,　buai³³　tak¹¹　zen³¹　nam³³,
酒水　　　　IND　都　　停　　ASP　水
其实是那老太太乌鸦嘴让酒水停了的，都停止出酒了，

nə¹¹　　mai¹¹　　then¹¹　　pai³³za¹¹　　na³³,　buai³³　　ma⁵⁵na³³　　buai³³　　then⁵⁵
3sg-她　就　　回答　　老太太　　DEF　已经　　那样　　　已经　　停
rit⁵⁵　boi⁵¹.
完　　IND
她就应老太太说，已经停止出酒了呢。

nə¹¹　　mai¹¹　　eɯ¹¹　　luŋ¹¹　　tsɯ³¹vet⁵⁵　　nam³³,
3sg-她　就　　装　　REP　一点儿　　　水
她就往大锅里再加一点水，

kha⁵⁵da³³　　khɔu³³　　dɔ²¹¹　　da:ŋ¹¹　　siu¹¹　　tso²¹¹　　lo³³,
以为　　　想　　有　　剩　　酒　　MOOD IND
想着可能还能有一些酒啰，

khɔu³³　　dɔ²¹¹　　da:ŋ¹¹　　siu¹¹　　pe³³　　lo³³,
想　　有　　剩　　酒　　其他　IND
想着或许还有一点点酒水啰，

lo¹¹　　la:i³³　　dɔ²¹¹　　nam³³siu¹¹　　ma:u¹¹　　tɔu¹¹　　tso²¹¹　　kɯ³³　　van³³.
看　　PNC　有　　酒水　　　流　　下来　　MOOD CONJ-或者 NEG-不
试试看还能有酒水流出来不。

fou⁵⁵sei⁵⁵　　pai³³za¹¹　　na³³　buai³³　ia⁵¹　sem³¹　nə¹¹　　mai¹¹　phə¹¹.
后来　　　　老太太　　DEF　已经　得　说　3sg-她　就　去
后来老太太说完后就回去了。

na³³　pai³³　siu¹¹　na³³　ka³¹　ma³³siaŋ³³　lei³¹　eu¹¹　a¹¹　ma³³　dɔʔ⁵⁵
那　EMPH　酒　DEF　也　只有　　　　做　好像　人家　只　有
ha³¹　dɔʔ¹¹　buai³³,　dɔʔ⁵⁵dɔʔ⁵⁵　　ma³³kɯ³³　ka³¹　eu¹¹　a¹¹
IND　有　IND　　有-有　　　　CONJ-但是　也　好像　人家
van³³laːi³³　　nam³³,
没有　　　　　水
那酒好像还有一点，似有似无，但也像是已经没了，

ka³¹　eu¹¹　a¹¹　ru¹¹　dɔʔ¹¹　lɯŋ¹¹　nam³³　tsoʔ¹¹　lo³³.
也　好像　人家　要　有　REP　水　MOOD　IND
也像是还有一点酒水啰。

laŋ¹¹　pai³³　na³³　mai¹¹　khɔu³³　sem³¹,
CL-个女　那　就　想　说
那女的就想说，

zɔ⁵⁵,　na³³　pai³³　siu¹¹　na³³　bɔu³³　kei¹¹　vaŋ¹¹　ri³³　van³³　rit⁵⁵　tsoʔ¹¹,
INTERJ那　EMPH　酒　DEF　煮　几　CL-天　都　NEG-没尽　MOOD
呀，那酒煮了几天都还出酒呢，

zɔu¹¹　　pai³³za¹¹　na³³　fuai¹¹　tho³¹　mai¹¹　tsəŋ³³　pai³³　nam³³siu¹　na³³,
CONJ-而　老太太　DEF　一　到　就　咒　EMPH　酒水　DEF
但老太太一来，就咒酒水，

"bɔu³³　van³³　rit⁵⁵　tsoʔ¹¹."
煮　NEG-不完　MOOD
"还煮不完呀。"

na³³　tsɯʔ⁵⁵　lei³¹pla³¹　zɔu¹¹　tak¹¹　nam³³siu¹¹,
那　怎么　干什么　CAUP-使停　酒水
怎么就让酒水停了呢，

pom³³   tsa:u³³   luai¹¹   kha⁵⁵no¹¹.
嘴巴   招致   不幸   可能
可能是说了晦气的话。

nə¹¹   mai¹¹   phə¹¹   rɯ¹¹   beɯ¹¹   kai⁵⁵   na³³,   zɔu¹¹   saɯ³³
3sg-她   就   去   摘   叶   柚子   DEF   CONJ-然后 放置
kha¹¹   thɔu¹¹   ŋo³¹khai³³   na³³,
上   锅   蒸酒器   DEF
她就去摘柚子叶然后放在蒸酒器上的大锅上，①

zɔu¹¹   lo¹¹   la:i³³   rɯ¹¹   dɔ⁷¹¹   lɯŋ¹¹   siu¹¹   kɯ³³   van³³,
CONJ-然后看   PNC   要   有   REP   酒   CONJ-或者   NEG-没
然后试试看还能重新出酒不，

a¹¹kɯ³³   siu¹¹   buai³³   rit⁵⁵   thom³¹nen³³.
CONJ-或是酒   已经   完   这样
或是酒已经出完了。

buai³³   ia⁵¹   zɔu⁵⁵   beɯ¹¹   kai⁵⁵   kha¹¹   ŋo³¹khai³³,   nə¹¹   mai¹¹   khuai⁵¹,
已经   得   放   叶   柚子   上   蒸酒器   3sg-她   就   念
把柚子叶放在蒸酒器上之后，她就开始念，

siu¹¹ŋa¹¹   siu¹¹   te⁷¹¹   na³³   van³³la:i³³   nam³³siu¹¹,
毛薯酒   酒   坏   DEF   没有   酒水
不好的毛薯酒没酒水，

siu¹¹ŋa¹¹   siu¹¹   ɬen¹¹   na³³   ma:u¹¹   nam³³siu¹¹   van³³   rit⁵⁵.
毛薯酒   酒   好   DEF   流   酒水   NEG-不尽
好的毛薯酒酒水出不完。

ɬuk⁵⁵khei³¹,   mai¹¹   la:i³³   siu¹¹   na³³   ri⁵⁵ri⁵⁵   tɔu¹¹   lɯŋ¹¹   nam³³,
一会儿   就   看见   酒   DEF   ONOM   下   REP   水
一会儿，就看到酒水汩汩地重新流出来，

mai¹¹   tsaŋ³¹   tɔu¹¹   tsaŋ³¹   lɯŋ¹¹,   ma³³   la:i³³   buai³³   ɬen⁵⁵   tɔu¹¹

---

① 当地黎族人认为柚子叶有驱邪的功效，一般做事不顺或运气不佳时都视为鬼怪所致，故用柚子叶来驱魔辟邪。

就　　慢　　下　　慢　　大　　只　　看见　　已经　　好　　下
nam³³siu¹¹　　luɯŋ¹¹,
酒水　　　　REP
慢慢地流，越流越多，只见又正常出酒水了，

ma⁵⁵　　ro⁵⁵ro¹¹　　ka³¹　　ɬen¹¹　　tɔu¹¹　　nam³³siu¹¹,　　ia³¹　　diaŋ¹¹　　nam³³siu¹¹　　tham¹¹.
PAR　ONOM　也　　好　　下　　酒水　　　　得　　甜　　酒水　　　MOOD
哗啦啦地出酒不断，又有甜酒了。

maŋ¹¹　　lo³¹,　　nen³³　　na³³　　khem³³　　ɔu⁵¹　　kɔu³¹　　ŋaːu⁵⁵　　dɔ²¹¹
是　　INJ　　这　　DEF　　必须　　NEG-别PASS-给　人　　　有
pom³³　　tsaːu³³　　luai¹¹　　na³³,
嘴巴　　招致　　不幸　　DEF
是哦，应该别让人说晦气的话。

tsən³³　　da³³　　van³³laːi³³　　siu¹¹.
咒　　怕　　没有　　　　酒
怕是把酒水咒没了。

hən³³　　na³³　　na³³,　　nə¹¹　　fuai¹¹　　bou³³　　siu¹¹,　　nə¹¹　　tsɯ³¹
PREP-从 那时　DEF　3sg-她　一　　煮　　酒　　3sg-她　就
ko²¹¹　　pai³³　　theu¹¹suŋ³³　　na³³,
关　　EMPH　门　　　　　DEF
从那时起，她一煮酒就关上门，

ai³³　　kɔu³¹　　a¹¹　　laːi³³　　nə¹¹　　bou³³　　siu¹¹,　　da³³　　a¹¹　　tsən³³　　tso²¹¹,
不愿　PERMS别人　看见　3sg-她　煮　　酒　　怕　　别人　咒　　MOOD
不想让别人看到她煮酒，怕别人还会咒酒呢，

haːŋ³³　　tak¹¹　　nam³³siu¹¹　　tso²¹¹.
之后　　停　　酒水　　　　MOOD
然后又不出酒呢。

mai¹¹　　hən³³　　na³³　　ni⁵¹,　　nə¹¹　　mai¹¹　　tuan¹¹　　bou³³　　siu¹¹　　deu¹¹　　khiu³³,
就　　PREP　那时　TOP　3sg-她　就　　专门　煮　　酒　　INST-用 卖
从那时起呢，她就专门煮酒拿来卖，

mai¹¹　　buai³³　　ɬen⁵⁵　　lei³¹lɔʔ¹¹.
就　　　已经　　好　　　过日子
从此过上了好日子。

to¹¹si¹¹　　　a¹¹　　　ŋaːu⁵⁵za¹¹　　kɯ³³　　sem³¹,
CONJ-所以 人家　老人　　　　　是　　　说
所以老人说，

pai³³　siu¹¹ŋa¹¹　　na³³,　　na³³　　bɔu³³　van³³　rit⁵⁵　kɯ³³　　　na³³
EMPH 毛薯酒　　　DEF　那　　煮　　　NEG-不尽　CONJ-因为那
na³³　bo¹¹ŋa¹¹,
DEF　宝毛薯
毛薯酒煮不尽因为那是宝毛薯，

na³³　faŋ¹¹fa³³　　bu³³　　nə¹¹,　　to¹¹si¹¹　　na³³　　ma³³　kɔu³¹　　　　nə¹¹
那　老天爷　　　赏赐　3sg-她 CONJ-所以 那　　只　　PERMS-给　她
pha³³lak¹¹　　deɯ¹¹　　buai³³,
自己　　　　用　　　MOOD
那是老天爷赏给她的，所以只能让她自己用，

phɯŋ⁵⁵the⁵¹　　　bɔu³³　siu¹¹　na³³　ri³³　van³³　rit⁵⁵,
何时　　　　　　煮　　酒　　DEF　都　　NEG-不尽
什么时候煮酒都煮不完，

tsɯ³¹　daŋ³¹　maːŋ⁵⁵　nen³³　ka³¹　buai³³　rit⁵⁵.
一　　 CL-条 故事　　这　　也　　已经　　尽
这个故事也完了。

mai¹¹　dɔʔ¹¹　tsɯ³¹　daŋ³¹　maːŋ⁵⁵　ma⁵⁵nen³³　tsoʔ¹¹,
就　　有　　一　　CL-条 故事　　这样　　　MOOD
还有这样一个故事呢，

na³³　na³³　sem³¹　dɔʔ¹¹　tsɯ³¹　laŋ¹¹　pha³³za¹¹,
那　DEF 说　　有　　 一　　 CL-个 老头儿
是说有一个老头儿，

pha³³za¹¹　　na³³　diau⁵⁵diau¹¹　　ɔk¹¹　siu¹¹,　phɯŋ⁵⁵the⁵¹　　　ri³³

老头儿　　　DEF　会 - 会　　　喝　酒　何时　　　　都
daːm¹¹　　ɔk¹¹　siu¹¹,
想　　喝　酒
那老头儿很能喝酒，什么时候都想喝酒，

ma³³kɯ³³　　a¹¹　suɯ³³saŋ¹¹　　na³³　　　　te²¹¹　dɔ²¹¹　tsiŋ¹¹
CONJ-但是　别人　从前　　　　　　DEF/TOP　难　有　钱
ȵa⁵⁵ȵa¹¹　　sat¹¹　siu¹¹　ɔk¹¹,
常 -常　买　酒　喝
但是以前的人很穷，不可能有钱天天买酒喝，

pha³³za¹¹　　na³³　vaŋ⁵⁵vaŋ¹¹　　　tɔu¹¹　khɯ³³　nam³³　tɔu¹¹　po²¹¹
老头儿　　　DEF　CL-天-CL-天　　下　　里　河　　下去　抓
kha³¹　po²¹¹　tit¹¹,
螃蟹　抓　田鸡
那老头儿天天去河里去抓螃蟹，抓田鸡，

tɔu¹¹　po²¹¹　ɬa¹¹　po²¹¹　pe³³.
下去　抓　鱼　抓　其他
去抓鱼或其他东西。

dɔ²¹¹　tsuɯ³¹　vaŋ¹¹　　　na³³,
有　　一　　CL-天　　DEF
有一天，

nə¹¹　mai¹¹　som³³　tsok¹¹　　pai³³　suŋ³³　kha³¹　suŋ³³　tit¹¹
3sg-他　就　摸　　PREP-沿着 EMPH　洞　螃蟹　洞　田鸡
na³³,　ra³¹　fɔu¹¹　ŋən³³ruaŋ³¹,　　zi³¹zi³¹za³¹za³¹　　na³³,
DEF　地方　下　刺竹　　　　　黑黑漆漆　　　　DEF
他沿着刺竹下面的螃蟹洞和田鸡洞摸东西，那里黑漆漆的，

mai¹¹　som³³　luam¹¹　tsom¹¹　kai¹¹,
就　　摸　　中　　一个　坛子
就摸到一个坛子，

mai¹¹　thuɯŋ¹¹khɔu³¹　　ka³¹　viat⁵⁵,　vut¹¹　thuɯŋ¹¹　re³¹,
就　　出力　　　　　也　挖　　拔　出　　　IND

就使劲挖，拔拉出来啦，

vut¹¹	thɯŋ¹¹	mai¹¹	laːi³³	pai³³	tsɯ³¹	toŋ³¹	pleʔ¹¹,
拔	出	就	看见	EMPH 一		CL-堆	泥巴

拔出来后就看到一堆泥巴，

mai¹¹	vuai¹¹	phə¹¹	vuai¹¹	paɯ¹¹,	vuai¹¹	siŋ³¹,
就	洗	去	洗	回	洗	干净

就洗来洗去，洗干净，

lo¹¹	laːi³³	na³³	kɯ³³	tsom¹¹	kai¹¹aŋ³³	a³³re³¹,
看	PNC	那	是	一个	土罐	MOOD

一看其实是一个土罐呢，

pai³³	hom¹¹	kai¹¹aŋ³³	na³³	łen¹¹mɯŋ¹¹	o³¹,
EMPH 个		土罐	那	漂亮	INJ

那个土罐好漂亮啊，

pai³³	zai¹¹	kai¹¹aŋ³³	na³³	eu¹¹	tit¹¹,
EMPH 耳朵		土罐	DEF	好像	青蛙

土罐耳像是青蛙，

doŋ¹¹	łou³³	laŋ¹¹	tit¹¹	tsɔŋ³³	phaːm⁵⁵thuaŋ³³.
像	两	CL-只	青蛙	坐	对面

像是两只青蛙相对而坐。

pha³³za¹¹	na³³	mai¹¹	łen¹¹bou¹¹,	siu³³	pai³³	kai¹¹aŋ³³	na³³	paɯ¹¹
老头儿	DEF	就	高兴	拿	EMPH 土罐		DEF	回

khɯ³³	plɔŋ³³.
里	家

老头儿就很开心，把土罐拿回家了。

buai³³	deɯ⁵⁵	paɯ¹¹	khɯ³³	plɔŋ³³	ni⁵¹,	nə¹¹	mai¹¹	deɯ¹¹
已经	拿	回	里	家	TOP	3sg-他	就	INST-用

eɯ⁵⁵	siu¹¹,
装	酒

拿回家呢，他就用来装酒，

nə¹¹   siaŋ³³   ɬɯk⁵⁵vet⁵⁵   siu¹¹   buai³³,
3sg-他   剩   一点儿   酒   MOOD
他原本只剩一点儿酒了，

nə¹¹   mai¹¹   tso³¹   tɔu¹¹   khɯ³³   kai¹¹aŋ³³   na³³,   mai¹¹   zɔu⁵⁵
3sg-他   就   倒   下   里   土罐   DEF   就   放
nə¹¹   ɬen¹¹ɬen¹¹,
3sg-它   好 -好
他倒在土罐里，然后把土罐好好安放起来，

mai¹¹   vaŋ⁵⁵vaŋ¹¹   ka³¹   ɔk¹¹,
就   CL-天 - CL-天   也   喝
每天喝，

pai³³   ɬɯk⁵⁵vet⁵⁵   thoŋ¹¹   siu¹¹   na³³   ri³³   kom³¹   van³³la:i³³   rit⁵⁵   tso²¹¹,
EMPH   一点儿   CL-段   酒   那   都   还   NEG-没有   完   MOOD
那一点儿酒一直还没喝完呢，

et⁵⁵vo³³   na³³,   nə¹¹   ka³¹   ɬom³³   pai³³   siu¹¹   na³³
开始   DEF/TOP   3sg-他   也   不知道   EMPH   酒   DEF
phɯŋ⁵⁵the⁵¹   ɔk¹¹   ri³³   la:i³³   dɔ²¹¹   tso²¹¹,   phɯŋ⁵⁵the⁵¹   ɔk¹¹   ri³³
何时   喝   都   看见   有   MOOD   何时   喝   都
la:i³³   dɔ²¹¹   siu¹¹.
看见   有   酒
刚开始，他也不知道为什么酒随喝随有，啥时都有酒喝。

buai³³   dɔ²⁵⁵   hom¹¹   za¹¹   ɳa:ŋ¹¹   doŋ¹¹na³³   lo³³,
已经   有   CL-个   余   月   那样   IND
大概过了一个多月的样子，

nə¹¹   mai¹¹   khi³¹kuai⁵⁵,   sem³¹,   lei³¹pla³¹   pai³³   siu¹¹   nə¹¹
3sg-他   就   奇怪   说   干什么   EMPH   酒   3sg-他
nen³³   tsɯ²⁵⁵   phɯŋ⁵⁵the⁵¹   ri³³   ɔk¹¹   van³³   rit⁵⁵   lo³³?
DEF   怎么   何时   都   喝   NEG-不   完   INT
他感到奇怪，怎么他的酒什么时候都喝不完呢？

nə¹¹　　mai¹¹　　tsɔk¹¹　　pai³³　　maːŋ⁵⁵　　nen³³　　kɔu³¹　　laŋ¹¹pha³³　　ket⁵⁵
3sg-他　就　　讲　　EMPH　故事　　这　　BEN-给某人　　　附近
plɔŋ³³　　nə¹¹　　lo³³,
家　　3sg-他　IND
他就将这事儿告诉他家隔壁的一个邻居啰，

sem³¹,　　u⁵¹,　　nə¹¹　　khai⁵⁵ne⁵¹　　na³³　　van³³　　mon¹¹sem¹¹　　ɔk¹¹
说　　INTERJ　3sg-他　现在　　　DEF　NEG-不担心　　　　喝
siu¹¹　　tham¹¹,
酒　　MOOD
说呢，他现在不再担心没酒喝了，

kɯ³³　　nə¹¹　　phɯŋ⁵⁵the⁵¹　　ri³³　　dɔ²¹¹　　siu¹¹　　ɔk¹¹　　doŋ¹¹　　na³³　　lo³³,
CONJ　3sg-他　何时　　　　都　　有　　酒　　喝　　像　　那样　IND
因为他啥时都有酒喝呀，

vaŋ⁵⁵vaŋ¹¹　　　ka³¹　　ɔk¹¹,
CL-天　-CL-天　也　　喝
每天都喝，

kɯ³³uŋ³¹　　nə¹¹　　eɯ¹¹　　pai³³　　siu¹¹　　na³³　　khɯ³³　　pai³³　　hom¹¹
CONJ-因为　3sg-他　装　　EMPH　酒　　DEF　里　　EMPH　个
kai¹¹aŋ³³　　na³³　　buai³³　　be⁵¹.
土罐　　那　　MOOD　IND
那是因为他把酒装在那个土罐里啦。

pha³³ket⁵⁵plɔŋ³³　　nə¹¹　　na³³　　mai¹¹　　pleɯ¹¹thiu¹¹　　nə¹¹　　sem³¹
隔壁男　　　　3sg-他　DEF　就　　听见　　　　3sg-他　说
nə¹¹　　dɔ²¹¹　　pai³³　　tsom¹¹　　kai¹¹aŋ³³　　na³³,
3sg-他　有　　EMPH　一个　　土罐　　　那
他的邻居听到他说他有这么神奇的土罐，

thɔu³³　　pha³³za¹¹　　na³³　　buai³³　　tsuaŋ⁵⁵,
等　　老头儿　　DEF　已经　　睡
就待老头儿睡着后，

nə¹¹　　mai¹¹　　phə¹¹　　təŋ⁵¹　　pai³³　　tsom¹¹　　kai¹¹aŋ³³　　na³³,

3sg-他　就　　去　　端　　EMPH 一个　　土罐　　　那
他就去偷那个土罐，

deɯ¹¹　paɯ¹¹　khɯ³³　plɔŋ³³.
拿　　回　　里　　家
拿到自己家里。

pha³³na³³　　mai¹¹　ka³¹　deɯ¹¹　eɯ⁵⁵　siu¹¹　nə¹¹,
那男的　　　就　　也　　INST-用 装　　酒　　3sg-他
那家伙也像老头那样用来装酒，

buai³³　eɯ⁵⁵　siu¹¹　na³³,
已经　　装　　酒　　DEF
装了酒之后，

nə¹¹　　ka³¹　khɔu³³　siu¹¹　na³³　ɔk¹¹　van³³　rit⁵⁵,
3sg-他　也　　想　　　酒　　DEF　喝　　NEG-不完
他也想着有喝不完的酒，

mɔ³¹,　ma³³　laːi³³　ɔk¹¹　tsɯ³¹　duan³¹　siu¹¹　mai¹¹　buai³³　ɔk⁵⁵　rit⁵⁵,
INTERJ 只　　看见　　喝　　一　　CL-顿　　酒　　就　　已经　　喝　　尽
只见酒才喝了一顿就喝没了，

tso³¹　lei³¹mɔu⁵¹the⁵¹　ri³³　van³³laːi³³　siu¹¹　tham¹¹,
倒　　做什么　　　　　都　　没有　　　酒　　MOOD
怎么倒都没酒了，

nə¹¹　mai¹¹　sem³¹,　pha³³za¹¹　na³³　ri³³　ɔk¹¹　siu¹¹　ɔk¹¹　van³³　rit⁵⁵
3sg-他　就　　说　　老头儿　　DEF　都　　喝　　酒　　喝　　NEG-不 尽
他就说，老头儿喝都喝不完，

zɔu¹¹　ho¹¹　tsɯ²⁵⁵　ma³³　ɔk¹¹　tsɯ³¹　duan³¹　mai¹¹　van³³laːi³³
CONJ-而 1sg-我 怎么　　只　　喝　　一　　CL-顿　　就　　没有
siu¹¹　tham¹¹.
酒　　MOOD
而我怎么才喝了一顿就没酒了。

na³³　tsɯʔ⁵⁵　lei³¹mɔu⁵¹the⁵¹　　thom³¹nen³³?
那　　怎么　　做什么　　　　　这样
怎么会这样？

nə¹¹　　ma³³　zɔu⁵⁵　ɬou³³　vaŋ¹¹　pai³³　kai¹¹aŋ³³　na³³　khɯ³³
3sg-他　只　　放　　两　　CL-天　EMPH　土罐　　　DEF　里
plɔŋ³³　nə¹¹　buai³³,
家　　　3sg-他　MOOD
他将土罐只放在家里两天，

nə¹¹　　sem³¹,　pha³³za¹¹　　na³³　lon³³　a¹¹,
3sg-他　说　　老头儿　　　DEF　骗　　人家
他说老头儿骗人，

pai³³　kai¹¹aŋ³³　　nə¹¹　　na³³　ka³¹　van³³　ɬen¹¹,
EMPH　土罐　　　　3sg-他　DEF　也　　NEG-不好
他的土罐一点儿都不好，

ma³³　ɔk¹¹　tsɯ³¹　ba:n¹¹　siu¹¹　mai¹¹　van³³la:i³³　siu¹¹　tham¹¹,
只　　喝　　一　　VCL-次　酒　　就　　没有　　　　酒　　MOOD
才喝了一次，就没有酒了，

siu¹¹　ka³¹　buai³³　rit⁵⁵,　ma³³　veʔ⁵⁵　a¹¹　buai³³.
酒　　也　　已经　　完　　只　　哄骗　人家　MOOD
酒都没了，只是骗人的啦。

don¹¹　pai³³ho³¹,　nə¹¹　　mai¹¹　ru³³　lɯŋ¹¹　pai³³　kai¹¹aŋ³³　na³³
到　　明天　　　3sg-他　就　　还　回　　EMPH　土罐　　　DEF
kɔu³¹　pha³³za¹¹　na³³,
BEN-给　老头儿　DEF
到了第二天，他就把土罐还给老头儿，

sem³¹　pha³³za¹¹　lon³³　a¹¹,　pha³³za¹¹　mai¹¹　sem³¹:
说　　老头儿　　骗　　人家　老头儿　　就　　说
说老头儿骗人，老头儿就说：

"na³³　mə¹¹　phɯŋ⁵⁵the⁵¹　phə¹¹　pui³³　kai¹¹aŋ³³　　ho¹¹　nen³³　ra³¹?"

那　　　2sg-你　何时　　　　　去　　拿　　土罐　　　　　1sg-我　DEF　INT
"那你什么时候拿走我的土罐呀？"

"na³³　　mə¹¹　ka³¹　dɔ²¹¹　siu¹¹　ɔk¹¹　van³³　　　ra³¹?"
那　　　2sg-你　也　有　　酒　喝　NEG-不　INT
"那你也有喝不完的酒吗？"

pha³³na³³　　mai¹¹　sem³¹:"　pai³³　kai¹¹aŋ³³　　mə¹¹　　na³³　ma³³　tso³¹
那男的　　　就　　说　　　EMPH　土罐　　　　2sg-你　DEF　只　　倒
tsɯ³¹　ba:n¹¹　siu¹¹　mai¹¹　van³³la:i³³　siu¹¹　tham¹¹,　ru³³　lɯŋ¹¹
一　　　VCL-次　酒　　就　　没有　　　　　酒　　MOOD　　还　　回
kɔu³¹　mə¹¹　re³³,　van³³　deɯ¹¹　pai³³　mɔu³¹　mə¹¹　na³³."
BEN-给 2sg-你　IND　NEG-不拿　　EMPH　东西　2sg-你　DEF
那男的就说："你的土罐倒了一次酒后就没酒了，还给你啦，不用你的东西。"

mai¹¹　kɔu³¹　lɯŋ¹¹　pha³³za¹¹　na³³.
就　　给　　回　　老头儿　　DEF
就还给老头儿。

pha³³za¹¹　　na³³　mai¹¹　ka³¹　deɯ¹¹　eɯ⁵⁵　siu¹¹　tso²¹¹,
老头儿　　　DEF　就　　也　　INST-用　装　　酒　　MOOD
老头儿就继续用土罐来装酒，

mɔ³¹,　mai¹¹　la:i³³　ka³¹　vaŋ⁵⁵vaŋ¹¹　　　dɔ²¹¹　siu¹¹　tso²¹¹,
INTERJ　就　　看见　也　　CL-天 -CL-天　有　　酒　　MOOD
噢，就看到还是天天有酒哪，

vaŋ⁵⁵vaŋ¹¹　　　dɔ²¹¹　siu¹¹　tso²¹¹.
CL-天-CL-天　　有　　酒　　MOOD
天天都有酒。

pha³³ket⁵⁵plɔŋ³³　　　na³³　mai¹¹　sem³¹:
隔壁男　　　　　　　DEF　就　　说
邻居就说：

"pai³³　kai¹¹aŋ³³　　mə¹¹　na³³　a¹¹ra⁵¹　ri³³　dia⁵¹　deɯ¹¹,
EMPH　土罐　　　　2sg-你　DEF　谁　　都　　不能　用

"你的土罐谁都用不了,

na³³	ma³³	thom³¹	mə¹¹	pha³³lak¹¹	ia³¹	deɯ¹¹	buai³³,
那	只	即	2sg-你	自己	能	用	MOOD

那只有你自己能用而已,

kɯ³³	mɔu³¹	na³³	na³³	mɔu³¹	mə¹¹,
CONJ-因为	东西	那	DEF	东西	2sg-你

因为那是你的东西,

a¹¹	buai³³	bu³³	mə¹¹	la:i³³,	na³³	mə¹¹	ia³¹	deɯ¹¹	buai³³,
别人	已经	赏赐	2sg-你	看见	那	2sg-你	能	用	MOOD

这东西让你看到就只许你用了,

a¹¹ra⁵¹	ri³³	dia⁵¹	deɯ¹¹."
谁	都	不能	用

谁都用不了。"

mai¹¹	həŋ³³	na³³	mai¹¹	dɔ⁷¹¹	tsɯ³¹	daŋ³¹	ma:ŋ⁵⁵	thom³¹na³³,
就	PREP-从	那时	就	有	一	CL-条	故事	这样

从那时起,就流传这样一个故事,

a¹¹	sem³¹	pha³³za¹¹	na³³	phuŋ⁵⁵the⁵¹	ri³³	dɔ⁷¹¹	kai¹¹aŋ³³	siu¹¹ ok¹¹,
人家	说	老头儿	DEF	何时	都	有	土罐	酒 喝

说是老头儿啥时都有一坛酒喝,

a¹¹ra⁵¹	zɔk¹¹	pai³³	kai¹¹aŋ³³	na³³	ri³³	dia⁵¹	deɯ¹¹,
谁	偷	EMPH	土罐	DEF	都	不能	用

那土罐任谁偷都用不了,

kɯ³³	a¹¹	ɬom³³	deɯ⁵⁵,
CONJ-因为	别人	不懂	用法

因为别人不会使用,

kɯ³³	pai³³	kai¹¹aŋ³³	na³³	ma³³	bu³³	kɔu³¹	pha³³za¹¹
CONJ-因为	EMPH	土罐	DEF	只	赏赐	BEN-给	老头儿

na³³	buai³³,

DEF　MOOD
因为这土罐只赏给老头儿呢，

van^{33}　　bu^{33}　　kɔu^{31}　　a^{11}ra^{51}.
NEG-不赏赐　BEN-给 谁
不赏给其他人。

很久以前，我们小时候经常听老人说过三个关于宝物的故事，都很好听。

第一个故事是这样的，从前有一个孤儿，父母双亡，自己孤身一人。他天天都去山上打猎，每次都走到很远很远的深山里头，为了去找山猪或黄猄。每一次他都捕到很多猎物，不是抓到山鼠就是抓到蛇，要不就抓到小鸟，什么样的猎物都有。

有一天，孤儿又到深山里去找猎物。那座山特别特别的远，孤儿走到一个山洞，突然看到有什么东西在闪啊闪，孤儿感到奇怪，心想："哎，以前好像也经过这里呀，但怎么从没见过这种东西呢？"他便小心翼翼地走过去，把覆盖在那东西上的杂草乱枝拂去，渐渐看清楚了，那东西白得发光，还一闪一闪亮晶晶的。

孤儿突然意识到，这可能就是老人常说的宝石吧，据说只要看到这种宝石，你得赶快割破手指，把血滴在上头。想到这儿，孤儿马上割破手指，把血顺时针依次滴在宝石的边沿上，若不快点把血滴在宝石上，不一会儿，宝石就消失啦，它跟人一样，也是有脚的，随时都有可能跑掉。这种宝石呢，没几个人能见到，你看到了，说明它是上天赏赐给你的宝贝。

孤儿把血洒在宝石上之后，接着仔细用手将宝石上的脏物擦掉，然后开始挖，不用匕首挖，而是用手挖，将宝石挖出来之后，他用他的破衣裳把宝石包起来，过去能穿什么好衣服呀。

孤儿就这样把宝石拿回家，他想着把宝石好好藏在家里，千万别被人看见，不然就被偷了。可他回到家后，什么仪式都没做，他觉得这宝石是他的了，不用再做什么了，就把宝石放在枕头旁边，然后安心睡觉了。

可到了第二天，孤儿起床后，呜呼，看到他家的狗死了，不知道死因，他觉得很奇怪，但也没想那么多，继续天天出去干活。

然而到了第二天，他养的鸡，还有其他家畜，也莫名其妙地逐一死了，不知道它们怎么会死掉。

他就去别人家串门，闲聊时提到这事儿，说不知道怎么回事，这两天他家的鸡呀，狗呀，还有其他家畜呀，不知是什么鬼怪把它们弄死了。

有个老人听到了，就问他："这两天，你有没有看见什么东西？"孤儿回答："我没看见什么奇怪的东西呀，只是去山里时，看见一个东西闪闪发亮，我就把它拿回家，放在枕头边上。"那个老人对他说："你真的看到宝石了，但把它拿回家后，你可能没有做挂红仪式，所以你养的所有家畜才会死的。你一定要请道公挂大红，这种宝石很难见到，你要懂得如何正确使用它。"

噢，那孤儿想起，没拿回宝石之前，他的鸡狗都好好的，而拿回宝石之后，那些家畜怎么就突然死了呢，极大可能是没做仪式吧。想到这些，他马上去村里找道公，跟道公说他把一个从山里捡的宝石拿回家，把宝石放在枕头旁边。道公听罢就跟他说："你必须马上挂红呀，你不挂红的话，就遭遇厄运了，你不管做什么都做不成呀。"

孤儿问道公："那挂红得用什么来挂呢？"道公跟他说："你去找一只大红鸡冠的公鸡拿来挂红，要在天蒙蒙亮时就挂红，挂红时千万不要被阳光照到。先砍鸡脖子，看到鸡血流出来之后，把鸡血滴在红布上，接着淋在宝石上面，再淋到屋内还有你身上。这样就挂到红了，完了之后你就能用好这个宝物了。"

第二天一早，道公去他家做挂红仪式，杀了鸡之后，道公一边念咒语，一边把一根红绳系在他手上，然后再将鸡血滴在宝石上。仪式结束之后，他擦干净宝石上的血，用一个泥盆来装宝物，就把盆放在家中供奉了。

喔，挂得红了，道公就回去了，一切恢复太平啰。第二天，鸟儿还有其他飞禽飞到他家门口附近，叽叽喳喳、唧唧喳喳地叫；还有一只母鸡带着一群小鸡，在门前跑来跑去，吃米吃谷子。

从那时起，什么都恢复正常了。孤儿也努力干活儿，种什么、找什么就得什么，那是宝石给他带来的福气，要什么就有什么，后来还娶了媳妇，有妻有儿了。第一个故事结束了。

第二个故事是这样的。很久以前，有一个寡妇，丈夫去世了，只有她一个人带孩子。有一天，她去山里找柴火，就看到一条粗粗的薯秧，看着像是野薯秧，然后她开始挖野薯，挖了好一会儿，才看清楚那是毛薯，可是没想到毛薯有那么大呀，挖了好久都没挖出来。她挖了很长很长时间，才把毛薯挖出来，那个毛薯真的很大，抱都抱不动。

把毛薯挖出来之后，她就带回家了。回到家，她就剁毛薯，打算用来酿酒，毛薯酒特别地好喝啊。她使劲剁毛薯，剁得"咚咚"响。剁好之后，就把毛薯片都做成了酒醋，接着就用来熬酒啦，熬了好大一锅酒呀，天一亮就开始熬，本以为都不会再出酒了，谁知酒水一直很充足，不停地流到坛子里，熬了几天酒水都还在继续出呢。

隔壁有个老太太看到这情形，就说："哎，你的酒熬了几天还没熬完吗？那是什么酒呀，都熬了那么久还在不断地出呀。"呃，老太太刚一说完，就不出酒水了，再也没有酒水流出来了。寡妇也不知道是怎么回事，就说："咦，酒水可能已经出完了吧。"其实是那老太太乌鸦嘴，说了不该说的话，所以就不出酒水了。

寡妇就跟老太太说，不出酒水了呢。老太太不一会儿就回家了。接着，寡妇试着往锅里再放一点水，看看能不能再出点儿酒水，想着或许能再出一点点酒水，试试看能不能流出来。添了水之后，好像又有一点酒水了，但出得断断续续的，似有似无。寡妇就思忖：原本熬酒熬了几天都还在出酒呢，但老太太一来，就说"还煮不完呀"，跟着不再出酒水了，可能老太太说的话比较晦气。

想到这儿，寡妇就赶紧去摘柚子叶放在蒸锅上头，试试看能否再出酒。把柚子叶放上去之后，她就开始念咒语：坏毛薯没酒水，好毛薯多酒水。不一会儿，就看到酒水又汩汩地流出来，开始一点点地出，后来越出越多，只见又像原先那样不停地出酒水了，哗啦啦地，酒水不断地流出来，又有好多甜酒了。

是呀，不能让别人说不吉利的话，不然会把酒水咒没了。从那时起，她一熬酒就关上门，不让别人看见，怕是别人又要说什么，又把酒水给咒停了呢。

后来，寡妇就专熬酒来卖，从此过上了好日子。毛薯酒越熬越多，那是因为毛薯是宝物，是老天爷赏给她的，只允许她自己用，什么时候用来熬酒，酒水都出不完。这个故事也结束了。

第三个故事呢，传说有一个老头儿，很能喝酒，什么时候都想喝酒，但以前人们很穷，很难讨到钱，没法儿常常买酒喝。那老头儿就天天去河里去抓螃蟹、田鸡、鱼或其他东西。

有一天，他又下河摸螃蟹和田鸡，沿着刺竹下边黑漆漆的地方摸螃蟹洞和田鸡洞，就摸到一个坛子。他使劲挖，把坛子扒拉出来，看到坛子裹着泥巴，就把坛子拿去清洗，洗干净后定睛一看，那其实是一个土罐哪，那土罐好漂亮啊，罐耳是青蛙的形状，一对罐耳像是相对而坐的两只青蛙。

老头儿很开心，就把土罐带回家。回到家呢，他就用土罐来装酒，把原本剩下的一点儿酒倒在土罐里，然后把土罐安放起来，天天也从土罐里舀酒喝，没想到那一点儿酒天天都喝不完。

刚开始，他也不知道为什么这酒随喝随有，啥时都有得喝。大概过了一个多月，他开始觉得不对劲了，怎么这酒什么时候喝都喝不完呢？他就把这事儿跟隔壁邻居说啰，说他现在不再担心没酒喝了，因为啥时都有酒喝呀，天天都有得喝，那是因为他把酒装在那个土罐里啦。

邻居听到有这么神奇的土罐，待老头儿睡着后，就去把那个土罐偷拿到自己家。那家伙也学着用土罐来装酒，他也想着能有喝不完的酒，呀，没想到才喝了一顿酒就没了，再怎么倒都倒不出酒。

他觉得不可思议，老头儿酒喝都喝不完，我怎么才喝了一顿酒就没了,怎么会这样？又过了两天，土罐还是倒不出酒，他心想老头儿是骗人的，这土罐一点儿都不好用，酒才喝了一次，就没有了，老头儿说的都是骗人的啦。

第二天，他就把土罐还给老头儿，说老头儿骗人，老头儿就说："你什么时候拿走我的土罐呀，那你也有喝不完的酒吗？"邻居就说："你的土罐倒了一次酒后就没酒了，还给你啦，不用你的东西了。"就把土罐还给老头儿。

老头儿继续拿土罐来装酒，噢，还是天天都有酒喝呢，天天都能倒出酒来。见状，那邻居就说："你的土罐谁都用不了，只能你自己用了，那是你的东西，被你见着了也就只许你用了，谁都不能用。"

从那时起，这个故事就流传下来了，这老头儿啥时都有酒喝，那土罐任谁偷都用不了，别人没法儿用，因为这土罐只赏给老头儿呐，不赏给其他人。

（王爱花讲述，王花补述，吴艳记录）

2.6 甘工鸟

dɔ²¹¹   tsɯ³¹   daŋ³¹   maːŋ⁵⁵   phuŋ¹¹maːŋ¹¹   na³³,
有   一   CL-条   故事   古代   那
古时候有一个故事,

ŋaːu⁵⁵za¹¹   tsɔk¹¹   lei³¹   ma⁵⁵nen³³,
老人   说   做   这样
老人是这样说的,

dɔ²¹¹   tsɯ³¹   doŋ¹¹   plɔŋ³³   na³³   tsɯ³¹   moŋ⁵⁵moŋ¹¹,
有   一   CL-户   家   那   是   富 - 富
有一个特别有钱的人家,

dɔ²¹¹   fut⁵⁵   ɬou³³   ɬuk¹¹koŋ¹¹.
有   十   二   长工
有十二个长工。

pha³³-ba³¹   na³³   ɬou¹¹   fu³³   laŋ¹¹   ɬuk¹¹,
M - 父亲   DEF   生   三   CL-个 孩子
父亲生了三个孩子,

laŋ¹¹   ei⁵¹   mai¹¹   laŋ¹¹   ko⁵⁵   mai¹¹   laŋ¹¹   noŋ³¹sot¹¹.
CL-个 姐姐 CONJ-和 CL-个 哥哥 CONJ-和 CL-个 小妹
姐姐,哥哥和妹妹。

ba³¹   nə¹¹   tsɯ³¹   ŋap¹¹   laŋ¹¹   noŋ³¹sot¹¹   na³³   phə¹¹plɔŋ³³
父亲 3pl-他们 就   许配   CL-个 小妹   那   嫁
ɬuk¹¹   moŋ¹¹,
儿子   富
父亲就把妹妹许配给那户有钱人家的儿子,

plɔŋ³³   a¹¹   dɔ²¹¹   lɔ²¹¹   dɔ²¹¹   sak¹¹,   ka³¹   dɔ²¹¹   fut⁵⁵   ɬou³³   ɬuk¹¹koŋ¹¹.
家   别人   有   吃   有   穿   还   有   十   二   长工
人家有吃有穿,还有十二个长工。

buai³³   boi⁵¹,   ba³¹   nə¹¹   mai¹¹   ŋap¹¹   nə¹¹   phə¹¹   khɯ³³na³³,

完了　　　IND　　父亲　3sg-她　就　　　许配　　3sg-她　嫁　　　那里
就这样啦，她父亲就把她嫁到那里，

nə¹¹　　ka³¹　ɬom³³veɯ¹¹　　pha³³doŋ⁵⁵　　nə¹¹　　thom³¹　laŋ¹¹　the⁵¹.
3sg-她　也　不认识　　　丈夫　　　　3sg-她　即　　CL-个　哪个
她不知道她老公是哪个。

suɯ³³saŋ¹¹　ŋa:u⁵⁵za¹¹　ŋap¹¹　ɬuk¹¹　na³³　ka³¹　ɬom³³veɯ¹¹　thuaŋ³³　ro²⁵⁵,
从前　　　老人　　　出嫁　孩子　DEF　还　不认识　　　RECIP　MOOD
以前的人结婚时，双方都互不相识的，

ma³³kɯ³³　ŋap¹¹　doŋ⁵⁵　na³³　buai³³.
CONJ-但是　出嫁　爱人　DEF　MOOD
但还是结婚了。

na³³　a¹¹　həŋ³³　ɬou¹¹,　ba³¹me¹¹　mai¹¹　dia¹¹zou¹¹,
那　人家　PREP-从　生　　父母　　就　订婚
那姑娘自打出生，父母就给定了亲事，

nə¹¹　　ka³¹　ɬom³³veɯ¹¹　pha³³ɬeɯ¹¹,　pha³³ɬeɯ¹¹　ka³¹　ɬom³³veɯ¹¹　nə¹¹
3sg-她　也　不认识　　　女婿　　　　女婿　　　　也　不认识　　　3sg-她
她不认识她老公，她老公也不认识她，

ma³³kɯ³³　ba³¹　nə¹¹　ŋap¹¹　nə¹¹　phə¹¹ploŋ³³　pha³³na³³　na³³,
CONJ-但是　父亲　3sg-她　许配　3sg-她　嫁　　　　那男的　　DEF
但是她父亲让她嫁的那个男的，

na³³　buai³³　sɔk⁵⁵　pha:i³³.
那　已经　疼　麻风病
他得了麻风病。

nə¹¹　phə¹¹　khɯ³³na³³　ni⁵¹,　nə¹¹　van³³　la:i³³　koi³³　doŋ⁵⁵
3sg-她　嫁　那里　　　TOP　3sg-她　NEG-没看见　EXP　爱人
nə¹¹　tso²¹¹,
3sg-她　MOOD
她嫁到那边以后呢，还是没见着她丈夫，

a¹¹　　vaŋ¹¹vaŋ¹¹　　　phə¹¹　　lei⁵¹koŋ¹¹　　ni⁵¹,
人家　CL-天 -CL-天　　去　　干活儿　　　TOP
其他人天天去干活呢，

ma³³　　la:i³³　　pai³³　　łɯk¹¹koŋ¹¹,　　łɯk¹¹nou³¹　　na³³　　pau¹¹　　buai³³,
只　　看见　　EMPH　长工　　　　侍女　　　　DEF　回来　　MOOD
只见长工、侍女回来而已，

van³³　　la:i³³　　pha³³doŋ⁵⁵　　nə¹¹　　pau¹¹.
NEG-没看见　丈夫　　　　　3sg-她　回来
没见到她丈夫回来。

nə¹¹　　mai¹¹　　lo¹¹　　pha³³the⁵¹　　ka³¹　łom³³　pha³³the⁵¹　　thom³¹　the⁵¹,
3sg-她　就　　看　哪个男的　　也　不知道　哪个男的　　即　　哪个
她看着那些男的，也不知道哪个男的是她老公，

kha:m¹¹　　a¹¹ra⁵¹　　ka³¹　ai³³　sem³¹　kou³¹　nə¹¹,
问　　谁　　　也　不愿　说　　BEN-给 3sg-她
问谁，谁也不想跟她说，

kha:m¹¹　　pha³³viaŋ¹¹,　　pha³³viaŋ¹¹　　ka³¹　ai³³　sem³¹,
问　　公公　　　公公　　　也　不愿　说
问公公，公公也不愿告诉她，

kha:m¹¹　　pai³³viaŋ¹¹,　　pai³³viaŋ¹¹　　ka³¹　ai³³　sem³¹,
问　　婆婆　　　婆婆　　　也　不愿　说
问婆婆，婆婆也不想跟她说，

kɯ³³　　　na³³　nə¹¹　　fat⁵⁵　pau³³　pha³³-łɯk¹¹　nə¹¹　na³³
CONJ-因为那　3sg-她　恰好　知道　M - 儿子　3sg-她　DEF
buai³³　sok⁵⁵　pha:i³³,
已经　疼　麻风病
因为她知道她儿子得了麻风病，

fat⁵⁵　kou³¹　ket⁵⁵　zok⁵⁵suŋ⁵¹,
正在　躺　附近　角落
正躺在角落，

na³³　nə¹¹　tsɯʔ⁵⁵　ai³¹　sem³¹　kɔu³¹　paɯ³³,
那　3sg-她　怎么　敢　说　BEN-给　知道
她怎么敢让儿媳知道，

pha³³doŋ⁵⁵　nə¹¹　fat⁵⁵　kɔu³¹　khɯ³³　na³³　buai³³　sɔk⁵⁵　pha:i³³.
丈夫　3sg-她　正在　躺　PREP-在　那里　已经　疼　麻风病
她丈夫正躺在那里，已经得了麻风病。

a¹¹　vaŋ⁵⁵vaŋ¹¹　phə¹¹　lei⁵¹koŋ¹¹,
人家　CL-天 -CL-天　去　干活儿
别人天天去干活，

nə¹¹　ka³¹　vaŋ⁵⁵vaŋ¹¹　kha:m¹¹　a¹¹　doŋ¹¹na³³,
3sg-她　也　CL-天 -CL-天　问　别人　那样
她也天天那样问人家，

nə¹¹　lei³¹　leu¹¹　a¹¹　na³³,　a¹¹　van³³　khai³³　nə¹¹　lei³¹koŋ¹¹,
3sg-她　做　儿媳妇　人家　DEF　人家　NEG-没　CAUP-叫3sg-她　干活
她当人家媳妇，人家没让她干活，

kɯ³³　a¹¹　ma³³　khai³³　nə¹¹　sui³³　si⁵¹　plɔŋ³³　buai³³,
CONJ-因为人家　只　CAUP-叫3sg-她　收拾　事情　家　MOOD
因为人家只叫她做家务罢了，

nə¹¹　mai¹¹　vaŋ⁵⁵vaŋ¹¹　kha:m¹¹　doŋ¹¹na³³.
3sg-她　就　CL-天 -CL-天　问　那样
她就天天都问别人。

buai³³,　pha³³viaŋ¹¹　nə¹¹　ka³¹　mai¹¹　sem³¹,
INTERJ　公公　3sg-她　也　就　说
哎，她公公就说，

ka³¹　buai³³　sɔk⁵⁵sem¹¹　thai³¹　nə¹¹,
也　已经　伤心　替　3sg-她
也替她伤心，

pai³³-leu¹¹   buai³³   phə⁵⁵   khɯ³³nen³³   ka³¹   vaŋ⁵⁵vaŋ¹¹
F - 儿媳妇   已经   嫁   这里   也   CL-天 -CL-天

kha:m¹¹   doŋ⁵⁵   nə¹¹,   ɬom³³   pha³³doŋ⁵⁵   nə¹¹   thom³¹   the⁵¹.
问   爱人   3sg-她   不知道   丈夫   3sg-她   即   哪个

儿媳妇嫁过来之后，天天都问她丈夫，不知道她丈夫是哪个。

mai¹¹   sem³¹:"   ei⁵¹,   leu¹¹   a³¹   leu¹¹,   na³³   mə¹¹   da:m¹¹
就   说   INTERJ 儿媳妇   INJ 儿媳妇   那   2sg-你   想

la:i³³   pha³³doŋ⁵⁵   mə¹¹   mo³¹,
看见   丈夫   2sg-你   TOP

就说："唉，儿媳妇呀，儿媳妇你想见你丈夫的话，

ha:ŋ³³   pai³³ho³¹   ka:u³³va:ŋ³³   ha:ŋ³³   mə¹¹   kut¹¹   khɯ³³
等   明天   早晨   等   2sg-你   扫   里

zok⁵⁵suŋ⁵¹   n̠uŋ¹¹ven³¹,   ha:ŋ³³   mə¹¹   kɯ³³   la:i³³."
角落   偏僻   之后   2sg-你   要   看见

等明天早上，你打扫房间偏僻的角落之后，你就能看到。"

nə¹¹   mai¹¹   kut¹¹   khɯ³³   zok⁵⁵sun⁵¹   n̠uŋ¹¹ven³¹,
3sg-她   就   扫   里   角落   偏僻

她就打扫偏僻的角落，

nə¹¹   mai¹¹   la:i³³   tsɯ³¹   pai³³   vin³³thuk¹¹   fat⁵⁵
3sg-她   就   看见   一   CL-张   麻席   正在

plam³¹   tsɯ³¹   pha³³ŋa:u⁵⁵   kha¹¹   na³³,
盖   一   男人   上   那

她就看见一张麻席正盖在一个男人身上，

nə¹¹   mai¹¹   leʔ⁵⁵   pai³³   vin³³thuk¹¹   na³³,
3sg-她   就   掀开   EMPH   麻席   DEF

她就掀开麻席，

la:i³³   pha³³doŋ⁵⁵   nə¹¹   fat⁵⁵   kɔu³¹   ma³³   lok¹¹kok¹¹   khɯ³³   na³³,
看见   丈夫   3sg-她   正在   躺   PAR   蜷曲   PREP-在   那里

看见她的丈夫正蜷曲着躺在那里，

nə¹¹   mai¹¹   ren³¹khei³¹,   mai¹¹   zit⁵⁵vat¹¹   mai¹¹   suam¹¹   sɯŋ³³,

3sg-她　就　　生气　　　　就　　一下拉住　就　　踩　　胸口
她很生气，一下（把老公）拉过来，就踩他胸口，

nə¹¹　　mai¹¹　　lei³¹　　fuai¹¹　　khɔk¹¹　　suŋ³³,
3sg-她　就　　做　一　　VCL-脚　胸口
她往他胸口踩一脚，

mai¹¹　pha³³doŋ⁵⁵　nə¹¹　na³³　mai¹¹　ma³³　phia³¹　ɳaŋ³¹　hən³³
就　丈夫　　　　3sg-她 DEF 就　PAR 喷　虫子　PREP-从
pom³³　khak⁵⁵　thɯŋ¹¹,
嘴巴　鼻子　出来
虫子就从她老公的嘴巴、鼻子喷涌而出，

nə¹¹　mai¹¹　ren⁵⁵ren³¹khei³¹ boi⁵¹,　mai¹¹　vou³¹　paɯ¹¹　plɔŋ³³　ba³¹me¹¹.
3sg-她 就　气 - 生气　　 INJ 就　跑　回　家　　父母
她生气极啦，就跑回娘家。

tho³¹　plɔŋ³³　be⁵¹,　ba³¹　nə¹¹　mai¹¹　sem³¹,　mɔ³¹,
到　家　　IND　父亲 3sg-她 就　说　　INTERJ
到家了，她父亲就说："哎，

na³³　mə¹¹　phə⁵⁵plɔŋ³³　pha³³łeɯ¹¹,　mə¹¹　ka³¹　vou³¹　paɯ¹¹
那　2sg-你 嫁　　　　女婿　　　　2sg-你 还　跑　　回来
plɔŋ³³　kɯ³³　pla³¹　tso⁷¹¹　lo³³?"
家　　是　什么　MOOD　INT
你都嫁人了，你还跑回家干嘛呀？"

nə¹¹　mai¹¹　ren³¹khei³¹　kɔu³¹　ba³¹　nə¹¹,　mai¹¹　laːʔ¹¹　sem³¹:
3sg-她 就　生气　　　 BEN-给 父亲 3sg-她 就　骂　说
她就对父亲生气了，骂道：

"ŋap¹¹　ho¹¹　phə¹¹plɔŋ³³　pha³³-suam¹¹pi¹¹suam¹¹po¹¹,
许配　1sg-我 嫁　　　M - 　半死不活
"把我嫁给半死不活的男人，

pha³³-suam¹¹sa³¹suam¹¹suŋ³³,　　　pha³³-bou³¹ɳaŋ³¹bou³¹khui¹¹,
M - 面目可憎　　　　　　　　　　M-鼠目獐头

那男的灰容土貌，鼠目獐头，

ɲa²¹¹ɲɯŋ³³	doŋ¹¹	teu¹¹lat¹¹	teu¹¹luai¹¹,
扭曲	像	山猪鼠	黄猄鼠

百拙千丑，就跟山猪鼠、黄猄鼠一样，

ka³¹	ŋap¹¹	ho¹¹	khai³³	ho¹¹	phə¹¹,	a¹¹	fei¹¹	ket⁵⁵	ri³³
还	许配	1sg-我	CAUP-叫1sg-我	嫁		人家	走	附近	都

rɯ⁵¹	fe²¹¹."
要	吐

还让我嫁给这种别人靠近都想吐的人。"

ba³¹	nə¹¹	mai¹¹	pleɯ¹¹thiu¹¹	nə¹¹	sem³¹	khin³¹na³³,
父亲	3sg-她	就	听见	3sg-她	说	那样

她父亲听到她那么说，

ba³¹	nə¹¹	mai¹¹	ren³¹khei³¹	lo³³,
父亲	3sg-她	就	生气	IND

她父亲就生气啰，

ren³¹khei³¹	mai¹¹	diŋ³³	ma¹¹	lei³¹	hom¹¹	ruk¹¹	ut⁵⁵.
生气	就	破开	竹子	做	CL-个	笼	猪

一气之下就破开竹子要做猪笼。

nə¹¹	mai¹¹	laːi³³	ba³¹	nə¹¹	lei³¹	hom¹¹	ruk¹¹	ut⁵⁵,
3sg-她	就	看见	父亲	3sg-她	做	CL-个	笼	猪

她看到父亲做猪笼，

nə¹¹	mai¹¹	khaːm¹¹	ba³¹	nə¹¹,	sem³¹:"	ba³¹	eɯ⁵¹,
3sg-她	就	问	父亲	3sg-她	说	爸爸	INJ

她就问父亲："爸爸呀，

na³³	mə¹¹	lei³¹	ruk¹¹	ut⁵⁵	deɯ¹¹	eɯ⁵⁵	pla³¹	bɔ³³,	ba³¹?"
那	2sg-你	做	笼	猪	INST-用	装	什么	INT	爸爸

那你做猪笼用来装什么呀，爸爸？"

ba³¹	nə¹¹	mai¹¹	sem³¹:

父亲　3sg-她　就　　说
她爸爸就说：

"ho¹¹　lei³¹　ruk¹¹　ut⁵⁵　deɯ¹¹　eɯ⁵⁵　pai³³　laŋ¹¹　pɔu¹¹ta¹¹
1sg-我　做　笼　猪　INST-用 装　EMPH CL-只 大猪
khə¹¹　　　　na³³　re³³,
1pl-incl:咱们　那　IND
"我做猪笼用来装咱们的那头大猪呀，

thɔu³³　ho¹¹　buai³³　ia⁵¹　lei³¹　ha:ŋ³³　mə¹¹　thun¹¹　ɬuk¹¹　khɯ³³nen³³,
等　1sg-我　已经　可以　做　之后　2sg-你　爬　进　这里
等我做好，你爬进去，

mə¹¹　ɬuk¹¹　khɯ³³nen³³　la:i³³,
2sg-你　进去　这里　　　PNC
你爬进去试试看，

lo¹¹　la:i³³　ŋa:m³³luam¹¹　mə¹¹　kɯ³³　van³³,
看　PNC　合适　　　　　2sg-你　CONJ-或者 NEG-不
看合适你不，

ŋa:m³³luam¹¹　　　mə¹¹　ka³¹　ŋa:m³³luam¹¹　pai³³　laŋ¹¹　pɔu¹¹ta¹¹
合适　　　　　　2sg-你　也　合适　　　　　EMPH CL-只 大猪
khə¹¹　　　na³³."
1pl-incl:咱们　那
适合你也就适合咱的那头大猪。"

buai³³,　ba³¹　nə¹¹　mai¹¹　buai³³　ia⁵¹　lei³¹　pai³³　ruk¹¹　ut⁵⁵　na³³,
INTERJ　父亲　3sg-她　就　　已经　得　做　EMPH 笼　猪　DEF
噢，她父亲做好猪笼，

mai¹¹　khai³³　nə¹¹　thun¹¹　ɬuk¹¹　khɯ³³na³³,
就　CAUP-叫 3sg-她　爬　进　那里
就叫她爬进去，

nə¹¹　mai¹¹　buai³³　ia⁵¹　thun¹¹　ɬuk¹¹　khɯ³³　ruk¹¹　ut⁵⁵　na³³,
3sg-她　就　已经　得　爬　进　里　笼　猪　DEF

她爬进去之后，

ba³¹	nə¹¹	mai¹¹	ŋuaŋ³³	pom³³	ruk¹¹	ut⁵⁵	na³³,
父亲	3sg-她	就	绑	口	笼	猪	DEF

她父亲就扎紧猪笼口，

zɔu¹¹	riŋ³³	nə¹¹	kha¹¹	ven³¹	plɔŋ³³,
CONJ-然后	吊	3sg-她	上	屋檐	房子

然后把她吊在屋檐下，

mai¹¹	khai³³	pai³³	ɬuuk¹¹koŋ¹¹	ɬuuk¹¹nɔu³¹	na³³,
就	CAUP-叫	EMPH	长工	侍女	DEF

就叫长工侍女，

a¹¹ra⁵¹	pauu¹¹	həŋ³³	lei⁵¹koŋ¹¹	lɔ²¹¹	tha³¹	na³³,
谁	回来	PREP-从	干活儿	吃	米饭	DEF

谁从干活地儿回来吃米饭，

vuai¹¹	vaːu¹¹	vuai¹¹	thɔu¹¹	ma³¹	tso³¹	daŋ¹¹	kha¹¹	ra³¹	ruk¹¹
洗	碗	洗	锅	就	倒	面前	上	地方	笼

ut⁵⁵	na³³.
猪	DEF

将洗碗洗锅的泔水倒在猪笼上，

tso³¹	kha¹¹	nə¹¹,	nə¹¹	mai¹¹	ŋai³³	leuu⁵¹,	ŋai³³	kɔu³¹	ba³¹	nə¹¹.
倒	上	3sg-她	3sg-她	就	哭	IND	哭	BEN-给	父亲	3sg-她

倒在她身上，她就对着她父亲哭。

nə¹¹	mai¹¹	khɔu⁵⁵khɔu³³	pha³³-ko⁵⁵	nə¹¹	na³³,
3sg-她	就	想-想	M-哥哥	3sg-她	DEF

她就想着她哥哥，

kuu³³	pha³³-ko⁵⁵	nə¹¹	na³³	khoʔ⁵⁵kho²¹¹	nə¹¹,
CONJ-因为	M-哥哥	3sg-她	DEF	疼爱-疼爱	3sg-她

因为她哥哥特别疼爱她，

ma³³kuu³³	van³³laːi³³	pha³³-ko⁵⁵	nə¹¹	na³³	khuu³³	plɔŋ³³,

CONJ-但是 没有　　　　M - 哥哥　3sg-她 DEF 在　　　家
但是她哥哥没在家，

nə¹¹　mai¹¹　fat⁵⁵　khɔu³³　fat⁵⁵　khui¹¹,
3sg-她　就　越　想　越　难过
她就越想越难过，

mai¹¹　ŋai³³　lei³¹　tsɯ³¹　daŋ³¹　lə¹¹,　sem³¹:
就　哭　做　一　CL-首 歌　说
就哭着唱了一首歌，唱道：

"e⁵¹,　te²¹¹　en¹¹　pai³³　en¹¹　pha³³　ho¹¹　ne³¹ ,ɬɔu³³　ha³¹,
INTERJ 坏　怨　妈妈　怨　爸爸　1sg-我 INJ　哥哥　INJ
"哎，怨妈妈怨爸爸呀，哥哥呀。

eɯ¹¹　ho¹¹　khɯ³³　ruk¹¹　pɔu¹¹,　kɔu³¹　ho¹¹　kha¹¹　ven³¹
装　1sg-我 里　笼　猪　CAUP-给1sg-我 上　屋檐
plɔŋ³³,　ɬɔu³³　ha³¹,
房子　哥哥　INJ
把我装在猪笼里，把我挂在屋檐上，哥哥呀。

khai³³　　　ho¹¹　voŋ¹¹　daːŋ¹¹kaŋ³³　a¹¹　　　va³¹,
CAUP-叫　1sg-我 捡　剩菜　　　人家　　　INJ
叫我去捡别人的剩菜哇，

khai³³　ho¹¹　dam³³　daːŋ¹¹tha³¹　a¹¹　thɔk¹¹　nei³¹,　ɬɔu³³　a³¹,
CAUP-叫 1sg-我 捡　剩饭　　　人家 掉　INJ　哥哥　INJ
让我捡人家倒的剩饭啊，哥哥啊。

ɬɔu³³　a³¹　ɬɔu³³,　sɔk¹¹sem¹¹　kɯ³³　　　van³³　ra³¹, ɬɔu³³　a³¹?"
哥哥　INJ 哥哥　伤心　　　CONJ-或者 NEG-不 INT　哥哥　INJ
哥哥呀，哥哥你伤不伤心啊，哥哥？"

mai¹¹　dɔ²¹¹　laŋ¹¹　ɬuk¹¹kɔŋ¹¹　na³³　pleɯ¹¹thiu¹¹　nə¹¹　lei³¹
就　有　CL-个 长工　　　那　听见　　　　3sg-她 做
pai³³　daŋ³¹　lə¹¹　nen³³,　mai¹¹　kho²⁵⁵kho²¹¹sa¹¹　zɔu¹¹
EMPH CL-首 歌　这　就　很可怜　　　　　CONJ-且

sɔk⁵⁵sɔk¹¹sem¹¹.
很伤心
有个长工听见她唱这首歌，就特别可怜她，也为她伤心。

ɬɯk¹¹koŋ¹¹	na³³	mai¹¹	sem³¹:
长工	DEF	就	说

长工就说：

"e⁵¹,	ho¹¹	sɔk⁵⁵sɔk¹¹sem¹¹	thai³¹	mə¹¹	re³³,
INTERJ	1sg-我	很伤心	替	2sg-你	IND

"哎，我也很为你伤心呐，

kɯ³³	ba³¹	mə¹¹	riŋ³³	mə¹¹	doŋ¹¹nen³³	re³³,
CONJ-因为	爸爸	2sg-你	吊	2sg-你	这样	IND

因为你爸爸把你吊起来呐，

ho¹¹	ka³¹	sɔk⁵⁵sɔk¹¹sem¹¹.
1sg-我	也	很伤心

我也很伤心。

ha:ŋ³³	ho¹¹	thak¹¹	duai¹¹	na³³	zou¹¹	phɯŋ³³	mə¹¹	tou¹¹,
等	1sg-我	割	绳	DEF	CONJ-然后	放	2sg-你	下来

等下我把绳子割断，然后放你下来，

ha:ŋ³³	mə¹¹	iu³³	sem³¹	kou³¹	ba³¹	mə¹¹,
之后	2sg-你	NEG-不要	说	BEN-给	父亲	2sg-你

过后你不要跟你父亲说，

ha:ŋ³³	ba³¹	mə¹¹	paɯ³³	ho¹¹	phɯŋ³³	mə¹¹	tou¹¹,
等	父亲	2sg-你	知道	1sg-我	放	2sg-你	下来

要是你父亲知道是我把你放了，

ha:ŋ³³	nə¹¹	ka³¹	riŋ³³	ho¹¹	doŋ¹¹	nə¹¹	riŋ³³	mə¹¹	na³³."
之后	3sg-他	也	吊	1sg-我	像	3sg-他	吊	2sg-你	DEF

他就会像他吊你一样，把我吊起来。"

nə¹¹   mai¹¹   eɯ³¹,   then¹¹   pha³³na³³.

3sg-她　就　　　INTERJ回答　　那男的
她就"嗯"，回应那男的。

pha³³-ɬɯk¹¹koŋ¹¹　　　na³³　mai¹¹　thak¹¹　pai³³　ȵou¹¹　riŋ³³　ruk¹¹　ut⁵⁵
M - 长工　　　　　DEF　就　　割　　EMPH　绳子　吊　　笼　　猪
na³³　mai¹¹　phɯŋ³³　nə¹¹　tɔu¹¹,
DEF　就　　放　　　3sg-她　下来
那长工就把吊猪笼的绳子割断，然后放她下来，

nə¹¹　　mai¹¹　buai³³　thɯŋ⁵⁵　həŋ³³　ruk¹¹　ut⁵⁵　na³³.
3sg-她　就　　已经　　出去　　PREP-从　笼　　猪　　DEF
她就从猪笼出去了。

nə¹¹　　mai¹¹　fei¹¹　phə¹¹　khɯ³³sei⁵⁵　plɔŋ³³,
3sg-她　就　　走　　去　　后面　　　房子
她走到房子后面，

mai¹¹　laːi³³　pai³³　tsom¹¹　ou¹¹　na³³　ŋuaŋ³³　khɯ³³　fou¹¹
就　　看见　EMPH　一个　　摇篮　那　系　　　PREP-在　下
sai¹¹suai³³　　na³³,
荔枝树　　　DEF
就看见在荔枝树下面吊着一个摇篮，

fat⁵⁵　laːi³³　pai³³　ɬɯk¹¹　ko⁵⁵　nə¹¹　　na³³　buai³³　ɬen⁵⁵　tsuaŋ¹¹
恰好　看见　EMPH　孩子　哥哥　3sg-她　DEF　已经　　好　　睡
kɔu³¹　khɯ³³　ou¹¹　na³³,　mai¹¹　fui³¹　tɔu¹¹,
躺　　里　　摇篮　DEF　就　　抚摸　下
正看到她哥哥的孩子安稳地躺在摇篮里，就去抚摸一下，

fui³¹　khaːŋ¹¹　pai³³　laŋ¹¹　ɬɯk¹¹　na³³,　sem³¹　dɔu³³,
抚摸　上　　　EMPH　CL-个　孩子　那　　说　　到
抚摸着那孩子，说道，

e⁵¹,　　vai³¹vaŋ¹¹　　haːŋ³³,　ka³¹　ou⁵¹　khu³¹miŋ³¹　　doŋ¹¹　nə¹¹　　na³³,
INTERJ将来　　　之后　　也　　NEG-别　苦命　　　　像　　3sg-她　DEF
唉，以后别像她一样苦命，

khai³³   ɬɯk¹¹   ko⁵⁵   nə¹¹   na³³   ɔu⁵¹   ɬou¹¹   khu³¹   ɬou¹¹
CAUP-叫孩子   哥哥   3sg-她   DEF   NEG-别活   苦   活

naːn³³   doŋ¹¹   nə¹¹   na³³,
艰难   像   3sg-她   DEF

叫她哥哥的孩子别像她，活得那么艰难，

zɔu¹¹   ɔu⁵¹   doŋ¹¹   ba³¹   nə¹¹   fat⁵⁵   riŋ³³   nə¹¹   khɯ³³
CONJ-且 NEG-别像   父亲   3sg-她   正在   吊   3sg-她   里

ruk¹¹   ut⁵⁵   na³³,
笼   猪   DEF

也别像她那样被父亲关在猪笼里吊起来，

nə¹¹   mai¹¹   vɯm³¹   pai³³   khɔk¹¹   pai³³   meɯ¹¹   na³³,   mai¹¹   sem³¹:
3sg-她   就   抚摸   EMPH   脚   EMPH   手   DEF   就   说

她就摸着（孩子）的手和脚，就说：

"e⁵¹,   khɔk¹¹   ka³¹   doŋ¹¹   kɯ³³   kiŋ⁵⁵,   meɯ¹¹   ka³¹   doŋ¹¹   kɯ³³   faɯ⁵⁵."
INTERJ脚   也   像   NOM   大姑   手   也   像   NOM   小姑 ①

"唉，脚也像大姑的，手也像小姑的。"

nə¹¹   mai¹¹   lei³¹   daŋ³¹   lə¹¹   tso²¹¹,
3sg-她   就   做   CL-首歌   MOOD

她还唱了一首歌呢，

e⁵¹,   khɔk¹¹   ka³¹   doŋ¹¹   kɯ³³   kiŋ⁵⁵   ne⁵¹,   ɬou³³   a³¹,
INTERJ脚   也   像   NOM   大姑   INJ   哥哥   INJ

唉，脚也像大姑的，哥哥呀，

khiŋ¹¹   ka³¹   doŋ³³   kɯ³³   faɯ⁵⁵   ne⁵¹,   ɬou³³   a³¹.
手臂   也   像   NOM   小姑   INJ   哥哥   INJ

手也像小姑的，哥哥呀。

mai¹¹   lei³¹   kɔu³¹   ɬɯk¹¹   ko⁵⁵   nə¹¹   lə¹¹   doŋ¹¹na³³,
就   做   BEN-给 孩子   哥哥   3sg-她   歌   那样

就给她哥哥的孩子唱了那样一首歌，

_____

① 黎族的亲属称谓讲究辈分，大姑和小姑的说法分别为 kiŋ⁵⁵ 和 faɯ⁵⁵。但这里的 kiŋ⁵⁵ 和 faɯ⁵⁵
同指一个人，对举使用起到语气强调，渲染气氛的效果。

mai¹¹ ɬɯt⁵⁵ ha³¹ ɬɯt⁵⁵ ka³¹ ŋai³³.
就 抽泣 RHY 抽泣 还 哭
她就"呜呜"地哭起来。

khei³¹ mai¹¹ la:i³³ dɔ⁷¹¹ laŋ¹¹ sat¹¹,
这时 就 看见 有 CL-只 鸟儿
这时她就看到有一只鸟,

ben¹¹ phə¹¹ tso³³ teɯ¹¹ kha¹¹ suai³³ na³³, kha:m¹¹ sem³¹:
飞 去 停留 上 树枝 荔枝 DEF 问 说
飞过来停在荔枝树的树枝上,问她:

"na³³ mə¹¹ tsɯ⁷⁵⁵ lei³¹pla³¹ zɔu¹¹ ŋai⁵⁵ŋai³³ dɔŋ¹¹nen³³ ra³¹?"
那 2sg-你 怎么 干什么 CAUP-使哭 - 哭 这样 INT
"是什么让你这么伤心,哭成这样呢?"

nə¹¹ mai¹¹ then¹¹ pai³³ sat¹¹ na³³ sem³¹:
3sg-她 就 回答 EMPH 鸟儿 DEF 说
她就回答小鸟:

"e⁵¹, ba³¹ ho¹¹ ŋap¹¹ ho¹¹ phə¹¹plɔŋ³³ pha³³-sɔk¹¹pha:i³³,
INTERJ 爸爸 1sg-我 许配 1sg-我 嫁 M-患麻风病
"唉,我爸爸把我嫁给麻风病人,

ho¹¹ mai¹¹ vou³¹ paɯ¹¹ plɔŋ³³ lɯŋ¹¹,
1sg-我 就 跑 回 家 REP
我就跑回家,

nə¹¹ tsɯ⁷⁵⁵ eɯ¹¹ ho¹¹ khɯ³³ ruk¹¹ ut⁵⁵, zɔu¹¹ riŋ³³
3sg-他 接着 装 1sg-我 里 笼 猪 CONJ-且 吊
ho¹¹, kom³¹ tso³¹ da:ŋ¹¹tha³¹ da:ŋ¹¹kaŋ³³ teɯ¹¹ ho¹¹.
1sg-我 还 倒 剩饭 剩菜 上 1sg-我
他接着把我装在猪笼里吊起来,还把剩饭剩菜倒在我身上。

e⁵¹, ho¹¹ buai³³ dai⁵¹ ɬou¹¹ lei³¹ ŋa:u⁵⁵ tham¹¹ boi⁵¹,
INTERJ 1sg-我 已经 不能 活 做 人 MOOD IND

唉，我再也不想做人了啊，

ai³³ma³³	ho¹¹	ia³¹	tsiŋ¹¹	sat¹¹	doŋ¹¹	mə¹¹	na³³	khe⁵¹
CONJ-如果	1sg-我	能	成	鸟儿	像	2sg-你	DEF	就

ɬen¹¹	hɔ³¹,
好	INJ

如果我能像你一样，变成鸟儿就好啦，

da:m¹¹	ben¹¹	phə¹¹	khɯ³³the⁵¹	ma³³	ben¹¹."
想	飞	去	哪里	只	飞

想飞去哪儿只管飞。"

pai³³	laŋ¹¹	sat¹¹	na³³	mai¹¹	then¹¹	nə¹¹	sem³¹:
EMPH	CL-只	鸟儿	那	就	回答	3sg-她	说

那只鸟就回答她：

"na³³	mə¹¹	da:m¹¹	tsiŋ¹¹	sat¹¹	mɔ³¹,
那	2sg-你	想	成	鸟儿	TOP

"那你想变成鸟儿的话，

na³³	mə¹¹	ma³¹	tha:u³¹	tsɯ³¹	thɔu¹¹thiŋ³¹	zou¹¹,
那	2sg-你	就	找	一	CL-大锅	油

你就去找一大锅油，

mai¹¹	tha:u³¹	fut⁵⁵	ɲa³¹	riŋ³³	kem¹¹kaŋ¹¹,
就	找	十	CL-套	筒裙	金银

然后找十套金银制的黎锦，

ha:ŋ³³	mə¹¹	mai¹¹	bou³³	pai³³	tsɯ³¹	thɔu¹¹thiŋ³¹	zou¹¹	na³³,
之后	2sg-你	就	煮	EMPH	一	CL-大锅	油	那

然后你就煮那一大锅油，

mai¹¹	kiau¹¹	pai³³	viaŋ³³riŋ³³	kem¹¹kaŋ¹¹	na³³	rit⁵⁵rit⁵⁵,
就	剪	EMPH	锦衣	金银	DEF	全

就把那些金银制的黎锦全部剪开，

mai¹¹	eɯ¹¹	tɔu¹¹	khɯ³³	thɔu¹¹zou¹¹	na³³	bou³³	daŋ³³	fu³³	vaŋ¹¹

就　　装　　下　　里　　油锅　　　DEF　煮　　RST　三　　CL-天
fu³³　sap¹¹.
三　　CL-夜
接着都放在油锅里煮三天三夜。

ha:ŋ³³　buai³³　khɔu⁵⁵　fu³³　vaŋ¹¹　fu³³　sap¹¹　ha:ŋ³³,
等　　已经　　够　　　三　CL-天　三　　CL-夜　之后
等三天三夜过后，

ha:ŋ³³　mə¹¹　mai¹¹　tsuŋ³³　ɬuk¹¹　khɯ³³　thɔu¹¹zou¹¹　　na³³　fu³³　　ba:n¹¹,
之后　2sg-你　就　　跳　　进　　里　　油锅　　　DEF　三　VCL-次
然后你就跳到油锅里三次，

ha:ŋ³³　　mə¹¹　tsɯ³¹　ia³¹　tsiŋ¹¹　pai³³　sat¹¹kuan¹¹kaŋ¹¹,
之后　　2sg-你　就　　能　成　　EMPH　甘工鸟
然后你就能变成甘工鸟了，

da:m¹¹　　ben¹¹　phə¹¹　khɯ³³the⁵¹　ma³³　ben¹¹."
想　　　飞　　去　　哪里　　　只　　飞
想飞去哪儿只管飞。"

pai³³　laŋ¹¹　sat¹¹　na³³　buai³³　ia⁵¹　sem³¹　rit⁵⁵,　mai¹¹　ben¹¹　phə¹¹.
EMPH　CL-只　鸟儿　那　已经　得　说　　完　　就　　飞　　去
那只鸟儿说完后就飞走了。

nə¹¹　　mai¹¹　lei³¹doŋ¹¹　lei³¹doŋ¹¹　plɔŋ³³　ka³¹　tha:u³¹　zou¹¹　lo³³,
3sg-她　就　　每户　　　每户　　　人家　　也　　找　　　油　　IND
她就挨家挨户讨油啰，

tha:u³¹　zou¹¹　zɔu¹¹　　suŋ¹¹　zou¹¹　a¹¹,
找　　　油　　CONJ-且借　油　　人家
边讨边借，

mai¹¹　khai³³　ko¹¹noŋ³¹　nə¹¹,　tsou⁵⁵　nə¹¹,　ei³¹　nə¹¹,
就　　CAUP-叫亲戚　3sg-她　嫂子　3sg-她　姐姐　3sg-她
就叫她亲戚，她嫂子，她姐姐，

tha:n¹¹　　kɔu³¹　　nə¹¹　　riŋ³³　　nə¹¹　　viaŋ³³,　　vo³³na³³　　ka³¹　　tha:n¹¹
分　　　　BEN-给3sg-她　筒裙　3sg-她　衣　　　亲戚　　　也　　分

kɔu³¹　　nə¹¹,
BEN-给3sg-她

分给她筒裙和上衣，亲戚也都给她，

do²¹¹　　łuai¹¹to³¹　　na³³　　tha:n¹¹　　be³¹　　kɔu³¹　　nə¹¹　　doŋ¹¹thuaŋ³³.
有　　　多少　　　　才　　分　　　　平　　BEN-给3sg-她　一样

有多少就分给她一半。

mai¹¹　　buai³³　　sum³³　　khou¹¹　　fut¹¹　　ŋa³¹　　riŋ³³,
就　　　已经　　　凑　　　够　　　　十　　　CL-套　筒裙

而后凑够了十套黎锦，

nə¹¹　　mai¹¹　　deɯ¹¹　　tsom¹¹　　thou¹¹thiŋ³¹　　mai¹¹　　tso³¹　　pai³³
3sg-她　就　　　拿　　　一个　　　大锅　　　　　就　　　倒　　　EMPH

zou¹¹　　nə¹¹　　phə¹¹　　suŋ⁵⁵　　kɯ³³　　a⁵⁵　　na³³.
油　　　3sg-她　去　　　借　　　NOM　别人　DEF

她就拿出一个大锅，然后把她向别人借的油倒在里面。

tso³¹　　pai³³　　zou¹¹　　na³³　　ka³¹　　ŋa:m⁵⁵ŋa:m³³　　thit¹¹　　tsɯ³¹　　thou¹¹thiŋ³¹,
倒　　　EMPH　油　　　DEF　也　　刚好-刚好　　　　满　　　一　　　CL-大锅

把油倒进去后，也刚好满满一大锅，

nə¹¹　　mai¹¹　　mou¹¹　　fei¹¹　　zou¹¹　　bou³³　　pai³³　　zou¹¹　　na³³,
3sg-她　就　　　烧　　　火　　　CONJ-然后煮　　EMPH　油　　　DEF

她就开始烧火，然后把那锅油煮开，

bou³³　　daŋ³³　　ma³³　　lom³¹　　a³¹　　lom³¹　　da:ŋ¹¹,
煮　　　RST　　PAR　　ONOM　RHYONOM　沸腾

煮到油"咕噜""咕噜"地沸腾，

nə¹¹　　mai¹¹　　suam³³　　pai³³　　riŋ³³　　pai³³　　viaŋ³³　　na³³,
3sg-她　就　　　剁　　　EMPH　筒裙　EMPH　衣　　　DEF

她就把上衣、筒裙剁了，

eɯ¹¹　　tou¹¹　　khɯ³³　　thou¹¹zou¹¹　　na³³　　zou¹¹　　bou³³　　ban¹¹lak¹¹.

装　　　下　　　里　　　　油锅　　　　　　　DEF　CAUP-使　煮　　　一起
全都放在油锅里一起煮。

kɯ³³　　　suɯ³³saŋ¹¹　　na³³　　　viaŋ³³riŋ³³　　a¹¹　　na³³　　dɔ²¹¹　kem¹¹
PREP-因为 从前　　　　DEF/TOP锦衣　　　　　人家 DEF 有　　金子
dɔ²¹¹　ze²¹¹　dɔ²¹¹　kaŋ¹¹　kha¹¹　na³³,　riŋ³³viaŋ³³　　suɯ³³saŋ¹¹　　doŋ¹¹na³³
有　　银　　有　　银　　上　　那里 黎锦　　　　从前　　　　那样
thom³¹na³³.
这样
因为以前黎族的黎锦上有金也有银，以前的黎锦就是那样的。

laːi³³　　suɯ³³saŋ¹¹　　ŋaːu⁵⁵za¹¹　　sak¹¹　viaŋ³³　　na³³　　ma³³　　lip⁵⁵　a³¹　lip⁵⁵,
看见　　从前　　　　老人　　　　穿　　衣　　　DEF　PAR　闪　RHY闪
以前看到老人穿的衣服亮闪闪的，

dɔ²¹¹　ze²¹¹　a¹¹　sem³¹　ze²¹¹,　van³³　sem³¹　ŋen³¹,
有　　银　　人家 说　　银　　　NEG-不说　　银子
银子人家说ze²¹¹，不说ŋen³¹①，

ŋen³¹　　na³³　　sem³¹　　ze²¹¹.
银子　　DEF　说　　　银
ŋen³¹就说ze²¹¹。

buai³³　ni⁵¹,　　nə¹¹　　mai¹¹　　suam³³ pai³³　　riŋ³³　　na³³　　koŋ¹¹　a³¹　koŋ¹¹,
完了　IND　　3sg-她 就　　剁　　EMPH　　筒裙　　DEF　ONOM RHY ONOM
完了，她就继续剁得黎锦"咣咣"响，

a¹¹　ket⁵⁵　siaŋ³³fiaŋ³³viaŋ³³plɔŋ³³　　mai¹¹　pleɯ¹¹thiu¹¹,　　mai¹¹　sem³¹:
人家 附近　邻居　　　　　　　　　　就　听见　　　　　就　　说
邻居听到，就问，

"kiŋ³³kiŋ³³kɔŋ³³kɔŋ³³　　　　kɯ³³　　mə¹¹　　vop¹¹mɔu³¹ra³¹ʔ"
ONOM　　　　　　　　　　　是　　2sg-你 做什么
"当嘟咣嘟的，你是要做什么呢？"

nə¹¹　　mai¹¹　　then¹¹　　sem³¹:

_____
① 银子的日常说法叫 ŋen³¹，但黎锦上镶的银子要说成 ze²¹¹，不说 ŋen³¹。

3sg-她　　就　　　回答　　说
她就回答：

"e⁵¹,　kiŋ³³kiŋ³³kɔŋ³³kɔŋ³³　　　kɯ³³　ho¹¹　vop¹¹　kha¹¹dop¹¹,
INTERJ ONOM　　　　　　　　　是　　1sg-我　做　　藤萝筐
"哎，当啷咣啷是因为我在做藤箩筐，

kiŋ³³kiŋ³³kɔŋ³³kɔŋ³³　　　kɯ³³　ho¹¹　vop¹¹　kha¹¹dɔŋ³³　kha¹¹　so³¹."
ONOM　　　　　　　　　是　　1sg-我　做　　簸箕　　　　上　　桌子
当啷咣啷是因为我在桌子上做簸箕。"

kɯ³³　　nə¹¹　buai³³　suam³³　pai³³　riŋ³³　pai³³　viaŋ³³　na³³¹,
CONJ-因为3sg-她　已经　剁　　EMPH　筒裙　EMPH　衣　　DEF
那是因为她在剁上衣筒裙，

a¹¹　　mai¹¹　pleɯ¹¹thiu¹¹.
人家　就　　听见
人家听到了。

mai¹¹　buai³³　bou³³　khou¹¹　fu³³　vaŋ¹¹　fu³³　sap¹¹,
就　　已经　煮　　够　　三　CL-天　三　CL-夜
煮够了三天三夜，

pai³³　riŋ³³　na³³　ka³¹　buai³³　bou³³　daŋ³³　tsou³³　rit⁵⁵rit⁵⁵,
EMPH　筒裙　DEF　也　已经　煮　　RST　溶化　全部
黎锦也煮到全部溶化了，

ma³³siaŋ³³　　laːi³³　pai³³　thou¹¹　riŋ³³　zou¹¹　na³³,　ma³³　zak¹¹zak¹¹
只有　　　　看见　EMPH　CL-锅　筒裙　油　　那　　PAR　ONOM
zou¹¹,　mai¹¹　kem¹¹kaŋ¹¹　riŋ³³　na³³　ma³³　lip⁵⁵　a³¹　lip⁵⁵.
油　　就　　金银　　　　筒裙　DEF　PAR　闪　　RHY闪
只见煮过黎锦的油锅"滋滋"作响，里面的油粘稠光亮，油里的金子、银子闪闪发光。

nə¹¹　mai¹¹　tsuŋ³³　tɔu¹¹　khɯ³³　thou¹¹zou¹¹　na³³,
3sg-她　就　　跳　　下　　里　　油锅　　　　DEF
她就跳到油锅，

zɔu¹¹　　ɬen¹¹　　da:m¹¹　　ək¹¹　　phit¹¹.
CAUP-使好　想　　长　　翅膀
想长出翅膀。

nə¹¹　　mai¹¹　　duai¹¹et⁵⁵si³³,　　tsuŋ³³　　tɔu¹¹　　khɯ³³　　thɔu¹¹zou¹¹　　na³³,
3sg-她　就　　第一次　　　　跳　　下　　里　　油锅　　　　DEF
她第一次跳到油锅里，

van³³　　tsiŋ¹¹　　tso²¹¹,
NEG-没成　　MOOD
还没成功呢，

mai¹¹　　tsuŋ³³　　thɯŋ¹¹　　lɯŋ¹¹,　　mai¹¹　　tsuŋ³³　　lɯŋ¹¹　　duai¹¹zi¹¹　　ba:n¹¹,
就　　跳　　出来　　REP　　就　　跳　　REP　　第二　　　VCL-次
就从油锅里跳出来，再重新跳第二次，

mai¹¹　　la:i³³　　kuam⁵⁵　　tsiŋ¹¹　　vet⁵⁵vet⁵⁵,
就　　看见　　差不多　　成　　一点儿
就看到长出一点儿翅膀，

dui³³doi³³　　mai¹¹　　tsuŋ³³　　tsɯ³¹　　ba:n¹¹　　tso²¹¹,
最后　　　就　　跳　　一　　VCL-次　MOOD
最后再跳一次呢，

mai¹¹　　la:i³³　　pai³³　　mɯ¹¹　　nə¹¹　　na³³　　buai³³　　tsiŋ⁵⁵　　phit¹¹　　sat¹¹,
就　　看见　　EMPH 手　　3sg-她 DEF　已经　　成　　翅膀　　鸟儿
就看到她的手已经变成了鸟儿的翅膀，

pai³³　　ŋuŋ¹¹　　nə¹¹　　na³³　　buai³³　　tsiŋ⁵⁵　　sat¹¹,
EMPH 身体　3sg-她 DEF　已经　　成　　鸟儿
她的身体也变成了鸟儿的身体，

tsom¹¹　　ŋuŋ¹¹　　ma³³　　lip⁵⁵　　ha³¹　　lip⁵⁵,
一个　　身体　　PAR　闪　　RHY　闪
整个身体闪呀闪，

la:i³³　　nə¹¹　　buai³³　　tsiŋ⁵⁵　　pai³³　　sat¹¹kuan¹¹kaŋ¹¹.

看见　3sg-她　已经　　成　　　EMPH 甘工鸟
只见她已经变成甘工鸟了。

nə¹¹　　mai¹¹　tsuŋ³³　thɯɯŋ¹¹　tsɔŋ³³　kha¹¹　kaːu¹¹　thou¹¹thiŋ³¹　　na³³,
3sg-她　就　　跳　　出来　　　坐　　上　　边沿　大锅　　　　　DEF
她就从油锅里跳出来，坐在油锅边沿，

zou¹¹　　　sui³³　pai³³　phit¹¹　na³³,　buai³³　ia⁵¹　sui³³　phit¹¹,
CONJ-然后收拾　EMPH 羽毛　DEF　已经　　得　　收拾　羽毛
然后收拾羽毛，收拾完后，

nə¹¹　　mai¹¹　ben¹¹　thɯɯŋ¹¹　khɯ³³ziŋ³³　　na³³,
3sg-她　就　　飞　　出　　　外面　　　　DEF
她就飞到外面去，

zou¹¹　　　khaːŋ¹¹　tso³³　kha¹¹　thiaŋ³¹　na³³,　tsɯ³¹khei³¹,
CONJ-然后上去　　停留　上　　棚子　　DEF　一会儿
接着停在屋棚上，一会儿，

nə¹¹　　mai¹¹　ben¹¹　phə¹¹　khɯ³³　raːŋ¹¹suŋ¹¹raːŋ¹¹ŋo³³　　na³³.
3sg-她　就　　飞　　去　　里　　群山峻岭　　　　　　　DEF
她就往群山峻岭里飞去了。

dɔʔ¹¹　tsɯ³¹　vaŋ¹¹　na³³,
有　　一　　CL-天　那
有一天，

pha³³-ko⁵⁵　　nə¹¹　　mai¹¹　həŋ³³　khɯ³³aŋ¹¹khɯ³³ŋo³³　na³³　paɯ¹¹,
M -哥哥　　3sg-她　就　　PREP-从 田间山里　　　　　　DEF　回来
她哥哥从山间田里回来，

kɯ³³　　　nə¹¹　　buai³³　kaːu³³kha¹¹　thou³³　pai³³　mut¹¹aŋ¹¹
CONJ-因为3sg-他　已经　　很久　　　守　　EMPH 旱稻
mut¹¹iŋ³³　　na³³.
山稻　　　　DEF
因为他守旱稻山稻守了很长时间。

mai¹¹　　pauɯ¹¹　　vaŋ⁵⁵na³³,　　ruɯ⁵¹　　tho³¹　　vo³³faːŋ¹¹　　na³³,
就　　　　回　　　　那天　　　　　　要　　　　到　　　　村口　　　　　　DEF

回来的那天，他要到村口了，

nə¹¹　　mai¹¹　　tsɔŋ³³　　rɔu¹¹khɔu³¹　　khɯ³³　　fɔu¹¹　　vo³³　　sai¹¹tho³³　　na³³,
3sg-他　　就　　　坐　　　　休息　　　　　　PREP-在　　下面　　CL-棵　　大叶榕　　　那

他就坐在大榕树底下休息，

nə¹¹　　mai¹¹　　pauɯ³³　　ko⁵⁵　　nə¹¹　　na³³　　pauɯ¹¹　　boi⁵¹,
3sg-她　　就　　　知道　　　哥哥　　3sg-她　　DEF　　回来　　　IND

她就知道她哥哥回来了，

nə¹¹　　mai¹¹　　ben¹¹　　phə¹¹　　tso³³　　kha¹¹　　pai³³　　sai¹¹tho³³　　na³³,
3sg-她　　就　　　飞　　　去　　　停留　　上　　　EMPH　　大叶榕　　　　DEF

她就飞过去停在大叶榕树上面，

laːi³³　　ko⁵⁵　　nə¹¹　　fat⁵⁵　　rɔu¹¹khɔu³¹　　khɯ³³　　na³³,
看见　　哥哥　　3sg-她　　正在　　休息　　　　　　PREP-在　　那里

看到她哥哥正在那里休息，

nə¹¹　　mai¹¹　　tsat⁵⁵haːi³³　　ko⁵⁵　　nə¹¹.
3sg-她　　就　　　拉屎　　　　　哥哥　　3sg-她

她就对着她哥哥拉屎。

ko⁵⁵　　nə¹¹　　mai¹¹　　laːʔ¹¹　　sem³¹: "pai³³　　sat¹¹　　plaːu¹¹,　　pai³³　　ŋaːu¹¹　　mɔu³³,
哥哥　　3sg-她　　就　　　骂　　　说　　　EMPH　　鸟儿　　瞎　　　　EMPH　　老鹰　　诅咒

她哥哥就骂："鸟儿瞎，老鹰坏，

ɬuai⁵⁵　　na³³　　a¹¹　　mə¹¹　　ri³³　　van³³　　tsat⁵⁵haːi³³　　kha¹¹,
多　　　　那么　　别人　　2sg-你　　都　　　NEG-不拉屎　　　　上

那么多人你都不拉在他们身上，

phə¹¹　　tsat⁵⁵haːi³³　　kha¹¹　　ho¹¹." nə¹¹　　mai¹¹　　laːʔ¹¹.
去　　　拉屎　　　　　上　　　1sg-我　3sg-他　　就　　　骂

就拉在我身上。"他骂道。

nə¹¹　　mai¹¹　　sem³¹　　kɔu³¹　　ko⁵⁵　　luɯŋ¹¹,　　sem³¹:

3sg-她　就　　　说　　　BEN-给哥哥　REP　　说
她就又跟哥哥说：

"iu³³　　la:ʔ²¹¹　ho¹¹　　pai³³　sat¹¹　plaːu¹¹,　　pai³³　ŋaːu¹¹　mɔu³³,
NEG-不要骂　1sg-我　EMPH　鸟儿　瞎　　　　EMPH　老鹰　　可恶
"别骂我鸟儿瞎，老鹰坏，

ɬɔu³³　　ha³¹,　kɯ³³　ho¹¹　　tsat⁵⁵haːi³³　　kha¹¹　　daŋ¹¹　ha¹¹　mə¹¹,
哥哥　　INJ　是　1sg-我　拉屎　　　　　上　　　面前　腿　2sg-你
哥哥呀，是我把屎拉在你的大腿上，

tsat⁵⁵haːi³³　　kha¹¹　sa¹¹riŋ³³　　mə¹¹　,ɬɔu³³　nei³¹!"
拉屎　　　　　上　　黎锦缝儿　2sg-你　哥哥　INJ
拉在你的衣服缝儿上呢！"

ko⁵⁵　　nə¹¹　　mai¹¹　paɯ³³　nə¹¹　　lo³¹,　mai¹¹　sem³¹　khai³³
哥哥　3sg-她　就　　知道　3sg-她　IND　就　　说　　CAUP-叫
nə¹¹　　tɔu¹¹,
3sg-她　下来
她哥哥就知道是她啰，就叫她下来，

zɔu¹¹　tɔu¹¹　vai³¹　fou¹¹,　nə¹¹　　ka³¹　tɔu¹¹,　tɔu¹¹　zɔu¹¹
CAUP　下来　找　　虱子　3sg-她　也　下来　下来　CONJ-然后
vai³¹　fou¹¹　kɔu³¹　ko⁵⁵　nə¹¹.
找　　虱子　BEN-给哥哥　3sg-她
让她下来给找虱子，她也飞下来，然后给她哥哥找虱子。

ko⁵⁵　　nə¹¹　　mai¹¹　tsaŋ⁵⁵tsaŋ³¹　deɯ¹¹　meɯ¹¹　na³³　po²¹¹　nə¹¹,
哥哥　3sg-她　就　　慢慢　　　　　INST-用　手　　DEF　抓　　3sg-她
她哥哥就慢慢用手抓她，

ma³³kɯ³³　dia⁵¹　tuaŋ³¹,　nə¹¹　　mai¹¹　ben¹¹　phə¹¹.
CONJ-但是　不能　抓到　　3sg-她　就　　飞　　去
但是抓不着，她一下飞走了。

pha³³-ko⁵⁵　nə¹¹　　mai¹¹　khai³³　nə¹¹　　ou⁵¹　　ben¹¹,
M - 哥哥　3sg-她　就　　CAUP-叫3sg-她　NEG-别飞

她哥哥就叫她别飞，

khai³³　　nə¹¹　　tɔu¹¹　　voŋ¹¹　　ɳa:u³³,　　kɯ³³　　sem³¹　　ɳa:u³³　　buai³³　　va⁵¹,
CAUP-叫3sg　下来　　捡　　　盐　　CONJ-因为说　　盐　　　已经　　散落
叫她下来捡盐，说是他身上的盐散落一地，

nə¹¹　　mai¹¹　　ben¹¹　　lɯŋ¹¹　　tɔu¹¹　　voŋ¹¹　　ɳa:u³³,
3sg-她　就　　飞　　REP　　下来　捡　　盐
她就又飞回来捡盐，

pha³³-ko⁵⁵　　na³³　　mai¹¹　　po²¹¹　　tsɯ³¹　　ba:n¹¹　　tso²¹¹,
M-哥哥　　DEF　就　　抓　　一　　VCL-次　MOOD
哥哥又抓一次，

ma³³kɯ³³　　ka³¹　　dia⁵¹　　tuaŋ³¹,　　ma³³　　tuaŋ³¹　　pai³³　　phit¹¹　　sat¹¹
CONJ-但是　　也　　不得　抓到　　　只　　抓到　　EMPH　翅膀　鸟儿
buai³³,　　ka³¹　　lon³³　　zen³¹,　　kɯ³³　　　　pai³³　　phit¹¹　　nə¹¹　　na³³
MOOD　　也　　逃　　ASP　　CONJ-因为　　EMPH　翅膀　3sg-她　DEF
ka³¹　　ma³³　　ɳa²¹¹kha²¹¹nun³³.
还　　PAR　　油光滑亮
但是还是抓不到，只抓到翅膀而已，但被她逃掉了，因为她的翅膀油光滑亮。

nə¹¹　　mai¹¹　　ben¹¹　　phə¹¹　　lɯŋ¹¹,
3sg-她　就　　飞　　去　　REP
她又飞走了，

pha³³-ko⁵⁵　　nə¹¹　　mai¹¹　　tsɔu¹¹　　nə¹¹　　tsɔu¹¹　　pai³³-non³¹　　nə¹¹　　na³³,
M-哥哥　　3sg-她　就　　哄　　3sg-她　哄　　F-妹妹　　3sg-他　DEF
她哥哥就哄她，哄他妹妹，

khai³³　　pai³³-non³¹　　nə¹¹　　na³³　　tɔu¹¹,　　khai³³　　tɔu¹¹　　re³³,　　non³¹　　re³³,
CAUP-叫　F-妹妹　　3sg-他　DEF　下来　　叫　　下来　IMPM　妹妹　IMPM
叫他妹妹下来，下来吧，妹妹啊，

tɔu¹¹　　zɔu¹¹　　　　khə¹¹　　łen¹¹　　suam³³　　zen³¹　　pha³³łɯ¹¹　　re³³.
下来　PERMS-让　　1pl-incl　好　　剁　　ASP　　妹夫　　　IMPM
下来让咱们把妹夫剁了吧。

noŋ³¹ na³³ mai¹¹ sem³¹:" ko¹¹ rɯ¹¹ suam³³ ri³³ ai³³ suam³³,
妹妹 DEF 就 说 哥哥 要 剁 都 不愿 剁
妹妹就说："哥哥要剁都不想剁,

thɔu³³ ho¹¹ buai³³ tsiŋ⁵⁵ pai³³ sat¹¹kuan¹¹kaŋ¹¹,
等 1sg-我 已经 成 EMPH 甘工鸟
等我已经变成甘工鸟,

tsiŋ¹¹ pai³³ ŋaːu¹¹ vaŋ³¹fa³³." mai¹¹ lei³¹ tsɯ³¹ daŋ³¹ lə¹¹,
成 EMPH 老鹰 飞翔 就 做 一 CL-条 歌
变成老鹰在天空盘旋。" 就唱了一首歌,

sem³¹:" ɬɔu³³ suam³³ ai³³ kaːu³³ suam³³ ra³¹, ɬɔu³³ ha³¹.
说 哥哥 剁 不愿 早 剁 INJ 哥哥 INJ
唱道："哥哥要剁不早点剁啊,哥哥啊!

thɔu³³ ho¹¹ buai³³ tsiŋ⁵⁵ pai³³ sat¹¹kuan¹¹kaŋ¹¹ ne³¹,
等 1sg-我 已经 成 EMPH 甘工鸟 INJ
等我已经变成甘工鸟啊,

thɔu³³ ho¹¹ buai³³ tsiŋ⁵⁵ pai³³ ŋaːu¹¹ vaŋ³¹fa³³ ra³¹.
等 1sg-我 已经 成 EMPH 老鹰 飞翔 INJ
等我已经变成在天空飞翔的老鹰啊。

ɬɔu³³ ha³¹, dam³³dam³³ na³³ a¹¹ nei³¹,
哥哥 INJ 黑-黑 DEF 人家 IND
哥哥啊,黑黑的是别人呀,

ɬɔu³³ ha³¹, khaːu⁵⁵khaːu¹¹ na³³ ho¹¹ ne³¹.
哥哥 INJ 白-白 DEF 1sg-我 IND
哥哥啊,白白的是我呀。

ɬɔu³³ ha³¹, mə¹¹ pleɯ¹¹ ho¹¹ ruaŋ¹¹ pai³³vaŋ¹¹ na³³ mou³³,
哥哥 INJ 2sg-你 听 1sg-我 叫 白天 DEF/COMP 幻想
哥哥啊,你听到白天鸟儿的叫声,那不是我,那是假的,

pleɯ¹¹	ho¹¹	ruaŋ¹¹	pai³³sap¹¹	na³³	maŋ¹¹	ne³¹,	ɬɔu³³	a³¹."
听	1sg-我	叫	晚上	DEF/COMP	是	IND	哥哥	INJ

听到晚上鸟儿的叫声，那才是真的，那是我呀，哥哥啊！"

buai³³	lei⁵¹	rit⁵⁵	daŋ³¹	lə¹¹	nen³³,
已经	做	完	CL-条	歌	这

唱完这首歌，

nə¹¹	mai¹¹	ben¹¹	phə¹¹	lai⁵⁵lai⁵⁵	bau³¹.
3sg-她	就	飞	去	远 - 远	MOOD

她就飞到很远很远的地方去啦。

从前有一个故事，据说有一户人家特别有钱，他家有十二个长工。而有一户穷苦人家，家里有三个孩子：一个姐姐，一个哥哥和一个妹妹，父亲就把妹妹许配给那户有钱人家的儿子，因为有钱人家不愁吃穿，还有十二个长工，嫁过去之后就可以过上好日子啦。

就这样，那姑娘就嫁过去了，但她没见过她的丈夫。因为过去结婚都是父母包办，结婚之前夫妻双方互不相识，那姑娘自打出生，父母就给定了亲事，她不认识她丈夫，她丈夫也不认识她。可是她不知道，父亲让她嫁的是个麻风病人。

她嫁过去之后，一直都没见着她的丈夫，每天家里其他人外出干活回来时，只见着长工、侍女，从没见到她丈夫。她看着那些男人，也不知道哪个是她丈夫，问谁谁也不出声。问公公，公公不说话；问婆婆，婆婆也不愿意告诉她，因为她很清楚儿子得了麻风病，正躺在角落里，怎么敢让儿媳知道她丈夫得了麻风病，正在角落里躺着呢。

可别人天天干活回来，她也天天问别人她丈夫的下落。婆家心疼她，没让她干什么重活，只是在家里随便做点家务罢了，她只要看到有人外出干活儿回来就抓着问。哎，她公公看到这情形，也为她伤心，儿媳妇嫁过来之后，一直没见着丈夫，天天都问丈夫的下落，公公实在过意不去，就说："唉，儿媳妇呀，你要是想见丈夫，明天一早你打扫房间时，去偏僻的角落看看，你就能见着你丈夫了。"

第二天一大早，她去打扫偏僻阴暗的角落，就看见一张麻席正盖在一个人身上，她掀开麻席，猛然看见她丈夫正蜷曲着躺在地上，她见状很生气，一下把丈夫拉过来，往他的胸口狠狠踩一脚，一堆恶心的虫子就从她丈夫的嘴巴、鼻子里喷涌而出。看到这种情形，她生气极啦，就拔腿跑回娘家。

回到家，父亲看到她跑回来，觉得奇怪，就问："咦，你都嫁人了，还跑回家干嘛呀？"她一听怒从中来，马上冲父亲发火："把我嫁给那种半死不活的男人，那男的灰容土貌，鼠目獐头，百拙千丑，就跟山猪鼠、黄猄鼠一样，人家一靠近都要吐，那种人不是人、鬼不是鬼的东西，还让我嫁！"

她父亲听到她那么说，也生气啰，一气之下就破竹子来做猪笼。那姑娘看到父亲做猪笼，就问父亲："爸爸呀，你做猪笼用来做什么呀，爸爸？"父亲回答："我做猪笼来装咱们的那头大猪呀，等做好猪笼，你爬进去试试看大小合不合适，若是大小合适，就能用来装咱的那头大猪了。"

噢，父亲做好猪笼后，就叫她爬进去，待她爬进去之后，父亲扎紧猪笼口，然后把她吊在屋檐下，吩咐那些长工侍女，干活回来吃完饭后，就将洗碗洗锅的泔水倒在猪笼上，倒在她身上。

那姑娘的心都寒了，就对着父亲哭，可父亲没理会她，一点都不为所动。这时，她就想着哥哥，因为哥哥最疼爱她，但是哥哥没在家，她想着自己的遭遇，越想越难过，就哭着唱了一首歌，唱道："哎，都怨妈妈怨爸爸呀，哥哥呀；把我装在猪笼里，把我挂在屋檐上，哥哥呀；叫我去捡别人的剩菜哇，让我吃人家倒的剩饭啊，哥哥啊；哥哥呀，你若是知道，伤不伤心啊，哥哥啊。"

有个长工听见这首歌，就不由地可怜她，很为她难过。长工就说："哎，我也特别同情你呢，你爸爸这样把你吊起来，我看了也很痛心。等下我把绳子割断，放你下来，但你千万不要告诉你父亲，要是你父亲知道是我干的，他就会像对你一样，把我也吊起来。"她回应说"好"，长工就把吊猪笼的绳子割断，放她下来，她就从猪笼出去了。

她走到房子后面，看见荔枝树下面吊着一个摇篮，哥哥的孩子正安安静静地躺在摇篮里，她走过去抚摸那孩子，心里想，唉，希望孩子以后别像她那么苦命，别像她活得那么艰难，也别像她那样被父亲关在猪笼里吊起来。她摸着孩子的手和脚，越想越心酸，就唱起来了："唉，脚也像大姑的，手也像小姑的；唉，脚也像大姑的，哥哥呀；手也像小姑的，哥哥呀。"唱罢，她就"呜呜"地哭起来。

这时有一只鸟，飞过来停在荔枝树的树枝上，问她："怎么哭成这样呢，是什么让你这么伤心？"她答道："唉，我爸爸把我嫁给麻风病人，我就跑回家，他居然把我装在猪笼里吊在屋檐下，还把剩饭剩菜倒在我身上。唉，我不想当人了啊，如果我能像你一样，变成鸟儿就好啦，想飞去哪儿只管飞就行了。"鸟儿就跟她说："想变成鸟儿的话，你准备一大锅油，找来十套金银制的黎锦后，把那一大锅油烧开，然后把黎锦剪碎，全部放在油锅里煮上三天三夜。煮了三天三夜之后，你往油锅里跳三次，就能变成甘工鸟了，那时你想往哪儿飞就往哪儿飞。"说完后鸟儿就飞走了。

接着，她就挨家挨户去讨油啰，还去恳求嫂子、姐姐，还有其他亲戚给她筒裙和上衣，大家也都给她了，有几套就分给她一些。凑够了十套黎锦之后，她把跟别人借到的油倒在一个大锅里边，把油全倒完了，刚好满满一大锅。接着她就开始烧火煮那锅油，把油煮到"咕噜""咕噜"地沸腾了，就把剪开的上衣、筒裙全都放在油锅里一并煮。以前黎族人的衣服上镶有金子或银子，过去的黎锦就是那样的，古时候老人穿的衣服亮闪闪的，衣服上的银子要说成ze^{211}，不能说ηen^{31}，ηen^{31}要说成ze^{211}。

黎锦上的金子和银子很不好剪开，她就拿刀来剁开，把黎锦剁得"咣咣"响，邻居听到，就问："当啷咣啷响，你是要做什么呢？"她就回答："哎，当啷咣啷响是我在做藤箩筐，当啷咣啷响是我在桌子上做簸箕。"噢，那是她剁上衣筒裙的动静太大，人家听到了。

　　过了三天三夜，煮到黎锦全部都溶化了，只见油锅里的油"滋滋"作响，粘稠光亮，混杂在其中的金子、银子闪闪发光。接着，她就跳到油锅里，以为能马上能长出翅膀，可是第一次跳时，还没变成功；她就又从油锅里跳出来，再跳第二次，这次就长出了一点儿翅膀；最后一跳呢，她的手就变成了鸟儿的翅膀，她的身体也变成了鸟儿的身体，整个身体闪闪发亮，她已经变成甘工鸟了。

　　变成甘工鸟后，她就从油锅里跳出来，坐在油锅边沿上收拾羽毛，收拾完后，她就飞到外面去，停在屋棚上，不一会儿，她就往群山峻岭飞去了。

　　有一天，她哥哥从山间田里回来，因为他上山去守旱稻山稻，守了很长很长时间。快要走到村口时，他就坐在大榕树底下休息，甘工鸟也知道哥哥回来了，她就飞过去停在大叶榕树上，看到哥哥正在下边休息，她就往哥哥身上拉了一泡屎。哥哥就骂道："鸟儿瞎，老鹰坏，那么多人你都不拉在他们身上，偏要拉在我身上。"她就跟哥哥说："别骂我鸟儿瞎，老鹰坏。哥哥呀，是我呀，是我把屎拉在你的大腿上，拉在你的衣服缝儿里的呢！"

　　听到她这番话，哥哥就知道那是妹妹啰，就叫妹妹下来，下来帮找虱子，她就从树上下来，去给哥哥找虱子。趁她在找虱子，哥哥就偷偷伸手抓她，但是抓不着，她一下飞走了。哥哥就叫她别飞，再下来帮忙捡盐，说盐巴散落了一地，她就又飞回来帮忙捡盐，哥哥又试图抓住她，可还是抓不到，碰了一下翅膀，又被她逃掉了，因为甘工鸟的翅膀油光滑亮，很不好抓。

　　哥哥只有去哄妹妹，叫妹妹下来，哥哥哀求道："下来吧，妹妹啊，下来让咱们一同把妹夫收拾了吧。"妹妹听到就说："哥哥说要收拾又不早收拾。等我都已经变成了甘工鸟，变成了老鹰在天空盘旋，才说这种话。"

　　她就唱了一首歌，唱道："哥哥想收拾不早点儿收拾啊，哥哥啊。等我已经变成甘工鸟啊，等我已经变成在天空飞翔的老鹰啊。哥哥啊，黑黑的鸟儿是别人呀；哥哥啊，白白的鸟儿是我呀。哥哥啊，你听到白天鸟儿的叫声，那不是我，是假的啊；听到晚上鸟儿的叫声，那才是真的，那才是我呀，哥哥啊！"唱完这首歌，她就飞到很远很远的地方去啦。

（王爱花讲述，王花补述，吴艳记录）

2.7 两姐弟的故事

khai⁵⁵ne³¹		ho¹¹	mai¹¹	dua³³ke³³		tsɔk¹¹	tsɯ³¹	daŋ³¹	ɬuuk⁵⁵-maːŋ⁵⁵,
现在		1sg-我	PREP-同大家			讲	一	CL-条	DIM-故事

现在我跟大家讲一个小故事，

pai³³	maːŋ⁵⁵	nen³³	ni⁵¹,
EMPH	故事	这	TOP

这个故事呢，

suɯ³³saŋ¹¹   lei³¹koŋ¹¹   suɯ³³   san³¹haːu³¹,   kɔu³¹   suɯ³³   san³¹haːu³¹,
从前   干活儿   里   山寮房   躺   里   山寮房
是以前我们在田里干活时，在山寮里睡，

pleɯ¹¹thiu¹¹   ŋaːu⁵⁵za¹¹   tsɔk¹¹.
听见   老人   讲
听老人讲的。

tsɔk¹¹   na³³   sem³¹   dɔu³³   dɔʔ¹¹   ɬuɯ³³   laŋ¹¹   ba³¹me¹¹   na³³   ni⁵¹,
讲   那   说   到   有   两   CL-个   夫妇   那   TOP
说是有两对夫妇呢，

ti³¹   ket⁵⁵hun³³   zi¹¹aːu⁵¹   ni⁵¹,   ɬou¹¹   ɬou³³   laŋ¹¹   ɬuɯk¹¹,
是   结婚   以后   TOP   生   两   CL-个   孩子
结婚之后，生了两个孩子，

tsɯ³¹   laŋ¹¹   pha³³   laŋ¹¹   pai³³,
一   CL-个 男   CL-个   女
一男一女，

laŋ¹¹   pai³³   na³³   ti³¹   ei³¹,   lei³¹   phiaŋ¹¹   lei³¹   ɬuɯk⁵⁵-siaŋ¹¹,
CL-个 女   那   是   姐姐   做   名字   做   DIM - 花
女的是姐姐，名字叫做小花，

pha³³-muai³³   sem³¹   siau³¹hua³³①.
M - 汉族   说   小花
汉族人叫小花。

laŋ¹¹   pha³³   na³³   ni⁵¹,   ti³¹   noŋ³¹,   na³³   ti³¹   tiau³¹khin³¹②,
CL-个 男   那   TOP   是   弟弟   那   是   小勤
男的是弟弟，叫小勤，

na³³   ti³¹   ɬuɯk⁵⁵-dai³¹,
那   是   DIM - 勤快

---

① siau³¹hua³³ "小花" 为汉语借词读音。
② tiau³¹khin³¹ "小勤" 为汉语借词读音。

也就是小勤，

nə¹¹	i⁵⁵si⁵⁵	sem³¹	vai³¹vaŋ¹¹	ɬuk¹¹	nə¹¹	buai³³	luŋ⁵⁵	ni³¹	ti³¹
3sg-它	意思	说	以后	孩子	3sg-他	已经	大	TOP	是

dɔ²¹¹ khɔ¹¹haːu⁵¹,
有   可靠
意思是说将来孩子大了呢，能有担当，

dai³¹lei³¹koŋ¹¹dai³¹lei³¹vaŋ¹¹,   dai³¹khuŋ⁵⁵dai³¹ruaŋ¹¹.
朴实能干   能说会道
踏实肯干，能说会道。

na³³mɔ⁵⁵,		nə¹¹	buai³³	ɬou⁵⁵	ɬɔu³³	laŋ¹¹	ɬuk¹¹	na³³	zi¹¹aːu⁵¹	ni³³,
那么		3sg-他	已经	生	两	CL-个	孩子	那	以后	TOP

那么，他生了两个孩子之后呢，

kuam⁵⁵	luŋ¹¹	lo¹¹,	pai³³-me¹¹	na³³	mai¹¹	ɬaːu³¹.
差不多	大	IND	F - 母亲	DEF	就	死

孩子差不多长大了，母亲就死了。

ɬaːu³¹	zi¹¹aːu⁵¹	ni³³,	tsɯ³¹	deɯ¹¹	me¹¹no³³,
死	以后	TOP	就	娶	继母

死了之后呢，（父亲）就娶继母，

pai³³-me¹¹no³³	ti³¹	van³³	kho²⁵⁵	ɬuk¹¹	maːŋ¹¹,
F - 继母	是	NEG-不疼爱		孩子	旧

继母不爱前妻的孩子，

ti³¹	dai³¹laː²¹¹dai³¹lai¹¹,	dai³¹	ŋat¹¹khaŋ¹¹ŋat¹¹tha³¹,
是	又打又骂	能	断粮断食

是又打又骂，百般虐待，

van³³	kɔu³¹	tha³¹	lɔ²¹¹.
NEG-不给		米饭	吃

不给饭吃。

thɔu³³   ba³¹   paɯ¹¹   ni³¹,   khaːm¹¹   laːi³³   buai³³   lɔ²⁵⁵   tha³¹

等　　父亲　回来　TOP　问　　　PNC　已经　吃　米饭
kɯ³³　　　van³³,
CONJ-或者 NEG-没
等父亲回来呢，问问吃过饭没有，

van³³　　lɔ²¹¹　tso²¹¹.
NEG-没吃　　MOOD
没吃呢。

kha:m¹¹　me¹¹,　me¹¹　sem³¹　buai³³　lɔ²⁵⁵.
问　　　母亲　母亲　说　　已经　　吃
问母亲，母亲说他们已经吃了。

to³¹zi³¹　pai³³-me¹¹　na³³　ti³¹　diau¹¹la:²¹¹diau¹¹lai¹¹,　diau¹¹nom¹¹diau¹¹fɔŋ³³.
CONJ-所以F-母亲　DEF　是　恶语相向　　　　　　　拳脚相加
所以，继母对他们是恶语相向，拳脚相加。

pha³³-ba³¹　　na³³　buai³³　dai⁵¹di³¹dai⁵¹duaŋ¹¹,
M - 父亲　　DEF　已经　　不堪忍受
父亲（听信了后母的谗言），就受不了了，

mai¹¹　iu¹¹　kha:ŋ¹¹　sɯ³³suŋ¹¹sɯ³³ŋo³³,
就　　带　上去　　荒郊野岭
就把孩子带到荒郊野岭去，

kha:ŋ¹¹　zui¹¹,　kha:ŋ¹¹　zui¹¹　sɯ³³　na³³,　zɔu¹¹　nə¹¹
上去　　丢弃　上去　　丢弃　PREP-在 那里　CONJ-然后3sg-他
da³³ki³³　vou³¹　paɯ¹¹.
自己　　跑　　回来
上那儿丢掉，丢在荒野里，然后他自己跑回来。

ma³³kɯ³³　nə¹¹　ŋaŋ³³　ɬuk¹¹　nə¹¹　khai³³　nə¹¹
CONJ-但是 3sg-他 叮嘱　孩子　3sg-他 CAUP-叫3sg-他
khuŋ⁵¹　uŋ³³　phai¹¹-ra³¹　nen³³,
先　　玩儿　DIR -地方　这
但是他叮嘱孩子，让他们先在这儿玩儿，

khuŋ⁵¹ thɔu³³ phai¹¹-ra³¹　　nen³³, ha:ŋ³³ nə¹¹ na³³ kuai³³ lɯ¹¹.
先　　等　　DIR-地方　　这　　等　3sg-他　才　　返回　REP
先在这里等他，等他过来才回家。

tet⁵⁵tsi³³ ni³³, ti³¹ van³³ kuai³³, buai³³ zui⁵⁵ łuk¹¹ nə¹¹ na³³.
实际　　TOP　是　NEG-不返回　已经　丢弃　孩子　3sg-他　DEF
事实上呢，他是不会回来了，已经想要把孩子扔了。

buai³³ boi⁵¹, nə¹¹ buai³³ van³³la:i³³ kuŋ⁵⁵ tsɯ³¹ łom⁵⁵
完了　IND　3pl-他们　已经　　没有　　路　　就　　不知道
kuŋ⁵⁵ pau¹¹ thom³¹na³³,
路　　回去　这样
哎呀，他们就不知道回家的路了，

mai¹¹ łɔu³³ laŋ¹¹ uŋ³³ sɯ³³suŋ¹¹sɯ³³ziaŋ¹¹.
就　　两　CL-个　玩儿　深山野林
只得两个人在这深山野林里待着。

uŋ³³ sɯ³³suŋ¹¹sɯ³³ziaŋ¹¹　　　na³³ ni⁵¹, mai¹¹ la:i³³ tsɯ³¹ laŋ¹¹
玩儿　深山野林　　　　　　　DEF　TOP　就　　看见　一　　CL-只
teu¹¹ zui³³, mai¹¹ phə¹¹ pui³³,
老鼠　死　就　　去　拿
在深山野林呢，他们就看到一个死老鼠，就去拿，

buai³³ pui³³ pau¹¹ boi⁵¹, van³³la:i³³ fei¹¹ ra:ŋ¹¹.
已经　拿　回来　IND　没有　　　火　烤
拿回来了，没有火来烤。

khei³¹ mai¹¹ la:i³³ laŋ¹¹ łuk⁵⁵-sat¹¹,
这时　就　　看见　CL-只　DIM - 鸟儿
这时他们看到一只小鸟，

teu¹¹ vo³³ nə¹¹ na³³ mai¹¹ la:i³³,
上　头　3pl-他们　DEF　就　　看见
在他们头上，他们就看到，

kha¹¹ kha¹¹sai¹¹ na³³ tsɯ³¹ laŋ¹¹ łuk⁵⁵-sat¹¹ tɔŋ³³ pom³³,

上　　　树枝　　　　　DEF　一　　　CL-只　DIM-　鸟儿　红　　嘴巴
树枝上有一只嘴巴红红的小鸟，

nə¹¹　　mai¹¹　khuŋ³³　mai¹¹　laŋ¹¹　ɬɯk⁵⁵-sat¹¹　toŋ³³　pom³³　na³³,　sem³¹:
3sg-他　就　　说话　　PREP-同　CL-只　DIM-　鸟儿　红　嘴巴　那　说
他就跟那只红嘴鸟说：

"ɬɯk⁵⁵-sat¹¹　　heɯ⁵¹,　mə¹¹　baŋ¹¹　khə¹¹　　　　thaːu³¹　fei¹¹　re⁵⁵,
DIM-　鸟儿　INJ　2sg-你　帮助　1pl-incl:咱们　　找　　火　　IMPM
"小鸟呀，你帮咱们找火吧，

fə¹¹　　　　　dɔ²¹¹　kham³³　teu¹¹,　haːŋ³³　fə¹¹
1pl-excl:我们　有　　肉　　老鼠　等　　1pl-excl:我们
buai³³　the²⁵⁵　foi¹¹　aːu⁵¹,
已经　　烤　　熟　　后
我们有老鼠肉，等我们烤熟后，

haːŋ³³　fə¹¹　　　　　na³³　thaːn¹¹　mə¹¹　lɔ²¹¹　tsɯ³¹buan³¹."
之后　　1pl-excl:我们　才　分　　　2sg-你　吃　　一半
然后我们就分给你一半（老鼠肉）。"

aːu⁵¹lai¹¹　ni⁵⁵,　ɬɯk⁵⁵-sat¹¹　　na³³　mai¹¹　phə¹¹　thaːu⁵¹　fei¹¹　dak¹¹　re³¹.
后来　　　TOP　DIM-鸟儿　　DEF　就　　去　　找　　火　　真　　IND
后来呢，小鸟就真的去找火种了。

khei³¹　mai¹¹　laːi³³　deɯ¹¹　paɯ¹¹　fei¹¹　tho³¹,
一会儿　就　　看见　拿　　回来　火　　到
不一会儿就看到拿回火种，

liau³¹aːu⁵¹,　　mai¹¹　khoi³¹ti³¹　raːŋ¹¹　lo³³,
然后　　　　就　　开始　　　烤　　IND
然后就开始烤啰，

buai³³　raːŋ⁵⁵　mai¹¹　boi³¹　ɬen¹¹ɬen¹¹ɬan¹¹ɬan¹¹,
已经　　烤　　就　　剖　　清清楚楚
烤熟后就把老鼠切成两半，

buai³³　foi⁵⁵,　na³³　mai¹¹　thaːn¹¹　kɔu³¹　ɬɯk⁵⁵-sat¹¹
已经　　熟　　那　　就　　分　　　BEN-给 DIM-鸟儿

na³³　lɔ²¹¹　tsɯ³¹buan³¹,
DEF　吃　　一半

老鼠肉熟了，那就分给小鸟吃一半，

ɬɔu³³　laŋ¹¹　ei³¹noŋ³¹　lɔ²¹¹　tsɯ³¹buan³¹.
两　　CL-个　姐弟　　　吃　　一半

两姐弟吃另一半。

na³³　ti³¹　tsɯ³¹　duan⁵¹　nen³³　na³³　thom³¹na³³.
那　　是　　一　　CL-段　这　　DEF　这样

故事的上半部分就是这样。

doi³³zi³³　　　duan⁵¹,　na³³　ti³¹　nə¹¹　buai³³　dɔ²¹¹　mɔu³¹　lɔ²¹¹　ziˈ¹¹aːu⁵¹,
第二　　　　CL-段　那　　是　　3pl-他们　已经　有　　东西　吃　　以后

第二部分那是他们有了吃的东西之后，

dɔ²¹¹　fei¹¹　dɔ²¹¹　pe³³　lo³³,　mai¹¹　lei³¹　ɬɯk⁵⁵-zok⁵⁵suŋ⁵¹　plɔŋ³³　kɔu³¹,
有　　火　　有　　其他　IND　就　　做　　DIM-角落　　　房子　　睡

有火种有什么啰，就盖一个小房子住，

kɔu³¹　liau³¹aːu⁵¹　ni⁵¹,　tsiu⁵¹　khoi³¹ti³¹　thaːu³¹　faŋ¹¹mut¹¹　faŋ¹¹mai³¹,
睡　　然后　　　TOP　就　　开始　　找　　稻种　　　米种

有住的地方之后呢，就开始找稻种米种，

ɬɔu³³　laŋ¹¹　ei³¹noŋ³¹　boi⁵¹,　mai¹¹　hiaŋ³³　lei³¹　tiaŋ³³tan¹¹,
两　　CL-个　姐弟　　　TOP　就　　努力　　做　　生产

两姐弟呢，就努力工作，

lei³¹aŋ¹¹lei³¹iŋ³³,　　lei³¹ta³¹lei³¹kɔu¹¹,　　dɔ²¹¹　lɔ²¹¹　boi⁵¹,
开荒垦地　　　　　　种田种地　　　　　　　有　　吃　　IND

开荒垦地，种田种地，就有吃的啦，

ut⁵⁵　ka³¹　bɔu³¹　pla³¹　ka³¹　bɔu³¹.
猪　　也　　养　　什么　也　　养

猪也养，什么都养。

tsɯ³¹　vaŋ¹¹,　dɔ⁷¹¹　tsɯ³¹　laŋ¹¹　ut⁵⁵　na³³　phə¹¹　lɔ⁷⁵⁵　mut¹¹ta³¹　nə¹¹,
一　　CL-天　有　一　　CL-只　猪　那　去　吃　水稻　3pl-他们

一天，有一只猪去吃他们的水稻，

tsɯ³¹　laŋ¹¹　ut⁵⁵　na³³　na³³　　　　ba³¹　　nə¹¹　　bou³¹,
一　　CL-只　猪　那　DEF/TOP　　父亲　3pl-他们　养

那只猪是他们父亲养的，

buai³³　lɔ⁷⁵⁵　mut¹¹ta³¹　liau³¹a:u⁵¹　ni³³,　nə¹¹　mai¹¹　tsɯ¹¹.
已经　吃　水稻　　然后　　　TOP　3sg-他　就　射

吃了他们的水稻，后来，弟弟就（拿弓箭）射那头猪。

tsɯ¹¹　liau³¹a:u⁵¹,　ba³¹　nə¹¹　　mai¹¹　kha:ŋ¹¹　lo¹¹,
射　　然后　　　　父亲　3pl-他们　就　　上来　　看

射了之后，他们父亲就上山来看，

noŋ³¹　na³³　sem³¹　dou³³:"　pai³³　ut⁵⁵　nen³³　na³³　　fə¹¹
弟弟　DEF　说　　到　　　EMPH　猪　这　　DEF/TOP　1pl-excl:我们
buai³³　tsɯ⁵⁵,
已经　射

弟弟就说："这只猪我们已经射死了，

in³³ui³¹　nə¹¹　kɯ³³　lɔ⁷¹¹　ta³¹　fə¹¹."
CONJ-因为　3sg-它　要　吃　水田　1pl-excl:我们

因为它要吃我们的水稻。"

ba³¹　nə¹¹　na³³　buai³³　kha:ŋ⁵⁵　khɯ³³　ra³¹　nə¹¹　　na³³　ni⁵¹,
父亲　3sg-他　DEF　已经　　上去　　PREP-在　地方　3pl-他们　DEF　TOP

父亲去到他们住的地方，

la:i³³　nə¹¹　　buai³³　dɔ⁷¹¹　lɔ⁷¹¹　lo³³.
看见　3pl-他们　已经　有　　吃　　IND

看到他们有吃有穿的啰。

liau³¹a:u⁵¹,　ba³¹　nə¹¹　　rɯ⁵¹　pau¹¹　ka:i¹¹　ti¹¹ha:u³³　ni⁵¹,
然后　　　　父亲　3pl-他们　要　回去　ASSOC　时候　　　TOP

而后，父亲要回去的时候呢，

ɬuk¹¹	nə¹¹	mai¹¹	fom¹¹	kɔu³¹	nə¹¹	ɬɔu³³	la³³	mai³¹ka³³,
孩子	3sg-他	就	寄	BEN-给	3sg-他	两	CL-箩筐	糯米

孩子就拿给他两筐糯米，

tsɯ³¹	la³³	na³³	ni⁵¹,	khai³³	kɔu³¹	me¹¹no³³	lɔ²¹¹,
一	CL-箩筐	DEF	TOP	CAUP-叫给		继母	吃

一筐呢，叫给继母吃，

tsɯ³¹	la³³	na³³	khai³³	kɔu³¹	sɯ³³plɔŋ³³	lɔ²¹¹.
一	CL-箩筐	DEF	CAUP-叫给		家里	吃

一筐呢，让给家里人吃。

tsɯ³¹	la³³	na³³	kɔu³¹	me¹¹no³³	lɔ²¹¹	ni⁵¹,
一	CL-箩筐	DEF	给	继母	吃	TOP

继母吃那筐东西的时候呢，

me¹¹no³³	mai¹¹	dɯ¹¹	mɯ¹¹	hop¹¹,
继母	就	INST-用	手	抓

继母就用手来抓，

khei³¹	dɔ²¹¹	tsɯ³¹	laŋ¹¹	za³¹	na³³	mai¹¹	kan³³	pai³³-me¹¹no³³
这时	有	一	CL-条	蛇	那	就	咬	F - 继母

na³³,	mai¹¹	zui³³.	buai³³	kan³³	pai³³-me¹¹	na³³	zui³³	boi⁵¹.
DEF	就	死	已经	咬	F - 母亲	DEF	死	INJ

这时就有一条蛇把继母给咬了，继母就死了。蛇把继母咬死啦。

in³³ui³¹	pai³³-me¹¹	na³³	van³³	kho²¹¹	nə¹¹,
CONJ-因为	F - 母亲	DEF	NEG-不疼爱	3pl-他们

因为继母不爱他们，

mai¹¹	khɔu³³	pai³³	khiau³³	na³³,
就	想	EMPH	点子	DEF

（他们）就想出了这个办法，

fom¹¹	tsɯ³¹	la³³	mai³¹	ɬom³³vaŋ¹¹	fom¹¹	za³¹,

寄　　　一　　　CL-箩筐 米　　原来　　　　寄　　蛇
说是送一箩筐米，其实送的是蛇，

ɬom³³vaŋ¹¹　　za³¹　na³³　dɔ²¹¹　dak¹¹,　mai¹¹　kan³³　pai³³-me¹¹　　na³³　zui³³.
原来　　　　蛇　DEF　有　　毒　　就　　咬　　F - 母亲　　DEF　死
蛇有毒，就把继母咬死了。

na³³　ti³¹　doi³³zi³³　duan⁵¹.
那　　是　第二　　　CL-段
那是故事的第二部分。

doi³³ta³³　　duan⁵¹　ni³³,　dɔ²¹¹　tsɯ³¹　baːn¹¹　na³³　nam³³luŋ¹¹,
第三　　　　CL-段　TOP　有　　一　　VCL-次 那　　洪水
第三部分呢，有一次发洪水，

nam³³luŋ¹¹　sɯ³³　faːŋ¹¹　ni³¹,　buai³³　muat⁵⁵　phə¹¹　rit⁵⁵rit⁵⁵,
洪水　　　　里　村庄　　TOP　已经　　淹掉　　去　　全
洪水呢，已经把村子全都淹了，

tsɯ³¹　buai³³　van³³laːi³³　ŋaːu⁵⁵　tham¹¹　lo³¹.
就　　已经　　没有　　　　人　　　MOOD　　IND
就没一个人啦。

nə¹¹　　mai¹¹　ɬou³³　laŋ¹¹　ei³¹noŋ³¹　mai¹¹　pau¹¹　sɯ³³　faːŋ¹¹　　na³³,
3pl-他们 就　　两　　CL-个　姐弟　　　就　　回　　里　村庄　　　DEF
他们两姐弟就回到村里，

pau¹¹　sɯ³³　faːŋ¹¹　na³³　mai¹¹　lo¹¹　sɯ³³　faːŋ¹¹　van³³laːi³³　tsɯ³¹vi⁵⁵
回　　里　村庄　　DEF　就　　看　里　村庄　　没有　　　　　一点
ŋaːu⁵⁵　tham¹¹.
人　　　MOOD
回到村里，就看到村里一个人都没了。

nə¹¹　　ɬou³³　laŋ¹¹　buai³³　lei⁵¹lɔ²¹¹　sɯ³³suŋ¹¹sɯ³³ŋo³³　na³³　ni⁵¹,
3pl-他们 两　　CL-个　已经　　过日子　　荒郊野岭　　　　　　DEF　TOP
他们两个去深山老林生活了以后呢，

van³³laːi³³　　ŋaːu⁵⁵　　ni⁵¹,　　ɔu³¹kaːi³¹　　doŋ¹¹　　a¹¹　　sem³¹　　dɔu³³,
没有　　　　人　　　TOP　抱歉　　　　像　　别人　　说　　到
没有人了呢，就像人家说的那样，

ɬɔu³³　　laŋ¹¹　　ei³¹noŋ³¹　　mai¹¹　　uŋ³³　　mai¹¹thuaŋ³³.
两　　CL-个　姐弟　　　就　　玩儿　一起
两姐弟就互为夫妻了。

mai¹¹　　dɔʔ¹¹　　noŋ³¹,　　　dɔʔ¹¹　　ɬuk¹¹　　zi¹¹aːu⁵¹　　ni³³,
就　　有　　孩子　　　　有　　孩子　　以后　　　TOP
就生了孩子，有了孩子之后呢，

van³³laːi³³　　ŋaːu⁵⁵　　vi⁵⁵vi⁵⁵,　　ui¹¹liau³¹　　dɔʔ¹¹　　faːŋ¹¹　　dɔʔ¹¹　　ŋen³³,
没有　　　　人　　再不　　　CONJ-为了　有　　村庄　　有　　基因
因为也没其他人，为了重建村庄，延续血脉，

zi³¹suan³¹　　tɔu¹¹,　　tsɯ³¹　　　daːi⁵¹　　suan³¹　　tsɯ³¹　　　daːi⁵¹　　tɔu¹¹,
遗传　　　下来　一　　　CL-代　传　　　一　　　CL-代　下来
将人类基因一代代地遗传下去，

mai¹¹　　suam³³　　pai³³　　ɬuk¹¹　　na³³　　zui³³,
就　　剁　　EMPH　孩子　DEF　死
就把孩子砍死了，剁成好多块，

mai¹¹　　fit⁵⁵　　tɔu¹¹　　sɯ³³　　nam³³　　na³³,　　rim³¹　　tɔu¹¹　　sɯ³³　　tɔu¹¹　　na³³.
就　　扔　　下　　里　　河　　DEF　抛　　下　　里　　下　　那里
就扔到河里去，丢在河里头。

khɯ³³doi³³　　ni³¹,　　buai³³　　ɬɔu¹¹　　ŋaːu⁵⁵　　zi¹¹aːu⁵¹　　ni⁵¹,
以后　　　TOP　已经　　活　　人　　以后　　IND
之后呢，（扔下去的尸块）就复活成人了呢，

ŋaːu⁵⁵　　haːu³³the⁵¹　　ka³¹　　dɔʔ¹¹,
人　　什么　　　　也　　有
什么样的人都有，

ɬen¹¹haːu³³　　ka³¹　　dɔʔ¹¹,　　ŋaːu⁵⁵　　teʔ¹¹fok³¹　　ka³¹　　dɔʔ¹¹,

漂亮　　　　也　有　人　　丑陋　　　也　　有
漂亮的人也有，难看的人也有，

kha¹¹kuŋ¹¹　na³³　kuɯ³³　dɔ²¹¹　ɬai¹¹　dɔ²¹¹　ha³³　dɔ²¹¹　muai³³　miau³¹
CONJ-所以　才　是　有　黎族　有　哈黎　有　汉族　苗族
,muai³³　ma:u⁵⁵.
汉族　　　什么样
所以才有了润黎，有了哈黎，有了汉族、苗族等其他民族。①

kha¹¹kuŋ¹¹　tsɯ³¹　daŋ³¹　ma:ŋ⁵⁵　nen³³　ni⁵¹,
CONJ-所以　一　CL-条　故事　这　TOP
所以这个故事呢，

kha¹¹kuŋ¹¹　ɬou³³　laŋ¹¹　ɬuk¹¹　a¹¹　nen³³　ni⁵¹,　ti³¹　zi³¹suan³¹,
CONJ-所以　两　CL-个　孩子　别人　这　TOP　是　遗传
这两个孩子呢，是人类的祖先，

ŋa:u⁵⁵za¹¹　tsɔk⁵⁵　ma:ŋ⁵⁵　ha:u³³na³³　thom³¹na³³.
老人　　讲　故事　这样子　　这样
老人讲的故事就是这样。

ho¹¹　kan³¹da:n³³　tsɔk¹¹　ma:ŋ⁵⁵　ha:u³³na³³　thom³¹na³³,　buai³³　rit⁵⁵,
1sg-我　简单　　讲　故事　这样子　　这样　　已经　完
我就简单这样讲，讲完了，

van³³la:i³³　tham¹¹.
没有　　　MOOD
没了。

　　现在我跟大家讲一个小故事，以前，我们去山上干活时就住在山寮里头，老人就常跟我们讲这个故事。
　　很久以前，有一对夫妇生了两个孩子，一男一女，女的是姐姐，名字叫做小花（黎语音），汉族人叫小花（汉语音）；男的是弟弟，叫小勤（汉语音），也就是小勤（黎语音），意思是说希望儿子长大以后，勤劳能干，伶牙俐齿。
　　可是等孩子们长大一些了，他们的母亲就死了。然后，父亲娶了一个继母，那继母

_____

① 黎族内部有很多支系，因哈支系分布较广，人数最多，通常非哈支系的黎族支系自称为"黎"，将除本支系外的黎族统称为"哈"。

不疼前妻的孩子，对他们又打又骂，百般虐待，还不给饭吃。父亲干活回来，问孩子吃过饭没有，孩子都说没吃，可一问后妈，后妈就撒谎说他们已经吃过了。

继母对他们总是恶语相向，拳脚相加，而且还不断在父亲面前说这两个孩子的坏话，说他们好吃懒做，游手好闲。父亲听信了后妈的谗言，一时头脑发昏，就把孩子带到荒郊野岭丢掉了，自己一个人跑回家，狠心把孩子丢在荒野里。

当时，父亲还叮嘱孩子，让他们先在这一带玩儿，在这里等他，等他找到猎物过来才一同回家。事实上呢，他一走了之，再也不会回来了，本来就想把孩子丢弃了。哎呀，那两个孩子等啊等，等不见他们的父亲，天色渐晚，他们也找不着回家的路了，只得两个人在这深山野林里待着。

后来，他们看到草丛里有一个死山鼠，就想拿来充饥，可是没有火来烤。这时他们看到一只嘴巴红红的小鸟，正停在他们头顶上方的树枝上。他们就对那只红嘴鸟说："小鸟呀，你帮我们找火吧，我们有山鼠，我们把山鼠肉烤熟了就分给你一半咯。"小鸟就飞去找火种了，不一会儿就叼着火种过来，姐弟俩很开心，就开始烤山鼠啰，烤熟后把山鼠切两半，一半分给小鸟吃，姐弟俩吃另一半。故事的上半部分就是这样了。

故事的第二部分呢，他们填饱肚子之后，也有了火种来烤食物，然后又找了木头、树枝盖了一个小房子，安顿下来了，他们就想办法弄粮食啦。姐弟俩真是勤劳能干，他们努力开荒垦地，种田种地，就有吃的啦，还养了猪和其他的家畜。

一天，有一头猪去偷吃他们的水稻，那只猪是他们父亲养的，看到猪在偷吃他们的水稻，弟弟就拿弓箭来射那头猪。之后，父亲上山来找走丢的猪，就撞见了弟弟，弟弟就说："我射死那头猪了，因为它要吃我们的水稻。"

见到父亲，弟弟就带着父亲去他们的住处，看到孩子们努力干活，丰衣足食，父亲既感到羞愧也为他们感到欣慰。过了几天，父亲要回家了，姐弟俩就让他带上两筐糯米，叮嘱父亲说其中一筐给继母吃，另一筐呢，让家里人吃。

回到家，继母把箩筐打开，想用手去取箩筐里的东西，没想到有一条蛇窜出来把她给咬死啦！原来是姐弟俩一直对继母耿耿于怀，继母不疼爱他们，老是虐待他们，所以他们就想出了这个办法，说是送一箩筐米，其实箩筐里装的是毒蛇，毒蛇就把继母咬死了。那是故事的第二部分。

故事的第三部分呢，有一次天下发洪水，洪水把整个村子全淹了，一个人都没有啦。姐弟俩回到村里，看到村里一个人都没了，只有继续回到深山老林里生活。因为除了他们没有其他人类了，哎，故事的发展也就像人家说的那样，姐弟俩只好结为夫妻了，为了延续人类的血脉。

后来他俩生了一个孩子，要把孩子剁成好多块，然后把尸块扔到河里，这样就可以变出好多人来。

姐弟俩照做了，而扔下去的尸块果真变成形形色色的人，什么样的人都有，漂亮的人也有，丑陋的人也有，扔在不同地方的碎尸块就变成不同的民族，这样就变出了润黎、哈黎、汉族、苗族等各种各样的民族。

这个故事里的姐弟俩，其实是人类的祖先。老人讲的故事大概就是这样，今天我就简单讲讲，讲完了，没了。

（王亚兴讲述，吴艳记录）

2.8 彩虹姑娘

sɯ^{33}saŋ^{11} fuai^{11} van^{33}laːi^{33} deŋ^{33} ni^{51},
从前 一 没有 电灯 TOP
以前一没电呢，

ba^{31} ho^{11} mai^{11} me^{11} ho^{11} tsɯ^{31}diau^{33} iu^{11}
爸爸 1sg-我 CONJ-和 妈妈 1sg-我 经常 带
fə^{11} kei^{11} laŋ^{11} ei^{55}noŋ^{31},
1pl-excl:我们 几 CL-个 姐妹
爸爸和妈妈经常带我们几个姐妹，

thɯŋ^{11} tsɔk^{11} maːŋ^{55} khə^{11} ka^{11}dia^{31} na^{33},
出来 讲 故事 1pl-incl:咱们 水泥 DEF
到外面坐在水泥地上给咱们讲故事，

me^{11} ho^{11} paɯ^{33} tsɔk^{55} tsɯ^{31} daŋ^{31} maːŋ^{55} ni^{55},
妈妈 1sg-我 懂 讲 一 CL-条 故事 TOP
我妈妈很会讲的一个故事呢，

ɬɯk^{11}ta^{31}mɔu^{55} ni^{51}, et^{55} ɬen^{11}ŋɔu^{31}zai^{11}.
彩虹姑娘 TOP 非常 好听
彩虹姑娘呢，特别好听。

mui^{31} baːn^{11} fa^{33} fuai^{11} foŋ^{11} ni^{51},
每 VCL-次 天 一 下雨 TOP
每次天一下雨呢，

haːŋ^{33} tam^{11} laːi^{33} fiaŋ^{55} ŋo^{33}kiam^{33} na^{33} dɔ^{ʔ11} ɬɔu^{33} daŋ^{31}
之后 能 看见 边 山名 DEF 有 两 CL-条
ta^{31}mɔu^{55} thɯŋ^{11}, na^{33} na^{33} ɬɯk^{11} taːu^{33}zai^{11}, ɬɯk^{11}ta^{31}mɔu^{55} na^{33},
彩虹 出来 那 DEF 孩子 神仙 彩虹姑娘 DEF
然后就能看见ŋo^{33}kiam^{33}山那边出现两条彩虹，那是神仙的孩子，彩虹姑娘，

tɔu¹¹   ɔk¹¹   pai³³   tsɯ³¹   daŋ³¹   nam³³khai¹¹   na³³.
下来   喝   EMPH   一   CL-条   河名   那
常从天上下来去nam³³khai¹¹河喝水。

mui³¹   ba:n¹¹   fuai¹¹   tɔu¹¹   ɔk¹¹   nam³³khai¹¹   ni⁵¹,
每   VCL-次   一   下来   喝   河名   TOP
每次下来喝nam³³khai¹¹河的水呢，

kha¹¹   ŋom¹¹siŋ⁵⁵   tsɯ³¹   dɔʔ²¹¹   ɬɯk⁵⁵-fiaŋ¹¹va:u¹¹   kha¹¹   na³³,
上   石头   就   有   DIM-半边碗   上   那里
石头上就有一个小半边碗，

nə¹¹   vai³¹   tsom¹¹   va:u¹¹   o¹¹,   nə¹¹   na³³   tsɯ³¹   fiaŋ¹¹   va:u¹¹   re³³.
3sg-它 不是   一个   碗   IND   3sg-它   DEF   一   边   碗   IND
它不是一个完整的碗呀，它是一个半边的碗。

pai³³-ɬɯk¹¹ta³¹mɔu⁵⁵   ni³¹,   a¹¹ra⁵¹   ri³³   van³³   la:i³³   koi³³,
F-彩虹姑娘   TOP   谁   都   NEG-没看见   EXP
彩虹姑娘呢，谁都没见过，

thom³¹   ma³³   laŋ¹¹   ɬɯk¹¹ɬeʔ²¹¹   na³³   buai³³   la:i³³   koi³³.
即   只   CL-个   孤儿   那   已经   看见   EXP
而只有那个孤儿见过。

laŋ¹¹   ɬɯk¹¹ɬeʔ²¹¹   na³³   ni⁵¹,   et⁵⁵   dai³¹   lei³¹koŋ¹¹,
CL-个 孤儿   那   TOP   非常   肯   干活儿
那个孤儿呢，非常勤劳能干，

ma³³kɯ³³   van³³la:i³³   ba³¹   van³³la:i³³   me¹¹   tham¹¹,
CONJ-但是 没有   父亲   没有   母亲   MOOD
但是没了父母，

khɯ³³   plɔŋ³³   nə¹¹   ni⁵¹,   dɔʔ²¹¹   soi³³   dɔʔ²¹¹   ɳeu¹¹.
里   家   3sg-他   TOP   有   水牛   有   黄牛
他家呢，有水牛有黄牛。

laŋ¹¹   pha³³-ɬɯk¹¹ɬeʔ²¹¹   na³³   ni⁵¹,   fa³³   fuai¹¹   foŋ¹¹   fai³¹   tsɯ³¹

CL-个 M - 孤儿　　　　 那　　 TOP　 天　 一　　　 下雨　 PAR　 就
phə¹¹ thou³³ ket⁵⁵ ŋom¹¹siŋ⁵⁵　 na³³　 zou¹¹　　　 lo¹¹
去　 等　 附近　 石头　　　　 DEF　 CONJ-为了看
łuk¹¹ta³¹mou⁵⁵　　 a:p¹¹nam³³.
彩虹姑娘　　　　　 洗澡

那孤儿呢，天一下大雨，就去石头附近守着，为了看彩虹姑娘洗澡。

nə¹¹　　 mai¹¹　 dɔ²¹¹　 tsɯ³¹　 laŋ¹¹　 łuk¹¹ta³¹mou⁵⁵　　 na³³　 ni⁵¹,
3sg-它　 就　　 有　　 一　　 CL-个　 彩虹姑娘　　　　　 那　 TOP
就有一个彩虹姑娘呢，

tsɯ³¹　 laŋ¹¹　 łuk¹¹　 sot¹¹　 na³³　 ni⁵¹,　 laŋ¹¹　 doi⁵⁵doi³³　 na³³　 ni⁵¹,
一　　 CL-个　 孩子　 最小　 那　 TOP　 CL-个　 最后　　　 那　 TOP
神仙最小的一个孩子呢，最小的那个孩子呢，

łen¹¹　 dak¹¹　 łen¹¹ha:u³³　　 na³³　 ni⁵¹,　 mai¹¹　 uap¹¹　 laŋ¹¹
好　　 真　　 漂亮　　　　 DEF　 TOP　 就　　 喜欢　 CL-个
łuk¹¹łe²¹¹　 na³³,
孤儿　　　 那

特别好看的那个呢，就喜欢上了孤儿，

tsɯ³¹　 da:m¹¹　 phə¹¹plɔŋ³³　 laŋ¹¹　 łuk¹¹łe²¹¹,
就　　 想　　 嫁　　　　 CL-个　 孤儿
想要嫁给孤儿，

laŋ¹¹　 łuk¹¹łe²¹¹　 na³³　 ka³¹　 uap¹¹　 dak¹¹　 uap¹¹　 laŋ¹¹
CL-个　 孤儿　　　 那　 也　 喜欢　 真　　 喜欢　 CL-个
łuk¹¹ta³¹mou⁵⁵　　 na³³,
彩虹姑娘　　　　　 那

孤儿也特别喜欢那个彩虹姑娘，

mai¹¹　 da:m¹¹　 deɯ¹¹　 laŋ¹¹　 łuk¹¹mou³³　　 na³³　 deɯ¹¹　 lei⁵¹　 doŋ⁵⁵.
就　　 想　　 娶　　 CL-个　 虹　　　　 那　 INST-用 做　 夫妻
就想娶彩虹姑娘为妻。

ma³³kɯ³³　　 ta:u³³zai¹¹　　 ni⁵¹,　 tsɯ³¹　 van³³　 da:m¹¹　 kou³¹
CONJ-但是 神仙　　　　　 TOP　 是　　 NEG-不想　 PERMS-给

laŋ¹¹　　ɬɯk¹¹mou³³　　na³³　phə¹¹plɔŋ³³　　pha³³　laŋ¹¹　ɬɯk¹¹ɬeʔ¹¹　　na³³,
CL-个　虹　　　　　　那　嫁　　　　　　M　CL-个　孤儿　　　那
但是神仙呢，不想让彩虹姑娘嫁给那孤儿，

kɯ³³　　　sem³¹　ɬɯk¹¹　a¹¹　na³³　van³³la:i³³　ba³¹　van³³la:i³³　me¹¹,
CONJ-因为说　　孩子　人家 DEF　没有　　　　父亲　没有　　　母亲
因为觉得那孩子无父无母，

na³³　ai³³　kɔu³¹　pai³³　laŋ¹¹　ɬɯk¹¹mou³³　nə¹¹　na³³　phə¹¹,
那　不愿 PERMS-给EMPH CL-个　虹　　　　　3sg-他　那　嫁
那就不愿让他的彩虹姑娘嫁过去，

phə¹¹plɔŋ³³　　laŋ¹¹　ɬɯk¹¹ɬeʔ¹¹　na³³.
嫁　　　　　　CL-个 孤儿　　　那
嫁给那个孤儿。

ma³³kɯ³³　ɬɯk¹¹mou³³　na³³　ni⁵¹,　nə¹¹　tsu³¹　do²¹¹　tom¹¹ laŋ¹¹　ei⁵¹,
CONJ-但是 虹　　　　　DEF　TOP　3sg-她 就　　有　　六　CL-个　姐姐
而彩虹姑娘呢，她有六个姐姐，

nə¹¹　mai¹¹　kei¹¹　laŋ¹¹　ei⁵¹noŋ⁵¹　ka³¹　tsɔu¹¹　ba³¹　tsou¹¹ me¹¹　nə¹¹,
3sg-她 CONJ-和 几　CL-个　姐妹　　也　求　　　父亲 求　母亲 3sg-她
她和几个姐姐一起，恳求父母，

khai³³　kɔu³¹　phə¹¹plɔŋ³³　ɬɯk¹¹ɬeʔ¹¹　na³³.
CAUP-叫PERMS-给嫁　　　孤儿　　　DEF
恳求允许妹妹嫁给孤儿。

ma³³kɯ³³　ɬɯk¹¹ɬeʔ¹¹　na³³　ni⁵¹,　vaŋ¹¹vaŋ¹¹　ka³¹　khou³³　pai³³
CONJ-于是 孤儿　　　DEF　TOP　CL-天 -CL-天　也　想　　EMPH
laŋ¹¹　ɬɯk¹¹mou³³　na³³,
CL-个　虹　　　　　那
而孤儿呢，天天也想着彩虹姑娘，

khɔu³³　daŋ³³　buai³³　sɔk⁵⁵　om³³.
想　　到　　已经　病了　甚至
甚至都想到生病了。

zou¹¹　　pai³³　ta:u³³zai¹¹　　ni⁵¹,　ka³¹　van³³　kou³¹　　laŋ¹¹
CONJ-而 EMPH 神仙　　　　　TOP　还　　NEG-不 PERMS-给　CL-个

ɬuuk¹¹mou³³　　nə¹¹　na³³　tou¹¹　la:i³³　laŋ¹¹　ɬuuk¹¹ɬeʔ¹¹　na³³　tham¹¹,
虹　　　　　　　3sg-他 那　下去　看见　CL-个 孤儿　　　　那　　MOOD

而神仙呢，还不允许他的女儿下凡间去看孤儿呢，

laŋ¹¹　ɬuuk¹¹ɬeʔ¹¹　　na³³　ka³¹　bou¹¹　dak¹¹　bou¹¹,
CL-个 孤儿　　　　　那　也　　想　　真　　想

那孤儿相思成灾，

bou¹¹　daŋ³³　buai³³　sok⁵⁵　om³³.
想　　RST　已经　　病了　甚至

甚至思念成疾。

dɔʔ¹¹　tsɯ³¹　van¹¹　ni⁵¹,　laŋ¹¹　ɬuuk¹¹mou³³　　na³³　mai¹¹　tou¹¹,
有　　一　　CL-天 TOP　CL-个 虹　　　　　　那　就　　下去

有一天呢，彩虹姑娘就下凡间了，

tou¹¹　lo¹¹　nə¹¹,
下去　看　3sg-他

下去看他，

tsɯ³¹　la:i³³　laŋ¹¹　ɬuuk¹¹ɬeʔ¹¹　　na³³　buai³³　sok⁵⁵.
就　　看见　CL-个 孤儿　　　　　那　已经　　病了

就看到孤儿病了，

laŋ¹¹　ɬuuk¹¹mou³³　　na³³　mai¹¹　ŋai³³　ia³¹　ŋai³³　ia³¹　ŋai³³,
CL-个 虹　　　　　　那　就　　哭　　RHY 哭　　RHY 哭

彩虹姑娘就哭呀哭呀哭，

mai¹¹　pauu¹¹　mai¹¹　tsok¹¹　ma:ŋ⁵⁵　kou³¹　kei¹¹　laŋ¹¹　ei⁵¹　nə¹¹　na³³.
就　　回去　　就　　讲　　故事　　BEN-给 几　　CL-个 姐姐 3sg-她 那

回去了就把情况跟她的几个姐姐说了。

pai³³　kei¹¹　laŋ¹¹　ei⁵¹　nə¹¹　na³³　mai¹¹　sou³³　ka:i³¹　kou³¹　　nə¹¹,
EMPH 几　　CL-个 姐姐 3sg-她 那　就　　想　　计谋　BEN-给　3sg-她

她的几个姐姐就帮她想办法，

tsɯ³¹　　laŋ¹¹　　phə¹¹　　tsɔu⁵⁵　　ba³¹　　nə¹¹,
一　　　CL-个　去　　求　　　父亲　　3sg-她
有个姐姐去求父亲，

khai³³　　　　　　kɔu³¹　　　　　tsɯ³¹　　laŋ¹¹　　noŋ³¹　　nə¹¹　　　　　na³³
CAUP-叫　　　　　PERMS-给　　　一　　　CL-个　　妹妹　　3sg-她们　　　那
phə¹¹plɔŋ³³　　pha³³ɬɯk¹¹ɬeʔ¹¹　　na³³,
嫁　　　　　M - 孤儿　　　　　DEF
叫父亲准许妹妹嫁给孤儿，

kɯ³³　　　ɬɯk¹¹ɬeʔ¹¹　na³³　ɬen¹¹　ɬɯk¹¹,　mai¹¹　sou³³　ka:i³¹　be³¹.
CONJ-因为孤儿　　　DEF　好　　孩子　　就　　想　　计谋　IND
因为那孤儿是好孩子，就想办法（撮合他们）呀。

pai³³-me¹¹　　nə¹¹　　na³³　ni⁵¹,　ka³¹　buai³³　dia⁵¹　lo¹¹,
F - 母亲　　3sg-她 DEF　TOP　也　　已经　　不能　　看
母亲呢，也看不下去了，

mai¹¹　sem³¹　kɔu³¹　ba³¹　na³³,　sem³¹:" na³³　kɔu³¹　　　　phə¹¹
就　　说　　BEN-给 父亲 DEF　说　　　那　　PERMS-给　　嫁
ma³¹　phə¹¹　re³³.
就　　嫁　　IMPM
就跟父亲说："那让她嫁就嫁吧。

nə¹¹　　ɬɯk¹¹ɬeʔ¹¹　　ɬen¹¹　ɬɯk¹¹　ka³¹　ɬen¹¹　ba³³re³¹,
3sg-他 孤儿　　　　好　　孩子　也　　好　　MOOD
孤儿他人好也行吧，

nə¹¹　　kho ʔ¹¹　ɬɯk¹¹　khə¹¹　　　　ma³¹　ɬen¹¹　ba³³re³¹."
3sg-他 疼爱　　孩子　1pl-incl:咱们　就　　好　　MOOD
他能疼咱的孩子就行了吧。"

mai¹¹　kɔu³¹　　　　phə¹¹.
就　　PERMS-给　　嫁
就同意嫁彩虹姑娘了。

pai³³ kei¹¹ laŋ¹¹ ei⁵¹ na³³ ni⁵¹, mai¹¹ ru¹¹ za¹¹ pe³³ mai¹¹
EMPH 几 CL-个 姐姐 那 TOP 就 摘 药 其他 就

deɯ¹¹ tou¹¹ kou³¹ pha³³-ɬɯk¹¹ɬeʔ¹¹ na³³ ɔk¹¹.
拿 下去 给 M - 孤儿 DEF 喝

那几个姐姐呢，就去摘药什么的拿到凡间，给孤儿喝。

pai³³ tsɯ³¹ pom³³ za¹¹ na³³ mai¹¹ ɬen¹¹ lɯŋ¹¹, mai¹¹ buai³³
EMPH 一 CL-口 药 那 就 好 REP 就 已经

ɬen⁵⁵ tseŋ³³ten³¹.
好 精神

喝了一口药，病就好了，就有了精神。

zou¹¹ ta:u³³zai¹¹ ka³¹ buai³³ kou⁵¹ ɬɯk¹¹mou³³ na³³ phə¹¹,
CONJ-且 神仙 也 已经 PERMS-给 虹 DEF 嫁

神仙也同意彩虹姑娘嫁过去了，

phə¹¹plɔŋ³³ pha³³-ɬɯk¹¹ɬeʔ¹¹ na³³ ni⁵¹, mai¹¹ a¹¹ra⁵¹ ka³¹ et⁵⁵
嫁 M - 孤儿 DEF TOP 就 谁 也 非常

ɬen¹¹bou¹¹,
高兴

嫁给孤儿了呢，谁都很高兴，

khɯ³³ fa:ŋ¹¹ khɯ³³ pe³³ a¹¹ra⁵¹ ka³¹ paɯ³³, sem³¹:
里 村庄 里 什么 谁 也 知道 说

村里村外，谁听说了都说：

"pha³³-ɬɯk¹¹ɬeʔ¹¹ na³³ buai³³ dɔʔ⁵⁵ tsɯ³¹ laŋ¹¹ dɔŋ⁵⁵, deɯ¹¹
M - 孤儿 DEF 已经 有 一 CL-个 老婆 娶

ɬɯk¹¹mou³³ re³³, na³³ ɬɯk¹¹ ta:u³³zai¹¹ re³³."
虹 IND 那 孩子 神仙 IND

"孤儿娶了个老婆，他娶了彩虹姑娘哇，那是神仙的孩子哇。"

khɯ³³ fa:ŋ¹¹ na³³ a¹¹ra⁵¹ ri³³ hou³³ soi³³ hou³³ ȵeu¹¹,
里 村庄 DEF 谁 都 杀 水牛 杀 黄牛

在村里，所有人都宰水牛或黄牛，

soi³³　thuŋ³¹　soi³³　pe³³　kɔu³¹　pha³³-ta:u³³zai¹¹　　na³³,
烧　　香　　烧　　其他　BEN-给 M - 神仙　　　　DEF
给神仙烧香磕头，

kɯ³³　　　　sem³¹　ɬen¹¹　dak¹¹　ɬen¹¹bɔu¹¹,
CONJ-因为　说　　好　　真　　高兴
因为很高兴，

buai³³　dɔʔ⁵⁵　deɯ¹¹　ɬɯk¹¹mɔu³³　　ni⁵¹,　buai³³　dɔʔ⁵⁵　deɯ¹¹　ɬɯk¹¹
已经　　有　　娶　　虹　　　　　　TOP　已经　　有　　娶　　孩子
ta:u³³zai¹¹　ni⁵¹,　tsɯ³¹　tuŋ³³　ɬen¹¹　ka:i³¹.
神仙　　　TOP　是　　最　　好　　IND
能娶到彩虹姑娘呢，娶了神仙的孩子呢，福气是最大的。

mai¹¹　həŋ³³　na³³　ni⁵¹,　ɬɯk¹¹　ta:u³³zai¹¹　ni⁵¹,
就　　PREP-从 那时 TOP　孩子　神仙　　　　TOP
就从那时起呢，神仙的孩子呢，

ɬɯk¹¹mɔu³³　　nen³³　buai³³　phə¹¹　lei⁵¹lɔʔ¹¹　mai¹¹
虹　　　　　DEF　已经　　嫁　　过日子　　PREP-同
pha³³-ɬɯk¹¹ɬeʔ¹¹　na³³.
M - 孤儿　　　　DEF
彩虹姑娘就和孤儿一起过日子。

laŋ¹¹　ɬɯk¹¹mɔu³³　　nen³³　ka³¹　dai⁵⁵dai³¹　re³³,　ɬen⁵⁵ɬen¹¹ha:u³³,
CL-个 虹　　　　　这　　也　　能干　　　IND　好 - 漂亮
这个彩虹姑娘还很能干哇，又特别好看，

ɬen¹¹　ɬɯk¹¹　ma³³kɯ³³　ka³¹　et⁵⁵　dai³¹　lei³¹kɔŋ¹¹,
好　　孩子　CONJ-但是 也　　非常　肯　　干活儿
出身不凡却也非常朴实肯干，

phə¹¹　tɔu¹¹　khɯ³³　plɔŋ³³　a¹¹　na³³　ni⁵¹,
嫁　　下来　里　　家　　　人家 DEF TOP
嫁给凡间的普通人家呢，

sa:p¹¹　nam³³　sa:p¹¹　pe³³,　pau³³　tsoŋ³³　riŋ³³　kho³¹viaŋ³³　　pe³³,

挑　　水　　挑　　其他　懂　织　　　筒裙　衣服　　　　　其他
挑水什么的，会织锦会做衣服，什么都会，

va¹¹　　kaŋ³³　　va¹¹　　n̩ɔu¹¹,　　va¹¹　　pai³³　　suam¹¹thin¹¹　　na³³　　tsɯ³¹
栽　　菜　　栽　　野菜　　栽　　EMPH　葫芦瓜　　　　　DEF　一
thiaŋ³¹　　tsɯ³¹　　thiaŋ³¹.
CL-棚子　一　　　CL-棚子
种菜种花，种了满满一棚又一棚的葫芦瓜。

zɔu¹¹　　pha³³-ɬuk¹¹ɬe²¹¹　　ni⁵¹,　　dɔ²⁵⁵　　pai³³　　laŋ¹¹　　ɬuk¹¹mɔu³³
CONJ-而　M-孤儿　　　　　　TOP　　有　　EMPH　CL-个　虹
na³³　　ni⁵¹,　　ka³¹　　dai³¹　　lei³¹koŋ³³,
那　　TOP　　也　　勤快　　干活儿
而孤儿呢，娶了彩虹姑娘呢，也更加辛勤劳作，

vaŋ⁵⁵vaŋ¹¹　　phə¹¹　　thaːu⁵¹　　lat¹¹　　thaːu³¹　　luai¹¹,　　thaːu³¹　　pai³³
CL-天 -CL-天　去　　找　　野猪　找　　麂　　找　　EMPH
lat¹¹　　pai³³　　luai¹¹,
野猪　EMPH　麂
天天都去打猎，去找山猪找黄猄，找野味捕野兽，

po²¹¹　　luam¹¹　　lat¹¹　　po²¹¹　　luam¹¹　　luai¹¹　　ni⁵¹,　　pau¹¹　　hɔu³³　　kɔu³¹
抓　　中　　野猪　抓　　中　　麂　　TOP　　回来　　杀　　BEN-给
khɯ³³faːŋ¹¹　　lɔ²¹¹.
村里人　　　吃
抓到山猪和黄猄呢，就拿回来杀了，给村里人吃。

thuaŋ³³faːŋ¹¹me²¹¹plɔŋ³³,　　　lɔ²¹¹　　kham³³　　lat¹¹　　kham³³　　luai¹¹　　ni⁵¹,
邻里乡亲　　　　　　　　　　吃　　肉　　野猪　肉　　麂　　TOP
邻里乡亲吃了山猪肉、黄猄肉呢，

a¹¹ra⁵¹　　ka³¹　　ɬen¹¹　　dak¹¹　　ɬen¹¹bɔu¹¹,　　kho²¹¹dak¹¹kho²¹¹thuaŋ³³.
谁　　也　　好　　真　　高兴　　　　相亲相爱
谁都特别高兴，大家过得其乐融融。

zɔu¹¹　　pha³³-ɬuk¹¹ɬe²¹¹　　ni⁵¹,　　mai¹¹　　laŋ¹¹　　ɬuk¹¹mɔu³³
CONJ-而　M - 孤儿　　　　　TOP　　PREP-同 CL-个　虹

na³³　ka³¹　kho²¹¹dak¹¹kho²¹¹thuaŋ³³.
那　　也　　相亲相爱
而孤儿呢，跟彩虹姑娘也相敬如宾。

mai¹¹　dɔ²¹¹　tsɯ³¹　van¹¹　ni⁵¹,　pha³³-ɬuk¹¹ɬe²¹¹　　na³³　mai¹¹　ru¹¹　　phə¹¹,
就　　有　　一　　CL-天　TOP　M - 孤儿　　　DEF　就　　要　　去
就有一天呢，孤儿要出去，

ru¹¹　phə¹¹　tha:u⁵¹　lat¹¹　tha:u³¹　luai¹¹,
要　　去　　找　　　野猪　　找　　麂
去找山猪找黄猄，

fuai¹¹　phə¹¹　na³³,　khɯ³³　suŋ¹¹ŋo³³　ni⁵¹,
一　　　去　　那里　PREP-在　野外　　　TOP
去到野外呢，

phə¹¹　tsɯ³¹　ŋom³¹　tsɯ³¹　ŋom³¹　ŋo³³,
去　　一　　　CL-座　一　　CL-座　山
要翻一座又一座山，

ka³¹　fei¹¹　phə¹¹　tha:u³¹　pai³³　lat¹¹　pai³³　luai¹¹　na³³.
也　　走　　去　　找　　　EMPH　野猪　EMPH　麂　　DEF
还要徒步去找山猪黄猄。

na³³　khɯ³³　fa:ŋ¹¹　fiaŋ⁵⁵　na³³　ni⁵¹,　tsɯ³¹　dɔ²¹¹　tsɯ³¹　laŋ¹¹　pha³³te²¹¹,
那　　里　　村庄　　边　　DEF　TOP　是　　有　　一　　CL-个　恶霸
在村里，村子旁边呢，有一个恶霸，

pha³³te²¹¹　na³³　mai¹¹　da:m¹¹　deɯ¹¹　pai³³　laŋ¹¹　ɬuk¹¹mɔu³³　na³³,
恶霸　　　DEF　就　　想　　娶　　EMPH　CL-个　虹　　　　那
恶霸想霸占那个彩虹姑娘，

nə¹¹　pau³³　pha³³　laŋ¹¹　ɬuk¹¹ɬe²¹¹　na³³　buai³³　thɯŋ⁵⁵　tha:u³¹
3sg-他　知道　M　　CL-个　孤儿　　那　　已经　　出去　　找
lat¹¹　tha:u³¹　luai¹¹,
野猪　找　　　麂
他知道孤儿已经出去找山猪找黄猄了，

nə¹¹ mai¹¹ rɯ¹¹ ha:i⁵¹ laŋ¹¹ pha³³ na³³, mai¹¹ po²¹¹
3sg-他 就 要 害 CL-个 男 那 CONJ-和 抓

pai³³ laŋ¹¹ ɬuk¹¹mou³³ na³³, po²¹¹ phə¹¹ khɯ³³ plɔŋ³³ nə¹¹ na³³.
EMPH CL-个 虹 那 抓 去 里 家 他 DEF

他就想陷害孤儿，还有去抢彩虹姑娘，把她抓到自己家去。

pha³³-ɬuk¹¹ɬe²¹¹ ni⁵¹, phə¹¹ tha:u⁵¹ pai³³ lat¹¹ pai³³ luai¹¹ na³³,
M - 孤儿 TOP 去 找 EMPH 野猪 EMPH 麂 DEF

孤儿呢，去找山猪黄猄，

phə¹¹ tha:u⁵¹ daŋ³³ lom³¹ mai¹¹ fu³³ van¹¹ fu³³ sap¹¹ mai¹¹ pau¹¹,
去 找 RST RST 就 三 CL-天 三 CL-夜 就 回

找了好久，直到三天三夜后才回来，

pau¹¹ ni⁵¹, buai³³ van³³la:i³³ doŋ⁵⁵ nə¹¹ khɯ³³ plɔŋ³³ tham¹¹.
回来 TOP 已经 没有 老婆 3sg-他 里 家 MOOD

回来之后呢，家里就不见老婆啦。

nə¹¹ mai¹¹ fei¹¹ khɯ³³ tsom¹¹ fa:ŋ¹¹ ka³¹ kha:m¹¹ a¹¹,
3sg-他 就 走 里 一个 村庄 也 问 别人

他到处找，走到一个村庄就问别人，

kha:m¹¹ la:i³³ a¹¹ra⁵¹ la:i³³ doŋ⁵⁵ nə¹¹ bɔ³³?
问 PNC 谁 看见 老婆 3sg-他 INT

问有谁看见他老婆啦？

khɯ³³ fa:ŋ¹¹ pe³³, a¹¹ tsɔk¹¹ sem³¹ kou³¹ nə¹¹,
里 村庄 其他 别人 讲 说 BEN-给 3sg-他

某个村就有人跟他说，

pha³³te²¹¹ na³³ buai³³ po²⁵⁵ doŋ⁵⁵ nə¹¹,
恶霸 DEF 已经 抓 老婆 3sg-他

有个恶霸抢夺了他的老婆，

pha³³te²¹¹ na³³ ɬuai¹¹ tsiŋ¹¹ ɬuai¹¹ kaŋ¹¹,ma³³kɯ³³ da:m¹¹ lom¹¹
恶霸 DEF 多 钱 多 银 CONJ-于是 想 抢

doŋ⁵⁵　a¹¹.
老婆　人家
恶霸腰缠万贯，一手遮天，所以喜欢抢别人的老婆。

mai¹¹　sem³¹　kɔu³¹　pha³³-ɬuk¹¹ɬe ⁷¹¹　na³³.
就　说　BEN-给　M -孤儿　DEF
就（把情况）告诉孤儿。

pha³³-ɬuk¹¹ɬe ⁷¹¹　na³³　mai¹¹　zo³¹　a¹¹　khɯ³³　fa:ŋ¹¹　pe³³,
M - 孤儿　DEF　就　约　人家　里　村庄　其他
孤儿就召集了村里村外的村民，

tsom¹¹　fa:ŋ¹¹　a¹¹ra⁵¹　ka³¹　uap¹¹　nə¹¹,
一个　村庄　谁　也　爱　3sg-他
整个村的人都钦佩他，

tsom¹¹　fa:ŋ¹¹　ŋa:u⁵⁵　khɯ³³　fa:ŋ¹¹　na³³　mai¹¹　phə¹¹,
一个　村庄　人　里　村庄　DEF　就　去
村里的所有人就都去，

phə¹¹　fou⁵⁵　nə¹¹,　iu¹¹　nə¹¹　phə¹¹　luŋ¹¹　ra³¹　plɔŋ³³
去　COM-跟着3sg-他　带　3sg-他　去　REP　地方　家
pha³³te ⁷¹¹　na³³,
恶霸　DEF
跟他去，带他去到恶霸家，

phə¹¹　pui³³　luŋ¹¹　doŋ⁵⁵　nə¹¹　na³³　pau¹¹.
去　取　回　老婆　3sg-他　DEF　回去
去带他老婆回家。

zɔu¹¹　pha³³te ⁷¹¹　na³³　ni⁵¹,　nə¹¹　tsu³¹　da:m¹¹　deu¹¹　laŋ¹¹
CONJ-而 恶霸　DEF　TOP　3sg-他　是　想　娶　CL-个
pai³³-ɬuk¹¹mɔu³³　nen³³,
F - 虹　这
而恶霸呢，想霸占这个彩虹姑娘，

ma³³kɯ³³　ɬuk¹¹mɔu³³　nen³³　ai³³　uap¹¹　nə¹¹,

CONJ-但是　虹　　　　　　　这　　不愿　爱　　3sg-他
但是彩虹姑娘抵死不从，

pha³³teʔ¹¹　　mai¹¹　pleɯ¹¹thiu¹¹　　a¹¹　sem³¹　khɯ³³faːŋ¹¹　　phə¹¹
恶霸　　　　就　　听见　　　　　人家　说　　村里人　　　　去
thaːu⁵¹　　nə¹¹,
找　　　　3sg-他
恶霸就听到有人说村里所有人都去找他，

nə¹¹　　mai¹¹　khoi¹¹ti³¹　 rɯ¹¹　hɔu³³　laŋ¹¹　pai³³　na³³,
3sg-他　就　　开始　　　要　　杀　　CL-个　女　那
他就打算把那女的杀了，

mai¹¹　thak¹¹　pai³³　meʔ¹¹　laŋ¹¹　pai³³　na³³,
就　　割　　EMPH　肉　　CL-个　女　那
就想去割那女的肉，

ma³³kɯ³³　　nə¹¹　　dia⁵¹　laŋ¹¹　pai³³　na³³,
CONJ-但是　3sg-他　不能　CL-个　女　那
但是他却没法儿对那女的做什么，

kɯ³³　　　laŋ¹¹　pai³³　na³³　na³³　łɯk¹¹　taːu³³zai¹¹.
CONJ-因为CL-个　女　那　　DEF　孩子　神仙
因为那女的是神仙的孩子。

laŋ¹¹　pai³³　na³³　mai¹¹　ren³¹khei³¹,　mai¹¹　lei³¹　nə¹¹,　lei³¹
CL-个　女　那　　就　　生气　　　　就　　打　　3sg-他　打
nə¹¹　pai³³　plɔŋ³³　nə¹¹　pe³³　na³³,
3sg-他　EMPH　家　　3sg-他　其他　DEF
那女的就愤怒了，就施法术揍了他，把他的家弄得一片狼藉，

bou³¹　ut⁵⁵　ri³³　van³³　tsiŋ¹¹　ut⁵⁵,　bou³¹　khai¹¹　van³³　tsiŋ¹¹　　　khai¹¹,
养　　猪　　都　　NEG-不成　猪　　养　　鸡　　NEG-不成　　　鸡
猪也养不成，鸡也养不成，

mai¹¹　khoi¹¹ti³¹　lei³¹　nə¹¹　sɔk¹¹.
就　　开始　　　CAUP-弄3sg-他　病了

还对他下了蛊，让他生病。

ŋa:m³³   pha³³-ɬɯk¹¹ɬeʔ²¹¹   na³³   mai¹¹   phə¹¹   kiu³³   nə¹¹   mai¹¹
刚好   M - 孤儿   DEF   就   去   救   3sg-她   就
iu¹¹   nə¹¹   pau¹¹,
带   3sg-她   回去
恰好孤儿刚到，想要救她回家，

nə¹¹   ru¹¹   lei³¹   pha³³te²¹¹   na³³   zui³³,
3sg-她   要   CAUP-弄恶霸   DEF   死
她想把恶霸弄死，

ma³³kɯ³³   ɬɯk¹¹ɬeʔ²¹¹   na³³   sem³¹:"   ɔu⁵¹   lei³¹   zui³³   re³³,
CONJ-但是   孤儿   DEF   说   NEG-别 CAUP-弄死   IMPM
但是孤儿说："别弄死他了吧，

nə¹¹   teʔ²¹¹   ka³¹   teʔ²¹¹,   ma³³kɯ³³   zɔu⁵⁵   nə¹¹   ɬou¹¹   luɯŋ¹¹   re³³,
3sg-他   坏   也   坏   CONJ-但是   PERMS-让 他   活   REP   IMPM
他坏是坏，但让他活着吧，

lei³¹   nə¹¹   van³³la:i³³   tha³¹   lɔ²¹¹,   van³³la:i³³   ut⁵⁵,
CAUP-弄 3sg-他 没有   米饭   吃   没有   猪
让他没饭吃，没猪肉吃，

van³³la:i³³   lat¹¹   lɔ²¹¹,   buai³³   ma³¹   ɬen¹¹   ba³³re³¹,
没有   野猪   吃   已经   就   行   MOOD
没山猪肉吃就可以了吧，

van³³la:i³³   koʔ⁵⁵   van³³la:i³³   mai³¹   lɔ²¹¹,   buai³³   ma³¹   ɬen¹¹   ba³³re³¹."
没有   谷子   没有   米   吃   已经   就   行   MOOD
没谷子没米吃，就行了吧。"

laŋ¹¹   pai³³-ɬɯk¹¹mɔu³³   na³³   mai¹¹   khɔu³³   sem³¹,
CL-个   F - 虹   那   就   想   说
那个姑娘想想就说，

na³³   ma³¹   ɔu⁵¹   lei³¹   nə¹¹   zui³³   re³³,

那　　　就　　　　NEG-不要CAUP-弄3sg-他　死　　　　IMPM
那就不弄他死了吧，

kɯ³³　　　nə¹¹　　ka³¹　tsɯ³¹　laŋ¹¹　ŋa:u⁵⁵，　mai¹¹　van³³
PREP-因为3sg-他　也　　一　　CL-个　人　　就　　NEG-不
lei³¹　　　nə¹¹　　zui³³.
CAUP-弄3sg-他　死
因为他也是人，就不弄他死了。

mai¹¹　zo³¹　thuaŋ³³　paɯ¹¹，　paɯ¹¹　khɯ³³　fa:ŋ¹¹.
就　　约　　RECIP　回去　　回　　里　　村庄
就两人相伴回到村里。

paɯ¹¹　khɯ³³　fa:ŋ¹¹　ni⁵¹，　a¹¹ra⁵¹　ka³¹　təŋ¹¹təŋ¹¹　ɬen¹¹bɔu¹¹，
回来　　里　　村庄　　TOP　谁　　也　　全部　　　高兴
回到村里呢，大家都很高兴，

kɯ³³　　　buai³³　ia⁵¹　kiu³³　laŋ¹¹　pai³³-ɬɯk¹¹mɔu³³　　na³³　　paɯ¹¹.
CONJ-因为已经　　得　　救　　CL-个　F - 虹　　　　那　　回来
因为把彩虹姑娘救回来了。

mai¹¹　həŋ³³　na³³，　mai¹¹　ɬen¹¹　lei³¹lɔ⁷¹¹　lɯŋ¹¹，
就　　PREP-从 那时　就　　好　　过日子　　REP
从那时起，就重新好好过日子，

a¹¹ra⁵¹　ka³¹　kho⁷⁵⁵kho⁷¹¹　　thuaŋ³³　khɯ³³　fa:ŋ¹¹，
谁　　也　　很疼爱　　　RECIP　里　　村庄
两人在家互敬互爱，

mai¹¹　van³³ka:u³³van³³no³³，　　laŋ¹¹　ɬɯk¹¹mɔu³³　dɔ⁷¹¹　tsɯ³¹　laŋ¹¹
就　　没过多久　　　　　CL-个　虹　　　　有　　一　　CL-个
ɬɯk¹¹pai³³kho³¹　　kɔu³¹　pha³³-ɬɯk¹¹ɬe⁷¹¹　　na³³，
女儿　　　　BEN-给 M - 孤儿　　　　DEF
没过多久，彩虹姑娘就为孤儿生了一个女孩，

laŋ¹¹　ɬɯk¹¹pai³³kho³¹　　na³³　ka³¹　ɬen⁵⁵-ɬen¹¹ha:u³³.
CL-个　女儿　　　　那　　也　　非常漂亮

生的女孩也很漂亮。

tsu⁵¹həŋ³³　　na³³　ni⁵¹,　mai¹¹　ɬou³³　laŋ¹¹　lei³¹　te³³ua⁵¹　ɬen¹¹
PREP-自从　那时　TOP　就　两　CL-个　做　生活　好

lei³¹lɔ⁇¹¹　　tham¹¹,　mai¹¹　tun⁵¹tun⁵¹　　tham¹¹.
过日子　MOOD　就　顺利-顺利　MOOD
自从那时呢，两个人就好好过日子啦，就顺顺利利啦。

zou¹¹　　pha³³-ta:u³³zai¹¹　　pe³³　na³³,　uap¹¹　pha³³-ɬuk¹¹ɬe⁇¹¹
CONJ-而 M - 神仙　　其他　DEF　喜欢　M - 孤儿

na³³　mai¹¹　zou⁵⁵　　　pai³³　laŋ¹¹　　ɬuk¹¹mou³³　　nə¹¹　na³³,
DEF　就　PERMS-让　EMPH CL-个　虹　3sg-他 那
而神仙也喜欢孤儿，就让他的彩虹姑娘，

həŋ³³　phɯŋ⁵⁵na³³,　mai¹¹　zou⁵⁵　　　nə¹¹　khu³³　fa:ŋ¹¹
PREP-从 那时候　就　PERMS-让　3sg-她　在　村庄

tham¹¹,　van³³　kha:ŋ¹¹　kha¹¹fa³³　tham¹¹.
MOOD　NEG-不上去　天上　MOOD
从那时候起，就让她待在村里，再也不用到天上去了。

　　以前一没电呢，我们全家就到外面的水泥地上坐着，听爸爸和妈妈给我们几个姐妹讲故事。妈妈经常讲一个彩虹姑娘的故事，那个故事特别好听。

　　传说，以前天一下雨，就能在ŋo³³kiam³³山的那边看到两道彩虹，那其实是神仙的孩子，叫彩虹姑娘，彩虹姑娘经常从天上下来，去nam³³khai¹¹河里喝水。每次她们下来喝水的时候，石头上就会出现一个小半边碗，那不是一个完整的碗呀，只是半边碗而已。

　　彩虹姑娘呢，谁都没见过，只有一个孤儿见过。那个孤儿非常勤劳能干，但从小没了父母，就每天去放牛。一下大雨，那孤儿就去石头附近守着，偷看彩虹姑娘洗澡。

　　有一个彩虹姑娘，那是神仙最小的一个女儿，也是最好看的一个，她就喜欢上了孤儿，想要嫁给孤儿，孤儿也特别喜欢她，想娶她为妻。但是神仙呢，不同意彩虹姑娘跟孤儿结婚，因为嫌弃那孩子无父无母，神仙不同意他的宝贝女儿嫁给那个孤儿。

　　彩虹姑娘有六个姐姐，她便和几个姐姐一起恳求父母，恳求同意他俩的婚事。孤儿那边呢，天天想着彩虹姑娘，想到生病了。可神仙不允许他的女儿下凡间去看孤儿，那孤儿相思成灾，已经思念成疾了。

　　有一天，彩虹姑娘偷偷下凡间去看孤儿，看到孤儿病了，彩虹姑娘伤心得哇哇大哭，回到家就跟几个姐姐说了这个情况。几个姐姐就帮她想办法，有个姐姐去哀求父亲，希望父亲准许妹妹嫁给孤儿，因为那孤儿是个好孩子，姐姐就想办法撮合他们呀。

　　母亲在一旁看不下去了，就跟父亲说："她想嫁就让她嫁了吧，只要孤儿人好也就行了吧，只要他能疼爱咱的孩子也好吧。"神仙听了也动摇了，就同意彩虹姑娘嫁给孤儿了。

那几个姐姐，就去摘草药拿到凡间，熬药喂给孤儿喝。孤儿喝了一口药，病就好了，就有精神了。神仙同意彩虹姑娘嫁给孤儿了，村里村外，谁听说了这个消息都很高兴，大家一传十，十传百："孤儿娶媳妇啦，他娶的是彩虹姑娘哇，那可是神仙的孩子呀。"村里人兴高采烈，杀猪宰牛，给神仙烧香磕头，大家实在太开心了，因为孤儿娶到了彩虹姑娘。娶到神仙的孩子，那可是最大的福气呢。

从那时起，彩虹姑娘就和孤儿一起过日子。彩虹姑娘不仅长得好看，人还很能干，出身不凡却非常朴实肯干，嫁给了凡间平常人，可什么家务都会做，又挑水又织锦做衣服，什么都会做，种菜种花，种了一棚又一棚的葫芦瓜。孤儿娶了彩虹姑娘以后，也更加努力干活了，天天都上山打猎，去找山猪找黄猄，找野味捕野兽。抓到山猪和黄猄，就拿回来杀了，再分给村里人吃，邻里乡亲高高兴兴吃了山猪肉、黄猄肉，大家其乐融融。孤儿跟彩虹姑娘也相处融洽，互敬互爱。

有一天，孤儿上山找山猪、黄猄，要徒步翻一座又一座山，还要走很远很远的路。而在邻村呢，有一个恶霸，他想霸占彩虹姑娘，知道孤儿外出打猎了，就去把彩虹姑娘抢到自己家里了。

孤儿上山打猎，三天三夜之后才回家。回到家，就不见妻子啦。他到处去找，每走到一个村庄，就问人有没有看见他的妻子。路过一个村子，就有人跟他说了实情，是一个恶霸抢了他的妻子，那恶霸腰缠万贯，一手遮天，喜欢抢别人家的妻子。

孤儿听罢，就召集了所有村民一同去找彩虹姑娘，全村人都很钦佩他，就跟着他去恶霸家，要把彩虹姑娘带回来。

恶霸呢，想霸占彩虹姑娘，但彩虹姑娘抵死不从。这会儿，就有人给恶霸通风报信说全村人要找上门来了，他就打算把彩虹姑娘杀了，想要割她的肉，可是却没法儿动手，那可是神仙的孩子呀，根本没办法动她一根汗毛。

彩虹姑娘被惹怒了，就施法术，让恶霸挨了一顿揍，把他的家弄得一片狼藉，猪呀、鸡鸭都养不成，还对他下蛊，诅咒他生病。

这时孤儿赶到，想把彩虹姑娘带回家，彩虹姑娘要弄死恶霸，孤儿劝阻道："别弄死他吧，他虽坏，但让他活着吧。让他没饭吃，没肉吃，没粮食收就行了吧。"彩虹姑娘心想，那就算了吧，怎么说他也是个人，就不弄死他了。接着，两人就一起回村里了。

回到村里，看见彩虹姑娘被救出来了，全村人都很高兴。之后，孤儿和彩虹姑娘就重新过上好日子了，两人依然相亲相爱，没过多久，彩虹姑娘就为孤儿生了一个漂亮可爱的女孩。

而神仙也认可孤儿了，从那时起，就让他的女儿待在凡间，再也不用回天上去了。

（王花讲述，吴艳记录）

2.9 自强不息的两姐弟

suɯ³³saŋ¹¹　　na³³　　　　　dɔ²¹¹　tsɯ³¹　daŋ³¹　maːŋ⁵⁵　ma⁵⁵nen³³,
从前　　　DEF/TOP　　　有　　一　　CL-条　故事　　这样
以前有这样的一个故事，

dɔ²¹¹　tsɯ³¹　doŋ¹¹　plɔŋ³³　a¹¹　na³³,　pai³³-me¹¹　na³³　buai³³
有　　一　　CL-户　家　　别人　那　F - 母亲　DEF　已经
khuŋ⁵¹　ɬaːu³¹,
先　　死
有一户人家，母亲已经去世了，

ma³³siaŋ³³　　pha³³-ba³¹　　mai¹¹　laŋ¹¹　pha³³　laŋ¹¹　pai³³-ɬuk¹¹　buai³³,
只有　　　M-父亲　　CONJ-和CL-个　男　CL-个　F-孩子　　MOOD
只剩下父亲，一个儿子和一个女儿了，

pha³³-ba³¹　　ma³³　mai¹¹　thaːu³¹　luɯ¹¹　tsɯ³¹　laŋ¹¹　me¹¹no³³.
M - 父亲　只　就　找　REP　一　CL-个　继母
父亲就重新找了一个继母。

van³³　kaːu³³,　laŋ¹¹　me¹¹no³³　na³³　mai¹¹　ɬou¹¹　luɯ¹¹　tsɯ³¹
NEG-不久　　CL-个　继母　　那　就　生　REP　一
laŋ¹¹　ɬuk¹¹pha³³maːŋ¹¹,
CL-个　男孩
过了不久，继母就又生了一个男孩，

ma³³kɯ³³　　pai³³-me¹¹　　na³³　te²⁵⁵te²¹¹,　　van³³　kho²¹¹　pai³³
CONJ-但是　F - 母亲　DEF　很坏　　NEG-不疼爱　EMPH
ɬou³³　laŋ¹¹　ɬuk¹¹　maːŋ¹¹　na³³,
两　CL-个　孩子　旧　　那
可继母很坏，不爱前妻的那两个孩子，

ma³³　kho²¹¹　pai³³　ɬuk¹¹　nə¹¹　ɬou¹¹　na³³　buai³³,
只　疼爱　EMPH　孩子　3sg-她　生　DEF　MOOD
只爱她自己生的孩子而已，

ai³³　kou³¹　　　　　pai³³　ɬou³³　laŋ¹¹　ɬuk¹¹　na³³　lɔ²¹¹tha³¹,

不愿 PERMS-给　　　EMPH 两　　CL-个　孩子　那　　吃　米饭
不给那两个孩子吃饭，

ai³³　kɔu³¹　　　　　pai³³　ɬou³³　laŋ¹¹　ɬɯk¹¹　na³³　　pauɯ¹¹　　kɔu³¹
不愿 PERMS-给　　　EMPH 两　　CL-个　孩子　那　　回来　　睡
khɯ³³　plɔŋ³³,
里　　家
不让那两个孩子在家里睡，

ma³³　khai³³　kɔu³¹　khɯ³³　fou¹¹　ven³¹plɔŋ³³　　buai³³.
只　　CAUP-叫睡　PREP-在 下面　走廊　　　　　MOOD
只让睡在走廊而已。

zou¹¹　　pha³³-ba³¹　　na³³　tsɯ³¹　vaŋ⁵⁵vaŋ¹¹　　　phə¹¹
CONJ-而 M - 父亲　　DEF　是　　CL-天 - CL-天 去
lei⁵¹kɔŋ¹¹　khɯ³³aŋ¹¹khɯ³³ŋo³³,
干活儿　　　田间 - 山里
而父亲天天去田间山里干活，

ɬom³³　pai³³-me¹¹pei¹¹　na³³　ai³³　kho?¹¹　pai³³　ɬou³³　laŋ¹¹　ɬɯk¹¹　na³³.
不知道 F - 后母　　DEF　不愿　疼爱　EMPH　两　　CL-个　孩子　那
不知道继母不疼那两个孩子。

do?¹¹　tsɯ³¹　　　vaŋ¹¹　na³³,　　pha³³-ba³¹　　na³³　mai¹¹　pauɯ¹¹
有　　一　　　CL-天 DEF　　M-父亲　　DEF　就　　回来
khɯ³³　plɔŋ³³,
里　　家
有一天，父亲就回到家里，

pai³³-me¹¹pei¹¹　　na³³　mai¹¹　bo³³　kɔu³¹　pha³³-ba³¹　　na³³,
F - 后母　　　　DEF　就　　告状 BEN-给 M - 父亲　　DEF
后母就先向父亲告状，

sem³¹: "pai³³　ɬou³³　laŋ¹¹　ɬɯk¹¹　mə¹¹　na³³　te?¹¹　ɬɯk¹¹　o³¹,
说　　　EMPH 两　　CL-个 孩子　2sg-你 那　　坏　　孩子　IND
说："你的那两个孩子是坏孩子哟，

pla³¹ koŋ¹¹ ri³³ ɬom³³ lei⁵¹, ma³³kɯ³³ diau¹¹ lɔʔ²¹¹ o³¹,
什么 工作 都 不懂 做 CONJ-但是 会 吃 IND
什么活都不会干，可特别能吃哟，

khai³³ nə¹¹ ɬou³³ laŋ¹¹ lei³¹pla³¹ koŋ¹¹ ri³³ ai³³
CAUP-叫3pl-他们 两 CL-个 干什么 工作 都 不愿
da:m¹¹ lei³¹ a³¹,
想 做 IND
叫他们干什么活都不愿意干啊，

tui³³ nua¹¹zai¹¹, khai³³ thɔu³³ pha³³ laŋ¹¹ ɬɯk¹¹sot¹¹ na³³
最 调皮 CAUP-叫守 M CL-个 老幺 那
ka³¹ dai⁵¹ thɔu³³,
也 不肯 守
最不听话，叫他们照看老幺也看不好，

ŋa⁵⁵ŋa¹¹ lei³¹ pha³³-ɬɯk⁵⁵ na³³ ,mə¹¹ lo¹¹ la:i³³ re³³. "
常 -常 打 M - 孩子 DEF 2sg-你 看 PNC IMPM
经常打老幺，你看看吧。"

me¹¹pei¹¹ na³³ mai¹¹ ɬet¹¹ pai³³ viaŋ³³ pha³³-ɬɯk¹¹ na³³
后母 DEF 就 掀开 EMPH 衣 M - 孩子 DEF
kɔu³¹ pha³³-ba³¹ na³³ lo¹¹,
BEN-给 M-父亲 DEF 看
后妈就把孩子的衣服掀开，让父亲看，

la:i³³ pai³³ ra:i³³ pai³³ bok⁵⁵ na³³ buai³³ mit⁵⁵ daŋ³³ tsap¹¹
看见 EMPH 肚子 EMPH 背 DEF 已经 掐 RST 透着
om³³ dam³³,
甚至 黑
看到孩子的肚子，背上都被掐得淤青，有些地方甚至发紫，

pai³³ tsok¹¹ fɔu¹¹ ra:i³³ha¹¹ na³³ ka³¹ buai³³ mit⁵⁵ daŋ³³ tsap¹¹vop¹¹.
EMPH PREP-沿 下 大腿肚 DEF 也 已经 掐 RST 淤青
大腿肚下一大片也被掐得发黑。

pha³³-ba³¹ na³³ mai¹¹ fat⁵⁵ lo¹¹ fat⁵⁵ ren³¹khei³¹,

M - 父亲　DEF　就　　越　　看　越　　生气
父亲就越看越生气，

mai¹¹　tsaːŋ¹¹　pai³³　ɬɔu³³　laŋ¹¹　ɬɯk¹¹　luŋ¹¹　na³³　thuŋ¹¹　zɔu¹¹　pat¹¹.
就　　CAUP-喊EMPH　两　CL-个　孩子　大　　那　　出来　CONJ-然后　打
就叫那两个大孩子出来，然后就打。

pai³³-me¹¹no³³　　na³³　tsɯ²⁵⁵　sem³¹　kɔu³¹　pha³³-ba³¹　na³³,　sem³¹:
F - 继母　　　　DEF　接着　　说　　BEN-给　M - 父亲　DEF　说
继母接着对父亲说：

"pai³³　ɬɔu³³　laŋ¹¹　ɬɯk¹¹　nen³³　luam⁵¹　te²¹¹　ɬɯk¹¹,
EMPH　两　　CL-个　孩子　这　　太　　坏　　孩子
"这两个孩子实在太坏，

mə¹¹　iu¹¹　phə¹¹　zui⁵⁵　ɬɯk¹¹　khɯ³³　ŋo³³　na³³　re³³."
2sg-你　带　　去　　丢　　进　　里　　山　　DEF　IMPM
你带到山里头丢了吧。"

pha³³-ba³¹　na³³　ka³¹　mai¹¹　tsən³¹　pai³³-me¹¹no³³　na³³　khuŋ³³.
M - 父亲　DEF　也　就　　信　　F - 继母　　　　DEF　说话
父亲也就听信了继母的谗言。

mai¹¹　doŋ¹¹　pai³³ho³¹　ka:u³³va:ŋ³³,　vom⁵¹vom⁵¹　liŋ¹¹,
就　　到　　明天　　　早晨　　　　朦朦　　　　亮
到了第二天天蒙蒙亮，

pha³³-ba³¹　na³³　mai¹¹　tha³³　pai³³　ɬɔu³³　laŋ¹¹　ɬɯk¹¹　na³³
M - 父亲　DEF　就　　带　　EMPH　两　　CL-个　孩子　那
phə¹¹　khɯ³³　suŋ¹¹ŋo³³　na³³.
去　　里　　野外　　　DEF
父亲就带那两个孩子到荒郊野外去了。

pha³³-ba³¹　na³³　tsɯ³¹　fiŋ¹¹　pai³³　ruk¹¹ka³³　na³³,
M - 父亲　DEF　就　　背　　EMPH　腰篓　　　DEF
父亲就背着腰篓，

mai¹¹　　fei¹¹　　tho³¹　　tsɯ³¹　　daŋ³¹　　ɬɯk⁵⁵-kha¹¹nam³³,
就　　　　走　　　到　　　一　　　　CL-条　　DIM - 溪水
走到一条小溪，

mai¹¹　　laːi³³　　dɔʔ¹¹　　tsɯ³¹　　laŋ¹¹　　ɬa¹¹pluam³¹,
就　　　　看见　　　有　　　一　　　　CL-条　　一种鱼
就看到一条ɬa¹¹pluam³¹鱼，

ba³¹　　nə¹¹　　　mai¹¹　　tɔu¹¹　　poʔ¹¹,
父亲　　3pl-他们　　就　　　下去　　抓
父亲就下去抓，

eɯ¹¹　　tɔu¹¹　　khɯ³³　　ruk¹¹ka³³　　nə¹¹　　na³³,　　mai¹¹　　kom³¹　　fei¹¹　　　tsoʔ¹¹.
装　　　下　　　里　　　　腰篓　　　3sg-他　DEF　　就　　　　还　　　走　　　　MOOD
把鱼装在他的腰篓里，就继续走着。

ɬou³³　　laŋ¹¹　　ɬɯk¹¹　　na³³　　mai¹¹　　khaːm¹¹　　ba³¹,
两　　　　CL-个　　孩子　　那　　　就　　　问　　　　　父亲
那两个孩子就问父亲，

sem³¹:"　ba³¹　　ha³¹,　　na³³　　mə¹¹　　rɯ⁵¹　　iu¹¹　　fə¹¹
说　　　　父亲　INJ　　那　　　2sg-你　要　　　带　　　1pl-excl:我们
phə¹¹　　khɯ³³the⁵¹　　ra³¹,　　zɔu¹¹　　fei¹¹　　lai⁵⁵　　nen³³　　kuŋ⁵⁵?"
去　　　哪里　　　　　INT　　CAUP-使走　　远　　　这么　　路
说："父亲啊，那你要带我们去哪儿呢，让我们走这么远的路？"

ba³¹　　na³³　　mai¹¹　　then¹¹　　sem³¹:
父亲　　DEF　　就　　　回答　　　说
父亲就说:

"iu¹¹　　sə¹¹　　　phə¹¹　　khɯ³³suŋ¹¹khɯ³³ŋo³³　　　phə¹¹　　rɯ⁵⁵
带　　　2pl-你们　去　　　荒郊野岭　　　　　　　　去　　　摘
suam¹¹sai¹¹　　be³³re³¹."
水果　　　　　MOOD
"带你们去野外深山摘水果的啊。"

sem³¹　　rit⁵⁵　　mai¹¹　　kom³¹　　fei¹¹　　ha³¹　　fei¹¹　　tsoʔ¹¹.

说	完	就	还	走	RHY	走	MOOD

说完，就还继续走啊走。

lom³¹	fei¹¹	thaŋ³¹	fu³³	daŋ³¹	nam³³,	fei¹¹	thaŋ³¹	fu³³	daŋ³¹	ŋo³³,
又	走	EXP-过	三	CL-条	河	走	EXP-过	三	CL-座	山

又走过三条河，走过了三座山，

pai³³	ɬou³³	laŋ¹¹	ɬuk¹¹	na³³	mai¹¹	kha:m¹¹	tso²¹¹,	sem³¹:
EMPH	两	CL-个	孩子	那	就	问	MOOD	说

那两个孩子就还继续问，说，

"ba³¹	ha³¹,	na³³	khə¹¹	buai³³	ru⁵¹	phə¹¹	dak⁵⁵dak¹¹	ra³¹?
爸爸	INJ	那	1pl-incl:咱们	已经	要	去	究竟	INT

"爸爸啊，那咱们究竟要去哪儿呢？

lom³¹	buai³³	fei⁵⁵	daŋ³³	lai¹¹	dak¹¹	lai¹¹,
又	已经	走	RST	远	真	远

又走了这么远，

fə¹¹	ri³³	ɬom³³	kuŋ⁵⁵	pau¹¹	tham¹¹.
1pl-excl:我们	都	不知道	路	回去	MOOD

我们都不知道回去的路啦。

pha³³-ba³¹	na³³	mai¹¹	sem³¹:
M - 父亲	DEF	就	说

父亲就说：

"e⁵¹,	ɬuk¹¹	heu⁵¹,	ha:ŋ³³	sə¹¹	khuŋ⁵¹	thou³³	ho¹¹
INTERJ	孩子	INJ	等	2pl-你们	先	等	1sg-我

khɯ³³	nen³³	leɯ⁵¹."
PREP-在	这里	IMPM

"哎，孩子啊，你们先在这里等我一下吧。"

"ho¹¹	khuɯŋ⁵¹	phə¹¹	ru⁵⁵	suam¹¹na:m⁵⁵	kou³¹	sə¹¹	lo²¹¹	re³³."
1sg-我	先	去	摘	一种野果	BEN-给	2pl-你们	吃	IMPM

"我先去摘suam¹¹na:m⁵⁵给你们吃吧。"

pai³³　ɬou³³　laŋ¹¹　ɬɯk¹¹　na³³　ka³¹　tsəŋ⁵⁵tsəŋ³¹　　pha³³-ba³¹　　na³³,
EMPH 两　CL-个 孩子　那　也　信 - 信　　M - 父亲　DEF
那两个孩子也相信父亲，

mai¹¹　tsɔŋ³³　thɔu³³　ket⁵⁵　na³³.
就　坐　等　附近　DEF
就坐在附近等。

pha³³-ba³¹　　na³³　mai¹¹　fei¹¹,　fei¹¹　la¹¹　paɯ¹¹,
M - 父亲　DEF　就　走　走　反　回去
父亲就走了，按照原路返回，

mai¹¹　la:i³³　tsɯ³¹　thuŋ³³　sai¹¹,
就　看见　一　CL-棵　树
就看到一棵树，

ba³¹　na³³　mai¹¹　kha³¹　pai³³　ruk¹¹ka³³　　na³³　kha¹¹　kha¹¹sai¹¹,
父亲 DEF　就　挂　EMPH 腰篓　DEF　上　树枝
父亲就把腰篓挂在树枝上，

nə¹¹　mai¹¹　sem³¹　kɔu³¹　ɬa¹¹pluam³¹　　na³³　sem³¹:
3sg-他　就　说　BEN-给 一种鱼　DEF　说
他就对ɬa¹¹pluam³¹说：

"ɬa¹¹pluam³¹　a³¹　ɬa¹¹pluam³¹,　　thɔu³³　mə¹¹　pleɯ¹¹thiu¹¹　　dɔʔ¹¹
一种鱼　RHY 一种鱼　　等　2sg-你 听见　　有
ɬɯk¹¹　a¹¹　tsa:ŋ¹¹　ba³¹,　ha:ŋ³³　mə¹¹　heɯ⁵¹　'leɯ⁵¹'."
孩子　人家　叫　父亲　之后　2sg-你 回答　INTERJ
"ɬa¹¹pluam³¹呀ɬa¹¹pluam³¹，如果你听见有人家的小孩喊父亲，你要应答'哎'。"

pai³³　ɬa¹¹pluam³¹　　na³³　mai¹¹　sem³¹: "eɯ³¹."
EMPH 一种鱼　DEF　就　说　INTERJ
ɬa¹¹pluam³¹就说："好。"

mai¹¹　pai³³　ɬou³³　laŋ¹¹　ɬɯk¹¹　na³³　buai³³　tsɔŋ³³　kha¹¹na³³
就　EMPH 两　CL-个 孩子　那　已经　坐　那里
ka:u⁵⁵ka:u³³　kha¹¹,　ri³³　kom³¹　van³³la:i³³　ba³¹　nə¹¹　　　tho³¹　tsoʔ¹¹,

久 - 久　　　时间　都　　还　　　没有　　　　　父亲　3pl-他们　　　到　　　MOOD
那两个孩子就在那里坐了好长好长时间，都还没看到爸爸回来呢，

laŋ¹¹　ei⁵¹　na³³　mai¹¹　tsa:ŋ¹¹:"　ba³¹　heɯ⁵¹　ba³¹."
CL-个　姐姐　那　　就　　叫　　　　爸爸　RHY　爸爸
姐姐就叫："爸爸哎爸爸。"

mai¹¹　pleɯ¹¹thiu¹¹　　"heɯ⁵¹",
就　　听见　　　　　　INTERJ
就听到"哎"，

laŋ¹¹　noŋ³¹　na³³　mai¹¹　sem³¹:"　fat⁵⁵　dɔ²¹¹　thiu¹¹　ba³¹　'heɯ⁵¹'　ni⁵⁵."
CL-个　弟弟　那　　就　　说　　　正在　有　　声音　　爸爸　INTERJ　IND
弟弟就说："有爸爸'哎'的应答声呢。"

laŋ¹¹　ei⁵¹　na³³　sem³¹:"　ba³¹　ŋe⁵¹　buai³³　rɯ⁵⁵　ɬuai⁵⁵ɬuai¹¹
CL-个　姐姐　那　　说　　　爸爸　一定　已经　　摘　　多 - 多
suam¹¹　mɔu³¹　lɔ²¹¹　kɔu³¹　khə¹¹."
野果　　东西　吃　　BEN-给　1pl-incl:咱们
姐姐说："爸爸一定是给咱们摘了好多野果和吃的东西。"

mai¹¹　thɔu³³　ha³¹　thɔu³³　tso²¹¹,
就　　等　　　RHY　等　　　MOOD
就继续等啊等，

mai¹¹　daŋ³³　pha³³-noŋ³¹　　na³³　tsa:ŋ¹¹　lɯŋ¹¹　ba³¹:"　ba³¹　heɯ⁵¹."
就　　到　　M - 弟弟　　　DEF　叫　　　REP　　父亲　爸爸　INJ
就轮到弟弟也又叫爸爸："爸爸哎。"

"heɯ⁵¹."　kom³¹　la:i³³　dɔ²¹¹　thiu¹¹　heɯ⁵¹　tso²¹¹　a¹¹.
INTERJ　还　　看见　有　　声音　　INTERJ　MOOD　IND
"哎！"只见还有声音"哎"应答着啊。

pai³³-ei⁵¹　na³³　sem³¹:"　ba³¹　tsɯ²⁵⁵　la:i³³　lei³¹pla³¹,
F - 姐姐　DEF　说　　　父亲　怎么　　看见　　干什么
姐姐说："怎么老能听到爸爸的声音，

zɔu¹¹　　buai³³　　sap⁵⁵　ri³³　kom³¹　van³³laːi³³　　tho³¹　nen³³　tso⁷²¹¹　　　raː³¹."
CONJ-而　已经　　晚　都　还　　NEG-没有　　到　这里　MOOD　　INT
可天色快黑了还没见爸爸回这里呢。"

laŋ¹¹　　noŋ³¹　na³³　mai¹¹　sem³¹:
CL-个　弟弟　那　就　　说
弟弟就说：

"ba³¹　kiau⁵⁵　buai³³　phə⁵⁵　po⁷⁵⁵　kɔu³¹　khə¹¹　　　　mɔu³¹　lɔ⁷²¹¹."
爸爸　可能　　已经　去　抓　　BEN-给　1pl-incl:咱们　东西　吃
"爸爸可能去给咱们抓什么小动物了。"

mai¹¹　thɔu³³　daŋ³³　sap¹¹　ri³³　kom³¹　van³³laːi³³　ba³¹　pauu¹¹　tso⁷²¹¹.
就　　等　　　RST　晚　　都　还　　没有　　　父亲　回来　　MOOD
就等到晚上都还没见到父亲回来呢。

pha³³-noŋ³¹　　na³³　mai¹¹　sem³¹　buai³³　daːu⁵⁵thiu¹¹,
M-弟弟　　　DEF　就　　说　　已经　　口渴
弟弟就说口渴了，

nə¹¹　mai¹¹　ɬɔu³³　laŋ¹¹　ei⁵⁵noŋ⁵¹　phə¹¹　thaːu⁵¹　nam³³　ɔk¹¹,
3sg-它　就　两　CL-个　姐弟　　　去　　找　　　水　　喝
姐弟两个就一起去找水喝，

laːi³³　ɬuuk⁵⁵　daŋ³¹　khaː¹¹nam³³　na³³　dɔ⁷²¹¹　nam³³,
看见　DIM　　CL-条　溪水　　　　那　有　　水
看到前面有条小溪，

mai¹¹　ɬɔu³³　laŋ¹¹　deuu¹¹　meuu¹¹　bo⁷²¹¹　zɔu¹¹　　ɔk¹¹,
就　　两　　CL-个　INST-用　手　　打水　ADV　　喝
两个孩子就用手捧着水喝，

ia⁵¹　ɔk¹¹　mai¹¹　pauu¹¹　luuŋ¹¹　khuu³³　　ra³¹　nə¹¹　　thɔu³³
得　　喝　就　　回　　REP　　PREP-在　地方　3pl-他们　等
ba³¹　nə¹¹　　na³³,
父亲　3pl-他们　DEF
喝了就再回到他们等父亲的地方，

mai¹¹ kom³¹ tsa:ŋ¹¹ luɯŋ¹¹ ba³¹ nə¹¹ tso²¹¹,
就 还 叫 REP 父亲 3pl-他们 MOOD
还继续叫他们的父亲呢，

"ba³¹ heɯ⁵¹, ba³¹ heɯ⁵¹." "heɯ⁵¹, heɯ⁵¹."
爸爸 INJ 爸爸 INJ INTERJ INTERJ
"爸爸哎，爸爸哎！" "哎，哎！"

ɬou³³ laŋ¹¹ ɬuuk¹¹ na³³ mai¹¹ khou³³ ma⁵⁵nen³³,
两 CL-个 孩子 那 就 想 这样
两个孩子就心生狐疑，

kom³¹ la:i³³ do²¹¹ thiu¹¹ "heɯ⁵¹" tso²¹¹,
还 看见 有 声音 INTERJ MOOD
还一直能听到有声音"哎"呢，

zou¹¹ ɬo²¹¹ nen³³ sap¹¹ ri³³ kom³¹ van³³la:i³³ tho³¹ nen³³ tso²¹¹.
CONJ-而 深 这么 晚 都 还 NEG-没有 到 这里 MOOD
可都这么晚了，父亲还没回这里呢。

pha³³-noŋ³¹ na³³ mai¹¹ buai³³ da:m⁵⁵ tsuaŋ¹¹,
M-弟弟 DEF 就 已经 打算 睡
弟弟就想睡了，

mai¹¹ sem³¹ kou³¹ laŋ¹¹ ei⁵¹ na³³,
就 说 BEN-给 CL-个 姐姐 那
就跟姐姐说，

ei⁵¹ na³³ mai¹¹ sem³¹:" khə¹¹ ma³¹ khuuŋ⁵¹ tsuaŋ¹¹
姐姐 DEF 就 说 1pl-incl:咱们 就 先 睡
ket⁵⁵ nen³³ re³³."
附近 这里 IMPM
姐姐就说："咱们就先在这儿附近睡吧。"

mai¹¹ ɬou³³ laŋ¹¹ ei³¹non³¹ zom³³ thuan³³ ka³¹ tsuaŋ¹¹.
就 两 CL-个 姐弟 依偎 RECIP 也 睡

姐弟俩就相互偎依着睡着了。

fa^{33}　mai^{11}　buai^{33}　liŋ^{55},　noŋ^{31}　na^{33}　mai^{11}　łuŋ^{11},
天　　就　　已经　　亮　　弟弟　DEF　就　　醒
天亮了，弟弟就醒过来，

mai^{11}　ŋɔŋ^{31}　ŋɔŋ^{31}　laŋ^{11}　ei^{51},
就　　动　　动　　CL/DEF姐姐
就推推姐姐，

"ei^{51}　heɯ^{51}　ei^{51},　buai^{33}　la:i^{33}　ba^{31}　khə^{11}　　va^{51}?"
姐姐　RHY　姐姐　已经　看见　爸爸　1pl-incl:咱们　INT
"姐姐哎姐姐，看到咱爸了么？"

laŋ^{11}　ei^{51}　na^{33}　mai^{11}　et^{11}et^{11}　sa^{11},　lo^{11}tsaŋ^{33}lo^{11}lui^{11},
CL-个　姐姐　那　就　　擦 -擦　眼睛　上下张望
姐姐就揉揉眼睛，上下张望，

sem^{31}:"　van^{33}la:i^{33}　tso^{211}　ei^{51},　van^{33}la:i^{33}　ba^{31}　khə^{11}
说　　没有　　MOOD IND　没有　　爸爸　1pl-incl:咱们
tho^{31}　khɯ^{33}nen^{33}　tso^{211}　re^{31}."
到　　这里　　MOOD IND
说：还没呢呀，爸爸还没回到这里的呀。"

nə^{11}　　mai^{11}　łɔu^{33}　laŋ^{11}　zəŋ^{55}zəŋ^{33}　tsuŋ^{11}　zɔu^{11}
3pl-他们　就　　两　　CL-个　快 - 快　　站　　ADV
tsa:ŋ^{11}　ba^{31}　nə^{11}　　tso^{211}　re^{31},
叫　　父亲　3pl-他们　MOOD IND
他们就赶紧站起身，继续叫喊父亲呀，

"ba^{31}　heɯ^{51},　ba^{31}　heɯ^{51},　mə^{11}　khɯ^{33}　the^{51}　ra^{31}?　ba^{31}　heɯ^{51}!"
爸爸　INJ　爸爸　INJ　2sg-你　在　　哪儿　INT　爸爸　INJ
"爸爸哎，爸爸哎，你在哪儿呢？爸爸哎！"

mai^{11}　kom^{31}　pleɯ^{11}thiu^{11}　"heɯ^{51},　heɯ^{51}",
就　　还　　听见　　　INTERJ　INTERJ
就还能听到"哎，哎"的声音，

laŋ¹¹　ei⁵¹　na³³　mai¹¹　kom³¹　hiaŋ³³　tsa:ŋ¹¹　tsɯ³¹　fuai¹¹　thiu¹¹　tso²¹¹,
CL-个　姐姐　那　就　还　努力　叫　一　CL-次　声音　MOOD
姐姐再大声叫一次，

thiu¹¹　ba³¹　kom³¹　"heɯ⁵¹"　tso²¹¹.
声音　爸爸　还　INTERJ　MOOD
还能听到爸爸"哎"的应答声。

pha³³-noŋ³¹　na³³　mai¹¹　khoi³¹ti³¹　ŋai³³,
M-弟弟　DEF　就　开始　哭
弟弟就开始哭了，

pai³³-ei⁵¹　na³³　mai¹¹　sem³¹:"ma³³　pleɯ¹¹thiu¹¹　thiu¹¹　ba³¹　heɯ⁵¹."
F-姐姐　DEF　就　说　只　听见　声音　爸爸　INTERJ
姐姐就说："只听见爸爸'哎'的声音。"

"ma³³kɯ³³　dia⁵¹　la:i³³　ŋa:u⁵⁵,　noŋ³¹　heɯ⁵¹,　khə¹¹
CONJ-但是　不得　看见　人　弟弟　INJ　1pl-incl:咱们
phə¹¹　tha:u⁵¹　la:i³³　ba³¹　re³³."
去　找　PNC　爸爸　IMPM
"但是没见着人，弟弟哎，咱们去找找爸爸吧。"

noŋ³¹　na³³　mai¹¹　sem³¹:"eɯ³¹,　phə¹¹　re³³,　khə¹¹
弟弟　DEF　就　说　INTERJ　去　IMPM　1pl-incl:咱们
phə¹¹　tha:u⁵¹　la:i³³　ba³¹　khə¹¹　re³³."
去　找　PNC　爸爸　1pl-incl:咱们　IMPM
弟弟就说："好，去吧，咱们去找一下爸爸吧。"

mai¹¹　ɬɔu³³　laŋ¹¹　ei³¹noŋ³¹　fat⁵⁵　fei¹¹　fat⁵⁵　tsa:ŋ¹¹　ba³¹,
就　两　CL-个　姐弟　越　走　越　叫　父亲
姐弟俩就一边走一边叫父亲，

fat⁵⁵　tsa:ŋ¹¹　ba³¹　fat⁵⁵　dɔ²¹¹　thiu¹¹　"heɯ⁵¹",
越　叫　父亲　越　有　声音　INTERJ
不断喊，父亲"哎"的声音就不断传来，

nə¹¹　　　mai¹¹　　fei¹¹　　fɔu¹¹　　pai³³　　thiu¹¹　　"heɯ⁵¹"　　na³³,
3pl-他们　就　　走　　下面　EMPH　声音　INTERJ　DEF
他们就往声音传来的方向走过去，

fat⁵⁵　　luŋ¹¹　　thiu¹¹　　tsa:ŋ¹¹　　ba³¹　　fat⁵⁵　　luŋ¹¹　　thiu¹¹　　"heɯ⁵¹".
越　　　大　　声音　　叫　　　父亲　越　　大　　声音　　INTERJ
他们叫爸爸的喊声越大，父亲"哎"的声音也越大。

mai¹¹　　buai³³　　fei⁵⁵　　tho³¹　　ra³¹　　dɔ⁷¹¹　　thiu¹¹　　"heɯ⁵¹"　　na³³,
就　　　已经　　走　　到　　地方　有　　声音　　INTERJ　DEF
就走到有声音"哎"的地方，

mai¹¹　　ɬɔu³³　　laŋ¹¹　　ei³¹noŋ³¹　　ka³¹　　tsuŋ¹¹　　zɔu¹¹　　tha:u³¹　　ba³¹　　nə¹¹,
就　　　两　　CL-个　姐弟　　　还　　站　　ADV　　找　　父亲　3pl-他们
两姐弟站着，左右张望寻找父亲，

tha:u³¹tsaŋ³³tha:u³¹lui¹¹　　　　ri³³　　dia⁵¹　　la:i³³　　ba³¹　　nə¹¹,
找来找去　　　　　　　　　都　　不得　看见　父亲　3pl-他们
找来找去都没见着父亲，

laŋ¹¹　　noŋ³¹　　na³³　　mai¹¹　　tsa:ŋ¹¹　　bau³¹　　tsa:ŋ¹¹　　bau³¹,
CL-个　弟弟　那　　就　　喊　　MOOD　喊　　MOOD
弟弟就喊呀喊啊，

na³³　　mai¹¹　　pleɯ¹¹thiu¹¹　　"heɯ⁵¹　　bau³¹　　heɯ⁵¹　　bau³¹".
那　　就　　听见　　　　INTERJ　MOOD　INTERJ　MOOD
就听到"哎啊，哎啊"。

fuai¹¹　　lo¹¹,　　la:i³³　　pai³³　　tsom³¹　　ruk¹¹ka³³　　fat⁵⁵　　kha³¹　　kha¹¹　thuŋ³³sai¹¹,
一　　看　　看见　EMPH　一个　　腰箩　　正在　挂　　上　　树杆
抬头一看，看见一个腰箩正挂在树杆上，

ei⁵¹　　na³³　　mai¹¹　　pui³³　　pai³³　　ruk¹¹ka³³　　na³³　　tɔu¹¹,
姐姐　那　　就　　拿　　EMPH　腰箩　　DEF　下来
姐姐就把腰箩拿下来，

ɬɔu³³　　laŋ¹¹　　ei³¹noŋ³¹　　mai¹¹　　lo¹¹,

两　　　　CL-个　姐弟　　　　就　　　看
两姐弟就看，

ma⁵⁵　　la:i³³　dɔʔ²¹¹　tsɯ³¹　laŋ¹¹　ɬa¹¹pluam³¹　　　khɯ³³　　na³³.
只　　　看见　　有　　　一　　　CL-只　一种鱼　　　　　PREP-在　那里
只见有一只ɬa¹¹pluam³¹鱼在里面。

noŋ³¹　　na³³　mai¹¹　tsa:ŋ¹¹:"　ba³¹　　heɯ⁵¹."
弟弟　　DEF　就　　　叫　　　　爸爸　　INJ
弟弟就喊："爸爸哎！"

pai³³　ɬa¹¹　na³³　mai¹¹　"heɯ⁵¹".
EMPH　鱼　　DEF　就　　INTERJ
鱼就应"哎"。

ɬɔu³³　laŋ¹¹　ei³¹noŋ³¹　　na³³　mai¹¹　ma³³siaŋ³³　lo¹¹　thuaŋ³³,
两　　　CL-个　姐弟　　　　那　　就　　只有　　　　看　　RECIP
两姐弟只有面面相觑，

buai³³　ɬom³³　khuŋ³³　lei³¹mɔu⁵¹the⁵¹　　na³³　ɬen¹¹,
已经　　不知道　说话　　做什么　　　　　　才　　好
已经不知道该说什么才好，

laŋ¹¹　ei⁵¹　na³³　mai¹¹　fuaŋ³¹　pai³³　ruk¹¹ka³³　na³³,
CL-个　姐姐　那　　就　　抛　　　EMPH　腰篓　　　DEF
姐姐就把腰篓往地上一扔，

pai³³　ɬa¹¹pluam³¹　na³³　mai¹¹　sem³¹　thɯŋ¹¹,
EMPH　一种鱼　　　　DEF　就　　溅　　出来
ɬa¹¹pluam³¹就从腰篓中出来了，

pha³³-noŋ³¹　　na³³　mai¹¹　vou³¹　phə¹¹　voŋ¹¹　pai³³　ɬa¹¹　na³³,
M-　弟弟　　　　DEF　就　　跑　　去　　　捡　　　EMPH　鱼　　DEF
弟弟就跑过去把鱼捡起来，

mai¹¹　kha:m¹¹　sem³¹:"　mə¹¹　lei³¹pla³¹　vaŋ⁵⁵vaŋ¹¹　　ka³¹
就　　　问　　　说　　　2sg-你　干什么　　　CL-天　-CL-天　也

heɯ⁵¹　thiu¹¹　ba³¹　ho¹¹　lo³³?"
INTERJ 声音　爸爸　1sg-我　INT
问它说："你干嘛天天都假装我爸爸的声音应答呢？"

ɬa¹¹pluam³¹　mai¹¹　then¹¹　sem³¹:
一种鱼　　就　回答　说
ɬa¹¹pluam³¹鱼就回答：

"na³³　ba³¹　sə¹¹　khai³³　ho¹¹　heɯ⁵¹　sə¹¹　ha³³re³¹,
那　爸爸　2pl-你们　CAUP-叫 1sg-我　INTERJ 2pl-你们　MOOD
"那是你们的父亲叫我应答你们的哇，

ba³¹　sə¹¹　buai³³　paɯ⁵⁵,　ai³³　deɯ¹¹　sə¹¹　tham¹¹,
爸爸　2pl-你们　已经　回去　不愿 要　你们　MOOD
你们的父亲已经回家了，不想要你们啦，

ma³³　fet⁵⁵　sə¹¹　khɯ³³　suŋ¹¹ŋo³³,　khai³³　thɔu³³　sə¹¹
只　扔　你们　PREP-在 野外　　CAUP-叫 等　2pl-你们
tsa:ŋ¹¹　ha:ŋ³³　khai³³　ho¹¹　heɯ⁵¹."
叫　　之后　CAUP-叫 1sg-我　INTERJ
只有把你们扔在野外，他叫我听到你们喊爸爸，就应答一声'哎'。"

laŋ¹¹　noŋ³¹　na³³　mai¹¹　et⁵⁵　ren³¹khei³¹,　sem³¹:
CL-个 弟弟　那　就　非常 生气　　说
弟弟就非常生气，说：

"hən³³　nen³³　thɔu³³　fə¹¹　　tsa:ŋ¹¹　ba³¹
PREP-从 这时　等　1pl-excl:我们　叫　父亲
fə¹¹　　ha:ŋ³³,　mə¹¹　ɔu⁵¹　heɯ⁵¹　tham¹¹."
1pl-excl:我们　之后　2sg-你 NEG-别 INTERJ MOOD
"从现在开始，我们喊父亲的时候，你别再'哎'了。"

mai¹¹　lei³¹　fuai¹¹　ziŋ⁵¹vuŋ³³　lip¹¹maŋ³¹　kha¹¹　vo³³
就　做　一　VCL-大拇指　指甲印　　上　头
ɬa¹¹pluam³¹　na³³,
一种鱼　DEF
就用大拇指在ɬa¹¹pluam³¹头上摁下一个指甲印，

na³³   mai¹¹   fet⁵⁵   pai³³   ɬa¹¹pluam³¹   na³³   tɔu¹¹   khɯ³³   nam³³,
那   就   扔   EMPH   一种鱼   DEF   下   里   水

接着就把ɬa¹¹pluam³¹鱼扔到水里，

tsu⁵¹həŋ⁵⁵   na³³,   vo³³   ɬa¹¹pluam³¹   na³³   mai¹¹   dɔ²¹¹   tha:ŋ¹¹
PREP-自从   那时   头   一种鱼   DEF   就   有   疤

lip¹¹   a¹¹   maŋ³¹.
指甲   人家   印

自从那时候，ɬa¹¹pluam³¹的头上就有了指甲印的痕迹。

ɬɔu³³   laŋ¹¹   ei³¹noŋ³¹   na³³   mai¹¹   buai³³   paɯ³³   pha³³ba³¹
两   CL-个   姐弟   那   就   已经   知道   M - 父亲

na³³   ai³³   da:m¹¹   deɯ¹¹   nə¹¹,   da:m¹¹   fet⁵⁵   zen³¹   nə¹¹.
DEF   不愿   想   要   3pl-他们   想   扔   ASP   3pl-他们

姐弟俩就知道父亲不想要他们了，想抛弃他们了。

mai¹¹   ɬɔu³³   laŋ¹¹   ei³¹noŋ³¹   ŋai³³,
就   两   CL-个   姐弟   哭

两姐弟就开始哭，

mai¹¹   fei¹¹tsaŋ³³fei¹¹lui¹¹   ka³¹   tha:u³¹   kuŋ⁵⁵   paɯ¹¹,
就   走来走去   也   找   路   回去

就走呀走，到处找回去的路，

ma³³kɯ³³   fat⁵⁵   fei¹¹   fat⁵⁵   ɬuk¹¹   khɯ³³   ŋo³³,
CONJ-但是   越   走   越   进   里   山

可是越走越走到大山深处，

buai³³   doi³³a:u⁵¹,   mai¹¹   buai³³   ɬom³³   kuŋ⁵⁵   paɯ¹¹   khɯ³³   plɔŋ³³
完了   接下来   就   已经   不知道   路   回去   里   家

tham¹¹.
MOOD

最后，就不知道回家的路啦。

e⁵¹,   nə¹¹   ɬɔu³³   laŋ¹¹   mai¹¹   khɔu³³   sem³¹,
INTERJ 3pl-他们 两   CL-个   就   想   说

唉，他们两个就想，

ka³¹ buai³³ ɬom³³ kuŋ⁵⁵ pauɯ¹¹ roˀ⁵⁵,
也 已经 不知道 路 回去 MOOD
反正也不知道回去的路了，

na³³ tsɯˀ⁵⁵ ruɯ¹¹ lei³¹mɔu⁵¹the⁵¹ bɔ⁵¹?
那 怎么 要 做什么 INT
那要怎么办呀？

mai¹¹ ɬou³³ laŋ¹¹ ei³¹noŋ³¹ ka³¹ phə¹¹ ruɯ⁵⁵ suam¹¹sai¹¹ lɔˀ²¹¹,
就 两 CL-个 姐弟 也 去 摘 水果 吃
两姐弟就也去摘野果吃，

laŋ¹¹ ei⁵¹ na³³ sem³¹ kɔu³¹ noŋ³¹, sem³¹:
CL-个 姐姐 那 说 BEN-给 弟弟 说
姐姐就跟弟弟说：

"noŋ³¹ heɯ⁵¹, khə¹¹ ruɯ¹¹ suam¹¹sai¹¹ lɔˀ²¹¹ na³³, na³³
弟弟 INJ 1pl-incl:咱们 摘 水果 吃 那些 那
tsaŋ⁵⁵tsaŋ³¹ lɔˀ²¹¹.
慢 - 慢 吃
"弟弟哎，咱们摘的那些水果要慢慢吃。

ɔu⁵¹ lɔˀ²¹¹ fat⁵⁵fat⁵⁵, da³³ pai³³ suam¹¹ mɔu³¹ na³³ poi¹¹ a¹¹."
NEG-别吃 快 -快 怕 EMPH 野果 东西 DEF 醉 人家
别吃太快，怕是这种野果有毒。"

noŋ³¹ na³³ sem³¹, eɯ³¹.
弟弟 DEF 说 INTERJ
弟弟就说好。

mai¹¹ buai³³ tho⁵¹ ui⁵¹vaŋ¹¹, laːi³³ pai³³ fa³³ na³³ pit⁵⁵pit⁵⁵,
就 已经 到 下午 看见 EMPH 天 DEF 黑 - 黑
就到了下午，天已经黑了，

kiau⁵⁵ ruɯ⁵¹ foŋ¹¹ kha⁵⁵no¹¹.

可能　　要　　下雨　可能
可能要下雨了。

nə¹¹　　　mai¹¹　　ɬou³³　laŋ¹¹　ei³¹noŋ³¹　　vou³¹　ɬuk¹¹　khɯ³³　tsɯ³¹
3pl-他们　就　　两　　CL-个　姐弟　　　跑　　进　　里　　一
hom¹¹　ɬuk⁵⁵　suŋ³³ŋo³³,　　mai¹¹　la:i³³　na³³　khɔ²¹¹　khɔ²¹¹　foŋ¹¹,
CL-个　DIM　山洞　　　就　　看见　那里　ONOM　ONOM　下雨
他们两个姐弟就跑进一个小山洞里，看着外面"哗啦啦"地下雨，

nə¹¹　　　mai¹¹　　mou¹¹fei¹¹　khɯ³³　suŋ³³ŋo³³　na³³　zou¹¹　om³¹.
3pl-他们　就　　生火　　　里　　山洞　　　DEF　CAUP-使　取暖
他们就在山洞里生火取暖。

pai³³-ei⁵¹　na³³　mai¹¹　sem³¹　kou³¹　noŋ³¹,　sem³¹:
F -姐姐　DEF　就　　说　　BEN-给　弟弟　说
姐姐就跟弟弟说：

"noŋ³¹　heɯ⁵¹,　　me¹¹no³³　ai³³　khɔ²¹¹　khə¹¹,
弟弟　INJ　　　继母　　不愿　疼爱　1pl-incl:咱们
"弟弟哎，继母不愿疼咱们，

ba³¹　khə¹¹　　　　buai³³　ai³³　deɯ¹¹　khə¹¹,
爸爸　1pl-incl:咱们　已经　不愿　要　　1pl-incl:咱们
爸爸不想要咱们，

khə¹¹　　　　　ka³¹　buai³³　ɬom³³　kuŋ⁵⁵　paɯ¹¹　ro²¹¹,
1pl-incl:咱们　也　已经　不知道　路　　回去　MOOD
咱们也都不知道回去的路了，

na³³　khə¹¹　　　　　ma³¹　ma³³siaŋ³³　lei³¹lɔ²¹¹　khɯ³³
那　　1pl-incl:咱们　就　只有　　　　过日子　　　PREP-在
suŋ¹¹ŋo³³　nen³³　re³³."
野外　　　DEF　IMPM
那咱们就在野外生活吧。"

pha³³-noŋ³¹　na³³　ka³¹　tsən³¹　pai³³-ei⁵¹　na³³,　sem³¹:
M - 弟弟　　DEF　也　相信　　F - 姐姐　DEF　说

弟弟听姐姐的话，说：

"eɯ³¹   re³³."
INTERJ   IND
"好吧。"

mai¹¹   ɬou³³   laŋ¹¹   mo³¹teɯ¹¹   thuaŋ³³   zou¹¹   tsuaŋ¹¹   daŋ³³   liŋ¹¹.
就   两   CL-个   挨着   RECIP   ADV   睡   RST   亮
两姐弟就相互依偎着睡到天亮。

buai³³   liŋ⁵⁵,   mai¹¹   ɬɯŋ¹¹,
已经   亮   就   醒
天亮了就醒过来，

nə¹¹   ɬou³³   laŋ¹¹   ei³¹noŋ³¹   mai¹¹   iu¹¹thuaŋ³³   phə¹¹   tha:u⁵¹   sai¹¹,
3pl-他们 两   CL-个   姐弟   就   结伴   去   找   树
他们两姐弟就结伴去找树，

tha:u³¹   n̩a¹¹   deɯ¹¹   lei⁵¹   tsom¹¹   ɬɯk⁵⁵-plaŋ⁵⁵,
找   茅草   INST-用 做   一个   DIM - 山寮
找茅草用来搭建一个山寮房，

mai¹¹   ia⁵¹   lei³¹   tsom¹¹   ɬɯk⁵⁵-plaŋ⁵⁵   ni⁵¹,   nə¹¹
就   得   做   一个   DIM - 山寮   TOP   3pl-他们
pe³³   mai¹¹   buai³³   dɔ²¹¹   ra³¹   ŋou¹¹foŋ¹¹ŋou¹¹fa³³   boi⁵¹.
其他   就   已经   有   地方   遮风挡雨   IND
盖好一个小山寮之后呢，他们就有遮风挡雨的地方啦。

pai³³   liŋ¹¹   na³³,   nə¹¹   ɬou³³   laŋ¹¹   phə¹¹   tha:u⁵¹
EMPH   亮   DEF/TOP   3pl-他们   两   CL-个   去   找
suam¹¹   mou³¹   lɔ²¹¹,
野果   东西   吃
天一亮，他们两个就去找野果吃，

buai³³   da:u⁵⁵thiu¹¹,   nə¹¹   ma³¹   ɔk¹¹   nam³³   khɯ³³
已经   口渴   3pl-他们   就   喝   水   里
kha¹¹nam³³   na³³,

溪水　　　　　　DEF
口渴了，他们就喝小溪里的水，

buai³³　　ra:ŋ⁵⁵,　　nə¹¹　　　ma³¹　　lɔ²¹¹　　suam¹¹sai¹¹,
已经　　饥饿　　　3pl-他们　就　　吃　　　水果
饿了，他们就吃野果，

mai¹¹　　ɬɔu³³　　laŋ¹¹　　ei³¹noŋ³¹,
就　　　两　　　CL-个　姐弟
然后两姐弟，

vaŋ⁵⁵vaŋ¹¹　　　　pat¹¹　　tsɯ³¹　　rok¹¹　　aŋ¹¹ŋo³³,
CL-天 -CL-天　　砍伐　　一　　　　CL-块　坡旱地
天天开垦一块坡地，

buai³³　　ia⁵¹　　pat¹¹　　tsɯ³¹　　rok¹¹　　aŋ¹¹ŋo³³　　na³³.
已经　　得　　砍伐　　一　　　　CL-块　坡旱地　　DEF
就开垦出一块坡地。

pai³³-ei⁵¹　　na³³　　sem³¹:" noŋ³¹　　heɯ⁵¹,　　khə¹¹　　　　　buai³³
F - 姐姐　　DEF　　说　　弟弟　　INJ　　　1pl-incl:咱们　已经
ia⁵¹　　pat¹¹　　tsɯ³¹　　rok¹¹　　aŋ¹¹　　nen³³　　na³³,
得　　砍伐　　一　　　　CL-块　旱地　这　　DEF
姐姐说："弟弟哎，咱们开垦了这块坡地，

da:m¹¹　　　muŋ³³　　mut¹¹aŋ¹¹　　khɯ³³　　nen³³,
想　　　　播种　　旱稻　　　　PREP-在 这里
想要在这里播种旱稻，

ma³³kɯ³³　　khə¹¹　　　　　van³³la:i³³　　faŋ¹¹　　mut¹¹　　faŋ¹¹　　mai³¹　　a³³re³¹."
CONJ-但是　1pl-incl:咱们　没有　　　　种子　稻谷　种子　米　　MOOD
但是咱们没稻种没米种的呀。"

noŋ³¹　　na³³　　sem³¹:" ei⁵¹　　ha³¹,"
弟弟　　DEF　　说　　姐姐　INJ
弟弟说："姐姐哎，"

"thɔu³³　ho¹¹　　na³³　phə¹¹　khɯ³³　suŋ¹¹ŋo³³　na³³　tha:u⁵¹　la:i³³
等　　1sg-我　才　去　　里　　野外　　DEF　找　　PNC

dɔ²¹¹　faŋ¹¹　mut¹¹　faŋ¹¹　mai³¹　van³³　re³³."
有　　种子　稻谷　种子　米　　NEG-没IMPM

"待我去野外找找看有没有稻种米种吧。"

noŋ³¹　　na³³　ba:u¹¹　phə¹¹　tha:u⁵¹　faŋ¹¹　mut¹¹　faŋ¹¹　mai³¹,
弟弟　　DEF　负责　去　　找　　　种子　稻谷　种子　米

弟弟就负责去找稻种米种，

zɔu¹¹　　ei⁵¹　na³³　ba:u¹¹　fo²¹¹　pai³³　kuap¹¹　aŋ¹¹　　na³³.
CONJ-而 姐姐　DEF　负责　扎捆　EMPH　篱笆　　坡地　DEF

姐姐就负责扎篱笆来围坡地。

dɔ²¹¹　tsɯ³¹　vaŋ¹¹　na³³,
有　　一　　CL-天　DEF

有一天，

mai¹¹　dɔ²¹¹　tsɯ³¹　laŋ¹¹　sat¹¹　ɬen⁵⁵ɬen¹¹mɯŋ¹¹,
就　　有　　一　　CL-只　鸟儿　很漂亮

就有一只很漂亮的小鸟，

phə¹¹　tso³³　kha¹¹　kuap¹¹　aŋ¹¹　na³³,
去　　停留　上　　篱笆　　坡地　DEF

停在坡地的篱笆上，

mai¹¹　ruaŋ¹¹　sem³¹:" kuk⁵⁵ku¹¹　hu⁵¹,　kuk⁵⁵ku¹¹　ha⁵¹,
就　　叫　　说　　ONOM　　MOOD　ONOM　　MOOD

就叫道："咕咕喂，咕咕哟，

faŋ¹¹　mut¹¹　faŋ¹¹　mai³¹　khɯ³³　ra:i³³　ho¹¹,
种子　稻谷　种子　米　　里　　肚子　1sg-我

稻种米种都在我肚子里，

pla³¹　ri³³　dɔ²¹¹,　pla³¹　ri³³　dɔ²¹¹."
什么　都　有　　什么　都　有

什么都有，什么都有。"

ɬɔu³³ laŋ¹¹ ei³¹noŋ³¹ na³³ mai¹¹ pleɯ¹¹thiu¹¹ sat¹¹ na³³ sem³¹
两 CL-个 姐弟 那 就 听见 鸟儿 DEF 说
mɔu⁵¹na³³,
那样
两姐弟就听到小鸟那样说，

mai¹¹ phə¹¹ po²⁵⁵ pai³³ raːi³³ sat¹¹ na³³,
就 去 抓 EMPH 肚子 鸟儿 DEF
就去抓小鸟的肚子，

mai¹¹ hɔu³³ nə¹¹, mai¹¹ boi³¹ pai³³ raːi³³ sat¹¹ na³³,
就 杀 3sg-它 就 剖 EMPH 肚子 鸟儿 DEF
把小鸟杀了，然后破开它的肚子，

mai¹¹ pui³³ pai³³ ŋom¹¹ mɔu³¹ na³³ thɯŋ¹¹, mɔu³¹ na³³ thɯŋ¹¹,
就 掏 EMPH 仁儿 东西 DEF 出来 东西 DEF 出来
就把里面的籽啊什么的掏出来，把东西掏出来，

mai¹¹ vei¹¹ pai³³ ŋom¹¹ mɔu³¹ na³³ daːu¹¹,
就 晒 EMPH 仁儿 东西 DEF 干
就把这些籽晒干，

mai¹¹ laːi³³ dɔ²¹¹ ŋom¹¹ then¹¹ ŋom¹¹ piaŋ³³,
就 看见 有 仁儿 葫芦 仁儿 南瓜
就看到是葫芦瓜籽、南瓜籽，

faŋ¹¹ ko²⁵⁵ faŋ¹¹ mai³¹.
种子 谷子 种子 米
稻种米种。

nə¹¹ pe³³ mai¹¹ muŋ³³ pai³³ faŋ¹¹ ko²⁵⁵ faŋ¹¹ mai³¹ na³³
3pl-他们 其他 就 播种 EMPH 种子 谷子 种子 米 DEF
khɯ³³ pai³³ tsɯ³¹ rok¹¹ aŋ¹¹ na³³,
里 EMPH 一 CL-块 旱地 那
他们就在那块坡地播下这些稻种、米种，

va¹¹　pai³³　ŋom¹¹　then¹¹　ŋom¹¹　piaŋ³³　na³³　kha¹¹　kuap¹¹　aŋ¹¹　na³³.
栽　　EMPH　仁儿　葫芦　仁儿　南瓜　DEF　上　　篱笆　旱地　DEF
在坡地篱笆下撒下了葫芦瓜籽和南瓜籽。

u⁵¹,　　van³³　ka:u³³　the⁵¹,
INTERJ NEG-没　久　　　那么
噢，没过多久，

ma³¹　la:i³³　pai³³　aŋ¹¹　nə¹¹　　na³³　tsɯ³¹　sa:ŋ¹¹　tsɯ³¹　sa:ŋ¹¹
就　　看见　EMPH　旱地　3pl-他们　DEF　一　　CL-片　一　　CL-片
ka³¹　mut¹¹aŋ¹¹　　ma³³　ziaŋ¹¹　fai³¹.
也　　旱稻　　　　PAR　黄　　PAR
坡地上全都是一片一片黄橙橙的旱稻。

pai³³　suam¹¹　then¹¹　suam¹¹　piaŋ³³　na³³　ha:ŋ¹¹　kha¹¹　kuap¹¹　na³³
EMPH　果实　葫芦　果实　南瓜　DEF　攀爬　上　　篱笆　DEF
ma³³　plo³³　plo³³　suam¹¹.
PAR　CL-串　CL-串　果实
篱笆上爬满了葫芦瓜藤和南瓜藤，还结出了一串串的小瓜。

mai¹¹　buai³³　ia⁵¹　khiu³¹　pai³³　mut¹¹aŋ¹¹　　na³³,
就　　已经　能　割　　EMPH　旱稻　　　　DEF
到了割稻的时节，

mai¹¹　la:i³³　ɬuai⁵⁵　pe³³　ko⁷⁵⁵,
就　　看见　多　　其他　谷子
只见好多稻谷，

nə¹¹　　mai¹¹　deɯ¹¹　pai³³　thoŋ¹¹ma¹¹　　na³³　fɔŋ³³fɔŋ³³　　ko⁷⁵⁵,
3pl-他们　就　　INST-用　EMPH　竹竿　　　　DEF　捶-捶　　　　谷子
他们就用棍子来捶谷子，

mai¹¹　rəŋ³¹rəŋ³¹　　kha¹¹　siŋ⁵⁵　na³³,
就　　磨-磨　　　　上　　石头　DEF
把谷子放在石头上用棍子磨呀磨，

ɬen¹¹　thuɯ¹¹　pai³³　hom¹¹mai³¹　　na³³.

好　　出　　　EMPH 米粒　　　　　DEF
好让谷子去壳变成米粒。

nɔ¹¹　　　khɯ³³　ŋo³³　na³³　van³³la:i³³　thɔu¹¹　bɔu³³　tha³¹　ro²⁵⁵,
3pl-他们　里　　山　　DEF　没有　　　锅　　煮　　米饭　MOOD
在山里，他们没有锅来煮饭，

buai³³　　dɔ²⁵⁵　hom¹¹mai³¹,
已经　　　有　　米粒
有大米了，

nɔ¹¹　　　mai¹¹　euu¹¹　khɯ³³　thoŋ¹¹ma¹¹　zɔu¹¹　　thum³³　kha¹¹　fei¹¹,
3pl-他们　就　　装　　里　　竹竿　　　　CONJ-然后烧　　上　　火
他们就把米装在竹筒里，然后把竹筒放在火上烤，

doŋ¹¹na³³　　pai³³　mai³¹　na³³　ɬen¹¹　tsiŋ¹¹　tha³¹,
那样　　　　EMPH 米　　DEF　好　　成　　米饭
这样，大米就煮成米饭了，

mai¹¹　buai³³　dɔ²⁵⁵　tha³¹　lɔ²¹¹　boi⁵¹.
就　　已经　　有　　米饭　吃　　IND
就有米饭吃啦。

ɬou³³　laŋ¹¹　ei³¹noŋ³¹　na³³　mai¹¹　ɬen¹¹bɔu¹¹,
两　　CL-个 姐弟　　　那　　就　　高兴
两姐弟就很开心，

van³³　mon¹¹sem¹¹　da³³　van³³la:i³³　tha³¹　lɔ²¹¹　tham³¹　boi⁵¹.
NEG-不担心　　　怕　　NEG-没有　　米饭　吃　　MOOD　INJ
再也不用担心没饭吃啦。

ma³³kɯ³³　　fɔŋ³³　pai³³　hom¹¹ko²⁵⁵　tsiŋ¹¹　hom¹¹mai³¹　na³³
CONJ-但是　捶　　EMPH 谷粒　　　　成　　米粒　　　　DEF
luam⁵¹　te²¹¹　fɔŋ³³　dak¹¹.
太　　难　　捶　　真
但是用棍子来把谷粒捶成米粒实在特别费力。

dɔ^{ʔ11} tsɯ³¹ vaŋ¹¹ na³³,
有 一 CL-天 DEF
有一天，

nə¹¹ ɬou³³ laŋ¹¹ ei³¹noŋ³¹ mai¹¹ fei¹¹ phə¹¹ tha:u⁵¹ koŋ³³,
3pl-他们 两 CL-个 姐弟 就 走 去 找 柴火
两姐弟去找柴火，

mai¹¹ la:i³³ dɔ^{ʔ11} tsɯ³¹ laŋ¹¹ pai³³za¹¹ fat⁵⁵ phou³³ mou³¹
就 看见 有 一 CL-个 老太太 正在 舂 东西
ket⁵⁵ daŋ⁵⁵ plɔŋ³³ na³³,
附近 面前 房子 DEF
只见有位老太太正在一个屋子前边舂东西，

nə¹¹ ɬou³³ laŋ¹¹ mai¹¹ phə¹¹ lo⁵⁵,
3pl-他们 两 CL-个 就 去 看
他们两个就跑去看，

la:i³³ fat⁵⁵ phou³³ mut¹¹ a³³re³¹.
看见 正在 舂 稻谷 MOOD
看见她正在舂稻谷的呀。

nə¹¹ pe³³ mai¹¹ kha:m¹¹,
3pl-他们 其他 就 问
他们就问，

sem³¹:" tsaɯ³³ heɯ³¹, mə¹¹ phou³³ pai³³ mut¹¹ nen³³ na³³
说 奶奶 INJ 2sg-你 舂 EMPH 稻谷 这些 DEF
ia³¹ tsiŋ¹¹ hom¹¹mai³¹ mɔ³¹?"
能 成 米粒 INT
说："奶奶啊，你这样舂，能把这些稻谷舂成米粒嘛？"

laŋ¹¹ tsaɯ³³ na³³ mai¹¹ then¹¹,
CL-个 奶奶 那 就 回答
那个老太太就回答，

sem³¹:" i⁵¹, ɬuk¹¹ heɯ⁵¹, sə¹¹ həŋ³³ the⁵¹ tho³¹

说　　　INTERJ 孩子　　INJ　　　2pl-你们　PREP-从 哪儿　到
thom³¹nen³³　　ra³¹?
这里　　　　　INT
说："咦，孩子哎，你们从哪儿来这儿呢？

zɔu¹¹　　pai³³　vo³³　na³³　ma³³　tsui³¹tsai³¹n̠i³¹,
怎么　　EMPH 头发　DEF　PAR　乱七八糟
怎么头发乱糟糟的，

zɔu¹¹　　pai³³　viaŋ³³　na³³　ma³³　suai³³　fai³¹　ra³¹?
怎么　　EMPH 衣　　DEF　PAR　破　　PAR　INT
衣服怎么那么破旧不堪呢？

ho¹¹　　fat⁵⁵　phɔu³³　mut¹¹　ɬen¹¹　tsiŋ¹¹　hom¹¹mai³¹　　ha³³re³¹,
1sg-我 正在　舂　　稻谷　好　　成　　米粒　　　　MOOD
我这样舂稻谷，就能让稻谷变成米粒了哈，

ha:ŋ³³　　ɬen¹¹　dɔ²¹¹　tha³¹　lɔ²¹¹　e³³re³¹."
之后　　好　　有　　米饭　吃　　MOOD
然后就能有米饭吃了哦。"

laŋ¹¹　ei⁵¹　na³³　mai¹¹　then¹¹,
CL-个 姐姐 那　　就　　回答
那个姐姐就回答，

sem³¹:"　laŋ¹¹　tsauɯ³³　heɯ⁵¹,　ba³¹　fə¹¹　　　　　buai³³
说　　　CL/DEF 奶奶　INJ　　父亲 1pl-excl:我们　已经
fuaŋ⁵¹　fə¹¹　　　　khɯ³³　ŋo³³　nen³³　et⁵⁵　ka:u³³　kha¹¹,
抛弃　　1pl-excl:我们 里　　山　　这　　非常 久　　时间
说："奶奶哎，我们的父亲把我们扔在这座山，已经有好长时间了，

fə¹¹　　　　　mai¹¹　ɬou³³　laŋ¹¹　ei³¹non³¹　lei³¹lɔ²¹¹　khɯ³³　ŋo³³
1pl-excl:我们 就　　两　　CL-个 姐弟　　过日子　　里　　山
我们姐弟就在山里生活，

fə¹¹　　　　　mai¹¹　va¹¹　et⁵⁵　ɬuai¹¹　mut¹¹aŋ¹¹,
1pl-excl:我们 就　　栽　　非常 多　　旱稻

我们就种了很多的旱稻，

ma³³kɯ³³	fə¹¹	łom³³	lei⁵¹	nə¹¹	tsiŋ¹¹	mai³¹,
CONJ-但是	1pl-excl:我们	不懂	CAUP-弄3sg-它	成		米

但我们不知道怎么把稻谷弄成大米，

ha:ŋ³³	mə¹¹	ia³¹	soŋ¹¹	fə¹¹	phɔu³³	mai³¹	va⁵¹?"
之后	2sg-你	可以	教	1pl-excl:我们	舂	米	INT

等下你能教我们舂米么？"

laŋ¹¹	ŋa:u⁵⁵za¹¹	na³³	mai¹¹	lo¹¹,
CL-个	老人	那	就	看

那位老太太就看，

łen⁵⁵łen¹¹	sɔk¹¹sem¹¹	thai³¹	łou³³	laŋ¹¹	łɯk¹¹	na³³,
好 -好	伤心	替	两	CL-个	孩子	那

替那两个孩子感到很痛心，

mai¹¹	soŋ¹¹	łou³³	laŋ¹¹	łɯk⁵⁵	na³³	lei³¹ma³³the⁵¹	phɔu³³	mai³¹,
就	教	两	CL-个	孩子	那	如何	舂	米

就教那两个孩子怎么舂米，

łou³³	laŋ¹¹	łɯk⁵⁵	na³³	mai¹¹	buai³³	paɯ³³	phɔu³³	mai³¹,
两	CL-个	孩子	那	就	已经	知道	舂	米

那两个孩子就学会舂米了，

laŋ¹¹	pai³³za¹¹	na³³	mai¹¹	khai³³	łou³³	laŋ¹¹	łɯk⁵⁵	na³³
CL-个	老太太	那	就	CAUP-叫两		CL-个	孩子	那

tɔu¹¹	a:p¹¹	khɯ³³	kha¹¹nam³³,
下去	洗澡	里	小溪

那位老太太就叫那两个孩子去小溪里洗澡，

mai¹¹	kiau¹¹	zen³¹	pai³³	vo³³	pai³³	pe³³	na³³,
就	剪	ASP	EMPH	头发	EMPH	其他	DEF

就剪掉乱发什么的，

ma⁵⁵	la:i³³	buai³³	ma³³	sa:ŋ³³	lɯŋ¹¹	daŋ¹¹	doŋ¹¹	ŋa:u⁵⁵	re³¹.

只　　　看见　已经　　PAR　清楚　REP　脸　　像　　人　　　　IND
只见脸变干净了，有人样啦。

laŋ¹¹　ŋa:u⁵⁵za¹¹　na³³　mai¹¹　sem³¹　kɔu³¹　laŋ¹¹　ei⁵¹　na³³,
CL-个　老人　　　那　　就　　说　　BEN-给 CL-个　姐姐　那
老太太就对姐姐说，

sem³¹:"　ɬɯk¹¹　heɯ⁵¹,　ho¹¹　soŋ¹¹　mə¹¹　fɯk¹¹　riŋ³³　re³³."
说　　　孩子　INJ　　1sg-我　教　　2sg-你　织　　筒裙　IMPM
说："孩子哎，我教你织锦吧。"

laŋ¹¹　ei⁵¹　na³³　mai¹¹　sem³¹:"　eɯ³¹."
CL-个　姐姐　那　　就　　说　　INTERJ
那个姐姐就说："好。"

laŋ¹¹　ei⁵¹　na³³　mai¹¹　vaŋ⁵⁵vaŋ¹¹　　　hoʔ⁵⁵　riŋ³³　fou⁵⁵
CL-个　姐姐　那　　就　　CL-天 -CL-天　学　　筒裙　COM-跟着
pai³³za¹¹　na³³,
老太太　　DEF
那个姐姐就天天跟着老太太学习织锦，

laŋ¹¹　ei⁵¹　na³³　na³³　ɬɯk¹¹　kui¹¹ka:i¹¹　roʔ⁵⁵,
CL-个　姐姐　那　DEF　孩子　聪明　　　　MOOD
那个姐姐真是个聪明的孩子，

hoʔ⁵⁵　pla³¹　ri³³　zəŋ³³　paɯ³³,
学　　什么　都　　快　　懂
学什么很快就学会了，

fɯk¹¹　pai³³　riŋ³³viaŋ³³　na³³　ɬen¹¹　dak¹¹　ɬen¹¹muŋ¹¹,
织　　EMPH 黎锦　　　　DEF　好　　真　　漂亮
黎锦织得特别漂亮，

paɯ³³　om³³　fɯk⁵⁵　ɬɯk⁵⁵-sat¹¹,　ɬɯk⁵⁵-luai¹¹,　ɬɯk⁵⁵-ɬa¹¹,
懂　　连　　织　　DIM - 鸟儿　DIM - 麂　　DIM - 鱼
甚至都会织小花、小黄猄、小鱼，

pauɯ³³   fuk¹¹   beɯ¹¹sai¹¹   siaŋ¹¹sai¹¹,
懂   织   叶子   花
会织叶子和花，

pla³¹   ri³³   pauɯ³³   fuk⁵⁵   rit⁵⁵   a³¹.
什么   都   懂   织   完   IND
什么都会织了啊。

buai³³   pauɯ³³   fuk⁵⁵   riŋ³³viaŋ³³   riŋ³³koŋ¹¹,
已经   懂   织   锦衣   锦裙
会织上衣、筒裙了呢，

ma³¹   buai³³   dɔ²⁵⁵   viaŋ³³   sak¹¹   be³³re³¹.
就   已经   有   衣   穿   MOOD
就有衣服穿了啦。

nə¹¹   mai¹¹   sem³¹   kɔu³¹   laŋ¹¹   ŋa:u⁵⁵za¹¹   na³³,
3sg-她   就   说   BEN-给 CL-个 老人   那
她就跟那老太太说，

sem³¹:"   laŋ¹¹   tsauɯ³³   heɯ⁵¹,   na³³   fə¹¹   ka³¹   buai³³
说   CL/DEF 奶奶   INJ   那   1pl-excl:我们 也   已经
pauɯ³³   phɔu³³   mut¹¹mai³¹   ro²⁵⁵,
知道   春   稻米   MOOD
说："奶奶哎，我们也已经学会春稻谷了，

tsɯ²⁵⁵   buai³³   pauɯ³³   lei⁵¹   om³³   viaŋ³³riŋ³³,
接着   已经   知道   做   连   锦衣
然后连衣服都会做了，

na³³   fə¹¹   ka³¹   buai³³   ɬen⁵⁵   pauɯ¹¹   thɔu³³   aŋ¹¹
那   1pl-excl:我们 也   已经   好   回去   守   旱地
fə¹¹   luɯŋ¹¹   lo³¹."
1pl-excl:我们 REP   IND
那我们也该回去守我们的坡地啰。"

laŋ¹¹   ŋa:u⁵⁵za¹¹   na³³   mai¹¹   sem³¹,

CL-个 老人　　　　那　　 就　　　 说
那个老人就说，

sem³¹:" e⁵¹, ɬuk¹¹ heɯ⁵¹, ho¹¹ daːm¹¹ khai³³
说　　　 INTERJ 孩子 INJ　 1sg-我 打算　 CAUP-叫
sə¹¹ lei³¹lɔ²¹¹ mai¹¹ ho¹¹ khɯ³³ nen³³,
2pl-你们 过日子　 PREP-同 1sg-我 PREP-在 这里
说："唉，孩子哎，我本想叫你们跟我在这里生活，

ma³³kɯ³³ sə¹¹ buai³³ daːm⁵⁵ phə¹¹,
CONJ-但是 2pl-你们 已经　 想　　　 去
但是你们想回去了，

sə¹¹ ma³¹ phə¹¹ re³³, ho¹¹ kɔu³¹ sə¹¹ pai³³ se²¹¹
2pl-你们 就 去 IMPM 1sg-我 给 2pl-你们 EMPH 杵
pai³³ rɔu¹¹, sə¹¹ ɬen¹¹ dɔ²¹¹ deɯ¹¹ phou³³ mut¹¹.
EMPH 臼 2pl-你们 好 有 INST-用 春 稻谷
你们就回去吧，我给你们杵和臼，你们好用来春稻谷。

thou³³ sə¹¹ kaːu³³kaːu³³ haːŋ³³ sə¹¹ ka³¹ paɯ¹¹
等 2pl-你们 久 - 久 之后 2pl-你们 也 回来
lo¹¹ ho¹¹ tso²¹¹ leɯ⁵¹."
看 1sg-我 MOOD IMPM
等以后，过了很久，你们也回来看我啊。"

ɬɔu³³ laŋ¹¹ ei³¹noŋ³¹ na³³ mai¹¹ then¹¹,
两 CL-个 姐弟 那 就 回答
两姐弟就回答，

sem³¹:" eɯ³¹, buai³³ paɯ³³ mɔ³¹, tsaɯ³³ mɔ³¹, ai³¹vaŋ¹¹
说 INTERJ 已经 知道 IND 奶奶 IND 以后
haːŋ³³ fə¹¹ ka³¹ o²⁵⁵o²¹¹ baːn¹¹ paɯ¹¹ lo¹¹
之后 1pl-excl:我们 也 密 -密 VCL-次 回来 看
mə¹¹ mɔ³¹."
2sg-你 IND
说："好，知道了啊，奶奶啊，以后我们会常常来看你的啊。"

ɬɔu³³　　laŋ¹¹　　ei³¹noŋ³¹　　na³³　　mai¹¹　　pau¹¹　　luŋ¹¹　　khɯ³³　　ra³¹
两　　　CL-个　　姐弟　　　　那　　就　　　回去　　REP　　里　　　地方
plaŋ⁵⁵　　nə¹¹　　　　na³³,
山寮　　　3pl-他们　　DEF
那两姐弟就又回到了他们的山寮，

pai³³-ei⁵¹　　na³³　　mai¹¹　　vaŋ⁵⁵vaŋ¹¹　　fuk¹¹　　viaŋ³³riŋ³³,
F - 姐姐　　DEF　　就　　　CL-天 -CL-天　　织　　　黎锦
姐姐就天天织锦，

noŋ³¹　　na³³　　ba:u¹¹　　thɔu³³　　aŋ¹¹mut¹¹　　tuan¹¹　　phɔu³³　　mut¹¹aŋ¹¹.
弟弟　　DEF　　负责　　守　　　旱稻地　　　专门　　春　　　旱稻
弟弟就负责守旱稻地，专春稻谷。

dɔʔ¹¹　　tsɯ³¹　　vaŋ¹¹　　na³³,
有　　　一　　　CL-天　　DEF
有一天，

pha³³-noŋ³¹　　na³³　　mai¹¹　　la:i³³　　dɔʔ¹¹　　tsɯ³¹　　laŋ¹¹　　ŋa:u⁵⁵　　fat⁵⁵
M - 弟弟　　　DEF　　就　　　看见　　有　　　一　　　CL-个　　人　　　正在
rɯ¹¹　　pai³³　　suam¹¹　　piaŋ³³　　kha¹¹　　kuap¹¹　　na³³,
摘　　　EMPH　　果实　　南瓜　　上　　　篱笆　　　DEF
弟弟就看到有一个人正在摘篱笆上的南瓜，

nə¹¹　　mai¹¹　　"hɔi⁵¹",
3sg-他　就　　INTERJ
他就"喂"，

sem³¹:" mə¹¹　　aʔ¹¹ra⁵¹　　na³³　　ra³¹?
说　　　2sg-你　谁　　　DEF　　INT
说："你谁呢？

mə¹¹　　tsɯʔ²⁵⁵　　zɔk¹¹　　suam¹¹　　piaŋ³³　　ho¹¹　　va¹¹."
2sg-你　怎么　　　偷　　　果实　　南瓜　　我　　　栽
你怎么偷我种的南瓜呢？"

fat⁵⁵　　sem³¹　　fat⁵⁵　　fei¹¹　　ket⁵⁵　　phə¹¹　　dɔu³³,

一边　说　　一边　走　附近　去　　到
边说边走近，

tho³¹　　mai¹¹　　laːi³³　　ɬom³³vaŋ¹¹　　na³³　　ba³¹　　nə¹¹　　　　e³³re³¹.
到　　　就　　　看见　　原来　　　　　　那　　父亲　3pl-他们　　MOOD
走近就看到那原来是父亲的啊。

pha³³-ba³¹　　na³³　mai¹¹　lo¹¹,　mai¹¹　ma³³　rui³¹rai³³　　nam³³sa¹¹,
M - 父亲　　DEF　就　　看　　就　　PAR　哗哗流　　　眼泪
父亲看到他，就哗哗哗地流眼泪，

mai¹¹　　sem³¹:"　ɬɯk¹¹　heɯ⁵¹,　ho¹¹　　buai³³　　thaːu³¹　　sə¹¹
就　　　说　　　孩子　INJ　　　1sg-我　已经　　找　　　　2pl-你们
tuŋ⁵⁵tuŋ³³　　kaːu³³　　kha¹¹　　a³³re³¹.
最 -最　　　久　　　时间　　MOOD
就说，"孩子哎，我找你们已经找了很久很久很久了啊！

thaːu³¹　　sə¹¹　　　khɯ³³　ŋo³³,　the⁵¹　ri³³　van³³laːi³³　　lo⁵¹,
找　　　　2pl-你们　里　　山　　哪儿　都　　没有　　　　　INJ
在山里哪里都找不见呀，

ma³³ŋan¹¹　　buai³³　　ia⁵¹　laːi³³　　sə¹¹　　　thom³¹nen³³　　re⁵¹."
幸亏　　　　已经　　得　　看见　　2pl-你们　这里　　　　　INJ
终于能在这儿见到你们啊！"

pha³³-noŋ³¹　　na³³　buai³³　laːi³³　ba³¹　mai¹¹　ɬen¹¹bou¹¹,
M - 弟弟　　DEF　已经　　看见　父亲　就　　高兴
弟弟见到父亲就很高兴，

mai¹¹　iu¹¹　ba³¹　na³³　pauɯ¹¹　khɯ³³　plaŋ⁵⁵　na³³.
就　　带　父亲　DEF　回去　里　　山寮　　DEF
就带父亲回到山寮里。

laŋ¹¹　ei⁵¹　na³³　mai¹¹　ka³¹　laːi³³　ba³¹　na³³,
CL-个　姐姐　那　就　　也　　看见　父亲　DEF
姐姐也见到了父亲，

ka³¹　　ɬen¹¹bɔu¹¹　　ka³¹　　daːm¹¹　ŋai³³,　　mai¹¹　　sem³¹　　ba³¹　　nə¹¹,
也　　　高兴　　　　也　　　想　　哭　　　就　　　说　　　父亲　　3sg-她
又高兴又伤心，就告诉她父亲，

sem³¹:"　　ba³¹　　ha³¹,　　mə¹¹　　ka³¹　　ɬen¹¹　　luŋ¹¹sem¹¹　　re³³,
说　　　　爸爸　　RHY　　2sg-你　也　　好　　　狠心　　　　　INJ
说："爸爸啊，你也是好狠心啊，

ma³³　　fet⁵⁵　　fə¹¹　　　　　khɯ³³　　suŋ¹¹ŋo³³,
只　　　扔　　　1pl-excl:我们　PREP-在　野外
把我们活生生地抛在野外，

van³³laːi³³　　　nam³³　　van³³laːi³³　　tha³¹　　lɔʔ¹¹,
没有　　　　　　水　　　没有　　　　　米饭　　吃
没水喝没饭吃，

mə¹¹　　ka³¹　　van³³　　da³³　　naːn³³　　lɔʔ¹¹　　fə¹¹,　　　　　mui¹¹
2sg-你　也　　NEG-不怕　蟒　　吃　　　1pl-excl:我们　熊
lɔʔ¹¹　　ŋaːu⁵⁵　　re³¹bɔ³¹?"
吃　　　人　　　　MOOD
你也不怕蟒蛇吃了我们，熊会吃人的吗？"

pha³³-ba³¹　　na³³　　mai¹¹　　ka³¹　　ŋai³³,
M - 父亲　　　DEF　　就　　　也　　哭
父亲也哭了，

then¹¹　　sem³¹:"　　e⁵¹,　　ɬɯk¹¹　　heɯ⁵¹,
回答　　　说　　　　INTERJ孩子　INJ
答道："唉，孩子哎，

ba³¹　　buai³³　　kɔk⁵⁵　　ba³¹　　buai³³　　so³³,
爸爸　　已经　　蠢　　　爸爸　　已经　　错
爸爸蠢啊，爸爸知道错了，

zɔu¹¹　　phə¹¹　　fet⁵⁵　　sə¹¹　　khɯ³³　　suŋ¹¹　　ra³¹?
怎么　　去　　　扔　　　2pl-你们　PREP-在　荒地　　INT
怎能把你们扔在野外呢？

tsɯ²⁵⁵   pauɯ³³   me¹¹pei¹¹   sə¹¹   ai³³   uap¹¹   sə¹¹,
怎么   知道   后母   2pl-你们   不愿   爱   2pl-你们
不知道继母不爱你们，

na³³   sem³¹baŋ³¹sem³¹baːi¹¹,   lei³¹   ho¹¹   phə¹¹   fuaŋ³¹
那   胡说八道   CAUP-弄1sg-我   去   抛弃
sə¹¹   khɯ³³   ŋo³³,
2pl-你们   里   山
她胡诌八道，让我把你们扔到山里去，

ho¹¹   buai³³   lei³¹   ŋom³¹   lei³¹   ŋom³¹   ŋo³³   ka³¹   thaːu³¹   sə¹¹,
1sg-我   已经   做   CL-座   做   CL-座   山   也   找   2pl-你们
我一座山一座山地找你们，

zou¹¹   ɬen¹¹   iu¹¹   sə¹¹   pauɯ¹¹   thom³¹nen³³,
CONJ   好   带   2pl-你们   回去   这样
为了能带你们回家，

thɔu³³   sə¹¹   pauɯ¹¹   fou⁵⁵   ho¹¹   va³¹ʔ?"
等   2pl-你们   回去   COM-跟着   我   INJ
等下你们跟我回去吗？"

ɬɔu³³   laŋ¹¹   ɬuk¹¹   na³³   mai¹¹   then¹¹   sem³¹:
两   CL-个   孩子   那   就   回答   说
那两个孩子就回答：

"e³¹,   sə¹¹   ri³³   ai³³   uap¹¹   fə¹¹   ro²¹¹,
INTERJ   2pl-你们   都   不愿   爱   1pl-excl:我们   MOOD
"唉，你们都不疼爱我们的，

fə¹¹   ai³³   daːm¹¹   pauɯ¹¹   fou⁵⁵   mə¹¹,
我们   不愿   打算   回去   COM-跟着   2sg-你
我们不想跟你回去，

fə¹¹   khɯ³³   nen³³   na³³   dɔ²¹¹   lɔ²¹¹   dɔ²¹¹   sak¹¹,
1pl-excl:我们   PREP-在   这里   DEF   有   吃   有   穿

我们在这里有吃有穿，

pla³¹	ri³³	dɔ²¹¹,	ma³³	ɬen⁵⁵ɬen¹¹	lei³¹lɔ²¹¹	ro²¹¹."
什么	都	有	只	好 - 好	过日子	MOOD

什么都有，只想平静地过日子的。"

ba³¹	na³³	mai¹¹	uŋ³³	kei¹¹	vaŋ¹¹	khɯ³³	plaŋ⁵⁵	na³³,
父亲	DEF	就	玩儿	几	CL-天	里	山寮	DEF

父亲就在山寮住了几天，

lo¹¹	la:i³³	pai³³	ɬou³³	laŋ¹¹	ɬuk¹¹	nə¹¹	na³³	buai³³	va⁵⁵
看	PNC	EMPH	两	CL-个	孩子	3sg-他	DEF	已经	栽

pai³³	mut¹¹aŋ¹¹	na³³	lei³¹	sa:ŋ¹¹	lei³¹	sa:ŋ¹¹,
EMPH	旱稻	DEF	做	CL-片	做	CL-片

看看那两个孩子种了一大片一大片的旱稻，

pai³³	suam¹¹	piaŋ³³	suam¹¹	ru⁵¹	na³³	ma³³	ut⁵⁵	kha¹¹	ut⁵⁵	khɯŋ³¹.
EMPH	果实	南瓜	果实	丝瓜	DEF	PAR	弯	树枝	弯	枝头

累累的南瓜、丝瓜也压弯枝头。

ba³¹	na³³	mai¹¹	ka³¹	rɔu³³ra:i³³,
父亲	DEF	就	也	放心

父亲也就放心了，

ɬou³³	laŋ¹¹	ɬuk¹¹	nen³³	buai³³	dɔ²⁵⁵	lɔ²¹¹	dɔ²¹¹	sak¹¹.
两	CL-个	孩子	这	已经	有	吃	有	穿

这两个孩子已经有吃有穿，衣食丰足。

buai³³	uŋ³³	khɔu¹¹	khɯ³³	na³³,	nə¹¹	mai¹¹	rɯ⁵¹	pau¹¹,
已经	玩儿	够	PREP-在	那里	3sg-他	就	要	回去

在那里住够了，他就要回家了，

ɬuk¹¹	na³³	mai¹¹	kɔu³¹	nə¹¹	sa:p¹¹	fit¹¹	ko²⁵⁵	mai³¹	deu¹¹	pau¹¹,
孩子	DEF	就	CAUP-给他	挑	CL-担	谷子	米	拿	回去

孩子就让他挑一担谷子回去。

tsɯ²⁵⁵	siu³³	tsɯ³¹	kha¹¹	piaŋ³³	tham¹¹.

接着　　　拿　　　一　　　　CL-串　南瓜　　　MOOD
还有再拿一串南瓜。

ba³¹　　na³³　　mai¹¹　　pauu¹¹　　tho³¹　　plɔŋ³³,
父亲　　DEF　　就　　　　回　　　　到　　　　家
父亲回到家,

pai³³-me¹¹no³³　　　na³³　　mai¹¹　　khaːm¹¹　　ba³¹　　na³³,
F　-　继母　　　　　DEF　　就　　　问　　　　父亲　　DEF
继母就问父亲,

"a¹¹ra⁵¹　　kɔu³¹　　mə¹¹　　ɬuai⁵⁵　　pai³³　　nen³³　　koʔ⁵⁵　　mai³¹　　na³³　　ra³¹?"
谁　　　给　　　2sg-你　多　　　EMPH　这么　谷子　　米　　　DEF　　INT
"谁给你这么多的谷子呢?"

ba³¹　　na³³　　mai¹¹　　sem³¹:"　mə¹¹　　ai³³　　khoʔ¹¹　　pai³³　　ɬou³³　　laŋ¹¹
父亲　　DEF　　就　　　说　　　2sg-你　不愿　疼爱　　　EMPH　两　　　CL-个
ɬuk¹¹　　na³³　　kɔu³¹　　be³³re³¹.
孩子　　那　　　给　　　MOOD
父亲就说:"你不疼的那两个孩子给的呀。

mə¹¹　　sem³¹　　ɬou³³　　laŋ¹¹　　ɬuk¹¹　　na³³　　ɬom³³　　lei⁵¹koŋ¹¹,
2sg-你　说　　　两　　　CL-个　孩子　那　　　不会　　干活儿
你说那两个孩子不会干活儿,

ro³¹re³³,　　　a¹¹　　va¹¹　　pai³³　　mut¹¹aŋ¹¹　　na³³　　ma³³　　ziaŋ¹¹　　ma³³　　zaːŋ¹¹,
INTERJ　　人家　栽　　　EMPH　旱稻　　　　DEF　　PAR　黄　　　　PAR　　灿烂
哇哟,人家种的旱稻黄橙橙金灿灿,

pai³³　　suam¹¹　　then¹¹　　suam¹¹　　piaŋ³³　　na³³　　ma³³　　khɯŋ³¹　　fai³¹,
EMPH　果实　　　葫芦　　果实　　南瓜　　DEF　　PAR　枝头　　　　PAR
葫芦瓜、南瓜长满枝头,

pla³¹　　ri³³　　pauu³³　　lei⁵¹."
什么　都　　懂　　　做
什么都会做。"

pai³³-me¹¹　　na³³　　mai¹¹　　ma³³　　bə²⁵⁵sə⁵¹,
F - 母亲　　DEF　　就　　PAR　　瞠目结舌
后母听了瞠目结舌，

van³³　　tsəŋ³¹　　ɬou³³　　laŋ¹¹　　ɬuk¹¹　　maːŋ¹¹　　na³³　　dɔ²¹¹　　diau⁵⁵　　na³³
NEG-不信　　两　　CL-个　　孩子　　旧　　那　　有　　本事　　DEF
lei³¹koŋ¹¹.
干活儿
不相信前妻生的那两个孩子这么能干。

dɔ²¹¹　　tsu³¹　　vaŋ¹¹,　　nə¹¹　　mai¹¹　　ka³¹　　khaːŋ¹¹　　thaːu³¹　　ɬou³³
有　　一　　CL-天　　3sg-她　　就　　也　　上去　　找　　两
laŋ¹¹　　ɬuk¹¹　　maːŋ¹¹　　na³³　　khɯ³³　　ŋo³³　　na³³.
CL-个　　孩子　　旧　　那　　里　　山　　DEF
有一天，她也上山去找前妻生的那两个孩子。

nə¹¹　　mai¹¹　　tho³¹　　ket⁵⁵　　ra³¹　　mut¹¹aŋ¹¹　　na³³　　lo¹¹tsa³¹　　fat⁵⁵
3sg-她　　就　　到　　附近　　地方　　旱稻　　DEF　　望　　正在
laːi³³　　laŋ¹¹　　ei⁵¹　　na³³　　fuk¹¹　　riŋ³³　　ket⁵⁵　　daŋ⁵⁵　　plaŋ⁵⁵　　na³³,
看见　　CL-个　　姐姐　　那　　织　　筒裙　　附近　　面前　　山寮　　DEF
她就走到旱稻地附近，远远看到姐姐坐在山寮门前织锦，

nə¹¹　　mai¹¹　　zɔk⁵⁵zɔk¹¹　　phə¹¹　　tsok¹¹　　raːŋ¹¹kaŋ³³　　na³³,
3sg-她　　就　　偷 - 偷　　去　　PREP-沿草丛　　DEF
她就偷偷沿着草丛走过去，

daːm¹¹　　phə¹¹　　en³³　　plau¹¹　　zou¹¹　　lo¹¹　　laːi³³　　maŋ¹¹　　ɬou³³
想　　去　　一点　　近　　ADV　　看　　PNC　　是　　两
laŋ¹¹　　ɬuk¹¹　　na³³　　ku³³　　vai³¹.
CL-个　　孩子　　那　　CONJ-或者　　不是
想靠近一点看看是不是那两个孩子。

ma³³　　laːi³³　　suam¹¹　　luam¹¹　　tsom¹¹　　suŋ³³　　zuaŋ³³　　lat¹¹,
只　　看见　　踩　　中　　一个　　洞　　陷阱　　野猪
只见踩到了一个捕山猪的陷阱，

mai¹¹　　pleɯ¹¹thiu¹¹　　ma³³　　thiu¹¹　　"a⁵¹",

就　　　听见　　　　　　PAR　声音　INJ
就听见"啊"的一声，

ɬou³³　laŋ¹¹　ei³¹noŋ³¹　na³³　mai¹¹　zən³³　phə¹¹　lo⁵⁵,
两　　CL-个 姐弟　　　DEF　就　　快　　去　　看
两姐弟就赶快去看，

kha⁵⁵da³³　buai³³　tuaŋ⁵¹　tsɯ³¹　laŋ¹¹　ut⁵⁵　lat¹¹,
以为　　　已经　　抓到　　一　　CL-只 猪　野猪
以为抓到了一只山猪，

mai¹¹　phə¹¹　lo⁵⁵　re³¹, ɬom³³vaŋ¹¹　la:i³³　tsɯ³¹　laŋ¹¹　ŋa:u⁵⁵.
就　　去　　看　IND　不知道　　看见　一　　CL-个 人
就去看呀，谁知道是一个人。

mai¹¹　zit⁵⁵　pai³³　laŋ¹¹　ŋa:u⁵⁵　na³³　kha:ŋ¹¹,
就　　拉　　EMPH CL-个 人　　那　　上来
就把那个人拉上来，

ɬom³³vaŋ¹¹　　pai³³-me¹¹no³³　nə¹¹　　na³³　e³³re³¹.
原来　　　　F - 继母　　　3pl-他们 DEF　MOOD
原来是继母的呀。

la:i³³　pai³³　khɔk¹¹　me¹¹　nə¹¹　　na³³　buai³³　thuuŋ⁵⁵　ɬa:t¹¹,
看见　EMPH 脚　　母亲　3pl-他们 DEF　已经　　冒　　血
只见继母的脚出血了，

mai¹¹　tsa:ŋ¹¹　pai³³me¹¹no³³　nə¹¹　　na³³　ia³¹　fei¹¹　tso²¹¹　va³¹?
就　　叫　　F - 继母　　　3pl-他们 DEF　可以 走　MOOD INT
就问继母还能走吗？

pai³³-me¹¹no³³　　nə¹¹　na³³　mai¹¹　te²¹¹daŋ¹¹te²¹¹sa¹¹　　ka³¹
F - 继母　　　　他们 DEF　就　　鼻青脸肿　　　　　还
ven¹¹ven¹¹　　vo³³,
摇 - 摇　　头
继母摔得鼻青脸肿的，就摇摇头，

buai³³　dai⁵¹　om³³　ia³¹　khuŋ³³.
已经　　不能　甚至　可以　说话
甚至话都说不出来了。

ɬɔu³³　laŋ¹¹　ɬɯk¹¹　na³³　mai¹¹　sa:m¹¹　pai³³-me¹¹no³³　　na³³
两　　CL-个　孩子　那　　就　　抬　　　F - 继母　　　DEF
ɬɯk¹¹　khɯ³³　plaŋ⁵⁵,
进　　里　　山寮
两个孩子就把继母抬到山寮，

mai¹¹　eɯ¹¹　kɔu³¹　nə¹¹　　nam³³　ɔk¹¹,
就　　盛　　BEN-给 3sg-她　水　　喝
就倒水给她喝，

mai¹¹　phə¹¹　tha:u⁵¹　za¹¹　deɯ¹¹　fo²⁵⁵　pai³³　tha:ŋ¹¹　khɔk¹¹　ɳa:ŋ³³　na³³.
就　　去　　找　　药　　INST-用　敷　EMPH　痕迹　　脚　　伤　　DEF
就去找草药，帮她把草药敷在脚面的伤口上。

pai³³-me¹¹no³³　　na³³　lo¹¹　la:i³³　pai³³　ɬɔu³³　laŋ¹¹　ɬɯk¹¹　na³³
F - 继母　　　DEF　看　PNC　EMPH　两　　CL-个　孩子　那
ku³³　nə¹¹　　doŋ¹¹nen³³　　na³³,　mai¹¹　thɔk¹¹　nam³³sa¹¹,
顾　　3sg-她　这样　　　　DEF　就　　掉　　眼泪
继母看着那两个孩子这样照顾她，就掉眼泪，

mai¹¹　sem³¹:" e⁵¹,　ɬɯk¹¹　heɯ⁵¹,　sə¹¹　　ka³¹
就　　说　　INTERJ 孩子　INJ　　2pl-你们　也
ɬen⁵⁵ɬen¹¹　ɬɯk¹¹　re⁵¹,
好 - 好　　孩子　INJ
就说："唉，孩子哎，你们真是好孩子啊，

me¹¹　buai³³　so³³　mɔ³¹.
妈妈　已经　错　　IND
妈妈错了呐。

sɯ³³saŋ¹¹　　na³³　　　　kɯ³³　kɔk¹¹　ro²¹¹,
从前　　　DEF/TOP　　是　蠢　　MOOD
以前真的是蠢啊，

hən³³　　nen³³　　ho¹¹　　ka³¹　　kho²¹¹　　sə¹¹　　　　doŋ¹¹　　ɬuk¹¹
PREP-从 这时　　1sg-我　也　　疼爱　　2pl-你们　像　　孩子

ho¹¹　　ɬou¹¹　　na³³　　mɔ³¹."
1sg-我　生　　DEF　IND

从现在开始，我会把你们当成我的亲生孩子一样疼爱呀。"

ɬɔu³³　　laŋ¹¹　　ei³¹noŋ³¹　　na³³　　mai¹¹　　la:i³³　　me¹¹no³³　　na³³　　sem³¹
两　　　CL-个 姐弟　　　　那　　就　　看见　　继母　　　DEF　说
ma⁵⁵nen³³　　thoŋ¹¹,
这样　　　话

两姐弟听到继母这么说，

mai¹¹　　ka³¹　　buai³³　　van³³　　ren³¹khei³¹　　tham¹¹,
就　　　也　　已经　　　NEG-不生气　　　　MOOD
也就不生气啦，

mai¹¹　　vaŋ⁵⁵vaŋ¹¹　　　ka³¹　　ku³³　　pai³³-me¹¹no³³　　　na³³,
就　　　CL-天 -CL-天　也　　顾　　F - 继母　　　　　　DEF
就天天也照顾继母，

eɯ¹¹　　tha³¹　　eɯ¹¹　　nam³³　　kɔu³¹　　nə¹¹,
盛　　　米饭　　盛　　　水　　　BEN-给 3sg-她
给她盛水盛饭，

ku³³　　daŋ³³　　nə¹¹　　buai³³　　ɬen⁵⁵　　khɔk¹¹　　na³³.
顾　　　RST　　3sg-她 已经　　好　　　脚　　　DEF
悉心照顾她直到脚伤好了。

pai³³-me¹¹　　na³³　　mai¹¹　　buai³³　　ia⁵¹　　tɔu¹¹　　fei¹¹　　kha¹¹　　faŋ¹¹,
F - 母亲　　DEF　就　　　已经　　可以　下来　　走　　上　　地
继母就可以下地走路了，

mai¹¹　　thɯŋ¹¹　　lo¹¹　　la:i³³　　pai³³　　koŋ¹¹vaŋ¹¹　　ɬɔu³³　　laŋ¹¹　　ɬuk¹¹
就　　　出来　　看　　PNC　EMPH 农作物　　　两　　CL-个 孩子
na³³　　ma³³　　tsam³¹　　fai³¹,
那　　　PAR　　丰收　　　PAR

就从山寨里出来，就看到俩孩子种的农作物丰收了，

pai³³　vo³³　then¹¹　vo³³　piaŋ³³　vo³³　ru⁵¹　na³³　ma³³
EMPH CL-丛 葫芦　CL-丛 南瓜　CL-丛 丝瓜　DEF　PAR
lei³¹thiaŋ³¹　lei³¹thiaŋ³¹,
满架　　　　满架
满架满架的葫芦瓜藤、南瓜藤、丝瓜藤藤蔓密织，

pai³³　mut¹¹aŋ¹¹　mut¹¹iŋ³³　a¹¹　na³³　ma³³　ut⁵⁵ut⁵⁵　suam¹¹　koʔ⁵⁵.
EMPH 旱稻　　山稻　　人家DEF PAR 弯 -弯　果实　稻谷
旱稻山稻盈车嘉穗，累累稻穗压弯稻杆。

pai³³-me¹¹　na³³　mai¹¹　hit⁵⁵,
F - 母亲 DEF　就　　赞叹
继母就赞叹，

sem³¹:" zen³¹,　pai³³　ɬou³³　laŋ¹¹　ɬuk¹¹　nen³³　diau¹¹　lei³¹koŋ¹¹　dak¹¹,
说　　INTERJ EMPH 两　CL-个 孩子 这　会　干活儿　真
说："唔，这两个孩子真会干活，

pai³³　raːŋ¹¹　suŋ¹¹ŋo³³　ri³³　buai³³　ia⁵¹　pat¹¹　ma³³　ret¹¹ven¹¹,
EMPH CL-片 野外　　都 已经 能 砍伐 PAR 平坦
能开垦出一片那么平坦的坡地，

va¹¹　pla³¹　tsiŋ¹¹　pla³¹,　ɬen¹¹　o³¹."
栽　什么　成　什么 好　INJ
种什么都有好收成哟！"

nə¹¹　mai¹¹　sem³¹　kou³¹　ɬou³³　laŋ¹¹　ɬuk¹¹　na³³,
3sg-她 就　说　BEN-给 两　CL-个 孩子 那
她就跟那两个孩子说，

khai³³　ɬou³³　laŋ¹¹　ɬuk¹¹　na³³　pau¹¹　fou⁵⁵　　nə¹¹　khɯ³³　ploŋ³³.
CAUP-叫两　CL-个 孩子 那　回去 COM-跟着 3sg-她 里　家
叫那两个孩子跟她回家。

pai³³　ɬou³³　laŋ¹¹　ɬuk¹¹　na³³　ka³¹　sem³¹　ai³³　pau¹¹,

EMPH 两　　CL-个 孩子　　那　　还　　说　　　不愿 回去
那两个孩子还说不想回去，

kɯ³³　　　rɯ¹¹　　thɔu³³　　aŋ¹¹　　khɯ³³　　ŋo³³,
CONJ-因为要　　守　　　坡地　里　　　山
因为要守山里的坡地，

pai³³-me¹¹　　na³³　　ka³¹　　tsɔu⁵⁵tsɔu¹¹,　　khai³³　　pau¹¹　　　fou⁵⁵　　nə¹¹　　re³³,
F - 母亲　　DEF 也　　哄 - 哄　　　　　CAUP-叫回去　　COM　她　　IMPM
继母也苦口婆心，叫他们跟她回家吧，

"thɔu³³　　tho⁵¹　　diu¹¹　　khiu³¹　　mut¹¹aŋ¹¹　　na³³,　　　　khə¹¹
等　　到　　时候　割　　旱稻　　　　DEF/TOP　　　　1pl-incl:咱们
na³³　　təŋ¹¹təŋ¹¹　　phə¹¹　khiu⁵¹,　　thɔu³³　　tho³¹　　diu¹¹　　muŋ³³　　mut¹¹aŋ¹¹
才　　一起　　　　去　割　　　等　　到　　时候　播种　　旱稻
na³³,　　　　　　　　khə¹¹　　　　　ka³¹　　təŋ¹¹təŋ¹¹　phə¹¹　　muŋ³³."
DEF/TOP　　　　　　1pl-incl:咱们　　　　也　　一起　　　去　　播种
"等到割旱稻的时候，咱们一起割；到播稻的时候，咱们一起播。"

pai³³　　ɬou³³　　laŋ¹¹　　ei³¹noŋ³¹　　na³³　　mai¹¹　　khɔu³³,
EMPH 两　　CL-个　姐弟　　　　那　　就　　想
那两个姐弟就想，

sem³¹:"　　me¹¹pei¹¹　　buai³³　　ɬen⁵⁵　　roʔ¹¹,　　　buai³³　　khoʔ⁵⁵
说　　　后母　　　已经　　好　　MOOD　　　已经　　疼爱
khə¹¹　　　　roʔ¹¹,　　　　na³³　　ma³¹　　pau¹¹　　re³³."
1pl-incl:咱们　MOOD　　那　　就　　回去　　IMPM
说："继母已经变好了，已经疼咱们了，那就回去吧。"

nə¹¹　　　pe³³　mai¹¹　　thaːu³¹　　si¹¹　　zou¹¹　　tho¹¹　　pai³³　　mut¹¹aŋ¹¹,
3pl-他们　其他　就　　找　　　车　　CAUP-使驮　　EMPH 旱稻
他们就找车来装旱稻谷，

mai¹¹　　suam¹¹　　piaŋ³³　　suam¹¹　　pe³³　　na³³,
CONJ-和 果实　　南瓜　　果实　　其他　DEF
及南瓜等其他农作物，

mai¹¹　　pai³³　rɔu¹¹　　pai³³　se²¹¹　na³³　paɯ¹¹.
CONJ-和 EMPH 臼　　EMPH 杵　　DEF 回去
及臼和杵回去。

paɯ¹¹　khɯ³³　fa:ŋ¹¹　khɯ³³　plɔŋ³³　na³³,
回去　　里　　村　　里　　家　　DEF
回到村里家中，

mai¹¹　tsɯ³¹　doŋ¹¹　plɔŋ³³　ŋa:u⁵⁵　ɬen⁵⁵ɬen¹¹　lei³¹lɔ²¹¹　　mai¹¹thuaŋ³³.
就　　一　　CL-户 家　人　　好 - 好　　过日子　　　一起
然后一家人就一同好好过日子啦。

pha³³-noŋ³¹　na³³　ba:u¹¹　tuan¹¹　soŋ¹¹　ŋa:u⁵⁵　khɯ³³　fa:ŋ¹¹　na³³
M - 弟弟　　DEF　负责　专门　教　　人　　里　　村庄　　DEF
deɯ¹¹　pai³³　se²¹¹　rɔu¹¹　na³³　phɔu³³　mai³¹,
INST-用 EMPH 杵　　臼　　DEF 春　　米
弟弟就负责教村里人如何用杵臼来春米，

zɔu¹¹　laŋ¹¹　ei⁵¹　na³³　ba:u¹¹　tuan¹¹　soŋ¹¹　pai³³kho³¹　khɯ³³
CONJ-而 CL-个 姐姐 那　　负责　专门　教　　女人　　里
fa:ŋ¹¹　na³³　fɯk¹¹　riŋ³³viaŋ³³　riŋ³³koŋ¹¹　deɯ¹¹　sak⁵⁵.
村庄　DEF 织　　黎锦　　　锦裙　　　INST-用 穿
而姐姐负责教村里的女人们织锦做衣服和裙子，用来穿。

to¹¹si¹¹　　ŋa:u⁵⁵　khɯ³³　fa:ŋ¹¹　na³³　mai¹¹　suaŋ¹¹　lɔ²¹¹　nə¹¹
CONJ-所以人　里　　村庄　DEF　就　　模仿　吃　　3pl-他们
ɬɔu³³　laŋ¹¹　ei³¹noŋ³¹　na³³,　khem³³　dai³¹　lei³¹koŋ¹¹lei³¹vaŋ¹¹　　na³³
两　　CL-个 姐弟　　DEF　一定　肯　　手脚勤快　　　　才
dɔ²¹¹　lɔ²¹¹　dɔ²¹¹　sak¹¹.
有　　吃　　有　　穿
所以村里人就像他们两姐弟一样，一定要手脚勤快才能衣暖食足。

很久以前，有一户人家，母亲早已去世了，只剩下父亲、一个儿子和一个女儿，父亲就娶了一个继母。

过了不久，继母生了一个男孩，那继母很坏，不疼爱前妻生的那两个孩子，只偏爱她自己的孩子，不给他们饭吃，不让他们在家里睡，只让睡在走廊里。父亲天天去田间山里干活儿，不知道继母虐待那两个孩子。

有一天，父亲回到家里，后母先告状，说："你的那两个孩子真不听话啊，什么活都不会干，好吃懒做，叫他们干什么活都不愿意干啊，心地又不好，叫他们照看老幺也看不好，还经常打老幺，你看看吧。"

后母就掀开她孩子的衣服给父亲看，只见孩子的肚子上、背上都被掐得淤青，有些地方甚至发紫，大腿肚底下也被掐得一片黑紫。父亲越看越生气，接着把那两个大孩子叫过来，不分青红皂白就打一顿。

继母继续火上添油，对父亲说："这两个孩子实在太坏了，你把他们带到山里头丢掉了吧。"父亲也就听信了继母的挑拨离间。

第三天，天蒙蒙亮，父亲就带着那两个孩子到荒郊野外去了。父亲背着腰篓，走到一条小溪，看到一条鱼，就下去抓，然后把鱼装在腰篓里，再继续向前走。

那两个孩子就问父亲："爸爸啊，你要带我们去哪儿呢，怎么走这么远的路？"父亲就说："带你们去深山摘果子啊。"说完，就继续向前走。

又走过三条河、三座山，两个孩子继续问："爸爸啊，咱们究竟要去哪儿呢？越走越远，我们都不知道怎么回去啦。"听罢，父亲就说："哎，孩子啊，你们在这里等我一下，我去摘suam^{11}na:m^{55}（野果名称）给你们吃。"那两个孩子相信父亲的话，就待在原处等着。

父亲按原路返回了，走着走着，看到一棵树，就把腰篓挂在树枝上，对腰篓里的ɫa^{11}pluam^{31}（鱼的名称）说："ɫa^{11}pluam^{31}呀ɫa^{11}pluam^{31}，如果你听见有小孩喊父亲，你要应答'哎'啊。"ɫa^{11}pluam^{31}就说："好。"

两个孩子等了好长好长时间，都还没看到爸爸回来呢，姐姐就喊："爸爸哎爸爸。"只听有"哎"的一声，弟弟就说："那是爸爸在回应我们呢。"姐姐说："爸爸一定给咱们摘了好多野果，还有好多吃的东西。"

两个孩子继续等啊等，还是没见着父亲回来，弟弟也叫："爸爸哎！"

"哎！"还有声音应答呢。

姐姐有些疑惑了，说："怎么老听着爸爸的声音，可天色快黑了，还没见爸爸回来呢？"弟弟就说："爸爸可能给咱们抓什么小动物去了。"

两个孩子等到晚上，还是没见到父亲回来。弟弟就说口渴了，两姐弟一起去找水喝，看到不远处有条小溪，两人赶紧跑去溪边，用手捧起水喝，喝完再回到等父亲的地方，再继续叫父亲："爸爸哎，爸爸哎！"

"哎，哎！"依旧是清晰响亮的应答声。

两个孩子开始怀疑了，为什么总一直能听到应答声，可这么晚了，怎还没见着父亲回来呢。过一会儿，弟弟跟姐姐说困了，姐姐就说："那咱们就先在这儿凑合睡一下吧。"两姐弟就相互偎依着睡着了。

天亮了，弟弟醒过来，推推姐姐，问道："姐姐哎姐姐，看到咱爸了么？"姐姐揉揉眼睛，四处张望，说："还没呢，爸爸还没到回来呀。"他们就赶紧起身，继续叫喊："爸爸哎，爸爸哎，你在哪儿呢，爸爸哎！"

姐姐叫越大声，爸爸"哎"的应答声就越响亮。弟弟害怕得哭了起来，姐姐说："只听爸爸'哎'的声音，但是没见着人，弟弟，咱们去找找爸爸吧。"弟弟就说："好，去吧，咱们去找一下爸爸吧。"

姐弟俩一边找一边叫父亲，喊声不断，"哎"的声音也不断传来，他们就往声音传来的方向走过去，仍然继续喊父亲，可叫喊声越大，"哎"的声音也越大。

走到了声音传来的地方，两姐弟东张西望，到处寻找父亲，找来找去都没见着父亲，弟弟就喊呀喊啊，"哎，哎"的应答声也此起彼伏。

两人抬头一看，看见一个腰篓正挂在树干上，姐姐把腰篓拿下来。姐弟往里一看，只见有一条ɬa^{11}pluam^{31}。弟弟顺势喊一声："爸爸哎！"就听得鱼"哎"了一声。见此，两姐弟面面相觑，都不知道该说什么才好了。

姐姐气极了，直接把腰篓往地上一摔，ɬa^{11}pluam^{31}就从腰篓中掉出来，弟弟跑过去把它捡起来，问："你干嘛天天都假装我爸爸的声音应答我们呢？"

ɬa^{11}pluam^{31}回答："那是你们的父亲叫我这么做的呀，你们的父亲已经回家了，不要你们啦。他把你们扔在野外，叮嘱我听到你们的叫声，就回应'哎'的一声。"

弟弟听了非常生气，说："从现在开始，我们喊父亲的时候，你别再应答了。"说完就用大拇指在ɬa^{11}pluam^{31}头上摁下一个指甲印，然后把ɬa^{11}pluam^{31}扔到水里。自从那时候起，ɬa^{11}pluam^{31}的头上就有了指甲印的痕迹。

姐弟俩知道父亲不想要他们了，把他们抛弃了，就伤心得哭了。他们一直走呀走，到处找回家的路，可是反而走到大山更深处，他们迷路了，不知道回家的路啦。

唉，他们两个就想，回不去了，该怎么办呀？姐弟俩就去摘野果吃，姐姐跟弟弟说："弟弟哎，摘的那些果子要细嚼慢咽，别吃太急，怕是这种野果有毒。"弟弟就说好。

到了下午，天黑了，看着要下雨了。姐弟俩就跑进一个小山洞里，看着外面"哗啦啦"地下暴雨，他们就在山洞里生火取暖。

姐姐就跟弟弟说："弟弟哎，继母不疼咱们，爸爸不想要咱们，咱们也不知道回去的路了，既然这样，咱们就在野外生活吧。"弟弟也听姐姐的话，说："好吧。"两姐弟就相互依偎，然后睡到天亮。

天亮了，他俩醒过来后就结伴去找干树枝、找茅草来搭建一个山寮房，盖好山寮房后，他们就有遮风挡雨的地方啦。

之后，每天天一亮，他们两个就去找野果吃，口渴了，他们就喝小溪里的水；饿了，他们就吃野果。接着两姐弟，天天开荒砍树，开垦出一块坡地。姐姐说："弟弟哎，咱们开垦的这块坡地，可以用来播种旱稻，但咱们没稻种没米种呀。"弟弟说："姐姐哎，待我去野外找找看有没有稻种米种吧。"

弟弟负责找稻种米种，姐姐就负责扎篱笆来围坡地。有一天，一只很漂亮的小鸟，停在坡地的篱笆上，叫道："咕咕喂，咕咕哟，稻种米种都在我肚子里，什么都有呀。"

姐弟听到小鸟的话，就去抓小鸟，把小鸟杀了，破开它的肚子，把肚子里面的种子啊什么的掏出来，然后把种子晒干，晒干后就看清楚了，有葫芦瓜籽、南瓜籽，稻米种。

他们就在那块坡地播下稻米种，在坡地篱笆下撒下葫芦瓜、南瓜籽。哇，没过多久，坡地上全都是一片一片黄橙橙的旱稻，篱笆上爬满了葫芦瓜藤和南瓜藤，还结出了一串串的小瓜。

到了割稻时节，收获了好多稻谷，姐弟俩就用棍子来捶谷子，把谷子放在石头上，然后用棍子磨呀磨，好让谷子去壳变成米粒。在山里，因为没有锅来煮饭，他们就把米装在竹筒里，然后把竹筒放在火上烤，这样，就能把大米煮成熟米饭，就有米饭吃啦。姐弟俩很开心，再也不用担心没饭吃啦，只是用棍子把谷粒捶打去壳成米粒实在太费劲了。

有一天，姐弟俩外出找柴火。看见有位老太太正在自家门前舂什么东西，他们就跑去看，看见她原来在舂稻谷。

他们便问："奶奶啊，你这样舂，能把稻谷舂成米粒吗？"那个老太太抬头看看他们，说："咦，孩子哎，你们从哪儿过来的，头发怎么乱糟糟的，衣服怎么那么破旧不堪呢？我这样舂，能让稻谷变成米粒，就能有米饭吃了哦。"

姐姐答道："奶奶哎，我们的父亲把我们扔在山里，已经过了好长时间了。我们姐弟就在山里生活，还种了很多的旱稻，但我们不知道怎么把稻谷弄成米粒，你能教我们舂米么？"

那位老太太听到这番话，再看两个孩子衣衫褴褛、面容憔悴，也是为他们感到很痛心，就答应教他们舂米了，那两个孩子很快就学会了。

接着，老太太叫他们去小溪里洗澡，把一头乱发剪掉，只见他们的脸变干净了，终于有个人样啦。

老太太对姐姐说："孩子，我教你织锦吧。"姐姐满口答应："好呀。"

姐姐就天天跟老太太学习织锦，她真是个聪明的孩子，学什么都很快，黎锦织得特别漂亮，什么图案都会织，小花、叶子、小黄猄、小鱼等，什么都会织了啊。学会织上衣、筒裙了，就有衣服穿了啦。

过了一段时间，姐姐跟老太太说："奶奶，既然我们已经学会舂稻谷了，连衣服都会做了，那我们也该回去守我们的坡地啰。"

老太太听了虽有不舍，但也说："唉！孩子呀，我本想留你们在这儿，跟我一块儿生活，但既然你们想回去了，那就回去吧。杵和臼就送给你们了，你们好用来舂稻谷。以后，你们也要常回来看我啊。"姐弟俩回答："好，知道了啊。奶奶，你放心，以后我们会常常来看你的啊。"

两姐弟回到了山寨之后，姐姐就天天织锦，弟弟负责守旱稻地，专门舂稻谷。

有一天，弟弟看到有一个人正在摘篱笆上的南瓜，他便喊："喂，你是谁，怎么偷我的南瓜呢？"一边说一边走过去，走近一看，那人原来是父亲啊。父亲看到是他的儿子，眼泪便哗哗地流下来了，说："孩子哎，我找你们找了好久啊，山上都找遍了，哪里都找不着，终于能在这儿见到你们啊！"

弟弟见到父亲很高兴，就把父亲带回山寨。姐姐见到父亲，又高兴又伤心，一脸哀怨地对她父亲说："爸爸啊，你真是好狠心啊，把我们活生生地抛在野外，让我们没水喝没饭吃，你也不怕蟒蛇、熊吃了我们吗？"

父亲愧疚地哭了："唉，孩子哎，爸爸蠢啊，爸爸知道错了，怎能把你们扔在野外呢？我不知道这一切都是继母搞的鬼，她不爱你们，还故意挑拨，让我把你们扔到山里。我一座山一座山地找你们，就为了能带你们回家，过后你们愿意跟我一起回去吗？"

两个孩子回答："唉，你们又不疼爱我们的，我们不想跟你回去，我们在这里有吃有穿，什么都有，只想平静地过日子。"

父亲在山寮住了几天，看着两个孩子种了一大片一大片的旱稻，累累的南瓜、丝瓜压弯了枝头，也就放心了，心想孩子已经吃穿不愁、衣食丰足，能够自给自足了。

又住了一段时间，父亲要回家了，孩子就让他挑一担谷子和一担南瓜回去。

回到家，继母问父亲："谁给你这么多的谷子呀？"父亲答道："你不疼爱的那两个孩子给的呀。你诬陷孩子不会干活儿，哇哟，人家种了一大片黄橙橙金灿灿的旱稻，种的葫芦瓜、南瓜长满枝头，人家非常能干。"继母听了瞠目结舌，不相信前妻生的那两个孩子这么能干。

有一天，她上山去一探究竟。走到旱稻地附近，她远远看到姐姐坐在山寮门前织锦，她便偷偷沿着草丛走过去，想靠近一点看清是不是那两个孩子，这时她不小心踩到一个捕猎陷阱，啊！发出了一声惨叫。

听到叫声，两姐弟赶紧跑过来，以为抓到了一只山猪，可没想到是一个人。他俩把那个人拉上来，一看，原来是继母呀。只见继母的脚出血了，他们就问继母还能走路吗，继母摔得鼻青脸肿的，话都说不出来，只能摇摇头。

两姐弟就把继母抬到山寮，倒水给她喝，又去找草药给她敷在伤口上。继母看着两个孩子尽心尽力地照顾她，感动得掉眼泪，说："唉，孩子哎，你们真是好孩子啊，妈妈错了，我以前真是蠢啊。从现在开始，我会把你们当成我的亲生孩子一样疼爱呢。"

两姐弟看到继母有悔意了，就释怀啦，天天照顾继母，给她盛水盛饭，悉心照顾她，直到她的脚伤痊愈了。

继母能下地走路了，就从山寮里走出来，映入眼帘的是丰收的农作物，那满架满架的葫芦瓜藤、南瓜藤、丝瓜藤藤蔓密织，大片大片的旱稻山稻盈车嘉穗，沉甸甸的稻穗把稻杆都压弯了。

继母不由得赞叹："唷，这两个孩子真会干活，在这深山都能开垦出那么平坦的坡地，种什么都有好收成哟！"

她就劝两个孩子，叫他们跟她一起回家。两个孩子刚开始不愿意，说他们要在山里守看坡地。继母苦口婆心，不停地劝说两姐弟跟她一同回家："到割旱稻的时候，咱们一起割；到种稻的时候，咱们一起种。"

看到继母那么诚心诚意，两个姐弟也心软了，心想："继母改过自新了，也真心待咱们了，那就回去吧。"

他们用车装着旱稻谷、臼和杵，还有南瓜等其他农作物回去了。回到村里，弟弟负责教村里人如何用杵臼来舂米，而姐姐负责教村里的女人织锦、做衣服裙子。

村里人也过上了跟姐弟俩一样的生活，这个故事告诉我们手脚勤快才能衣暖食足。

（王玉英讲述，王花补述，吴艳记录）

2.10 对话一则

　　这段对话以聊天录音的方式采录，后期与对话人王花核对转写，对话主要谈论的是黎族生活、生产及风俗等方面的禁忌。**A** 为王花，**B** 为王玉英。

A： mɔ³¹,　pai³³　a¹¹　tsau³³　a³¹,　doŋ¹¹　khə¹¹　　　ɬai¹¹
　　INTERJ F　INJ　奶奶　INJ　像　1pl-incl:咱们　黎族

khə¹¹　　　　ra³¹　nen³³　pe³³　na³³,　a¹¹　khɯ³³　plɔŋ³³　na³³,
1pl-incl:咱们　地方　这　其他　DEF　人家　里　家　DEF

哎，奶奶啊，像咱这个地方的黎族，一般家里，

a¹¹　dɔʔ¹¹　pai³³　pla³¹　ŋou³¹　thuaŋ³³　ŋou³¹　pe³³　kɯ³³　　van³³　ra³¹?
人家　有　EMPH　什么　避讳　RECIP　避讳　其他　CONJ-或者　NEG　INT

人家有没有什么避讳的说法呢？

doŋ¹¹　a¹¹　sem³¹　ŋou³¹　mai¹¹　pha³³viaŋ¹¹　pha³³viaŋ¹¹ɬou³³　kɯ³³　van³³?
像　人家　说　避讳　PREP-同　公公　大伯　　　　CONJ　NEG

比如像有的人说的，媳妇跟公公或大伯，有什么需要忌讳的没？

B： dɔʔ¹¹　a¹¹,　sem³¹　ma⁵⁵nen³³　lo³³,　kɯ³³　pha³³viaŋ¹¹　na³³
　　有　IND　说　这样　　IND　CONJ-因为　公公　　　DEF/TOP

khə¹¹　　　duŋ⁵⁵duŋ⁵⁵　phə¹¹　plɔŋ³³　nə¹¹,　phə¹¹　lei³¹
1pl-incl:咱们　开头开头　嫁　家　3sg-他　去　做

leu¹¹　nə¹¹　na³³　lo³³.
儿媳妇　3sg-他　DEF　IND

有啊，是这样说的啰，公公呢，是因为咱嫁到他家，去当他的儿媳妇咯。

phə¹¹　lei⁵¹　leu¹¹　nə¹¹　ni⁵¹,　khə¹¹　　　tsɯ³¹　da³³　fei¹¹
去　做　儿媳妇　3sg-他　TOP　1pl-incl:咱们　是　怕　走

thaŋ³¹　daŋ¹¹　nə¹¹,
EXP-过　面前　3sg-他

去当他的儿媳妇呢，咱们就忌讳从他的面前走过去，

da³³　fei¹¹　thaŋ³¹　daŋ¹¹　nə¹¹　kɯ³³uŋ³¹　kui¹¹loi¹¹　tui³³　luŋ¹¹,
怕　走　EXP-过　面前　3sg-他　CONJ-因为　规矩　　　最　大

忌讳从他的面前走过，因为这是最重要的规矩，

kui¹¹loi¹¹　　tui³³　　luŋ¹¹　　na³³,　　kɯ³³uŋ³¹　　da³³　　mɔu³³　　mɔ³¹,
规矩　　　　最　　大　　MOODCONJ-因为　怕　　咒语　　IND
规矩最重要，因为（不听从）担心被诅咒呢，

fei¹¹　　koi³³　　daŋ¹¹　　pha³³viaŋ¹¹　　pai³³viaŋ¹¹　　na³³　　　　mɔu³³　　mɔ³¹,
走　　EXP-过 面前　　公公　　　　婆婆　　　　DEF/COMP　　　诅咒　　IND
从公公，婆婆面前走过会被诅咒呢，

ɔk¹¹　　in¹¹　　ri³³　　ai³³　　kɔu³¹　　　　　　　khə¹¹　　ɔk¹¹　　ɬou¹¹　　nə¹¹.
抽　香烟　都　不愿　PERMS-给　　　　　　1pl-incl:咱们　抽　　靠近　3pl-他们
咱们抽（水）烟时也不能靠近他们。

ha:ŋ³³　　lɔ²¹¹　　tha³¹　　ka³¹　　ou⁵¹　　tsoŋ³³　　ɬou¹¹　　pha³³viaŋ¹¹ɬou³³,
之后　　吃　米饭　也　NEG-别坐　　靠近　　大伯
然后吃饭时也别挨着大伯坐，

pha³³viaŋ¹¹ɬou³³　　　ke¹¹　　ŋou³¹　　tuŋ³³　　luŋ¹¹　　tsɔ²¹¹,
大伯　　　　　　　更　避讳　最　　大　　MOOD
跟大伯的忌讳更大呢，

kɯ³³　　　　ko¹¹　　luŋ¹¹　　khə¹¹,
CONJ-因为哥哥　大　　1pl-incl:咱们
因为哥哥比咱们大，

pai³³-tsou⁵⁵　　luŋ¹¹　　khə¹¹　　　　　　,na³³　　kom³¹　　van³³　　dai³¹
F - 嫂子　　大　　1pl-incl:咱们　那　还　　NEG-不可以
ŋou³¹　　doŋ¹¹　　pha³³viaŋ¹¹ɬou³³　　na³³,
避讳　像　大伯　　　　　　　DEF
嫂子也比咱们大，但无需跟大伯那么忌讳，

tsou⁵⁵　　na³³　　van³³la:i³³　　ŋou³¹　　khem³³　　ŋou³¹　　pha³³viaŋ¹¹ɬou³³,
嫂子　　DEF　NEG-没有　　避讳　必须　　避讳　大伯
不用忌讳嫂子，但必须避讳大伯，

kɯ³³　　　　nə¹¹　　luŋ¹¹　　koi³³　　khə¹¹　　　　a¹¹.
CONJ-因为3sg-他　大　　CMP-过1pl-incl:咱们　　IND
因为他比咱们大呀。

ɔu⁵¹　　ɬuk¹¹　khɯ³³　uk⁵⁵　nə¹¹　　pui³³　mɔu³¹,
NEG-别进　　里　　卧室　3sg-他　拿　　东西
别去他的房间拿东西，

ɔu⁵¹　　tsɔŋ³³　kha¹¹　zaŋ³¹　nə¹¹　　kɔu³¹　na³³,
NEG-别坐　　上　　床　　3sg-他　睡　　DEF
别坐在他的床上，

lɔʔ¹¹　tha³¹　ɔu⁵¹　　tsɔŋ³³　dui⁵⁵min³³　nə¹¹,
吃　　米饭　NEG-别坐　　对面　　　3sg-他
吃饭时别坐在他对面，

khə¹¹　　　　　tɔk¹¹　a¹¹　luŋ¹¹,
1pl-incl:咱们　小　　人家　大
咱们辈分小，人家辈分大，

faːp⁵⁵　khə¹¹　　　　　dai⁵¹　luŋ⁵⁵　a¹¹,　khuai³³　a¹¹　luŋ¹¹.
气场　　1pl-incl:咱们　不能　大　　人家　数　　　人家　大
咱们的气场没人家大，人家的气场大。

pui³³　mɔu³¹　ni⁵¹,　ɔu⁵¹　　za³³　kɔu³¹　nə¹¹　khɯ³³　meɯ¹¹,
拿　　东西　TOP　NEG-别伸　BEN-给 3sg-他　里　　手
拿东西呢，不能直接伸手给他，

khem³³　zɔu⁵⁵　kha¹¹　faŋ¹¹　na³³　zɔu⁵⁵　kɔu³¹　nə¹¹　pui³³.
必须　　放　　上　　地　　DEF　放　　BEN-给 3sg-他　拿
必须放在地上，让他自己拿。

na³³　a¹¹　　kui³³ki¹¹　ŋaːu⁵⁵za¹¹　thom³¹na³³.
那　　别人　规矩　　老人　　　这样
那自古以来的规矩就是这样。

A：ma³³kɯ³³　　doŋ¹¹　a¹¹　ɬuk¹¹　khɯ³³　ra³¹　plɔŋ³³　feɯ⁵⁵　pe³³
　CONJ-但是　像　　人家　进去　里　　地方　家　　叔父　其他
na³³　van³³　da³³　kha⁵⁵no³¹?
DEF　NEG-不怕　可能

但是好像说，进小叔或其他人家里就不用避讳吧？

B：van³³ da³³, feɯ⁵⁵ na³³ van³³ da³³,
　　NEG-不怕　　叔父　DEF　NEG-不怕
没忌讳，小叔就不用怕，

khə¹¹　　　　　khuai³³　tɔk¹¹　na³³,　tsou⁵⁵　ka³¹　ma³³laːm⁵⁵　phə¹¹
1pl-incl:咱们　数　　小　　DEF　嫂子　也　随便　　　去
plɔŋ³³　khə¹¹.
家　　　1pl-incl:咱们
咱们算小辈，嫂子也可以随意进出咱们家。

zɔu⁵⁵　sɔk¹¹　na³³　ni⁵¹,　nə¹¹　ka³¹　ia³¹　aːp¹¹　ia³¹　vuai¹¹,
小姑子　病了　DEF　TOP　3sg-她　还　可以　洗澡　可以　洗
小姑病了呢，大嫂还能洗澡洗衣服，

ma³³kɯ³³　pha³³viaŋ¹¹ɬou³³　　　sɔk¹¹　ni⁵¹,　khə¹¹　　　　　dia⁵¹
CONJ-但是　大伯　　　　　　　病了　TOP　1pl-incl:咱们　不能
aːp¹¹　dia⁵¹　vuai¹¹　o¹¹,
洗澡　不能　洗　　INJ
但是大伯病了呢，咱们不能洗澡洗衣服啊，

nə¹¹　luŋ¹¹　ku³¹　khə¹¹　　　　a¹¹,　dɔŋ¹¹　na³³　　　thom³¹na³³　o³¹.
3sg-他　大　CMP-过1pl-incl:咱们　IND　像　　那　　　这样　　　　IND
他比咱们辈分大，就得像那样忌讳哟。

A：dɔ²¹¹　sem³¹　phə¹¹　lei⁵¹kɔŋ¹¹　pe³³　na³³　si³³　phɯŋ⁵⁵the⁵¹,①
　　有　说　　去　　干活儿　　其他　DEF　时间　何时
对于干活的时辰有没有什么讲究，

phɯŋ⁵⁵the⁵¹　　　na³³　teʔ²¹¹　phə¹¹　lei⁵¹kɔŋ¹¹　bɔ³³?
何时　　　　　DEF　坏　　去　　干活儿　　INT
有没有啥时去干活就不吉利的说法？

si³³ŋa³³　vaŋ⁵⁵　a¹¹　kɯ³³　dɔŋ¹¹the⁵¹　pe³³　na³³　teʔ²¹¹　thuɯŋ¹¹　lei³¹kɔŋ¹¹?

---

① 黎族讲究择日子办事，在日常生活中，不管好事歹事，红事白事都必须选定吉日。尤其是跟生产活动有关的种田、捕猎这些大事更要择好日进行，这样才能种好田，捕到猎物。

午时　　　时间　　人家　CONJ　怎样　　　　　其他　DEF　坏　出　　　干活儿
午时或什么时间，是不能出去干活儿的呢？

B：pai³³　na³³　na³³　khɯ³³　khə¹¹　　　　　na³³,　sem³¹,
　　EMPH　那　　DEF　PREP-在　1pl-incl:咱们　　DEF　说
那按照咱们黎族的说法是，

si³³　khə¹¹　　　　　　na³³　huap⁵⁵　pai³³　ŋa³³　phɯŋ⁵⁵the⁵¹　　phɯŋ⁵⁵the⁵¹,
时间　1pl-incl:咱们　DEF　合适　　EMPH　午　　何时　　　　　　何时
咱们选择的时间要符合午时或什么时间，

khə¹¹　　　　　　　thɯŋ¹¹　lei³¹koŋ³³　ni⁵¹,　khə¹¹　　　　　khem³³
1pl-incl:咱们　出　　　干活儿　　　TOP　　1pl-incl:咱们　必须
lo¹¹　la:i³³　pai³³　si³³,
看　　PNC　　EMPH　时间
咱们外出干活儿呢，咱们必须看下时辰，

khə¹¹　　　　　　　nen³³　ni⁵¹,　si³³　khə¹¹　　　　　　na³³, ⓐ
1pl-incl:咱们　这里　TOP　　时间　1pl-incl:咱们　DEF/TOP
咱们这里呢，咱们黎族的纪年历法，

khə¹¹　　　　　　　pɔu³¹　pla³¹　na³³　huap⁵⁵　si³³　pla³¹,
1pl-incl:咱们　年　　什么　DEF　合适　　时间　什么
根据咱们的纪年要选用合适的时间，

huap⁵⁵　si³³　pla³¹　na³³　　　　　ɔu⁵¹　　thɯŋ¹¹　　　lei³¹koŋ³³,
合适　　时间　什么　DEF/COMP　NEG-别　出　　　　　干活儿
正好撞上什么时候呢，别出去干活，

da³³　dɔʔ¹¹　sɔk¹¹　lo⁵⁵,　da³³　ka³¹ma:u⁵¹　　lo⁵⁵.
怕　　有　　　病了　IND　怕　　感冒　　　　　IND
怕是会生病啰，怕是会感冒啰。

A：da³³　van³³　huap⁵⁵　khə¹¹,　　　　　soŋ¹¹　pe³³　na³³

----

① 黎族传统的记历法，通常用十二生肖来记日和记年和记时，十二天为一轮，每天用不同的生肖来表示，两轮半为一个月，十二个月和十二时辰也用十二生肖来表示。黎族内部，约定俗成把生肖日分为吉日和凶日，把时辰也分为吉时和凶时，办事需择吉日、吉时，避开凶日、凶时。

怕　　　NEG-不合适　　　1pl-incl:咱们　　相冲　　其他　DEF/COMP

tsɯ³¹　　van³³　　da³³.
就　　　NEG-不怕

怕是挑了不合适的时间，其他（丧事）的情况相冲的话就不怕。①

B：soŋ¹¹　　na³³　　phə¹¹plɔŋ³³　　thuaŋ³³　　tsɯ³¹　　ruɯ¹¹　　ɬa:u³¹　　lo³¹.
　　相冲　　DEF　嫁　　　　　　RECIP　　　是　　要　　死　　JUD

但如果结婚日与新人属相相冲的话，可能就要死人啊。②

A：mai¹¹　　nɔŋ³³vo³³　　kha:m¹¹　　luŋ¹¹　　vai³¹　　khin³¹,
　　就　　　开始　　　　问　　　　REP　　不是　　CL-样

现在问其他的问题，

phoŋ¹¹tok¹¹　　zɯ¹¹　　sem³¹　　ŋa:u⁵⁵　　luam⁵¹　　vou³¹zɔu⁵⁵　　na³³　　mɔ³¹,
风俗　　　　　怎么　　说　　　人　　　　才　　　　过世　　　　　DEF　　TOP

咱们的风俗为什么说才刚过世的人呢，

buai³³　　vou⁵¹zɔu⁵⁵　　na³³,　　　　　　　sem³¹　　　　khə¹¹　　　　lei³¹　　tsɯ³¹
已经　　　过世　　　　　DEF/TOP　　　　　说　　　　　1pl-incl:咱们　　做　　　一

sun³³　　ta³¹　　duai¹¹et⁵⁵　　sun³³.
CL-季　　水田　第一　　　　　CL-季

已经过世的人，说是咱们要把一季稻，第一季稻（分给他）？③

B：mə¹¹　　khem³³　　tha:n¹¹　　nə¹¹　　deɯ¹¹　　doŋ¹¹　　hom¹¹　　hɔu¹¹　　nen³³.④
　　2sg-你　必须　　分　　　　3sg-他　BEN-要　像　　　CL-个　角儿　这

你一定要在田角处分给他这样一小块的田，（比划）

khem³³　　lei³¹　　ɬɔu³³　　thuŋ³³　　kuaŋ¹¹　　doŋ¹¹nen³³,
必须　　　做　　　两　　　CL-根　　棍子　　　这样

必须立两根棍子，

---

① 这里指的是办丧事时，选定的出殡时辰（生肖时辰）要避开奔丧者的属相，这叫相冲；若相撞，就叫相合。丧事择时须相冲，若相合据说过世之人会将奔丧者的魂魄勾走。

② 要根据新人的生辰八字择吉日结婚，所择之日不能与测算出来的新人属相相冲，否则不吉利，须与新人属相相合。

③ 当地黎族一年种两季稻，若家中有人去世，则在种植第一季稻时，举办这种"分田"仪式。

④ 有人刚过世，家人就要以绳子为界，在田角处隔开一块区域，象征性地把隔开的田分给他，这就是"分田"仪式，为当地的风俗。据说分田之后，过世的人就不会惊扰在世的人；若不分，整块田当年就无收成。

ɬou³³ phuŋ³³ thoŋ¹¹sai¹¹ na³³ ŋuaŋ³³,
两 CL-根 棍子 DEF 绑
用绳子绑住两根棍子，

n̠ou¹¹ ŋuaŋ³³ pe³³ ke²⁵⁵ kou³¹ nə¹¹ thaːn¹¹ nə¹¹ a¹¹,
绳子 绑 其他 隔 BEN-给3sg-他 分 3sg-他 IND
绳子两头各绑一根棍子，把隔开的那块田给他呀，

thaːn¹¹ nə¹¹, zou¹¹ nə¹¹ ɬen¹¹ ou⁵¹ n̠aːm¹¹ pai³³
分 3sg-他 CAUP-使3sg-他 好 NEG-别把玩 EMPH
mut¹¹ khə¹¹ na³³,
稻 1pl-incl:咱们 DEF
分给他，让他别把玩咱们的稻子，

zou¹¹ nə¹¹ ɬen¹¹ɬen¹¹ ək¹¹.
CAUP-使3sg-它 好 - 好 长
让稻子好好生长。

A: na³³ doŋ¹¹na³³ na³³ khə¹¹ khuai⁵¹ sem³¹ ma³³the⁵¹ bɔ⁵⁵?
那 那样 DEF 1pl-incl:咱们 念 说 怎样 INT
那分田的时候，咱们要念什么咒吗？

B: mɔ³¹, khə¹¹ sem³¹ buai³³ kou⁵¹ nə¹¹ thom³¹nen³³,
INTERJ 1pl-incl:咱们 说 已经 给 3sg-他 这样
噢，咱们已经给他田了，

mə¹¹ kuan³¹ kɯ³³ mə⁵⁵, ho¹¹ kuan³¹ kɯ³³ ho⁵⁵ lo³³,
2sg-你管 NOM 2sg-你 1sg-我管 NOM 1sg-我 IND
你管你的，我管我的啰，

ra⁵¹ ka³¹ ku³³ kɯ³³ ra⁵¹ lo³³,
谁 也 顾 NOM 谁 IND
谁就管谁的啰，

mə¹¹ ku³³ kɯ³³ mə⁵⁵, ho¹¹ ku³³ kɯ³³ ho⁵⁵.
2sg-你顾 NOM 2sg-你 1sg-我顾 NOM 1sg-我
你照料你的，我照料我的。

mə¹¹ te²¹¹ mut¹¹ na³³ mə¹¹ ɔu⁵¹ uan³³ tham¹¹,
2sg-你 坏 水稻 DEF 2sg-你 NEG-别 埋怨 MOOD
你的稻子长不好，你也别再埋怨了，

kɯ³³ ho¹¹ buai³³ thaːn⁵⁵ kɔu³¹ mə¹¹ ta³¹,
CONJ-因为 1sg-我 已经 分 BEN-给 2sg-你 水田
因为我已经分给你田，

mə¹¹ dai⁵¹ lei³¹ na³³ sai³¹ mə¹¹.
2sg-你 不能 做 那样 随便 2sg-你
你没管理好是你的事。

i³³si³³ ma⁵⁵na³³ thom³¹na³³ o³¹.
意思 那样 这样 IND
大概意思就是那样咯。

A：mai¹¹ dɔ²¹¹ buan³¹ van³³ ti³¹ sem³¹ khem³³ kiaŋ¹¹ ko²⁵⁵,
　　就 有 CL-半 NEG-不是 说 必须 炒 稻谷
不是还有一些人说，必须把稻谷炒了，

zɔu¹¹ phə¹¹ fuaŋ⁵¹ khɯ³³ the⁵¹ pe³³ na³³ tso²¹¹ a⁵⁵?
CONJ-然后 去 撒 PREP-在 哪儿 其他 DEF MOOD INT
然后撒在什么地方的吗？

kiaŋ¹¹ ko²⁵⁵ zɔu¹¹ ko²⁵⁵ na³³ ɬen¹¹ ɔu⁵¹ ək¹¹.
炒 稻谷 CAUP-使稻谷 DEF 好 NEG-别 长
炒稻谷好让稻谷长不出来。

B：na³³ na³³ kɯ³³ a¹¹ ɬaːu³¹ a³³re³¹,
　　那 DEF 是 别人 死 MOOD
那是因为人家死啦，

na³³ nə¹¹ buai³³ ɬaːu⁵¹ koi³³ aːu⁵¹ ni⁵¹,
那 3sg-他 已经 死 过 后 TOP
那人已经过世了呢，

khə¹¹ phə¹¹ kom⁵⁵ nə¹¹ ni⁵¹, khə¹¹
1pl-incl:咱们 去 埋 3sg-他 TOP 1pl-incl:咱们
khem³³ kiaŋ¹¹ pai³³ ko⁷⁵⁵ na³³,
必须 炒 EMPH 稻谷 DEF
咱们去埋他的时候呢，咱们必须要炒稻谷，

tsɯ³¹kuam³¹ van³³ kiaŋ¹¹ tsɯ³¹kuam³¹ kiaŋ¹¹,
一些 NEG-不炒 一些 炒
炒一些不炒一些，

pai³³ van³³ kiaŋ¹¹ na³³ ək¹¹, pai³³ kiaŋ¹¹ na³³ van³³ ək¹¹,
EMPH NEG-不炒 DEF 长 EMPH 炒 DEF NEG-不长
没炒的稻谷能生长，炒过的稻谷长不出来，

na³³ tsɯ³¹ ła:m³¹ zen³¹ kuŋ⁵⁵ nə¹¹, ai³³ kɔu³¹ nə¹¹
那 就 挡 ASP 路 3sg-他 不愿 PERMS-给 3sg-他
paɯ¹¹ dɔu³³ doŋ⁵⁵ nə¹¹ tham¹¹. ①
回 到 爱人 3sg-他 MOOD
那就拦住他，不能让他再回来骚扰他的爱人。

A: o³¹, mɔ³¹, eɯ³¹ lo³³, mai¹¹ dɔ⁷¹¹ pai³³ sem³¹,
INTERJ INTERJ INTERJ IND 就 有 EMPH 说
噢，呐，好咯，还有人说，

zɔu¹¹ vaŋ¹¹ a¹¹ deɯ¹¹ thɯŋ¹¹moŋ¹¹ na³³,
CONJ-而 日子 别人 要 出殡 DEF
人家出殡的时候呢，

na³³ vaŋ⁵⁵ na³³, khə¹¹ ɔu⁵¹ deɯ¹¹ pai³³ vaŋ¹¹ na³³,
那 日子 DEF 1pl-incl:咱们 NEG-别 要 EMPH 日子 DEF
出殡的日子，咱们不能要那个日子，

khə¹¹ ɔu⁵¹ deɯ¹¹ vaŋ⁵⁵ na³³ deɯ¹¹ va⁵⁵ ta³¹,
1pl-incl:咱们 NEG-别 INST 日子 DEF INST-用 栽 水田
咱们别把那个时间作为种田的日子，

---

① "炒稻谷"这一风俗主要适用于夫妻一方过世。进行这种仪式之后，过世的一方就不能再留恋人间，别再回来骚扰活着的另一方。

kɯ³³　　da³³　　ma³³the⁵¹　　a⁵⁵?
是　　怕　　怎样　　　　INT
是有什么顾虑啊？

B:　da³³　pai³³　suai¹¹　na³³　n̠a:m¹¹　pai³³　mut¹¹　khə¹¹
　　怕　EMPH 鬼　　DEF　把玩　EMPH 水稻　1pl-incl:咱们
na³³　van³³　tsiŋ¹¹,
DEF　NEG-不 成
担心鬼会把玩咱们的水稻，让稻子长不了，

suai¹¹　n̠a:m¹¹　pai³³　mut¹¹　khə¹¹　　　　na³³　lei³¹　that¹¹ziaŋ⁵⁵hiaŋ³¹piu³³,
鬼　　把玩　EMPH 水稻　1pl-incl:咱们　DEF　CAUP-弄　青黄不接
鬼把玩咱们的水稻，让稻子青黄不接，

zɔu¹¹　　van³³　tsiŋ¹¹,
CAUP-使 NEG-不 成
让稻子长不好，

mə¹¹　　kei¹¹　phɯŋ³³　fon³¹　nə¹¹　　ka³¹　te²¹¹　huat⁵⁵.
2sg-你 几　　放　　　肥料　3sg-它　也　　难　　发
你放多少肥料，稻子都很难长出来。

A.　kɯ³³uŋ³¹　　na³³　nə¹¹　　buai³³　deɯ⁵⁵　vaŋ¹¹　sou¹¹
　　CONJ-因为 那　3sg-它　已经　　要　　　日子　收
a¹¹kɯ³³　vaŋ¹¹　ma³³the⁵¹　a⁵⁵?①
CONJ-或是 日子　怎样　　　　INT
因为它（出殡的日子）是收日或其他什么日子吗？

B:　deɯ⁵⁵　pai³³　vaŋ¹¹　nə¹¹　　ɬa:u³¹　na³³,　vaŋ¹¹　phə¹¹　kom⁵⁵
　　要　　EMPH 日子　3sg-他　死　　DEF　日子　去　　埋
nə¹¹　　na³³,②
3sg-他 DEF
用了他死的日子，下葬的日子，

---

① 若在家人出殡的禁忌日种田，就会导致没收成，故称为"收日"。
② 在黎族社会，家人埋葬的日子或亲人病危请"道公""娘母"做法驱邪的日子被视为禁忌日，家中做事都要避开禁忌日，以免发生不利的事情。

deɯ¹¹　　pai³³　　vaŋ¹¹　　phə¹¹　　kom⁵⁵　　nə¹¹　　na³³,　　　　　fuaŋ³¹　　　　ɯŋ¹¹
要　　　EMPH　日子　去　　埋　　3sg-他　DEF/TOP　　　　撒　　　　秧

ka³¹　　ou⁵¹　　deɯ¹¹,
也　　　NEG-别用

不要在家人（家里已过世）的下葬日去撒秧，

lei³¹　　plɔŋ³³　　plei³¹　　za:u³³　　ou⁵¹　　deɯ¹¹.
做　　　房子　　搭建　　谷仓　　NEG-别要

也不能在那时盖房子建谷仓。

khə¹¹　　　　　　bou³³　　siu¹¹　　ni⁵¹,　khə¹¹　　　　　　ka³¹　　khem³³
1pl-incl:咱们　煮　　酒　　TOP　1pl-incl:咱们　也　　必须

lo¹¹　　pai³³　　vaŋ⁵⁵　　nə¹¹　　tou¹¹　　faŋ¹¹　　na³³　　ne⁵¹,　fut⁵⁵　　ɬuai¹¹to³¹,
看　　EMPH　日子　3sg-他　下　　土　　DEF　IND　　十　　多少

咱们煮酒呢，也必须知道他下土的日子是初十几，

tou¹¹　　faŋ¹¹　　thom³¹　　ɬuk¹¹　　khɯ³³　　faŋ¹¹　　na³³　　lo⁵⁵.
下　　　土　　　即　　　进　　里　　　土　　　DEF　IND

下土就是下葬咯。

fut⁵⁵　　ɬuai¹¹to³¹　　ni⁵¹,　mə¹¹　　vaŋ⁵⁵　　na³³　　mə¹¹　　tsɯ³¹　　ou⁵¹
十　　　多少　　　　TOP　2sg-你　日子　DEF　2sg-你　就　　NEG-别

deɯ¹¹　　bou³³　　siu¹¹,
INST-用　煮　　酒

初十几呢，你就要记住这日子，就别在那天煮酒，

bou³³　　siu¹¹,　　nə¹¹　　ka³¹　　thɯŋ¹¹　　ŋuaŋ¹¹　　rit⁵⁵,
煮　　　酒　　　3sg-它　也　　冒　　　蒸气　　　尽

煮酒的话，蒸汽就会漏完，

thɯŋ¹¹　　ŋuaŋ¹¹　　rit⁵⁵rit⁵⁵,　van³³　　tsiŋ¹¹　　nam³³siu¹¹.
冒　　　蒸气　　　全部　　　NEG-不成　酒水

蒸汽全漏完，也酿不成酒水。

ho¹¹　　bou³³　　siu¹¹　　na³³,　ho¹¹　　ka³¹　　ɬək¹¹　　vaŋ¹¹　　pha³³za¹¹,　①

_____

① 这里指的是对话人之一王玉英已过世的丈夫。

1sg-我　煮　　　酒　　　DEF　1sg-我　也　　避开　日子　　老头儿
我煮酒的时候，我也避开老头儿的日子（下葬日），

doŋ¹¹　　na³³　thom³¹na³³　　　o³¹，buai³³　　rit⁵⁵.
像　　　那　这样　　　　　　IND　已经　　　尽
就这样，没其他了。

A：ta:i³³　tsɔk¹¹　luɯŋ¹¹　vai³¹　khin³¹　　lo⁵⁵，
　　　再　　讲　　　REP　　不是　CL-样　　IMPM
再讲其他的忌讳吧。

khə¹¹　　　　　ɬai¹¹　na³³　maŋ¹¹　dɔ²ⁱ¹　sem³¹　la:i³³　pai³³　ɬok¹¹
1pl-incl:咱们　黎族　DEF　是　　有　　说　　看见　EMPH　鼹鼠
na³³，la:i³³　za³¹　pit¹¹　thuaŋ³³　pe³³　na³³　　　　maŋ¹¹　la:i³³　viŋ¹¹　va⁵¹？
DEF　看见　蛇　缠　RECIP　　其他　DEF/COMP是　　看见　凶兆　INT
咱们黎族是不是有这样的说法，比如说看到鼹鼠，看到蛇缠在一起，或看到什么的话，
相当于看到了凶兆？

B：maŋ¹¹　a¹¹，la:i³³　ɬok¹¹　na³³　tsɯ³¹　suai¹¹　kha:u¹¹　rɯ⁵¹　paɯ¹¹
　　　是　　IND　看见　鼹鼠　DEF　是　　鬼　　白　　要　　回来
tha:u³¹　nam³³　lo³³，khem³³　lei³¹　koi³³ki¹¹　kɔu³¹　nə¹¹　lo³³o³¹.
找　　水　　IND　必须　做　风俗　　BEN-给　3sg-他　MOOD
是啊，看到鼹鼠，意即白鬼要回来找水喝了，那必须要做法事的呀，

zɔu¹¹　la:i³³　za³¹　pit¹¹　thuaŋ³³　na³³　　　　　　rɯ¹¹　ɬa:u³¹　re³³.
CONJ-而看见　蛇　缠　RECIP　DEF/COMP　　要　　死　　JUD
但看到蛇缠在一起可能会死人啦，

sɯ³¹　luŋ¹¹　re³³，rɯ¹¹　ɬa:u³¹　a³³re³³，
事情　大　　JUD　要　　死　　MOOD
是大事啊，要死人的啊，

mə¹¹　khem³³　hiaŋ³³　baŋ¹¹　re³³，khem³³　tha:u³¹　thoŋ³³　baŋ¹¹　re³³，
2sg-你　必须　努力　帮助　IMPM　必须　找　巫师　帮助　IMPM
你一定要寻求帮助啊，必须找巫师来解咒啊，

za³¹　pit¹¹　thuaŋ³³　na³³　　　　　　tuŋ³³　luŋ¹¹　suai¹¹，

蛇　　缠　　RECIP　　DEF/COMP　　最　　大　　鬼
蛇缠在一起，意味着是最大的鬼，

na³³　　tsɯ³¹　　laŋ¹¹　　van³³　　ɬaːu³¹　　ka³¹　　dɔ²¹¹　　tsɯ³¹　　laŋ¹¹　　ɬaːu³¹,
那　　一　　CL-只　NEG-不死　　也　　有　　一　　CL-只　死
一只不死，另外一只也会死，

i³³si³³　　doŋ¹¹na⁵⁵　　o³¹.
意思　　那样　　　　IND
意思就是那样的。

za³¹　　pit¹¹thuaŋ³³　　na³³,　　　　fat⁵⁵　　laŋ¹¹　　　　vaŋ⁵⁵vaŋ¹¹　　　　phə¹¹
蛇　　缠-RECIP　　DEF/TOP　　恰好　　CL-位　　CL-天- CL-天　　去
lei⁵¹　　plɔŋ³³　　pai³³　　nen³³　　na³³,　①
做　　房子　　EMPH　这里　　DEF
看到蛇缠在一起的时候呢，恰好某人天天在这里盖房子，

doŋ⁵⁵　　nə¹¹　　mai¹¹　　po²¹¹　　za³¹,
爱人　　3sg-她　就　　抓　　蛇
她的老公就去抓蛇，

pai³³　　za³¹　　na³³　　mai¹¹　　ɬou³³　　laŋ¹¹　　phə¹¹　　pit⁵⁵　　kha¹¹　　thuaŋ³³,
EMPH 蛇　DEF　就　　两　　CL-条 去　　缠　　上　　RECIP
那蛇呢，是两条蛇缠在一起，

nə¹¹　　mai¹¹　　ɬaːu³¹　　bau³¹,　　pha³³doŋ⁵⁵　　nə¹¹　　mai¹¹　　ɬaːu³¹.
3sg-他　就　　死　　MOOD　丈夫　　　3sg-她　就　　死
他就死啦，她老公就死了。

nə¹¹　　phə¹¹　　khiu³³　　pai³³　　za³¹　　na³³　　ri³³　　dia⁵¹　　lɔ²¹¹　　pai³³
3sg-他　去　　卖　　EMPH　蛇　DEF　都　不得　吃　　EMPH
tsiŋ¹¹　　za³¹　　na³³,
钱　　蛇　DEF
他把蛇卖了，都来不及花卖蛇的钱，

a¹¹　　deɯ¹¹　　pauɯ¹¹　　pai³³　　tsiŋ¹¹　　za³¹　　na³³,　　nə¹¹　　buai³³　　ɬaːu⁵¹.

_____

① 这里王玉英在谈论村子里真实发生的事件。

人家　拿　　回　　　EMPH 钱　　蛇　　DEF　3sg-他　已经　　死
把卖蛇的钱拿回来后，他就死啦。

A：kɯ³³uŋ³¹　　za³¹　kan³³　nə¹¹　　a¹¹kɯ³³　　a¹¹ra⁵¹　　lei³¹pla³¹?
　　CONJ-因为　蛇　咬　　3sg-他　CONJ-或是谁　　　　干什么
是因为蛇咬了他还是有人动了什么手脚吗？

B：za³¹　lei³¹　viŋ¹¹　kɔu³¹　　nə¹¹,　　pit¹¹　　thuaŋ³³　　kha¹¹　sai¹¹ŋən³³,
　　蛇　　做　　凶兆　BEN-给 3sg-他　缠　　RECIP　　　上　　刺树
蛇给他带来了厄运，蛇在刺树上交缠在一起，

phan³¹tsia³³　　pit¹¹　kha¹¹　　sai¹¹ŋən³³　　na³³,　　ŋa:u⁵⁵　tsɯ³¹　ɬa:u³¹　　baɯ³¹.
反正　　　　　缠　　上　　刺树　　　　　DEF/TOP 人　　就　　死　　　MOOD
反正蛇在刺树上交缠在一起的话，人就会死啦。

A：ma³³kɯ³³　　ɬok¹¹　na³³　ni⁵¹?
　　CONJ-但是　鼹鼠　DEF　INT
那鼹鼠呢？

B：ɬok¹¹　　na³³　suai¹¹　kha:u¹¹　paɯ¹¹　tha:u³¹　nam³³　buai³³.
　　鼹鼠　　DEF　鬼　　白　　　回来　　找　　　水　　MOOD
鼹鼠是回来找水喝的白鬼啦。

mai¹¹　　la:i³³　sat¹¹　la:i³³　ŋa:u¹¹　　na³³,
就　　　看见　鸟儿　看见　老鹰　　DEF
就看到鸟儿看到老鹰，

la:i³³　sat¹¹　la:i³³　pe³³　na³³　rɯ¹¹　paɯ¹¹　tsɔŋ³³　kha¹¹　suŋ³³khiaŋ³³,
看见　鸟儿　看见　其他　DEF　要　回来　坐　　　上　　窗
看到小鸟或什么东西飞过来停在窗边，

zɔu¹¹　　paɯ¹¹　tsɔŋ³³　kha¹¹　pai³³　nam³³,
CONJ-然后 回来　坐　　　上　　EMPH 水
还有停在家里的水缸边上，

khə¹¹　　　　　na³³　ka³¹　la:i³³　viŋ¹¹　o³¹.
1pl-incl:咱们　DEF　也　　看见　凶兆　IND

咱们也是看见凶兆了呀。

A:　doŋ¹¹na³³　　na³³　　ruɯ¹¹　lei³¹pla³¹　　bɔ⁵⁵?
　　　那样　　　　DEF　　要　　干什么　　　INT
那要怎么做呢?

B:　mɔ³¹,　　na³³　　nə¹¹　　ka³¹　ruɯ⁵¹　pauɯ¹¹　thaːu³¹　siu¹¹　ɔk¹¹,
　　　INTERJ那　　3sg-它　也　　要　　回来　　　找　　　酒　　喝
噢，它回来是想找酒喝，

khai³³　　khə¹¹　　　　lei³¹　kɔu³¹　nə¹¹　　lɔʔ²¹¹.
CAUP-叫1pl-incl:咱们　做　　BEN-给3sg-它　吃
让咱们酿给它喝。

A:　na³³　khou¹¹ha³³　　pe³³　na³³　ni⁵⁵?
　　　那　　猫头鹰　　　其他　DEF　INT
那看到猫头鹰或其他动物呢?

B:　khou¹¹ha³³　　na³³　　　　　nə¹¹　lei³¹　kɔu³¹　　　khə¹¹
　　　猫头鹰　　　DEF/TOP　　3sg-它 做　　BEN-给　　1pl-incl:咱们
sem³¹,　ei³¹noŋ³¹　khə¹¹　　　　　ruɯ⁵¹　ɫaːu³¹.
说　　　亲人　　　1pl-incl:咱们　要　　死
猫头鹰呢，它是要告诉咱们，咱们的亲人要过世了。

A:　o³¹,　　　maŋ¹¹　zei⁵¹?
　　　INTERJ是　　　INJ
啊，是吗?

B:　ei³¹noŋ³¹　　khə¹¹　　　　　　ruɯ⁵¹　ɫaːu³¹,　na³³　nə¹¹　　lei³¹
　　　亲人　　　　1pl-incl:咱们　要　　死　　那　　3sg-它 做
kɔu³¹　khə¹¹　　　　　　ki¹¹ho¹¹,
BEN-给 1pl-incl:咱们　记号
咱们的亲人要过世了，它就给咱们带来预兆，

na³³　sem³¹　nə¹¹　　phə¹¹　ŋaŋ³³　khə¹¹　　　　　　thom³¹na³³,
那　　说　　　3sg-它 去　　　叮嘱　　1pl-incl:咱们　这样
也就是说它提醒咱们，

pleɯ¹¹thiu¹¹   nə¹¹   ruaŋ¹¹,
听见   3sg-它 叫
听到它叫，

ruaŋ¹¹   luŋ¹¹   thiu¹¹   na³³   tsɯ³¹   ko¹¹noŋ³¹   plaɯ⁵⁵plaɯ¹¹,
叫   大   声音   DEF/COMP   是   亲戚   近-近
叫声大意味着是最亲的亲人（过世），

pleɯ¹¹thiu¹¹   nə¹¹   ruaŋ¹¹   tɔk¹¹ thiu¹¹ na³³,   tsɯ³¹   ko¹¹noŋ³¹
听见   3sg-它 叫   小   声音 DEF/COMP 是   亲戚
en³³   lai¹¹.
一点 远
听到它小声叫，则是远房亲戚（过世）。

A：嗯，奶奶啊，咱们这里的黎族，宗亲间有没有需要避讳的情况？不是有人说，儿媳妇跟公公或大伯间需要避讳吗？

B：有啊，确实是的啰。咱们嫁到公公家，当了人家的儿媳妇之后，就不能从他的面前走过去，千万不能径直从他的面前走过，这是最重要的规矩，一定要遵守，要是不遵守规矩可能会被诅咒呀，直接从公公、婆婆面前走过是会被诅咒的。我们抽烟时也不能离公公婆婆太近。

其次，咱们吃饭时也别挨着大伯，弟媳跟大伯的忌讳更大呢，因为哥哥辈分比咱们大。嫂子辈分也比咱们大，可咱们和嫂子没有避讳，咱们不用忌讳嫂子，但必须避讳大伯，因为他辈分大呀。千万别进他的房间拿东西，别坐他的床，吃饭时别坐在他对面。咱们辈分小，人家辈分大，咱们的气场没人家大，人家的气场大。拿东西呢，也不能直接伸手给他，必须把东西放在地上，让他自己拿。自古以来的规矩就是这样。

A：可好像说，去小叔或其他人家里就没有什么禁忌吧？

B：没禁忌，小叔的话就没什么关系。比如说嫂子也可以随意进出咱们家，因为咱们是小辈。小姑病了呢，大嫂还能帮着洗澡洗衣服，但是大伯病了呢，咱们不能帮着洗澡洗衣服，他比咱们辈分大，就得忌讳呀。

A：那对于干活的时辰有没有什么讲究，有没有干活儿的禁忌日吗？是不是有什么日子是不能出去干活儿的。

B:按照咱们黎族的说法，咱们做什么事要选好什么日子呀。外出干活儿时，咱们必须先看下时辰，咱们这里呢，是要用咱们黎族的传统记历法来择日，正好撞上凶日呢，就别出去干活，不然会生病啰，有妖邪缠身了。

A：就是说办事要选好日，但要办丧事的日子与属相相冲的话就没关系吧。

B:可如果结婚日与新人属相相冲的话，那就要死人的啊。

A：另外一个问题，咱们这里的风俗，为什么在种第一季稻时，要把田分给刚过世的人？

B:对的，在田角处立上两根棍子，每根棍子都用一根绳子系住，这样就隔开了一小块区域，一定要把这小块田分给他，意思是让他别再把玩咱们的稻子，让稻子好好生长。

A：那分田的时候，咱们要念什么咒语吗？

B:呐，咱们已经分给他田了，意思也就是你管你的，我管我的啰，谁管谁的田啰；你照料你的，我照料我的。若你的稻子长不好，也别埋怨了，我都分给你田，没管理好是你自己的事。大概做仪式时，可以那样说咯。

A：不是还有一些人说，还要把炒稻谷撒在哪里吗，把稻谷炒的话，稻谷不是就长不出来了吗？

B:那是因为有人死啦，去给他下葬的时候呢，咱们一定要炒稻谷了，一些炒，一些不炒。没炒的稻谷能生长，炒过的稻谷长不出来，意思是说阴阳两隔了，他不能再回来找他的爱人。

A：噢，好的。还有人说，咱们种田的时候，择日不能选家里人出殡的日子，会不吉利啊。

B:是呀，要是选了出殡日种田，恶鬼就会把玩咱们的水稻，使得稻子青黄不接，影响稻子的长势，稻子怎么长都长不好，任你放多少肥料，稻子都很难长得出来。

A：因为出殡的日子是收日或其他什么日子吗？

B:总之，家人下葬日也别去撒秧，盖房子、建谷仓也要避讳这个日子。要记住下葬日是初十几，选定煮酒的日子也千万不要与下葬日相撞，否则煮酒的话，水蒸汽就会全漏掉，酒水也酿不成了。我煮酒的时候，也避开老头儿的日子（下葬日），就这样了。

A：再讲其他的禁忌吧。咱们黎族是不是有这样的说法，比如说看到鼹鼠，看到蛇缠在一起，或看到什么的话，相当于看到了凶兆？

B：是啊，看到鼹鼠，意即白鬼要回来讨水喝，这样的话，是必须要做法事的哦。要是看到蛇缠在一起，那是要死人的呀，是大事啊，这个时候一定要找巫师来解咒啊。蛇缠在一起，意味着是最大最凶的鬼，要是其中一个没死，另外一个一定会死，意思就是那样的。

那个女的，那时就在这一带盖房子（比划），而她老公看到两条蛇缠在一起，就去抓蛇。是两条缠在一起的蛇呀，后来他就死啦。那女的老公把蛇卖了，还没来得及花卖蛇的钱呢，回到家之后，他就死啦。

A：会不会是蛇咬了他还是有人动了什么手脚呀？

B：这里的说法是，看到蛇在刺树上交缠在一起，那就会带来厄运。反正看到蛇在刺树上交缠在一起的话，人就会死啦。

A：那鼹鼠呢？

B：鼹鼠就是白鬼啦，白鬼回来找水喝。要是看到鸟儿、老鹰，看到什么鸟类停在窗边，或者停在水缸边上，也意味着咱们碰到凶兆了呀。

A：那要怎么做呢？

B：呐，它回来只是想喝酒，那咱们就酿给它喝。

A：那看到猫头鹰或什么鸟类呢？

B：猫头鹰呢，它是来告诉咱们亲人要过世了。

A：啊，是吗？

B：咱们的亲人要过世了，它就给咱们带来预兆，它用叫声来提醒咱们，叫声大意味着是最亲的亲人（过世），叫声小，则是远房亲戚（过世）。

2.11 口述织锦过程

此篇是口述润黎黎锦的制作过程。黎族织锦简称黎锦，是黎族传统的纺染织绣技艺，主要运用于上衣、筒裙等黎族服饰。其他支系的黎锦工艺以织为主，而润黎黎锦工序较其他支系复杂精细，织锦用于制作筒裙，双面绣则用于制作上衣。双面绣是润黎的独有工艺，其技艺之精湛、构图之精巧无不令人惊叹。润黎的双面绣以白布为底，用红、黄、蓝、黑四种色线，在其上施平针绣成。其双面绣作品一般有两种，一种绣幅较大，约20厘米，用于装饰贯首衣的左右腰下摆和衣背后下摆，另一种较窄，宽约5厘米，长度不定，用作领口、袖口和前下摆的边饰。润黎的织锦过程则与其他支系无异，仅图案有所区别，织锦通过黎族传统的腰织机完成，一共织成四片织幅，再拼接成筒裙。

khɯ³³	fə¹¹	ɬai¹¹	nen³³,	khai⁵⁵ne⁵¹	tsɯ³¹	dɔʔ¹¹
PREP-在	1pl-excl:我们	黎族	这里	现在	是	有

pai³³	riŋ³³	zon¹¹ɬai¹¹	na³³,			
EMPH	黎锦	润黎	DEF			

咱们这里的黎族，就有润黎的黎锦，

riŋ³³	zon¹¹ɬai¹¹	na³³	tsɯ³¹	dɔʔ¹¹	pai³³	tsoŋ³³riŋ³³	na³³.
黎锦	润黎	DEF	是	有	EMPH	双面绣	DEF

润黎的黎锦有双面绣。

khem³³	khɯŋ⁵¹khuŋ³¹	tsoŋ³³	pai³³	ho³¹	na³³	rit⁵⁵rit⁵⁵,
必须	首先	绣	EMPH	图案	DEF	全部

必须先要绣上所有的图案，

buai³³	tsoŋ³³	ho³¹	na³³,	khai⁵⁵ne⁵¹	na³³	ɬuai¹¹	ho³¹,
已经	绣	图案	DEF	现在	DEF	多	图案

绣好图案，现在的图案很多，

ho³¹	ɬɔu³³	laŋ¹¹	taŋ¹¹	ka³¹	dɔʔ¹¹,	so³³	laŋ¹¹	taŋ¹¹	ka³¹	dɔʔ¹¹,
图案	两	CL-条	龙	也	有	四	CL-条	龙	也	有

两条龙的图案也有，四条龙的图案也有，

ho³¹	pha³³luŋ¹¹khɔu³¹	ka³¹	dɔʔ¹¹,
图案	大力神	也	有

大力神的图案也有，

mai¹¹   dɔ²¹¹   ho³¹   fauɯ³³   laŋ¹¹   ɬuk⁵⁵-ŋaːu⁵⁵tit¹¹.
就   有   图案   九   CL-个   DIM - 蛙人
还有九个小蛙人的图案。

haːŋ³³   mə¹¹   mai¹¹   buai³³   ia⁵¹   tsoŋ³³   rit⁵⁵   ni⁵¹,
等   2sg-你   就   已经   得   绣   完   TOP
在你绣完图案之后呢,

haːŋ³³   mə¹¹   mai¹¹   khaːŋ¹¹   kha¹¹   viaŋ³³.
之后   2sg-你   就   上   上   上衣
然后你就把绣幅接在上衣上面。

duai¹¹et⁵⁵   tsoŋ³³   na³³   deɯ¹¹   pai³³   pla³¹   tek⁵⁵   voi¹¹   ni⁵⁵,
第一   绣   DEF   要   EMPH   什么   颜色   线   TOP
刚开始绣要用什么颜色的线呢,

deɯ¹¹   voi¹¹   tɔŋ³³   deɯ¹¹   kɯ³³   lei⁵¹   tu³¹tua³³,
INST-用 线   红   INST-用 PAR   做   主线
将红线用做主线,

voi¹¹   tɔŋ³³   lei³¹   tu³¹tua³³,
线   红   做   主线
红线做主线,

mai¹¹   daŋ³³   voi¹¹   pit⁵⁵   deɯ¹¹   kɯ³³   phoi³³tek⁵⁵   vuan¹¹vi¹¹,
就   到   线   黑   INST-用 PAR   配色   周围
黑线用作配色,绣在主图周围,

buai³³   ia⁵¹   phoi³³tek⁵⁵   ni⁵¹,   mai¹¹   lap¹¹   zen³¹   pai³³   ra³¹
已经   得   配色   TOP   就   补充   ASP   EMPH   地方
van³³   tsoŋ³³   na³³,
NEG-没绣   DEF
配完色之后呢,就在没绣花的空白处补线,

khaːŋ¹¹   mə¹¹   mai¹¹   deɯ¹¹   voi¹¹   ziaŋ⁵⁵   ,mai¹¹   deɯ¹¹   voi¹¹   khiu¹¹,
上   2sg-你   就   要   线   黄   就   要   线   绿
补绣你就用黄线、绿线,

doŋ¹¹na³³　　pai³³　ho³¹　na³³　ma³¹　buai³³　ia⁵¹　phoi³³tek⁵⁵　　rit⁵⁵.
那样　　　EMPH　图案　DEF　就　已经　得　配色　　　　完
这样，图案就全部配完色了。

ha:ŋ³³　　mə¹¹　　mai¹¹　kiau¹¹　kha:ŋ¹¹　deɯ¹¹　fuaŋ⁵⁵　kha¹¹　dap¹¹　　pit⁵⁵,
之后　　2sg-你　就　剪　　上　　INST-用　接上　上　布　　黑
然后你就把绣幅剪下来缝在黑布上面，

dap¹¹　　pit⁵⁵　na³³　kha:ŋ¹¹　　voi¹¹　na³³,
布　　黑　　DEF　上　　　线　　DEF
在黑布上上线，

deɯ¹¹　　pla³¹　　ni⁵⁵?　khɯŋ⁵¹khuŋ³¹　　lei³¹　khɔk¹¹　khai¹¹　na³³,
用　　什么　　INT　首先　　　　做　爪子　鸡　　DEF
用来做什么呢？先绣鸡爪子，

ha:ŋ³³　　na³³　lei³¹　ɬɯk⁵⁵-siaŋ¹¹fuaŋ⁵¹,
之后　　才　做　DIM-　菜花
然后才绣小菜花，

mai¹¹　　kom³¹　lei³¹　tsɯ³¹　ba:n¹¹　ɬɯk⁵⁵-siaŋ¹¹fuaŋ⁵¹　　tso²¹¹,
就　　还　做　一　VCL-次　DIM-　菜花　　　　MOOD
然后再绣一次小菜花，

mai¹¹　buai³³　ia⁵¹　lei³¹　rit⁵⁵　thom¹¹na³³,
就　已经　得　做　完　这样
做完了之后呢，

mai¹¹　buai³³　tsiŋ⁵⁵　tsɯ³¹　pai³³　riŋ³³viaŋ³³,
就　已经　成　一　CL-副　锦衣幅
就做好一件上衣的锦幅了，

ha:ŋ³³　　mə¹¹　　mai¹¹　ba¹¹　kha:ŋ¹¹,　ba¹¹　kha:ŋ¹¹　　mai¹¹　tsiŋ¹¹　tsɯ³¹
之后　　2sg-你　就　接　上　　接　上　　就　成　一
pai³³　riŋ³³viaŋ³³.
CL-副　锦衣幅

然后你把绣幅接起来，接好后就成一件上衣了。

ha:ŋ³³　　mə¹¹　　tsɯ²⁵⁵　kiau¹¹　pai³³　zɔŋ³³　na³³,　lei³¹　siaŋ¹¹sai¹¹
之后　　2sg-你　　接着　　裁　　EMPH　脖子　DEF　做　　花
kha¹¹　zɔŋ³³　na³³　tso²¹¹.
上　　脖子　DEF　MOOD
然后你继续剪领子，还要继续在领口上绣花呢。

khə¹¹　　　　　lei³¹　viaŋ³³　łai¹¹　na³³,
1pl-incl:咱们　做　　上衣　黎族　DEF/TOP
咱们黎族的上衣，

na³³　lei³¹　zɔŋ³³　na³³　　　　　ma³³　lei³¹　tsɯ³¹　daŋ³¹　tɔu¹¹　　　buai³³,
那　　做　　脖子　DEF/TOP　只　做　　一　　CL-条　下去　　　MOOD
那只需要一刀剪下去，开个领口用来套头就行，

nə¹¹　　van³³la:i³³　thap⁵⁵　nɔu⁵¹　thap⁵⁵　pe³³,
3sg-它　没有　　　扣　　扣子　　扣　　　其他
没有扣子来扣扣子什么的，

nə¹¹　　ma³³　lei³¹　tsɯ³¹　daŋ³¹　zɔŋ³³viaŋ³³　tɔu¹¹　buai³³.
3sg-它　只　　做　　一　　CL-条　衣领　　　　下去　MOOD
只是开了个领口而已。

daŋ³³　fuk¹¹　riŋ³³　ni⁵¹,　tsɯ³¹　deɯ¹¹　khɔk¹¹　sen¹¹　khɯ³³　　　fou¹¹,
到　　织　　锦　　TOP　就　　INST-用　脚　　撑　　PREP-在　　下面
轮到织锦呢，就用脚来撑住脚力棍，

fuk¹¹　riŋ³³　na³³　　　　　　deɯ¹¹　　　voi¹¹　pla³¹　fuk¹¹　ni⁵¹?
织　　锦　　DEF/TOP　　　INST-用　线　　什么　织　　INT
织锦要用什么线织呢？

khɯŋ⁵¹khuŋ³¹　deɯ¹¹　voi¹¹　pit⁵⁵　deɯ¹¹　ku³³　pit¹¹,
首先　　　　　INST-用　线　　黑　　INST-用　PAR　缠
先把黑线缠起来，

buai³³　pit⁵⁵　voi¹¹　na³³　mai¹¹　fuk¹¹　riŋ³³.

已经　　　缠　　线　　才　　就　　织　　锦
缠好线，才能织锦。

riŋ³³　　fuk¹¹　　na³³　　dɔ²¹¹　　pai³³　　ho³¹　　ni⁵⁵?
锦　　　织　　　DEF　　有　　　EMPH　图案　INT
锦幅有什么图案呢？

dɔ²¹¹　　ŋa:u⁵⁵,　　dɔ²¹¹　　pha³³ma:ŋ¹¹,　　dɔ²¹¹　　pai³³kho³¹,
有　　　人　　　有　　　男人　　　　　有　　　女人
有人，男人，女人，

dɔ²¹¹　　tsɯ³¹kuam³¹　　ɬɯk⁵⁵-luai¹¹,　　dɔ²¹¹　　tsɯ³¹kuam³¹　　na³³,
有　　　一些　　　　　DIM - 麂　　　　有　　　一些　　　　　那些
有一些小黄猄，还有一些其他的动物，

dɔ²¹¹　　ŋa:u⁵⁵　　phɔu³³　　mut¹¹,　　dɔ²¹¹　　ŋa:u⁵⁵　　mo³¹　　mut¹¹,
有　　　人　　　舂　　　稻谷　　有　　　人　　　磨　　稻谷
有人舂稻谷，有人磨稻谷，

ho³¹　　pla³¹　　ri³³　　dɔ²¹¹.
图案　　什么　　都　　有
什么图案都有。

riŋ³³koŋ¹¹　　tsɯ³¹　　ɬen¹¹　　lei³¹　　ku³¹　　riŋ³³viaŋ³³,
锦裙幅　　　是　　　好　　　做　　　CMP-过锦衣
筒裙的锦幅比上衣的好做，

riŋ³³koŋ¹¹　　zon¹¹ɬai¹¹　　khə¹¹　　　khɯ³³nen³³　　na³³,
锦裙幅　　　润黎　　　　1pl-incl:咱们　　这里　　　　　　DEF/TOP
咱们润黎这里筒裙的锦幅，

na³³　　tsɯ³¹　　lei³¹　　ɬɯk⁵⁵-diŋ¹¹,　　ɬɯk⁵⁵-diŋ¹¹,
那　　　是　　　做　　　DIM - 方块　　　DIM - 方块
只织小小方块的图案，

buai³³　　ia⁵¹　　lei³¹　　ɬɯk⁵⁵-diŋ¹¹　　na³³,
已经　　　得　　　做　　　DIM - 方块　　DEF

织好小方块，

haːŋ³³	nə¹¹	mai¹¹	khuŋ³¹	ba¹¹	khɔk¹¹,	mai¹¹	ba¹¹	thom⁵⁵,
之后	3sg-它	就	先	接	底部	就	接	中间

然后就先接底部，再接中间（的锦幅），

tui³³doi³³	mai¹¹	ba¹¹	vo³³,	thaːn¹¹	lei³¹	so³³	thoŋ¹¹,
最后	就	接	头	分	做	四	CL-段

最后再接头，（筒裙）分为四部分，

ŋuŋ¹¹	ɬɔu³³	daŋ³¹,	thom⁵⁵	tsɯ³¹	daŋ³¹,	vo³³	tsɯ³¹	daŋ³¹,
身体	两	CL-条	中间	一	CL-条	头	一	CL-条

主体部分两条锦幅，上下各一条，

mai¹¹	ba¹¹	kha¹¹	thuan³³,	mai¹¹	tsiŋ¹¹	tsɯ³¹	pai³³	koŋ¹¹riŋ³³.
就	接	上	RECIP	就	成	一	CL-副	锦裙

把锦幅接上后，就做好一条筒裙了。

na³³	tsɯ³¹	lei³¹	riŋ³³	mɔu⁵¹nen³³	thom³¹nen³³.
那	是	做	锦	这样	这样

那做黎锦的过程就是这样。

　　咱们这里做的是润黎的黎锦，润黎的黎锦有双面绣。咱们首先要在麻布上绣好所有的图案，现在可选择的图案很多，比如说两条龙、四条龙，大力神，还有九个小蛙人。

　　绣完图案之后，就得把绣幅接到上衣上面。刚开始绣要用什么颜色的线呢，红线是主线，黑线用来做主图周围的配色。配完色之后，在没绣花的空白处补绣，用黄线、绿线来补绣，这样一来，绣幅就全部配完色了。

　　然后把绣幅剪下来缝在黑布上面，黑布上还需要一些边饰，要先绣鸡爪子，再绣小菜花，最后还绣一圈小菜花，绣完了之后，一件上衣的材料就算准备好了，把这些大大小小的绣幅接起来，就差不多有个上衣的样子了。

　　接下来，裁出领子的轮廓，在领口的边缘处绣上一些装饰图案。咱们黎族的上衣，只要一刀剪下去，开个领口来套头就行，没有门襟，不需要扣子，开个领口就好了。

　　织锦的时候，要用脚来撑住脚力棍，织锦要用什么线呢？要先把黑线缠在梭子上，缠好线才能织锦。锦幅有什么图案呢，有人、男人、女人、小黄猄等动物的图案，还有春稻谷、磨稻谷的图案，什么图案都有。

　　筒裙的锦幅比上衣的好做，咱们润黎的筒裙，只需要织方块图案，图案织好之后，就要把锦幅拼起来了。一般先接底部，再接中间的两条锦幅，最后再接头。筒裙分为四部分，裙身两条锦幅，裙头、底部各一条，把锦幅接上后，一条筒裙就做好了。

做黎锦的过程就是这样。

（王爱花讲述，王花补述，吴艳记录）

2.12 结婚的风俗

khai⁵⁵ne³¹　　ho¹¹　　mai¹¹　　dua³³ke³³　　sem³¹,
现在　　　　1sg-我　PREP-同 大家　　说
现在我要跟大家说，

khə¹¹　　　　suɯ³³saŋ¹¹　　ɬai¹¹　deɯ¹¹doŋ⁵⁵　　kaːi¹¹　tsia¹¹khuaŋ⁵⁵.
1pl-incl:咱们　从前　　　黎族 娶妻子　　　　ASSOC 情况
咱们黎族以前结婚的情况。

suɯ³³saŋ¹¹　　khə¹¹　　　　deɯ¹¹doŋ⁵⁵　ni⁵¹,　ti³¹　khuŋ⁵¹　kɯ³³　uŋ³³ɳaːŋ¹¹,
从前　　　　1pl-incl:咱们　娶妻子　　TOP　是　先　　　要　　谈恋爱
从前咱们结婚呢，要先谈恋爱，

khuŋ⁵¹　kɯ³³　uŋ³³ɳaːŋ¹¹uŋ³³uai⁵⁵　　liau³¹　aːu⁵¹　ni⁵¹,
先　　　要　　谈情说爱　　　　　了　　后　　TOP
谈了恋爱之后呢，

na³³　luam¹¹　sem¹¹　thuaŋ³³,　na³³　paɯ³³　bo³³　kou³¹　ba³¹　kou³¹　me¹¹.
那　合　　　心意　RECIP　　才　　知道　告诉　BEN-给 父亲 BEN-给 母亲
那要情投意合了才跟父母说。

ba³¹me¹¹　　liau³¹　aːu⁵¹　ni³³,　na³³　tsɯ³¹　siu³³　ɬuk⁵⁵-pop⁵⁵,
父母　　　了　　后　　TOP　那　　就　　拿　DIM - 瓶子
知会父母之后呢，就拿小瓶子，

kai¹¹tsen³³　siu¹¹　nam⁵⁵　tsɯ³¹　thuk¹¹　tsiŋ¹¹ɬa¹¹,
CL-小罐　　酒　　CONJ-及 一　　CL-包　鱼茶
小坛酒及一包鱼茶，

khə¹¹　　　　soŋ³³　khə¹¹　　　　kui³³ki¹¹　ti³¹　khə¹¹　　　　ɬai¹¹
1pl-incl:咱们　创造　1pl-incl:咱们　规矩　　是　1pl-incl:咱们　黎族
khə¹¹　　　　kui³³ki¹¹.　duai¹¹et⁵⁵si³³　ti³¹　phə¹¹　tsɔŋ³³teɯ⁵⁵vo³³,

1pl-incl:咱们　　规矩　　　　第一次　　　　　是　去　　坐上头
那是咱们黎族的风俗。第一次（去女方家）叫"坐上头"，

tsɔŋ³³teɯ⁵⁵vo³³　　i⁵⁵si⁵⁵　　sem³¹　　phə¹¹　kha:m⁵⁵　ba³¹　kha:m¹¹　me¹¹,
坐上头　　　　　　意思　　说　　去　　问　　　父亲　问　　　母亲
"坐上头"的意思是去问（女方的）父母，

kɯ³³　　　　nam³³vui³³　　a¹¹　ku³³　daŋ³³　　luŋ¹¹,
CONJ-因为难为　　　　　人家　顾　　RST　　大
因为人家辛辛苦苦把孩子拉扯大，

buai³³　luŋ⁵⁵　buai³³　tsiŋ⁵⁵　　ŋa:u⁵⁵,
已经　　大　　已经　　成　　　人
已经长大成人，

na³³　buai³³　tha:u⁵¹　doŋ⁵⁵　tha:u³¹　uai⁵⁵　boi⁵¹,　mai¹¹　tsiŋ¹¹　doŋ⁵⁵,
那　　已经　　找　　　爱人　找　　　情人　IND　　就　　成　　　夫妻
已经谈恋爱，心意相通了，就该结婚了，

na³³　ti³¹　bo³³　kɔu³¹　ba³¹　kɔu³¹　me¹¹,
那　　是　告诉　BEN-给 父亲 BEN-给 母亲
就把情况跟（女方的）父母谈，

ba³¹me¹¹　tsiu⁵¹　siu³³　pop⁵⁵　phə¹¹　lo³³.
父母　　　就　　拿　　瓶子　去　　IND
（男方的）父母就拿酒瓶去咯。

buai³³　phə⁵⁵　liau³¹　a:u⁵¹　ni³³,　buai³³　ɬen¹¹thoŋ¹¹ɬen¹¹thiu¹¹,
已经　　去　　了　　　后　　TOP　已经　　好言好语
去了之后呢，就好言好语，

fu⁵⁵　vaŋ³³　tɔu³³kha:ŋ³³,
三　　CL-天　上下
大概沟通三天左右，

kui³³ki¹¹　khə¹¹　　　　ɬai¹¹　ni⁵¹,　fu³³　vaŋ¹¹　tɔu¹¹kha:ŋ¹¹　　tsɯ³¹
规矩　　　1pl-incl:咱们　黎族　MOOD三　　CL-天　上下　　　　　是

phɯŋ⁵⁵mui⁵⁵   lo³³,
说媒   IND
咱们黎族的风俗是要花三天的时间来说媒咯，

phɯŋ⁵⁵mui⁵⁵   ni⁵⁵   ti³¹   lo¹¹   la:i³³   ba³¹me¹¹   a¹¹   kho²¹¹sa¹¹   doŋ¹¹the⁵¹,
说媒   TOP 是 看 PNC 父母   人家 通情达理   怎样
说媒呢，也就是试探人家父母的想法，

tsɯ³¹   kuam³¹   nen³³   tsɯ³¹   deɯ¹¹   tsɯ³¹   laŋ¹¹   ut⁵⁵   ka³¹   dɔ²¹¹,
一   CL-部分 这   是   要   一   CL-只 猪 也 有
只要一头猪的也有，

ɬou³³   laŋ¹¹   ut⁵⁵   ka³¹   dɔ²¹¹,   fu³³   laŋ¹¹   ut⁵⁵   ka³¹   dɔ²¹¹,
两   CL-只 猪 也 有   三   CL-只 猪 也   有
要两头猪的也有，要三头猪的也有，

mou³¹   thou¹¹   ka³¹   dɔ²¹¹,
东西   七   也   有
要七头猪的也有，

na³³   ti³¹   kui³³ki¹¹   khə¹¹   ɬai¹¹   thom³¹na³³.
那   是   规矩   1pl-incl:咱们   黎族 这样
那是咱们黎族的风俗。

ma:ŋ¹¹   khə¹¹   sɯ³³saŋ¹¹   ni³³,   sɯ³³saŋ¹¹   ket⁵⁵hun³³   ni⁵¹   ti³¹
旧   1pl-incl:咱们   从前   TOP 从前   结婚   TOP 是
lɔ²¹¹   ut⁵⁵,   nen³³   ti³¹   lɔ²¹¹   ɬuai¹¹   zɔu¹¹   deɯ¹¹   tsiŋ¹¹   to³¹,
吃   猪   这   是   吃   多   CONJ-而拿   钱   少
咱们以前呢，以前结婚呢，要吃猪肉，这要是多要几头猪，那钱就可以少给了，

kɯ³³   sɯ³³saŋ¹¹   na³³   khun⁵⁵na:n⁵¹,
CONJ-因为 从前   DEF/TOP   困难
因为以前生活困难，

to³¹   tsiŋ¹¹   zɔu¹¹   ut⁵⁵   na³³   da³³ki³³   van³³la:i³³,
少   钱   CONJ-且 猪 DEF 自己   没有
家里贫穷，并且自己也没养猪，

khem⁵⁵　　da³³ki³³　bɔu³¹　na³³　dɔʔ¹¹　ku³³　　　　a¹¹　　lɔʔ¹¹　ɬuai¹¹,
必须　　　自己　　养　　　才　　有　　　CONJ-因为人家　吃　　多
要自己养才有猪给，因为人家想多要几头猪，

kuam³¹　　lɔʔ¹¹　fu³³　so³³　laŋ¹¹,
有的　　　吃　　三　　四　　CL-头
有的人家要三四头猪，

kuam³¹　　lɔʔ¹¹　tom¹¹　thou¹¹　laŋ¹¹　ka³¹　dɔʔ¹¹.
有的　　　吃　　六　　　七　　　CL-头　也　有
要六七头猪的也有。

nə¹¹　　daŋ³³　ti³¹　ket⁵⁵hun³³　ka:i¹¹　ti¹¹ha:u³³,　tsɯ³¹　lei³¹ə³³　re³¹,
3sg-它　到　　是　　结婚　　　ASSOC　时候　　　就　　唱歌　　　IND
而到了结婚的时候就唱歌啰，

lei³¹ə³³　　lei³¹lə¹¹　re³¹,　lei³¹　ɬou³³tsuŋ¹¹va³³　tsiu⁵¹　iu¹¹　pau¹¹.
唱歌　　　　唱歌　　　INJ　做　　歌名　　　　　就　　带　　回去
唱歌助兴啦，唱着ɬou³³tsuŋ¹¹va³³把新娘带回去。

ziak⁵⁵bua³³　phə¹¹　kha:m⁵⁵　ŋa:u⁵⁵　phə¹¹　kha:m⁵⁵　doŋ⁵⁵　ni³³,
一般　　　　去　　问　　　　人　　　去　　问　　　　爱人　　TOP
一般去订亲呢，

phə¹¹　khuaŋ⁵⁵　boi⁵¹,　deɯ¹¹　tom¹¹　laŋ¹¹,　tsɯ³¹　fit¹¹　siu¹¹　nam³³
去　　提亲　　　TOP　要　　六　　CL-个　一　　CL-担　酒　　CONJ-及
tsɯ³¹　fit¹¹　ȵe³¹,　kui³³ki¹¹　phə¹¹　kha:m⁵⁵　thom³¹na³³　ni⁵¹,
一　　CL-担　糍粑　规矩　　　去　　问　　　　这样　　　　TOP
去订亲呀，要六个（人），一担酒和一担糍粑去订亲呢，这是咱们的规矩，

tsɯ³¹　deɯ¹¹　tom¹¹　laŋ¹¹　ŋa:u⁵⁵,　laŋ¹¹　pha³³　laŋ¹¹　pai³³　khai¹¹,
是　　要　　六　　　CL-个　人　　　CL-只　M　　CL-只　F　　鸡
要六个人，一只公鸡，一只母鸡，

na³³　tsɯ³¹　duai¹¹et⁵⁵si³³　phə¹¹　kha:m⁵⁵　thom³¹na³³.
那　　是　　第一次　　　　去　　问　　　　这样

那是第一次去订亲要带的东西。

duai¹¹zi¹¹si³³　　ni⁵⁵,　　iu¹¹　pɯɯ¹¹　baɯ³¹　ni⁵⁵,
第二次　　　　　　TOP　　带　　回来　　MOOD　IND
第二次（去）呢，要带（新娘）回来了呢，

deɯ¹¹　　fut⁵⁵ɬu³³　　ŋaːu⁵⁵,
要　　　　十二　　　　人
要十二个人，

deɯ¹¹　　ɬu³³　fit¹¹　ɲe³¹,　　ɬu³³　fit¹¹　siu¹¹,
要　　　两　　CL-担　糍粑　两　CL-担　酒
要两担糍粑，两担酒，

na³³　　ti³¹　kui³³ki¹¹　　ɬai¹¹　thom³¹na³³.
那　　是　规矩　　　　黎族　这样
那是黎族的风俗。

iu⁵⁵　pɯɯ¹¹　boi⁵¹,　tsɯ³¹　lei³¹　khaŋ¹¹　lei³¹　tha³¹,
带　回来　TOP　就　做　粮食　做　米饭
带（新娘）回来啦，就要做饭做菜，

ŋaŋ³³　　ko¹¹　ŋaŋ³³　non³¹,
唤　　哥哥　唤　弟弟
叫兄弟姐妹，

ŋaŋ³³　ba³¹feɯ¹¹　ba³¹sɯi³³　ɔk⁵⁵　tsɯ³¹　duan³¹　siu¹¹,
唤　叔父　　　伯父　　　喝　一　　CL-顿　酒
叫叔父、伯父喝酒，

ɔk⁵⁵　duan³¹　siu¹¹　ni⁵⁵,　buai³³　koi³³　fu³³　vaŋ³³　aːu⁵¹,
喝　CL-顿　酒　IND　已经　过　三　CL-天　后
喝酒了呢，过了三天之后，

ɬu³³　laŋ¹¹　ei⁵⁵non³¹　pɯɯ¹¹　lɯŋ¹¹　plɔŋ³³　ba³¹me¹¹,
两　CL-个　新人　　回　REP　家　父母
两位新人就回到女方家，

kuai³³ɬiaŋ³³　　na³³　ti³¹　kui³³ki¹¹　ɬai¹¹　thom³¹na³³.
回门　　　　　DEF　是　规矩　　黎族　这样
这叫回门，那是黎族的风俗。

ma³³kɯ³³　　dɔ²¹¹　tsɯ³¹　kuam³¹　ket⁵⁵hun³³　ni⁵¹,
CONJ-但是　有　　一　　CL-部分　结婚　　　TOP
可是还有一种结婚的习俗呢，

nə¹¹　　ti³¹　khai³³　lei³¹　kuŋ⁵⁵　diaŋ³³vo³³　baɯ³¹,
3sg-它　是　叫　　做　　CL-次　祭祀名称　　MOOD
叫做diaŋ³³vo³³啊，

lei³¹　kuŋ⁵⁵　diaŋ³³vo³³　ni⁵¹,
做　　CL-次　祭祀名称　　TOP
做一次diaŋ³³vo³³呢，

tsɯ³¹　deɯ¹¹　tsɯ³¹　laŋ¹¹　ut⁵⁵　mai¹¹　tsɯ³¹　kai¹¹　nam³³siu¹¹,
是　　要　　一　　CL-头　猪　CONJ-和一　　CL-瓶　酒水
要准备一头猪和一瓶酒，

tsi³¹　thuŋ³¹,　daŋ³¹　khoŋ³³,　deɯ¹¹　pha³³thoŋ³³　phə¹¹　fou⁵⁵　tham¹¹,
CL-把　香　　CL-条　红布　　要　　巫师　　　　去　　跟随　MOOD
一把香，一条红布，还要道公一起去做仪式，

phə¹¹　lei⁵¹　suai¹¹diaŋ³³vo³³.
去　　做　　鬼 - 祭祀名称
去做suai¹¹diaŋ³³vo³³。

suai¹¹diaŋ³³vo³³　ni³¹,　ti³¹　paɯ¹¹　lei³¹　fiaŋ⁵⁵　taɯ³³sa³³,
鬼 - 祭祀名称　　TOP　是　回去　做　　边　　外家
祭suai¹¹diaŋ³³vo³³呢，是去外家那边做，

kɔu³¹　ɬou³³　fiaŋ¹¹　plɔŋ³³　kɔu³¹　aːŋ³¹baŋ³³　kɔu³¹　tsiŋ¹¹,
给　　两　　边　　家　　给　　红包　　　给　　钱
家里亲朋好友给新人红包，

dɔʔ²¹¹　ɬuai¹¹　kɔu³¹　ɬuai¹¹,
有　　多　　给　　多
钱多就给得多,

dɔʔ²¹¹　tsɯ³¹　kuam³¹　kɔu³¹　pa¹¹pon¹¹,
有　　一　　CL-部分　给　　五十
有些人就给五十,

dɔʔ²¹¹　tsɯ³¹　kuam³¹　kɔu³¹　tsɯ³¹vaːŋ⁵⁵,
有　　一　　CL-部分　给　　一百
有些人就给一百,

na³³　lo¹¹　sem¹¹　a¹¹　khɔ²¹¹　pha³³ɬeɯ¹¹　pha³³zo³³,
那　看　心意　人家　疼爱　女婿　　姐夫
那看人家是否有心疼爱女婿啊, 姐夫啊,

a¹¹ra⁵¹　phə¹¹　ɔk⁵⁵　siu¹¹　ni⁵¹,　a¹¹ra⁵¹　tsɯ³¹　tən⁵⁵tən¹¹　kɔu³¹　aːŋ³¹baŋ³³,
谁　　去　喝　酒　TOP　谁　　就　一起　　给　　红包
谁去喝酒呢, 谁都给红包,

ra⁵¹　kɔu³¹　vet⁵⁵　ra⁵¹　kɔu³¹　vet⁵⁵,　ra⁵¹　phə¹¹　ra⁵¹　kɔu³¹,
谁　给　CL-点儿　谁　给　CL-点儿　谁　去　谁　给
谁都给一点, 大家给一些, 谁去谁都给,

na³³　kui³³ki¹¹　khə¹¹　　　lei³¹　kuŋ⁵⁵　diaŋ³³vo³³.
那　规矩　　1pl-incl:咱们　做　CL-次　祭祀名称
那是咱们做diaŋ³³vo³³的规矩。

mui³¹　tsɯ³¹　pɔu³¹　ni⁵⁵,
每　　一　　CL-年　TOP
每一年呢,

mui³¹　tsɯ³¹　pɔu³¹　koi³³　pɔu³¹　no³³　ɬuɯ³³vaŋ¹¹n̪aːŋ¹¹,
每　　一　　CL-年　过　年　新　初二
每一年过春节, 大年初二时,

mui³¹　tsɯ³¹　pɔu³¹　ri³³　paɯ¹¹　uŋ³³pɔu³¹　ploŋ³³　taɯ³³sa³³,

每　　　一　　　CL-年　都　　回来　　　拜年　　　　　家　　　外家
每一年都要回外家拜年，

na³³　　ti³¹　tsia³¹hun³³　　　a:u⁵¹,
那　　　是　　成婚　　　　　　后
那是结婚之后，

buai³³　　ia⁵¹　ket⁵⁵hun³³　　dɔʔ⁵⁵　　ɬuk¹¹　　dɔʔ¹¹　　pai³³.
已经　　　得　　结婚　　　　有　　　儿子　　有　　　女
结婚后有儿有女了。

na³³　　kui³³ki¹¹　khə¹¹　　　　　ɬai¹¹　deɯ¹¹doŋ⁵⁵　deɯ¹¹　daŋ³¹　se⁵¹
那　　　规矩　　　1pl-incl:咱们　黎族　娶妻子　　　　娶　　CL-件　事情
na³³　　doŋ¹¹na³³　　thom³¹na³³,
DEF　　那样　　　　这样
那咱们黎族结婚时要遵守的流程，就是这样，

deɯ¹¹doŋ⁵⁵　　ka:i¹¹　ti¹¹ha:u³³　ni⁵¹,　doŋ¹¹the⁵¹　lei³¹.
娶妻子　　　　ASSOC 时候　　　　TOP　怎样　　　做
结婚的时候要这么做。

　　现在我要跟大家说，咱们黎族以前结婚的情况。
　　以前我们结婚前，要先谈恋爱，情投意合了才让父母知道。两个人感情差不多了，父母就带着一小坛酒和一包鱼茶上女方家提亲去咯，这是黎族的风俗。
　　第一次去女方家，我们叫"坐上头"，意思是去跟女方的父母亲沟通结婚的事宜，人家辛辛苦苦把孩子拉扯大，现在孩子大了要男大当婚女大当嫁，结婚需要什么条件，这些要和女方父母谈清楚，所以男方的父母就得带上酒去谈咯。
　　要好言好语沟通三天左右，按照咱们黎族的风俗，需要花三天的时间来说媒啦。说媒，也就是试探人家父母的想法，谈到彩礼，有要一头猪的，也有要两头猪的，要三头猪的也有，还有要七头猪的，这是咱们黎族的风俗。
　　以前结婚的时候，都要吃猪肉的，彩礼要是多要了几头猪，那钱就可以少给了。以前生活困难，家里贫穷，又没有养猪，如果自己养了就有得给了。女方家要是想多要几头猪，三四头或六七头，都得想办法给咯。
　　结婚当天很喜庆，都要唱歌助兴啦，大家唱着ɬɔɯ³³tsuŋ¹¹va³³把新娘带回家。结婚之前有订亲的环节，一般去订亲呀，根据咱们这边的规矩，第一次去，要六个人担着一担酒和一担糍粑，带着一只公鸡和一只母鸡去女方家，那是去订亲时要带的东西。
　　第二次过去，就要带新娘回家了，其实也就是结婚啦。这次需要十二个人担两担糍

粑，两担酒去女方家，这是黎族的风俗。

把新娘接回来之后，就准备饭菜啦，招呼家里的兄弟姐妹，叔父、伯父过来喝酒。三天之后，两位新人再回到女方家，这叫回门，那是黎族的风俗。

我们这里结婚时，有一种习俗呢，叫做 dian^{33}vo^{33}。做一次做 dian^{33}vo^{33}呢，要准备一头猪和一瓶酒，一把香，一条红布，还要请道公一起去做法事，这种仪式叫 suai^{11}dian^{33}vo^{33}，也就是求得新人平安的仪式。

这个仪式需要去女方家办。仪式做完之后，家里亲朋好友就给新人红包，多多少少给一点，有些人给五十元，有些人给一百元，给多少看人家的心意了，是不是疼惜自己的女婿、自己的姐夫啦。只要去喝酒，谁都给红包，都给一点，大家都给一些，参加仪式的都给，那是咱们做 dian^{33}vo^{33}的规矩。

每一年春节，大年初二时，新人都要回女方家拜年，有了孩子之后就全家一起去。这些就是咱们黎族结婚时的流程。

（王亚兴讲述，吴艳记录）

3 对照词汇

mo³¹teɯ¹¹	挨着	biŋ¹¹	兵
doŋ⁵⁵	爱人	muŋ³³	播种
vɯʔ¹¹	芭蕉	ba³¹sɯi³³	伯父
vut¹¹	拔	zɔŋ³³	脖子
ŋaːm¹¹	把玩	kha¹¹dɔŋ³³	簸箕
khɔu¹¹	白	lap¹¹	补充；补（篱笆）
fai³¹	白（费）；PAR	ɬom³³	不懂；不知道
khaːu¹¹	白（色）	dai⁵¹	不肯；不能
pai³³vaŋ¹¹	白天	dia⁵¹（=dai⁵⁵ia³¹）	不得
uŋ³³pɔu³¹	拜年	ɬom³³ma³³	不明白
baŋ¹¹	帮助	ɬom³³veɯ¹¹	不认识
tat¹¹	绑	vai³¹	不是
thuk¹¹	包；CL	van³³tai¹¹	不用
ei⁵¹ko¹¹	胞兄	ai³³	不愿
khem¹¹bo¹¹	宝石	ɬom³³vaŋ¹¹	不知道；原来
bo¹¹	宝物	dap¹¹	布
ɔu³¹kaːi³¹	抱歉	et¹¹	擦
thuk⁵⁵	爆开	ta³¹mɔu⁵⁵	彩虹
thoŋ³¹	爆裂	pai³³ɬɯk¹¹mɔu³³	彩虹姑娘
fiŋ¹¹	背（东西）	pai³³ɬɯk¹¹ta³¹mɔu⁵⁵	彩虹姑娘
bok⁵⁵	背（脊）	tso³³	彩礼
diau⁵⁵	本事	suam¹¹	踩
teʔ¹¹daŋ¹¹teʔ¹¹sa¹¹	鼻青脸肿	ɬoŋ³¹	藏（起来）
nam³³khak⁵⁵	鼻涕	kam¹¹	藏（东西）
khak⁵⁵	鼻子	sa³¹	查（帐）
zeu³³	匕首	ŋa³³kuŋ⁵⁵	岔路口
khem³³	必须；一定	kuam⁵⁵	差不多
ruap¹¹	闭（眼睛）	koŋ³³	柴火
ŋɔu³¹	避讳	pit¹¹	缠
ɬək¹¹	避开	raːi³³	肠；肚子
fiaŋ¹¹	（一）边	lei³¹ə³³	唱歌
kaːu¹¹	边沿	lei³¹lə¹¹	唱歌
ben³³	变（化）	kiaŋ¹¹	炒

si¹¹	车	tha:i³¹	打
zip³¹vi³¹	沉迷	bo²¹¹	打水
sen¹¹	撑（住）	da:m¹¹	打算；想
tsiŋ¹¹	成	luŋ¹¹	大
tsia³¹hun³³	成婚	pha³³viaŋ¹¹ɬou³³	大伯
lɔ²¹¹	吃	kiŋ⁵⁵	大姑
phit¹¹	翅膀	thɔu¹¹thiŋ³¹	大锅
phɔu³³	春	dua³³ke³³	大家
ȵaŋ³¹	虫子	təŋ¹¹təŋ¹¹	大家；全部；一起
ɬɯt⁵⁵	抽泣		
te²¹¹fok³¹	丑陋	pha³³luŋ¹¹khɔu³¹	大力神
thɯŋ¹¹	出来	thei¹¹suŋ³³	大门
thɯŋ¹¹khɔu³¹	出力	sai¹¹tho³³	大叶榕
thɯŋ⁵⁵	出去	vo³³ma¹¹	大竹
se²¹¹	杵	te²¹¹sem¹¹	歹毒
sak¹¹	穿	tha³³	带
suan³¹	传（袭）	iu¹¹	带（领）
niaŋ¹¹	疮	ŋo³³	戴
zaŋ³¹	床	mon¹¹sem¹¹	担心
soŋ³³	创造	ɬa:m³¹	挡（掉）
fɔŋ³³	捶	tso³¹	倒（掉）
kɔk¹¹	蠢	tho³¹	到（达）
tsɔp⁵⁵	戳	daŋ³³	到；PREP；RST
ȵe³¹	糍粑	pha³³thoŋ³³	道公
ɬa:m¹¹	刺（中）	mut¹¹	稻；稻谷
sai¹¹ŋən³³	刺树	thoŋ³³mut¹¹	稻杆
ŋəŋ³³ruaŋ³¹	刺竹	mut¹¹mai³¹	稻米
kui¹¹ka:i¹¹	聪明	faŋ¹¹mut¹¹	稻种
sɯ³³saŋ¹¹	从前	thɔu³³	等；守
sum³³	凑	ha:ŋ³³	等；之后
vo³³fa:ŋ¹¹	村口	dɔk⁵⁵	滴
khɯ³³fa:ŋ¹¹	村里	faŋ¹¹	地
sa⁵¹fa:ŋ¹¹	村中	phai¹¹ra³¹	地方
fa:ŋ¹¹	村庄	ra³¹	地方
so³³	错	doi³³zi³³	第二
plei³¹	搭建	duai¹¹zi¹¹	第二
then¹¹pom³³	答应	duai¹¹zi¹¹si³³	第二次

doi³³ta³³	第三	plɔŋ³³	房子；家
duai¹¹ta¹¹	第三	phɯŋ³³	放（水）
duai¹¹ti⁵⁵	第四	zɔu⁵⁵	放；搁；PERMS
duai¹¹ŋou⁵¹	第五	saɯ³³	放置
duai¹¹et⁵⁵	第一	ben¹¹	飞
duai¹¹et⁵⁵si³³	第一次	vaŋ³¹fa³³	飞翔
diam¹¹	点（钟）	et⁵⁵	非常
tsuŋ³³	（点）钟	fon³¹	肥料
khiau³³	点子	thaːn¹¹	分（东西）
deŋ³³	电灯	tsam³¹	美好；完满
riŋ³³	吊（起来）	vo⁷⁵⁵	风
thɔk¹¹	掉	koi³³ki¹¹	风俗
zui¹¹	丢失	phoŋ¹¹tok¹¹	风俗
fet⁵⁵	丢弃（东西）	ba³¹me¹¹	夫妇；父母
mɔu³¹	东西；事情	ɔu³³	扶（着）；抱
nɔŋ³¹	动（一下）	fui³¹	拂（掉）
suŋ³³	洞	lei³¹va³¹	服侍
ri³³	都	fui³¹	抚摸
dak¹¹	（有）毒	vɯm³¹	抚摸
dui⁵⁵min³³	对面	ba³¹	父亲；爸爸
ɬuai¹¹	多	baːu¹¹	负责
ɬuai¹¹to³¹	多少	ket⁵⁵	附近
ɬuai⁵⁵na³³	多少	plam³¹	覆盖；罩（住）
suam³³	剁	sat¹¹kuan¹¹kaŋ¹¹	甘工鸟
pha³³te⁷¹¹	恶霸	ai³¹	敢
leu¹¹	儿媳	ka³¹maːu⁵¹	感冒
ɬuk¹¹	儿子；孩子	lei³¹koŋ¹¹	干活儿
zai¹¹	耳朵	siŋ³¹	干净
ɬou³³	二	lei³¹pla³¹	干什么
pləŋ³³	翻（出来）	ruam⁵¹	刚刚
la¹¹	反	ŋaːm³³	刚好
la¹¹lɯŋ¹¹	反复	pai³¹	缸
phan³¹tsia³³	反正	phe⁷¹¹	高
kuai³³	返回	ɬen¹¹bɔu¹¹	高兴
lɯŋ¹¹	（返）回；REP	bo³³	告状；告诉
kaŋ³³	（饭）菜	ko¹¹	哥哥
tha³¹kaŋ³³	饭菜	ɬou³³	哥哥

khiu³¹	割（稻）	ko²¹¹	关（门）
thak¹¹	割（肉）	lɔŋ³¹	关（在家里）
lə¹¹	歌曲	mɔŋ¹¹	官
ɬou³³tsuŋ¹¹va³³	歌名	kuan¹¹sai³¹	棺材
ke²⁵⁵	隔（开）	kuan³¹	管（事情）
fiaŋ³³viaŋ³³	隔壁	kui³³ki¹¹	规矩
ket⁵⁵siaŋ³³viaŋ³³plɔŋ³³	隔壁邻居	kui¹¹loi¹¹	规例
pha³³ket⁵⁵plɔŋ³³	隔壁男	suai¹¹	鬼
kɔu³¹	给；BEN；PASS；PERMS；CAUP	pliŋ¹¹	滚
		kuaŋ¹¹	柱子
		thoŋ¹¹sai¹¹	棍子
na³³kɯ³³	根本；才	thou¹¹	锅
fou⁵⁵	跟随；COM-跟着	koi³³	过；EXP
		lei³¹lɔ²¹¹	过日子
həŋ⁵⁵	更	vou³¹zɔu⁵⁵	过世
ke¹¹	更（加）	ha³³	哈黎
lom³¹	更加；又；PREP-到；RST	ru³³	还（东西）
		kom³¹	还（要）
koŋ¹¹	工作；活儿	ha:i⁵¹	害（人）
pha³³viaŋ¹¹	公公	muai¹¹	汉族
pha³³khai¹¹	公鸡	mut¹¹aŋ¹¹	旱稻
koŋ³¹	供奉	aŋ¹¹mut¹¹	旱稻地
pa¹¹	狗	thoŋ³³pɯk¹¹mut¹¹	旱稻杆
pha³³ɬe²⁵⁵	孤儿	ɬen¹¹	好；能
ɬuk¹¹ɬe²¹¹	孤儿	ɬen¹¹ɔk¹¹	好喝
va⁵¹	姑姑	eu¹¹	好象
phɯŋ¹¹ma:ŋ¹¹	古代	ɬen¹¹thoŋ¹¹ɬen¹¹thiu¹¹	好言好语
za:u³³	谷仓	ɔk¹¹	喝；抽（烟）
hom¹¹ko²⁵⁵	谷粒	luam¹¹	合；（踩）中
ko²⁵⁵	谷子	huap⁵⁵	合适
fɯk¹¹	骨头	ŋa:m³³luam¹¹	合适
ma:ŋ⁵⁵	故事	phɯŋ⁵⁵the⁵¹	何时
baŋ³³kaŋ¹¹	故意	tiaŋ¹¹nam³³	河边
ku³³	顾（家）	nam³³khai¹¹	河名
kua²⁵⁵	挂（东西）	dam³³	黑
kha³¹	挂（起来）	pit⁵⁵	黑
kua²⁵⁵a:ŋ³¹	挂红	zi³¹zi³¹za³¹za³¹	黑黑漆漆

tha:ŋ¹¹	痕迹	tsip⁵⁵	叽（喳）
ka:u³³kha¹¹	很久	tsa⁵¹	（叽）喳
ɬiak¹¹(=ɬen¹¹dak¹¹)	很好看	ra:ŋ⁵⁵	饥饿
luak¹¹(=luŋ¹¹dak¹¹)	很大	me²¹¹	肌肉
ka:u³³hən³³sɯ³³saŋ¹¹	很久以前	khai¹¹	鸡
ka:u³³	（很）早	fiu⁵¹	鸡冠
luŋ¹¹sem¹¹	狠心	ɬɯk¹¹khai¹¹	鸡仔
tɔŋ³³	红	thom³¹	即
khoŋ³³	红布	rɯ⁵¹	即将；要
ȵɔu¹¹maŋ¹¹	红薯秧	kei¹¹	几（个）
nam³³luŋ¹¹	洪水	luai¹¹	麂；黄猄
tsɔu¹¹	哄；求	ka:i³¹	计谋
ve²⁵⁵	哄骗	dɯ¹¹lɔ²¹¹	记住
a:u⁵¹	后（来）	sun³³	季（节）；CL
a:u⁵¹lai¹¹	后来	me¹¹no³³	继母
fou⁵⁵sei⁵⁵	后来	kum³³	继续
khɯ³³sei⁵⁵	后面	diaŋ³³vo³³	祭祀名称
sei¹¹	后面	suai¹¹diaŋ³³vo³³	祭祀仪式名称
me¹¹pei¹¹	后母	fom¹¹	捎
sem³¹baŋ³¹sem³¹ba:i¹¹	胡说八道	sɯ³³plɔŋ³³	家里
suam¹¹thin¹¹	葫芦瓜	phə¹¹plɔŋ³³	嫁
rui¹¹rai¹¹	（眼泪）哗哗流	tsa:m¹¹	尖
na²¹¹ka³¹ȵɯɯ³³	滑溜溜	ɬa¹¹rim¹¹	尖嘴鱼
ziaŋ³³ŋuŋ¹¹	怀孕	na:n³³	艰难
ŋaŋ³³	告知	vɔŋ¹¹	捡
suŋ¹¹	荒地；野外	kiau¹¹	剪
khɯ³³suŋ¹¹khɯ³³ŋo³³	荒郊野岭	kan³¹da:n³³	简单
sɯ³³suŋ¹¹sɯ³³ŋo³³	荒郊野岭	tsɔk¹¹	讲（故事）
khɯ³³ŋo³³khɯ³³suŋ¹¹	荒岭野外	zok⁵⁵suŋ⁵¹	角落
ziaŋ⁵⁵	黄（色）	phen³³ȵuai¹¹	狡猾的人
duŋ¹¹	黄鳝	khɔk¹¹	脚；爪子；VCL
paɯ¹¹	回；回去；回来	soŋ¹¹	教
then¹¹	回答	ba¹¹	接（起来）
kuai³³ɬiaŋ³³	回门	lep¹¹	接（住）
ɔi⁵¹	会	ba¹¹kha²¹¹	接合
diau¹¹	会（做）	fuaŋ¹¹	缝
fei¹¹	火	doi³³a:u⁵¹	接下来

iu¹¹thuaŋ³³	结伴	ro³¹	砍
ket⁵⁵hun¹¹	结婚	pat¹¹	砍伐；开荒
zo³³	姐夫	lo¹¹	看
ei⁵¹/ei³¹	姐姐	la:i³³	看见；PNC
ei³¹noŋ³¹	姐妹；姐弟；亲戚	bit¹¹	扛
		ra:ŋ¹¹	烤
suŋ¹¹	借；索求	the²¹¹	烤
vaŋ¹¹ne³¹	今天	ɬou¹¹	靠近
kem¹¹kaŋ¹¹	金银	kiau⁵⁵	可能
tsiŋ¹¹kaŋ¹¹tsiŋ¹¹suŋ³³	金银财宝	dai³¹	肯
kem¹¹	金子	da:u¹¹thiu¹¹	口渴
ɬuk¹¹	进；进去	thap⁵⁵	扣（扣子）
plaɯ¹¹	近	nɔu⁵¹	扣子
ŋa¹¹	经常	ŋai³³	哭
diau⁵⁵diau³³	经常	kho³¹	苦
thoŋ³³ro⁵¹	荆棘杆	khu³¹	苦
me²¹¹kham³³	精肉	khu³¹miŋ³¹	苦命
faɯ³³	九	kha³¹	跨（过去）
ka:u³³	久	fat⁵⁵	快
sen³³	韭菜	zəŋ³³	快
siu¹¹	酒	lə³¹	（水面）宽
nam³³siu¹¹	酒水	khɔu¹¹	捆绑（人、动物）
fa:n³¹	酒醋	zit⁵⁵	拉（住）
ma:ŋ¹¹	旧	tsat⁵⁵ha:i³³	拉屎
rɔu¹¹	臼	ŋɔk¹¹	癞蛤蟆
rɔu¹¹tha¹¹	臼篓；CL	fa:p¹¹	懒
kiu³³	救（命）	za¹¹	老
ma³¹	就	ŋa:u⁵⁵za¹¹	老人
tsiu⁵¹	就	teu¹¹	老鼠
mai¹¹	就；CONJ-和；PREP-和	pai³³za¹¹	老太太
		faŋ¹¹fa³³	老天爷
lei³¹aŋ¹¹lei³¹iŋ³³	开荒垦地	pha³³za¹¹	老头儿
et⁵⁵vo³³	开始	ɬuk¹¹sot¹¹	老幺
khoi¹¹ti³¹	开始	ŋa:u¹¹	老鹰
nɔŋ³³vo³³	开始	sa¹¹riŋ³³	黎锦缝儿
duŋ⁵⁵duŋ⁵⁵	开头	viaŋ³³riŋ³³	（一套）黎锦
laŋ³¹	砍	riŋ³³koŋ¹¹	（黎锦）裙子

riŋ³³viaŋ³³	（黎锦）上衣	lei³¹thiaŋ³¹	满架
ɬai¹¹	黎族	tsaŋ³¹	慢
kuap¹¹	篱笆	na:n³³	蟒
khɯ³³up⁵⁵	里头	khou¹¹ha³³	猫头鹰
suai³³	荔枝	ŋa¹¹	毛薯
sai¹¹suai³³	荔枝树	siu¹¹ŋa¹¹	毛薯酒
vo³³fat⁵⁵	栗子树	ŋa¹¹	茅草
om³³	连；甚至	thɯŋ⁵⁵	冒（水）
khuam¹¹	（连）接	van³³ka:u³³van³³no³³	没过多久
om³³mai¹¹	连同	van³³la:i³³	没有；NEG
daŋ¹¹	脸；面前	mui³¹	每（天）
khaŋ¹¹	粮食	lei³¹doŋ¹¹	每户
ɬou³³	两	ɬeɯ¹¹	妹夫；女婿
siaŋ³³fiaŋ³³viaŋ³³	邻居	pha³³ɬeɯ¹¹	妹夫；女婿
plɔŋ³³		noŋ³¹	妹妹；弟弟；孩子（呼称）
thuaŋ³³fa:ŋ¹¹meʔ¹¹	邻里乡亲		
plɔŋ³³		ɬoŋ¹¹	焖；捂住
rim¹¹	淋洒	vom⁵¹vom⁵¹	朦朦
luap¹¹	鳞	vɔŋ³³vaŋ¹¹	猛扇
ŋa¹¹	留恋	mai³¹	米
ma:u¹¹	流（水）	tha³¹	米饭
tom¹¹	六	hom¹¹mai³¹	米粒
taŋ¹¹	龙	oʔ¹¹	密
ruk¹¹	（鸟）窝	ziaŋ¹¹	明黄
kuŋ⁵⁵	路	pai³³ho³¹	明天
kɯŋ⁵⁵	（轮）到；界限	miŋ³¹	命
la³³	箩筐；CL	som³³	摸（中）
me¹¹	妈妈；母亲	suaŋ¹¹	模仿
duai¹¹piŋ¹¹	麻绳	mo³¹	（石磨）磨
vin³³	麻席	rəŋ³¹	（棍子）磨
vin³³thɯk¹¹	麻席	laŋ¹¹pha³³	某人
ka³³	马	me¹¹khai¹¹	母鸡
la:ʔ¹¹	骂	siu³³	拿
kom¹¹	埋	pui³³	拿；取
uan³³	埋怨	deɯ¹¹	拿；用；要；娶；INST；DISP；BEN
khiu³³	卖		
thit¹¹	满		

the⁵¹	哪个；哪里	pai³³	女性；EMPH；
pha³³the⁵¹	哪个男的	na:ŋ¹¹	爬
khɯ³³the⁵¹	哪里	thun¹¹	爬（进去）
na³³	那；那些；那么；那个；DEF；TOP；COMP；MOOD	da³³	怕
		ha:ŋ¹¹	攀爬
		kha³¹	螃蟹
		tsuk⁵⁵	抛（掉）
khɯ³³na³³	那里	fuaŋ³¹	抛（弃）；撒（种）
na³³mɔ⁵⁵	那么	rim³¹	抛；扔（下）
pha³³na³³	那男的	vou³¹	跑；逃
pai³³na³³	那女的	phoi³³tek⁵⁵	配色
phɯŋ⁵⁵na³³	那时候	phia³¹	喷（出）
vaŋ⁵⁵na³³	那天	phun⁵¹	盆
doŋ¹¹na³³	那样	thiaŋ³¹	棚子；CL
ma⁵⁵na³³	那样	ɲuŋ¹¹ven³¹	偏僻（角落）
tsaɯ³³	奶奶	loŋ³³	骗
ɬuk¹¹pha³³ma:ŋ¹¹	男孩	ɬen¹¹ha:u³³	漂亮
pha³³ma:ŋ¹¹	男人	ɬen¹¹mɯŋ¹¹	漂亮
pha³³ŋa:u⁵⁵	男人	tso³³tseʔ¹¹	聘礼
pha³³	男性；M	be³¹	平
piaŋ³³	南瓜	tsei³¹fa³³ra¹¹roʔ¹¹	平安无事
teʔ¹¹	难；坏	pop⁵⁵	小土罐
nam³³vui³³	难为	kai¹¹	瓶子；坛子；CL
tam¹¹	能	iŋ³³	坡地
ia³¹	能；可以	aŋ¹¹	坡地；旱地
pleʔ¹¹	泥巴	aŋ¹¹ŋo³³	坡旱地
pɔu³¹	年；CL	fen¹¹	泼（水）；扔（东西）
ɬa¹¹hɔu¹¹	鲶鱼		
khuai⁵¹	念	pai³³viaŋ¹¹	婆婆
sat¹¹	鸟儿	suai³³	（衣服）破
ruaŋ¹¹	（鸟）叫	diŋ³³	破（竹篾）
phan³³	捏（手）	boi³¹	剖（开）
ɲaʔ¹¹ɲɯŋ³³	（身体）扭曲	dai³¹lei³¹koŋ¹¹dai³¹	朴实能干
koŋ¹¹vaŋ¹¹	农作物	lei³¹	
hiaŋ³³	努力	vaŋ¹¹	
ɬuk¹¹pai³³kho³¹	女儿	thou¹¹	七
pai³³kho³¹	女人	pai³³doŋ⁵⁵	妻子

khei¹¹	欺负	kut¹¹	扫
khɔu¹¹	齐；（足）够	tsou⁵⁵	嫂子
pe³³	其他	hɔu³³	杀
khi³¹kuai³³	奇怪	vei¹¹	晒
huɯp¹¹	惊吓	ŋo³³	山
tum³³	骑	mut¹¹iŋ³³	山稻
vauɯ³¹	起床	suŋ³³ŋo³³	山洞
fa:p⁵⁵	气场	khuɯ³³ŋo³³	山里
mit⁵⁵	揢	plaŋ⁵⁵	山寮
fat⁵⁵	恰好；正在	san³¹ha:u³¹	山寮房
ko¹¹noŋ³¹	亲戚	ŋo³³kiam³³	山名
vo³³na³³	其他；他们	teu¹¹lat¹¹	山猪鼠
ɬuk¹¹uŋ¹¹	青年女子	lip⁵⁵	闪
op¹¹	青蛙	vɔŋ³³	扇
teʔ¹¹ŋai³¹	倾心；羡慕	ɲa:ŋ³³	伤口
sa:ŋ³³	清楚；清晰	sɔk¹¹sem¹¹	伤心
uai⁵⁵	情人	bu³³	赏赐
deuɯ¹¹doŋ⁵⁵	娶妻子	kha¹¹	上（面）
phə¹¹	去；嫁	teuɯ¹¹	上（面）
boi³³	全 （部）	kha:ŋ¹¹	上去；上来
rit⁵⁵rit⁵⁵	全部	tɔu¹¹kha:ŋ¹¹	上下
lok¹¹kok¹¹	蜷曲	viaŋ³³	上衣
ra:ŋ¹¹suŋ¹¹ra:ŋ¹¹ŋo³³	群山峻岭	tsaŋ³³nam³³	上游
liau³¹a:u⁵¹	然后	ŋaŋ³³	捎（话）
sit¹¹	热	mou¹¹	烧（火）
ŋa:u⁵⁵	人	thuŋ³¹	（烧）香
a¹¹	人家；别人	to³¹	少
ŋom¹¹	仁儿	ɬiŋ³³	舌头
fit⁵⁵	扔	za³¹	蛇
kham³³	肉	pha³³ɬeuɯ¹¹za³¹	蛇女婿
tsiŋ¹¹kham³³	肉茶	tseuɯ¹¹	射
lei³¹ma³³the⁵¹	如何	za³³	伸
zon¹¹ɬai¹¹	润黎	ŋuŋ¹¹	身体
fu³³	三	ɬoʔ²¹¹	深
ɬa³¹	散开	ɬuɯ³³suŋ¹¹ɬuɯ³³ziaŋ¹¹	深山野林
san³¹	散开	ha:u³³the⁵¹	什么
va³¹	散落	pla³¹	什么

se³¹daŋ¹¹	神采奕奕	ziŋ⁵¹	手指
taːu³³zai¹¹	神仙	thom³³	守（门）
ten³¹	神仙	khɯŋ⁵¹khuŋ³¹	首先
ɬou¹¹	生（孩子）；活	tiaŋ¹¹	受伤
te³³ua⁵¹	生活	ba³¹feɯ¹¹	叔父
mou¹¹fei¹¹	生火	feɯ⁵⁵	叔父
ren³¹khei³¹	生气	foi¹¹	熟
ək¹¹	（生）长	kha¹¹sai¹¹	树枝
thiu¹¹	声音；喉咙	niak¹¹	衰弱
duai¹¹	绳	do³¹	摔（倒）
ȵɔu¹¹	绳子	khaŋ¹¹	闩
daːŋ¹¹	剩（菜）	lɔk⁵⁵	闩（门）
siaŋ³³	剩（下）	tsoŋ³³riŋ³³	双面绣
daːŋ¹¹kaŋ³³	剩菜	a¹¹ra⁵¹	谁
daːŋ¹¹tha³¹	剩饭	ra⁵¹	谁
fou¹¹	虱子	nam³³	水；河
fut⁵⁵	十	mut¹¹ta³¹	水稻
fut⁵⁵ɬɔu³³	十二	kai¹¹pai³¹	水缸
fut⁵⁵faɯ³³	十九	pai³¹nam³³	水缸
ŋom¹¹siŋ⁵⁵	石头	suam¹¹sai¹¹	水果
diu¹¹phɯŋ⁵⁵	时代	ka¹¹dia³¹	水泥厂
diu¹¹	时候	soi³³	水牛
ti¹¹haːu³³	时候	ta³¹	水田
si³³	时间	kai¹¹nam³³	水桶
tet¹¹tsi⁵⁵	实际	tsuaŋ¹¹	睡（着）
tet⁵⁵tsi³³	实际	kɔu³¹	睡；躺
se⁵¹	事情	tun⁵¹	顺（利）
si⁵¹	事情	sem³¹	说
sɯ³¹	事情	thoŋ¹¹	（说）话
ɬɯk¹¹nɔu³¹	侍女	khun³³	说话
maŋ¹¹	是	phɯŋ³³mui³³	说媒
ti³¹	是	beɯ³¹	（说）完
tsɯ³¹	是；就	ru⁵¹	丝瓜（无棱）
sui³³	收拾	ɬaːu³¹	死
meɯ¹¹	手	zui³³	死
khiŋ¹¹	手臂	so³³	四
lei³¹koŋ¹¹lei³¹vaŋ¹¹	手脚勤快	ram¹¹ba¹¹	四处

khuai³³	算（是）	tak¹¹	停（水）
la:m⁵⁵	随便	tso³³	停留
sai³¹	随便	kho?¹¹sa¹¹	通情达理
lei³¹baŋ¹¹lei³¹ba:i¹¹	随意糊弄	koŋ¹¹riŋ³³	筒裙
vaŋ³¹	台风	riŋ³³	筒裙；黎锦
sa:m¹¹	抬	zɔk¹¹	偷
təŋ³¹	抬（东西）；端（碗）	pho?¹¹	偷看
luam⁵¹	太；才	vo³³	头（部）；头发
sa¹¹vaŋ⁵⁵	太阳	daŋ³¹vo³³	头发
uŋ³³n̦a:ŋ¹¹uŋ³³uai⁵⁵	谈情说爱	ho³¹	图案
lon³³	（动物）逃（脱）	kai¹¹aŋ³³	土罐
pe¹¹e¹¹	特别	n̦uŋ⁵¹	推（下去）
sɔk¹¹	疼；病	ha¹¹	腿
kho?¹¹	疼爱；可怜	sun³³	蜕（皮）
thet⁵⁵	踢	zot¹¹	脱（衣服）
khuaŋ³³	提亲	tho¹¹	驮；拉（货）
thai³¹	替（他难过）	viat⁵⁵	挖
fa³³	天	khɯ³³ziŋ³³	外面
vaŋ¹¹	天；日子；CL	ziŋ³³	外面
kup¹¹dam³³zam³¹he¹¹	天昏地暗	sa³³	外祖父
liŋ¹¹	（天）亮	tau³³/ta³³	外祖母
kha¹¹fa³³	天上	ut⁵⁵	（压）弯
moŋ¹¹fa³³	天神	rit⁵⁵	完
thoŋ³³ta³¹	田地	liau³¹	（完）了
tit¹¹	田鸡	uŋ³³	玩儿
khɯ³³aŋ¹¹	田间	pai³³sap¹¹	晚上
diaŋ¹¹	甜	sap¹¹	晚上；CL-夜
n̦im³¹	舔	va:u¹¹	碗
sa:p¹¹	挑（水）	lo¹¹tsa³¹	望
tɔu¹¹	挑（水）	lei³¹pai³³pla³¹	为什么
nua¹¹zai¹¹	调皮	sot¹¹	尾巴；最小；末尾
tsuŋ³³	跳	n̦uai⁵⁵	闻
zau³¹	铁锹	n̦uŋ¹¹	蚊子
ŋɔu³¹zai¹¹	听	kha:m¹¹	问
plɯ¹¹	听	uk⁵⁵	卧室；里（面）
plɯ¹¹thiu¹¹	听见	thup¹¹	乌龟

thoŋ³³	巫师	tsəŋ³¹	（相）信
ven³¹	屋檐	in¹¹	香烟
to²¹¹to²¹¹	无缘无故	bɔu¹¹	想
van³³mɔu³¹van³³tiaŋ¹¹	无缘无故	khɔu³³	想
rip¹¹	蜈蚣	sɔu³³	想（事情）
rip⁵⁵za³¹	蜈蚣蛇	dɔu¹¹	（想）到
pa¹¹	五	doŋ¹¹	像
ŋa³³	午（时）	tɔk¹¹	小
si³³ŋa³³	午时	ɬuk⁵⁵siaŋ¹¹fuaŋ⁵¹	小菜花
kha¹¹nam³³	溪水	suŋ³³lɔk⁵⁵	小洞坑
van³³la:i³³faŋ¹¹van³³	膝下无子	ɬuk⁵⁵diŋ¹¹	小方块
la:i³³fa³³		fauɯ⁵⁵	小姑
thuɯk¹¹	席子	kai¹¹tsen³³	小罐；CL
vuai¹¹	洗（手）	ɬuk¹¹lauɯ³¹	小孩
a:p¹¹	洗澡	noŋ³¹sot¹¹	小妹
uap¹¹	喜欢；爱	tsa:ŋ¹¹	叫（作）
ŋuaŋ³³	系；绑	sem¹¹	心意
fiaŋ¹¹	虾	no³³	新
pla:u¹¹	瞎	ei⁵⁵noŋ³¹	新人；姊妹
tɔu¹¹	下来；下去；下	va:u³¹	醒
fɔu¹¹	下面	fi³¹	擤
ui⁵¹vaŋ¹¹	下午	ma³³ŋan¹¹	幸亏
foŋ¹¹	下雨；雨	te³³ke²⁵⁵	性格
ɬeɯ⁵¹	吓唬	viŋ¹¹	凶兆
ten³³	仙	rɔu¹¹khɔu³¹	休息
ɬuk¹¹ŋa:m³³	仙女	ŋap¹¹	许配
khuɯŋ⁵¹	先	ho²¹¹	学
khuŋ³¹	先	ɬa:t¹¹	血
fa³¹	掀开	but¹¹khei³¹	咽气
le²⁵⁵	掀开	muat¹¹	淹没
ɬet¹¹	掀开	ŋa:u³³	盐
ha:n³³	闲	tek⁵⁵	颜色
khai⁵⁵ne³¹	现在	zaŋ³¹sa¹¹	眼花
voi¹¹	线	sa¹¹	眼睛
bot⁵⁵	（线）断	ɬok¹¹	鼹鼠
zuaŋ³³	陷阱	bɔu³¹	养
soŋ¹¹	相冲	noŋ³¹doi³³	幺妹

ɳa³¹	腰	zɔŋ³³viaŋ³³	衣领
ruk¹¹ka³³	腰篓	zom³³	依偎
zuk⁵⁵	腰鱼篓	zi³¹suan³¹	遗传
ven¹¹	摇（头）	buai³³	已经；完了；
ou¹¹	摇篮		MOOD
kan³³	咬	khɯ³³doi³³	以后
za¹¹	药	zi¹¹a:u⁵¹	以后
ɬuaŋ¹¹（=ɬom³³vaŋ¹¹）	原来	vai³¹vaŋ¹¹	以后；将来
ka³¹	也；还	diu¹¹khuŋ³¹	以前
ɳɔu¹¹	野藤；绳子	kha⁵⁵da³³	以为
suam¹¹	野果	i³³si³³	意思
ɳɔu¹¹maŋ¹¹suŋ¹¹	野薯秧	zeʔ¹¹	银
suŋ¹¹ŋo³³	野外	ŋen³¹	银子
lat¹¹	野猪	kaŋ¹¹	银子；光洋
beɯ¹¹	叶子	maŋ³¹	（用指甲）摁
beɯ¹¹sai¹¹	叶子	zou¹¹	油
pai³³ko³³	夜晚	thɔu¹¹zou¹¹	油锅
tsɯ³¹	一	dɔʔ¹¹	有
tsom¹¹（=tsɯ³¹hom¹¹）	一个	dai³¹la:ʔ¹¹dai³¹lai¹¹	又打又骂
ziak³¹bua³³	一般	kai⁵⁵	柚子
tsɯ³¹fiaŋ¹¹	一边	sai¹¹kai⁵⁵	柚子树
en³³	一点	ɬa¹¹	鱼
ɬuk⁵⁵vet⁵⁵	一点儿	zuan³¹si¹¹so¹¹	原始时代
tsɯ³¹vet⁵⁵	一点儿	lai¹¹	远
ŋe⁵¹	一定	zo³¹	约（时间）
ɬuk⁵⁵khei³¹	一会儿	ɳa:ŋ¹¹	月
pheʔ⁵⁵tsɯʔ⁵⁵	一会儿	fat⁵⁵	越
tsɯ³¹khei³¹	一会儿	ɬom³³pɔu³¹	晕倒
zui³³hut¹¹	一命呜呼	thoŋ³³pat⁵⁵	杂草杆
mai¹¹thuaŋ³³	一起	tom¹¹sai¹¹	杂物；垃圾
zit⁵⁵vat¹¹	一下拉住	va¹¹	栽；种（菜）
ɬuk⁵⁵-fiaŋ¹¹va:u¹¹	一小半边碗	ta:i³³	再
tsɯ³¹kuam³¹	一些	vi⁵⁵vi⁵⁵	再不
doŋ¹¹thuaŋ³³	一样	khɯ³³	在；里；PREP
vo³³sai¹¹	一种树	sɯ³³	在；里；PREP
suam¹¹na:m⁵⁵	一种野果	ka:u³³vaŋ³³	早晨
ɬa¹¹pluam³¹	一种鱼	tsɯʔ⁵⁵	怎么；接着

doŋ¹¹the⁵¹	怎样	tsoŋ³³	织；绣
ma³³the⁵¹	怎样	ruɯŋ³¹	直；挺拔
saŋ¹¹	扎（针）	lip¹¹	指甲
fo²¹¹	扎捆；敷	za¹¹	治
rɯ¹¹	摘	tseɯ⁵⁵	中间
tsuŋ¹¹	站（着）	thom⁵⁵	中间；CL-半
ta:u³³	长	diaŋ¹¹sem¹¹	钟情
łuk¹¹koŋ¹¹	长工	lei³¹ta³¹lei³¹kɔu³³	种田种地
pha³³doŋ⁵⁵	丈夫	faŋ¹¹	种子
tsa:u³³	招致	vuan¹¹vi¹¹	周围
tha:u³¹	找（人）	tsən³³	议论；乌鸦嘴
vai³¹	找（虱子）	mɔu³³	咒语
tha:u³¹tsaŋ³³tha:u³¹lui¹¹	找来找去	ut⁵⁵	猪
ŋɔu¹¹foŋ¹¹ŋɔu¹¹fa³³	遮风挡雨	i³⁵	猪（借词）
ne³¹	这	thoŋ¹¹ma¹¹	竹竿
nen³³	这；这个；这里；DEF	thoŋ³¹ma¹¹	竹节
		ma¹¹	竹子
phɯŋ⁵⁵nen³³	这个时候	bɔu³³	煮
khɯ³³nen³³	这里	ŋaŋ³³	嘱托；叮嘱
lei³¹the⁵¹	这么	po²¹¹	抓
pha³³nen³³	这男的	tuaŋ³¹	抓到
khei³¹	这时	tuan¹¹	专门
mɔu⁵¹nen³³	这些；这样	eɯ¹¹	装（东西）
doŋ¹¹nen³³	这样	bian³³	装（作）
ma⁵⁵nen³³	这样	sɔu³¹	啄（米）
thom³¹na³³	这样	da³³ki³³	自己
thom³¹nen³³	这样；这里	pha³³lak¹¹	自己
ha:u³³na³³	这样子	fei¹¹	走
dak¹¹	真；特别	fei¹¹tsaŋ³³fei¹¹lui¹¹	走来走去
teɯ⁵⁵vo³³	枕头	ven³¹plɔŋ³³	走廊
ŋo³¹khai³³	蒸酒器	ka:u¹¹	诅咒
ŋuaŋ¹¹	蒸气	mɔu³³mo²¹¹	诅咒
ma³³	只	vi¹¹	钻（进）；打转
ma³³siaŋ³³	只有	pom³³	嘴巴；口；CL
khɯŋ³¹	枝头	tui³³	最
paɯ³³	知道；懂	tuŋ³³	最
fuk¹¹	织	doi⁵⁵doi³³	最后

et⁵⁵doi³³	最后	kha:ŋ³¹	CL-行
tui³³doi³³	最后	doŋ¹¹	CL-户
tsɔŋ³³	坐	toŋ¹¹	CL-间
tsɔŋ³³teɯ⁵⁵vo³³	坐上头（问婚事）	thuŋ³³	CL-棵/根
		rok¹¹	CL-块
vop¹¹	做（东西）	ra:ŋ¹¹	CL-片（山）
lei³¹	做；打；CAUP	sa:ŋ¹¹	CL-片（田）
lei³¹mɔu⁵¹the⁵¹	做什么	va³³	CL-片（鱼鳞）
fə¹¹	1pl-excl:我们	ɲa³¹	CL-套
khə¹¹	1pl-incl:咱们	daŋ³¹	CL-条
ho¹¹	1sg-我	paŋ¹¹	CL-头（牛）
sə¹¹	2pl-你们	buan³¹	CL-些/半
mə¹¹	2sg-你	khin³¹	CL-样/种
nə¹¹	3sg-他/她/它；3pl	ŋom³¹	CL-座
		ku³¹	CMP-过
zen³¹	ASP	ma³³kɯ³³	CONJ-但是/于是
ka:i¹¹	ASSOC；IND		
tsa:ŋ¹¹	CAUP-喊/唤	a¹¹kɯ³³	CONJ-或是
khai³³	CAUP-叫	kɯ³³	CONJ-或者
rai³¹	CAUP-请	nam³³	CONJ-及
bit¹¹	CL-把	zɔu¹¹	CONJ-然后/并且/而；CAUP-使；怎么
tsi³¹	CL-把		
kuam³¹	CL-部分		
than³³	CL-场	ai³³ma³³	CONJ-如果
plo³³	CL-串	bi²⁵⁵	CONJ-如果
kuŋ⁵⁵	CL-次	kha¹¹kuŋ¹¹	CONJ-所以
vo³³	CL-丛/棵/只	na³³ma³¹	CONJ-所以
da:i⁵¹	CL-代	to¹¹si¹¹	CONJ-所以
fit¹¹	CL-担	to³¹zi³¹	CONJ-所以
vet⁵⁵	CL-点儿	ui¹¹liau³¹	CONJ-为了
duan⁵¹	CL-段	in³³ui³¹	CONJ-因为
thoŋ¹¹	CL-段	kɯ³³uŋ³¹	CONJ-因为
toŋ³¹	CL-堆	kɯ³³	CONJ-因为；是；要
duan³¹	CL-顿		
hom¹¹	CL-个	kan³³	CONJ-只要
laŋ¹¹	CL-个/只/条	ɬuk⁵⁵	DIM
phuŋ³³	CL-根	thaŋ³¹	EXP-过

be^{51}	IND	hɯ^{31}a^{11}hɯ^{31}	ONOM
lo^{11}	IND	khɔ$^{?11}$	ONOM
o^{11}	IND	kho^{31}	ONOM
mɔ^{31}	IND；IMPM；INTERJ；INT	kiŋ^{33}kiŋ^{33}kɔŋ^{33}kɔŋ^{33}	ONOM
		koŋ^{11}	ONOM
ne^{31}	IND；INJ	koŋ^{31}	ONOM
bei^{51}	INJ	ku^{51}ku^{51}	ONOM
lo^{31}	INJ	kuk^{55}ku^{11}	ONOM
eɯ^{31}	INJ；INTERJ	lom^{31}	ONOM
heɯ^{31}	INJ；INTERJ	pɔp^{55}	ONOM
bɔ^{33}	INT	plo^{31}	ONOM
ra^{31}	INT	ri^{55}ri^{55}	ONOM
ni^{33}	INT；TOP；INTERJ	ro^{55}ro^{11}	ONOM
		thuk^{55}	ONOM
e^{31}	INTERJ	tu^{31}tut^{33}tu^{31}ti^{55}	ONOM
hi^{51}	INTERJ	ui^{11}	ONOM
i^{51}	INTERJ	kɯ^{33}	PAR
ia^{11}ei^{51}	INTERJ	ma^{33}	PAR
o^{31}	INTERJ	tsaːu^{33}	PREP-按照
ro^{31}re^{33}	INTERJ	həŋ^{33}	PREP-从
u^{11}	INTERJ	tsui^{33}	PREP-沿
u^{51}	INTERJ	tsok^{11}	PREP-沿着
zei^{31}	INTERJ	tsu^{51}həŋ^{33}	PREP-自从
zo^{51}	INTERJ	thuaŋ^{33}	RECIP；伴儿
zo^{55}	INTERJ	ia^{31}	RHY
hu^{51}	INTERJ；MOOD	a^{31}	RHY；INJ
		ha^{31}	RHY；INJ
baɯ^{31}	MOOD	boi^{51}	TOP；IND
e^{33}re^{31}	MOOD	leɯ^{31}	TOP；IND
tham^{11}	MOOD	re^{33}	TOP；IND；INJ；IMPM；JUD
tso$^{?11}$	MOOD		
ro$^{?11}$	MOOD	fuai^{11}	VCL-（一）下/次
van^{33}	NEG-不/没		
iu^{33}	NEG-不要	baːn^{11}	VCL-次
ɔu^{51}	NEG-不要/别		
kɯ^{33}	NOM		

后 记

　　第一次接触白沙牙叉话,是 2017 年 7 月,当时为完成中国语言资源保护工程的"黎语白沙黎语润方言"课题,我选定了润方言的白沙土语牙叉话作为调查对象。那一年暑假我博士毕业,刚完成毕业论文《黎语加茂话研究》,对黎语的语法有一定的研究基础。黎语 5 种方言中,因与其他 4 种方言差别较大,加茂方言被视为探索黎语方言演变及黎族历史迁徙的一个切入点,最具研究价值,但要对黎语的发展变化有更全面的认识,须兼顾其他方言的研究,而除了基础方言侾方言,黎语其他方言的研究较少有人涉及,成果寥寥无几。

　　对白沙牙叉话的调查越深入,发现的语言特点越多,我对白沙牙叉话的兴趣也愈大。之前调查加茂话,发现加茂话的语法变调现象较突出,而白沙牙叉话的变调更丰富,有成词化、词义变化、形态标记等功能;白沙牙叉话的语法也较有特色,既有黎语共有的语法特点,也有与加茂话一致的语法特点,更有其他方言都没有的语法表现。我便萌生出一个念头,继加茂话之后,进一步对白沙牙叉话的语言面貌进行描写研究,为今后的黎语方言比较研究工作积累素材。只可惜理想是美好的,现实是骨感的。回到工作岗位之后琐事缠身,加上本人做事拖延,行动力差,故迟迟未动笔。后来,江荻老师跟我提到黎语语法标注出书一事,这个契机让白沙牙叉话研究提上了日程,衷心感谢江荻老师对我的信任,给予我这么一个宝贵的机会。

　　语料收集的过程相对顺利,在发音人的大力配合下,很快就收集到足够数量、各种题材的长篇语料。材料准备完毕,接下来的工作重心就是对语料逐词逐句分析并进行语法标注。原本以为语法标注很简单,但操作起来问题却层出不穷,首先第一个问题就是语言单位的切分问题,究竟是以语素为单位,词为单位,还是以短语为单位?黎语词和短语的界限不是很明晰,我反复测试并参考前人对语法例句的对译处理,最后决定将是否具有独立意义作为切分语言单位的标准,有些结合较紧密且意义较为凝固的语言成分也作为独立的语言单位看待。其次是多功能词的标注问题,白沙牙叉话的多功能词不少,其中较典型的就是指示词 na^{33},起初我只是发现 na^{33} 具有定指用法,后来发现在不同的语境下 na^{33} 还有标句词、话题标记、语气词等用法,而且有些用法相互叠加,不易区分,所以我只能来回推敲,再三修改。再有就是对某些语法现象的处理问题,至今尚未有人对润方言做全面、系统的研究,能够参考的材料少之又少,虽然有关于黎语侾方言的语法研究著作,我也对加茂方言的语法系统作过探讨,可碰到白沙牙叉话的一些特殊语法现象,我还是一筹莫展,不知该如何处理。在这里,我要感谢罗永现老师和黄成龙老师,我经常向他们讨教语法问题,感谢他们对我耐心细致的指导。

　　本书得以出版,我还要感谢很多人。我要感谢我的博士生导师李锦芳老师,感谢他对我委以重任,让我承担黎语 5 大方言的调研任务,拓宽了我的研究领域,使得我具备了能承担本书写作任务的研究基础。我还要感谢话语材料的提供者们,尤其是王花和王亚兴。王花在调查过程中给予我很多的帮助,她身兼"多职",既是我的益友,又是我的白沙牙叉话良师,还是我的"保镖",她帮我找发音人,陪我下乡进村,有问必答,有求必应,处处为我着想。本书的写作完成于疫情期间,在此期间对她多有打扰,可她总是不厌其烦地耐心解答,任何言语都无法表达我对她的感激之情。王亚兴是我在语保工作期间的主要发音人,语保工作较为繁琐,可他毫无怨言,竭力配合我们,严格按照要求完成了工作。王爱花、王少姑、王玉英对本书也有贡献,没有他们的支持和配合,我不会那么顺利地获得这些有价值的语料。

感谢曾宝芬博士和吕妍醒博士,当感到困惑的时候,我就会跟她们一起探讨语法问题,与她们交流的过程中我不断地受到启发;感谢姜静师妹,有了她的鼓励,我才有信心完成本书的写作;感谢燕海雄老师,手把手教我使用语法标注软件,不管多晚,都会及时帮我解决问题,文本的输出、排版工作也花费了燕老师大量的时间和心血;感谢唐蒙师弟,经常出手相助我这个"技术小白";感谢白沙歌舞团的卢君以及所有在调研过程中给我帮助的热心人。

本书的出版是对过去三年调研工作的交代,但总是心有忐忑,本人学识有限,对于白沙牙叉话的某些语法现象可能认识还不到位,所做的语法标注也难免存有不足或错谬之处,书中任何存在的问题都由我本人负责,同时也敬祈学界前辈及广大读者批评指正。

最后再次感谢江荻老师、燕海雄老师、罗永现老师、黄成龙老师、李锦芳老师、曾宝芬博士、吕妍醒博士、姜静师妹、唐蒙师弟,还有所有白沙牙叉话话语材料的提供者。

吴艳

2020 年 4 月 20 日

图书在版编目（CIP）数据

黎语白沙话语法标注文本／吴艳著. －－北京：社
会科学文献出版社，2021.3
（中国民族语言语法标注文本丛书）
ISBN 978 - 7 - 5201 - 7909 - 6

Ⅰ.①黎…　Ⅱ.①吴…　Ⅲ.①黎语 - 语法 - 研究 - 白
沙黎族自治县　Ⅳ.①H281.4

中国版本图书馆 CIP 数据核字（2021）第 025170 号

中国民族语言语法标注文本丛书
黎语白沙话语法标注文本

著　　者／吴　艳

出 版 人／王利民
组稿编辑／宋月华
责任编辑／刘　丹　周志静

出　　　版／社会科学文献出版社·人文分社（010）59367215
　　　　　　地址：北京市北三环中路甲 29 号院华龙大厦　邮编：100029
　　　　　　网址：www. ssap. com. cn
发　　行／市场营销中心（010）59367081　59367083
印　　装／三河市尚艺印装有限公司

规　　格／开　本：787mm×1092mm　1/16
　　　　　　印　张：22　字　数：345 千字
版　　次／2021 年 3 月第 1 版　2021 年 3 月第 1 次印刷
书　　号／ISBN 978 - 7 - 5201 - 7909 - 6
定　　价／198.00 元